BIBLIOTECA DE SABIDURÍA Y COMPASIÓN

Biblioteca de sabiduría y compasión es una serie de varios volúmenes en los que Su Santidad el Dalai Lama comparte las enseñanzas del Buda sobre el camino completo hacia la Iluminación, que Su Santidad mismo ha practicado durante toda su vida. Los temas están dispuestos especialmente para las personas que no han nacido en una cultura budista, pero se han visto cautivadas por la perspectiva singular del Dalai Lama. Asistido por su antigua discípula la monja americana Thubten Chodron, el Dalai Lama establece el contexto para practicar las enseñanzas del Buda en los tiempos modernos y, a continuación, revela el camino de la sabiduría y la compasión, que dirige hacia una vida significativa y un sentimiento de realización personal. Esta serie es un puente importante entre los temas introductorios y los más complejos para quienes buscan una explicación profunda en un lenguaje contemporáneo.

Volúmenes publicados hasta ahora:

Un acercamiento al sendero budista
Fundamentos de la práctica budista
Samsara, Nirvana y naturaleza de buda.

SAMSARA, NIRVANA Y NATURALEZA DE BUDA

El Decimocuarto Dalai Lama

Bhiksu Tenzin Gyatso

Y

Bhiksuni Thubten Chodron

Ediciones Amara

Apartado 995

07760 Ciutadella

Menorca

www.edicionesamara.com

Título original: *Samsara, Nirvana and Buddha Nature*
Por cortesía de Wisdom Publications

Publicado por vez primera en 2020 por Ediciones Amara.
Ciutadella de Menorca. Illes Balears.

Impreso en España / Printed in Spain

ISBN de la obra: 978-84-95094-69-8
Depósito Legal: ME: 1/2020

Ediciones Amara desea agradecer de un modo especial a Carmen Gálvez, Manuel Gallardo y Roselyne Chane su desinteresada ayuda económica que ha hecho posible la publicación de *Samsara, Nirvana y naturaleza de buda.*

Su acto generoso hace realidad una de las estrofas de dedicación de la *Guía a la forma de vida del bodhisatva,* compuesta por Shantideva (685-763):

> [37] Que las enseñanzas, la única medicina para aliviar el dolor y el único origen de toda alegría, sean materialmente apoyadas, veneradas y se mantengan a lo largo del tiempo.

Contenido

Índice de tablas

Prefacio

En el primer volumen de *Biblioteca de sabiduría y compasión*, *Un acercamiento al sendero budista*, se examinó la visión budista de la vida, la mente y las emociones. Proporcionando antecedentes históricos, este primer volumen nos introdujo a un enfoque sistemático del camino espiritual y en él se explicó cómo las ideas budistas podrían tener cabida en los asuntos contemporáneos. El segundo volumen, *Fundamentos de la práctica budista*, trata sobre cómo adquirir un conocimiento no engañoso, sobre el renacimiento, los maestros espirituales y cómo estructurar una sesión de meditación. Desde aquí, consideramos la esencia de una vida significativa y el karma –la dimensión ética de nuestras acciones–. Si utilizamos nuestras vidas con prudencia y tomamos buenas decisiones éticas, al morir estaremos libres de arrepentimiento y de temor. Al tener renacimientos afortunados en el futuro, tendremos las circunstancias propicias para continuar nuestra práctica espiritual.

Un renacimiento afortunado es definitivamente deseable, pero todavía está dentro de la existencia cíclica (*samsara*), unido a la ignorancia, las aflicciones y al karma contaminado. Las circunstancias insatisfactorias (*duhkha*) del samsara son inmensas y, sabiéndolo, buscamos liberarnos de ellas. Para hacerlo, debemos conocer sus causas y ver si dichas causas pueden ser eliminadas. Cuando estamos convencidos de que se pueden eliminar, aprendemos el sendero que lleva a erradicarlas. Conocer las referencias a lo largo del camino es útil, al igual que tener siempre presente nuestra meta: la paz genuina y la libertad del Nirvana para todos los seres vivos. La confianza en uno mismo y el esfuerzo gozoso son buenos amigos en nuestro viaje hacia la Budeidad.

Aunque aparentemente este volumen trata sobre el samsara y el Nirvana, en realidad describe nuestra mente –nuestra mente, que unas veces es tumultuosa y otras pacífica–. Si bien nuestra mente está siempre con nosotros y es la base de designación de la persona, sigue siendo un misterio para nosotros: ¿cómo puede ser la base tanto del duhkha extremo del samsara como de la increíble dicha y plenitud del Nirvana?

El conocimiento de los dos tipos de naturaleza de buda responde a esta pregunta. Uno es la naturaleza de buda que está presente naturalmente –el vacío de existencia inherente o sustancial de nuestra mente–, que siempre ha sido y siempre será su naturaleza última. Otro es la naturaleza de buda transformadora: la mente cuya continuidad sigue hacia la Iluminación, pero que en la actualidad aún no está libre de los engaños. Esta mente sirve como base para la vacuidad que es la naturaleza de buda que está presente naturalmente. Estos dos tipos de naturaleza de buda ya están presentes en nuestro interior. Las aflicciones no están incrustadas en nuestra mente; está oscurecida por los engaños, pero no es de la naturaleza del engaño. Estos factores oscurecedores pueden eliminarse para siempre aplicando los antídotos adecuados.

Esta naturaleza de buda es una parte indeleble de nosotros. Cada ser consciente la tiene, por lo que no importa lo bajo que podamos caer, nosotros o los demás, como resultado de nuestras aflicciones: las aflicciones y el sufrimiento no son nuestra naturaleza. Somos seres valiosos que merecen la felicidad. Nuestra naturaleza de buda nunca puede perderse y no necesitamos demostrárselo a nadie. La mente no purificada es samsara; la mente purificada es la base del Nirvana. Todo lo que se necesita es nuestra confianza y nuestro esfuerzo sincero para seguir el sendero, sacar a la luz nuestra naturaleza de buda y desarrollar las cualidades iluminadas. Estos son los temas del presente volumen.

Cómo surgió este libro

En los prefacios de los volúmenes 1 y 2 –*Un acercamiento al sendero budista* y *Fundamentos de la práctica budista*– se pueden encontrar explicaciones más extensas del origen de Bib*lioteca de sabiduría y compasión*. Para dar una breve reseña, todo empezó cuando le pedí a Su Santidad en 1995 que escribiera un breve texto sobre las etapas del camino (*Lam Rim*) que los lamas pudieran usar cuando enseñan a estudiantes serios que son nuevos en el budismo. Para mi sorpresa, Su Santidad respondió diciendo que primero se debía componer un libro más grande. Puesto que los textos existentes del Lam Rim son excelentes, no había necesidad de repetirlos. Este libro tenía que ser diferente: debía contener el material de los tratados filosóficos para que los lectores tuvieran una explicación más profunda y detallada de los puntos importantes. Debía contener material de la tradición budista pali para que los budistas tibetanos tuvieran una perspectiva más amplia de las enseñanzas de Buda que disminuyera el sectarismo y ayudara a los estudiantes a apreciar la habilidad y versatilidad del Buda para instruir a personas con diversos intereses, aptitudes y disposiciones.

Usando el material de las enseñanzas de Su Santidad en Asia y Occidente, comencé a escribir. También compilé las preguntas de sus discípulos no tibetanos para formularlas durante la serie de entrevistas que tuvieron lugar a lo largo de los años. Estas preguntas trataban sobre temas que los autores de los textos de Lam Rim o bien asumían que los lectores ya los conocían, o no discutían sobre ellos porque no eran pertinentes en ese momento o en esa cultura. El libro también fue diseñado para aclarar los malentendidos que surgen cuando el significado de otra fe se superpone al del budismo, como por ejemplo cuando las personas entienden erróneamente que el karma y sus efectos son un sistema de recompensa y castigo, como en las religiones teístas.

Su Santidad a menudo invitaba a dos, tres o cuatro gueshes a unirse a las entrevistas, y los implicaba en interesantes discusiones sobre los temas que yo planteaba. La sección sobre las semillas kármicas y *haber concluido* en el capítulo 5 de este volumen proviene de una de estas entrevistas. Le pregunté acerca de las similitudes y las diferencias entre las semillas kármicas y *haber concluido*, lo que desembocó en una larga y enérgica discusión, interrumpida por muchas risas. La discusión y el debate continuaron después de la sesión con Su Santidad, ya que les hice más preguntas cuando tomamos el té. Al final, llegamos a la conclusión de que había muchas más preguntas y puntos de debate que explorar.

Mientras escribía, a veces parecía que estaba "traduciendo del inglés al inglés". Los textos filosóficos son extensos, están llenos de debates y, a menudo, tienen oraciones de una página de largo. Tuvimos que extraer los puntos importantes y expresarlos en un inglés fácil de entender, incluyendo material de referencia cuando era necesario y ejemplos para ayudar al lector a comprenderlos. A medida que el manuscrito aumentaba de tamaño, nos dimos cuenta de que, en lugar de llegar a ser un libro, se convertiría en una serie.

En las enseñanzas orales, Su Santidad entrelaza varios temas de una manera que los oyentes no habíamos considerado antes, abriendo nuevos significados y perspectivas. También pasa de temas simples a complejos y regresa al tema de nuevo en cuestión de minutos, lo que hace que una conversación sea pertinente tanto para principiantes como para practicantes avanzados. No espera que entendamos todo en la primera explicación y sabe que nuestra comprensión crecerá lentamente a medida que se desvelen nuevas capas de significado en nuestra mente como resultado de nuestra purificación, acumulación de mérito, estudio y reflexión. Por esta razón, los volúmenes de esta serie están pensados para leerse una y otra vez, de modo que cada vez descubrirás nuevas joyas. Los libros también pueden leerse individualmente si estás interesado en un tema en particular, o se pueden utilizar como recurso cuando necesitas buscar puntos específicos.

Resumen de "Samsara, Nirvana y naturaleza de buda"

Este libro nos llevará a través de un viaje fascinante con respecto a nuestra situación actual y a la posibilidad de lograr la insuperable Iluminación, en la que todo el duhkha y sus causas han cesado para siempre y se han desarrollado sin límites todas las excelentes cualidades. Detrás de nuestro samsara y de nuestro Nirvana está la mente innata de la luz clara fundamental, que por naturaleza es vacía de existencia inherente. Cuando está oculta por los engaños, es la naturaleza de buda; cuando se purifican los engaños, es el cuerpo de la verdad (*dharmakaya*) de un buda.

El libro empieza con un examen del yo: ¿hay un yo?, ¿tiene un principio y un final? Esto nos lleva a la explicación de las cuatro verdades –*duhkha* (circunstancias insatisfactorias), su origen, su cesación y el sendero hacia dicha cesación– en sus formas burda y sutil. Luego profundizamos en cada verdad, examinando sus cuatro atributos, lo que pone de manifiesto los malentendidos que podemos tener sobre ellos y cómo solucionar esos conceptos erróneos.

Con una comprensión más clara de las cuatro verdades, en el capítulo 2 observamos de cerca el duhkha verdadero, los reinos de la existencia samsárica y nuestras experiencias en ellos. Aquí se ven los numerosos y repugnantes defectos del samsara, y esto nos proporciona una lente a través de la que podemos ver nuestra situación actual tal y como es. El capítulo 3 identifica las causas principales de duhkha: las seis aflicciones raíz. Investigando más a fondo, encontramos muchos otros engaños que oscurecen nuestro continuo mental, que generan trastornos psicológicos y tienen ramificaciones físicas. Este capítulo nos pone delante un espejo para identificar emociones perturbadoras y puntos de vista aflictivos que, de lo contrario, podrían pasar inadvertidos.

En los capítulos 4 y 5 examinamos más a fondo los orígenes de duhkha: los factores que hacen que surjan las aflicciones, las sensaciones que a veces las acompañan y los antídotos temporales para someterlas. También aprendemos acerca de las semillas de las aflicciones –que proporcionan la continuidad entre un instante de una aflicción y el siguiente–, las predisposiciones o impresiones de las aflicciones –que oscurecen la mente incluso después de que se hayan erradicado– y las semillas kármicas y *haber concluido*, que conecta una acción con su resultado. El capítulo 6 trata de la manera en que el karma afecta a la evolución del universo y de nuestro cuerpo.

Los doce vínculos de relación dependiente –que describen cómo se produce el renacimiento en el samsara y cómo se puede cortar la cadena de eventos que lo originan– constituyen una enseñanza importante en las tradiciones pali y sánscrita. De aquí surge la pregunta: "¿Quién gira en la existencia cíclica y quién se libera de ella?", lo que nos lleva a investigar la naturaleza de la persona. Los capítulos 7 y 8 exploran el lado aflictivo de la relación dependiente y nos animan a renunciar a duhkha así como a aspirar a la liberación, como se explica en el capítulo 9. Los capítulos 10 y 11 describen el lado purificado de la relación dependiente, centrándose especialmente en el Nirvana, la cesación verdadera última. El sendero verdadero se explicará ampliamente en el volumen 4.

Para aspirar a la liberación, debemos saber si la liberación es posible. Como se explica ampliamente en el capítulo 12, esto depende de la comprensión de la naturaleza convencional y última de nuestra mente. Si los engaños estuvieran incrustados en la naturaleza de la mente, la liberación sería imposible. De manera similar, si la mente existiera inherentemente, nunca podría cambiar, y tratar de alcanzar la liberación y la Iluminación sería infructuoso. Pero afortunadamente ninguno de estos es el caso. Dado que la ignorancia es una mente errónea, se puede eliminar con la sabiduría.

Los capítulos 13 y 14 provienen de algunas de las entrevistas más animadas con Su Santidad, en las que trazó la explicación del cese verdadero desde el primer giro de la rueda del Dharma hasta su forma más elaborada en el segundo giro. También fue paso a paso en la explicación del sendero verdadero, la mente que percibe directamente el vacío, desde el sutra hasta la perspectiva del tantra, como se expuso en el tercer giro de la rueda del Dharma. Oírlo fue confuso y esclarecedor al mismo tiempo. Hay muchos significados profundos en estos capítulos que abren el camino para llegar a la convicción de que la Iluminación es posible.

Ten en cuenta

Aunque la autoría de esta serie es compartida, la mayor parte del material son instrucciones de Su Santidad. Yo recogí y escribí las partes pertenecientes a la tradición del pali, algún que otro párrafo y compuse las reflexiones.

Para facilitar la lectura, la mayoría de los títulos honoríficos se han omitido, aunque ello no disminuye el gran respeto que sentimos por todos esos excelentes sabios y practicantes. Los términos de lenguas extranjeras están normalmente entre paréntesis sólo la primera vez que aparecen. A menos que estén marcados con "P" o "T", indicando pali o tibetano respectivamente, los términos en cursiva son sánscritos. Cuando se enumeran dos términos en cursiva, el primero es sánscrito y el segundo es pali. La ortografía sánscrita se usa para los términos del sánscrito y del pali cuyo uso se ha generalizado (*Nirvana*, *Dharma*, *arhat*, etc.). Tanto las citas de las escrituras pali como los términos técnicos –que aparecen entre paréntesis– de las explicaciones de esta tradición mantienen la ortografía de esta lengua. El término *sravaka* incluye también a los realizadores solitarios, a menos que haya una razón para hablar específicamente de realizadores solitarios. Con el fin de mantener el sentido de un pasaje no siempre es posible comentar todos los términos nuevos que aparecen por primera vez, por lo que se incluye un glosario al final del libro. A menos que se señale de otro modo, el pronombre personal "yo" se refiere a Su Santidad.

Agradecimientos

Me postro ante Buda Shakyamuni y ante todos los budas, bodhisatvas y arhats, que encarnan el Dharma y que debido a su compasión nos lo enseñan a los seres no iluminados. También me postro ante los maestros realizados del linaje de todas las tradiciones budistas, por cuya amabilidad el Dharma todavía existe en nuestro mundo.

Puesto que esta serie aparecerá en volúmenes consecutivos, expresaré mi agradecimiento a aquellos implicados en cada volumen en particular. Este tercer volumen de Bib*lioteca de sabiduría y compasión* se debe al talento y al esfuerzo de los traductores de Su Santidad: Gueshe Lhakdor, Gueshe Dorje Damdul y el Sr. Tenzin Tsepak. También me siento muy agradecida a Gueshe Dorje Damdul, Gueshe Dadul Namgyal y al Venerable Sangye Khadro por revisar el manuscrito, y a Samdhong Rimpoché, a Gueshe Sonam Rinchen y a Gueshe Thubten Palsang por sus aclaraciones de puntos importantes. También quiero dar las gracias a Bhikkhu Bodhi por sus claras explicaciones sobre la tradición pali y por su generosidad al responder a tantas preguntas como le hice. Al personal de la Oficina Privada de Su Santidad por facilitar las entrevistas; a las comunidades de Sravasti Abbey y Dharma Friendship Foundation por respaldarme mientras escribía esta serie, y a Mary Petrusewicz por su habilidosa edición, y a Traci Thrasher que fue una ayuda tremenda al recopilar las fotografías. Me siento agradecida a todo el equipo de Wisdom Publications, que ha contribuido a que la publicación de esta serie sea una realidad. Todos los errores son culpa mía.

Bhiksuni Thubten Chodron
Monasterio de Sravasti

Abreviaturas

Las traducciones utilizadas en este volumen, a menos que se señale de otro modo, son las que se citan aquí. Alguna terminología se ha modificado para darle coherencia al presente trabajo.

ADK *Tesoro de conocimiento* (*Abhidharmakosa*), de Vasubandhu.

ADS *Compendio de conocimiento* (*Abhidharmasamuccaya*).

AN *Anguttara Nikaya*. Traducido por Bhikkhu Bodhi en *Los Discursos numéricos del Buda* (Boston: Wisdom Publications, 2012).

BCA *Engaging in the Bodhisatva´s Deeds* (*Bodhicaryavatara*), de Shantideva.

CMA *Abhidhammattha Sangaha,* por Anuruddha, en *A Comprehensive Manual of Abhidhamma*, editado por Bhikkhu Bodhi (Seattle: BPS Pariyatti Editions, 2000).

CS *Cuatrocientos* (*Catuhsataka*), de Aryadeva. Traducido por Ruth Sonam en *Aryadeva's Four Hundred Stanzas on the Middle Way* (Ithaca, NY: Snow Lion Publications, 2008).

DN *Digha Nikaya*. Traducido por Maurice Walshe en *The Long Discourses of the Budhha* (Boston: Wisdom Publications, 1995).

DS *Alabanza a la esfera de la realidad* (*Dharmadhatu-stava*), de Nagarjuna.

EPL *Elucidating the Path to Liberation: A Study of the Commentaryon the Abhidharmakosa,* por el Primer Dalai Lama. Traducido por David Patt (PhD dissertation, University of WisconsinMadison, 1993).

LC *Gran tratado de las etapas del camino* (Tib. *Lam Rim Chemo*), de Tsongkhapa 3 vols. Traducido por Joshua Cutler et al. (Ithaca, NY: Snow Lion Publications, 2000-2004).

LS *Alabanza a lo supramundano* (*Lokatitastava*), de Nagarjuna.

MMK *Tratado del camino medio* (*Mulamadyamakakarika*), de Nagarjuna.

MN *Majjhima Nikaya*. Traducido por Bhikkhu Ñanamoli y Bhikkhu Bodhi en *The Middle length Discourses of the Buddha* (Boston: Wisdom Publications, 2005).

OR *Océano de razonamiento*, de Je Tsongkhapa. Traducido por Gueshe Ngawang Samten and Jay L. Garfield (New York: Oxford University Press, 2006).

P Pali.

PV *Commentary on the "Compendium of Reliable Cognition"* (*Pramanavarttika*), de Dharmakirti. En lo sucesivo *Commentary on Reliable Cognition*.

RA *Guirnalda Preciosa* (*Ratnavali*), de Nagarjuna. Traducido por John Dunne y Sara McClintock en *The Precious Garland: An Epistle to a King* (Boston: Wisdom Publications 1997).

RGV *Sublime continuo* (*Ratnagotravibhaga, Uttaratantra*), de Maitreya.

SN *Samyutta Nikaya.* Traducido por Bhikkhu Bodhi en *The Connected Discourses of the Buddha* (Boston: Wisdom Publications, 2000).

T Tibetano.

Vism *Sendero de la purificación* (*Visuddhimagga*), de Buddhagosha. Traducido por Bhikkhu Ñanamoli en *The Path of Purification* (Kandy: Buddhist Publication Society, 1991).

INTRODUCCIÓN

CÓMO ESTUDIAR LAS ENSEÑANZAS

Como con todas las actividades, nuestra actitud y motivación para aprender y practicar el Budadharma afectan al valor de nuestra acción. Tener en cuenta seis factores te permitirá tener una motivación beneficiosa. En primer lugar, considérate una persona enferma que quiere sanar. Nuestra enfermedad es la existencia cíclica y el duhkha (circunstancias insatisfactorias) que la impregna. Duhkha incluye estar sujeto al nacimiento, el envejecimiento, la enfermedad y la muerte bajo la influencia de las aflicciones y el karma, así como no obtener lo que queremos, separarnos de lo que amamos y encontrarnos con problemas que no queremos. Al vernos a nosotros mismos como personas enfermas, abordaremos las enseñanzas con sinceridad y receptividad.

En segundo lugar, considera al maestro como un médico amable que diagnostica correctamente nuestra enfermedad y nos prescribe la medicina para curarla. Nuestro samsara tiene sus raíces en las aflicciones mentales, de las cuales la principal es la ignorancia que malinterpreta la naturaleza última de los fenómenos. Aunque deseamos felicidad, nuestra mente está continuamente abrumada por el apego, el enfado y la confusión, que nos causan sufrimiento aquí y ahora y crean el karma para el duhkha futuro.

Tercero: tienes que ver las enseñanzas como la medicina que cura nuestra enfermedad. El Buda prescribe la medicina de los tres adiestramientos superiores en conducta ética, concentración y sabiduría, y la medicina de la bodhichita y las seis perfecciones: generosidad, conducta ética, paciencia, esfuerzo alegre, estabilidad meditativa y sabiduría.

Cuarto: entiende que practicar las enseñanzas es el método para obtener la salud.

Cuando estamos enfermos respetamos al médico de modo natural, confiamos en las medicinas y queremos tomarlas, incluso aunque no tengan buen sabor. Si cuestionamos al médico o nos quejamos de las medicinas, no las tomaremos. Del mismo modo, si no respetamos al

Buda y al Dharma, no desearemos practicar. También, si tenemos una receta pero no recogemos la medicina o la recogemos pero no nos la tomamos, no nos recuperaremos. Del mismo modo, debemos hacer un esfuerzo para aprender y practicar el Dharma y no simplemente acumular estatuas, textos y rosarios de oración. Curar la enfermedad es un proceso de colaboración entre el médico y el paciente: ambos debemos hacer nuestra parte. El *Sutra del rey de la concentración* dice (LC 1: 60–61):

> Algunas personas están enfermas, sus cuerpos atormentados. Durante muchos años ni siquiera hay alivio temporal. Afligidos por una enfermedad durante mucho tiempo, buscan un médico, para que les dé una cura.
>
> Buscando una y otra vez, finalmente encuentran a un médico que es hábil y posee conocimiento. Tratando a los pacientes con compasión, el médico administra la medicina y les dice: "Aquí la tienes, tómate esto".
>
> Esta medicina es abundante, buena y valiosa. Curará la enfermedad, pero los pacientes no la toman. Esto no es un fallo del médico, ni es culpa de la medicina. Es únicamente la negligencia de los enfermos.
>
> He explicado esta enseñanza excelente. Sin embargo, si, habiéndola escuchado, no se practica correctamente, entonces, igual que una persona enferma que sostiene una bolsa llena de medicinas, tu enfermedad no puede curarse.

Tomar la medicina implica mirar más allá de las palabras que escuchamos y tratar de entender su significado más profundo. Cuando está claro en nuestra mente, debemos ponerlo en práctica constantemente. Entonces, y solo entonces, se curará nuestra enfermedad de duhkha y nuestras aflicciones. Cuando tomamos medicinas ordinarias, debemos seguir las instrucciones correctamente y tomarlas durante todo el periodo pautado. Si tomamos las medicinas unos días y luego las dejamos, no mejoraremos. Del mismo modo, si no nos gusta el sabor de la medicina y le mezclamos todo tipo de cosas porque tienen un sabor mejor, no nos recuperaremos. Así, nuestro compromiso de practicar las enseñanzas en la medida de lo posible es un elemento crucial en nuestra Iluminación.

Quinto: considera a los budas como seres excelentes, sabios y compasivos.

Y sexto, reza para que las enseñanzas existan durante mucho tiempo, para que muchos seres conscientes puedan beneficiarse de ellas.

Luego trata de desarrollar una motivación altruista, pensando: "Quiero estar libre del duhkha del samsara y buscaré la medicina del Buda, que, cuando la practique adecuadamente, me llevará a lograr una buena salud. Pero no soy el único enfermo: innumerables seres conscientes también vagan en el samsara y sufren debido a las aflicciones. Que pueda llegar a ser un médico hábil y compasivo como el Buda, para poder ayudar a todos los demás seres conscientes a liberarse del duhkha del samsara".

1 | El yo. Las cuatro verdades y sus dieciséis atributos

Las cuatro verdades de los aryas son cuatro hechos que los aryas –seres que han visto directamente la naturaleza última de la persona y de todos los fenómenos– experimentan como verdades. Estas cuatro verdades establecen el contexto fundamental del Budadharma, por lo que es esencial una buena comprensión de ellas. En este capítulo observaremos las cuatro verdades de modo general y en capítulos posteriores examinaremos cada una de ellas en detalle.

Las cuatro verdades describen las experiencias no iluminadas e iluminadas del yo, que es meramente designado; así que, para empezar, me gustaría compartir algunas reflexiones acerca del yo –la persona que renace en la existencia cíclica, que practica el sendero y alcanza la Iluminación–.

Tres preguntas acerca del yo

Me gustan los encuentros interreligiosos, y valoro el genuino y profundo diálogo y la cooperación que resultan de ellos. En uno de estos encuentros en Amritsar, India, a cada participante se le hicieron tres preguntas: ¿Existe un yo? ¿Tiene principio? ¿Tiene un final? Esto es lo que yo pienso.

¿Existe un yo?

La mayoría de los no budistas afirman un yo independiente –un *atman* o alma– que renace. ¿Por qué afirman esto? Aunque sabemos que nuestro cuerpo de adulto no existía cuando nacimos, si decimos: "Cuando yo nací…", sentimos que hubo un yo que nació y que ese mismo yo existe hoy. También decimos: "Hoy mi mente está calmada", lo que indica que nuestra mente de hoy es diferente a la de ayer, que estaba alterada. Pero sentimos que el yo es el mismo que ayer. Cuando vemos una flor, pensamos: "Yo veo", y sentimos que hay una persona real que la ve.

En todos estos casos, aunque sabemos que el cuerpo y la mente cambian, todavía tenemos la sensación de un yo permanente que es el dueño del cuerpo y la mente. Esta es la base para creer que hay un yo estático, unitario e independiente que va al cielo o al infierno o que renace en otro cuerpo después de la muerte. De aquí viene la conclusión de que tiene que haber un yo no cambiante e independiente que esté presente a lo largo de nuestras vidas y que permanece igual, aunque cambien los agregados físicos y mentales. Este yo es el agente de todas las acciones como caminar y pensar.

Aunque tanto los budistas como los no budistas aceptan la existencia del yo, nuestras ideas acerca de lo que es el yo difieren radicalmente: la mayoría de los no budistas aceptan la existencia de un alma permanente y no cambiante o un yo independiente, mientras que los budistas refutan esta creencia. Aunque ninguna escuela filosófica budista afirma un yo permanente, unitario e independiente, estas escuelas tienen ideas diferentes respecto a lo que es el yo: la consciencia mental, el continuo de la consciencia, el conjunto de los agregados o el mero yo que es meramente designado. La escuela prasangika madhyamaka, que generalmente se acepta como el sistema de principios más refinado, dice que el yo se designa meramente dependiendo del cuerpo y la mente. Debido a que el yo es meramente imputado, podemos decir: "Soy joven o viejo" y "Pienso y siento". Si la persona fuera una entidad completamente diferente del cuerpo y de la mente, no cambiaría cuando el cuerpo o la mente cambian.

¿Tiene principio?

Los que creen en un creador externo afirman una inteligencia autónoma que no depende de causas y condiciones. Este ser, dicen, creó el mundo y los seres conscientes en él. Para muchas personas, la noción de que Dios creó la vida fomenta el sentimiento de estar cerca de Dios y la disposición a seguir el consejo de Dios de ser bondadosos y abstenerse de dañar a los demás. Su creencia en un creador les incita a vivir éticamente y ayudar a otros.

Algunas creencias como el jainismo y el samkhya no afirman un creador, pero desconozco si creen que el atman tiene principio.

Un tema repetido en el budismo es la relación dependiente, del que uno de sus aspectos es que las cosas funcionales surgen debido a causas y condiciones. Al explicar los doce vínculos de relación dependiente, el Buda dijo: "Debido a esto, eso existe. Debido a que esto ha surgido, eso surge". *Debido a esto, eso existe* indica que las cosas llegan a existir debido a causas y condiciones; No aparecen sin causa. Si algo no tiene causas, ¿qué lo hace surgir? Si las cosas no dependen de causas y condiciones, ¿por qué una semilla da lugar a una planta en primavera pero no en invierno? ¡Si nuestra comida llegara a existir sin una causa, aparecería sin comestibles, ollas o cocineros! Por lo tanto, absolutamente todo –el cuerpo, la mente y el universo externo– depende de causas y condiciones.

Debido a que esto ha surgido, eso surge ilustra que las causas, así como sus resultados, son impermanentes. Si las causas no cambiaran, seguirían existiendo incluso después de producir sus resultados. Sin embargo, para que surja un resultado, su causa debe cesar. Para que crezca un manzano, la semilla de la manzana debe cesar. No es posible que un creador permanente o una inteligencia previa cree el universo y los seres en él sin que él mismo cambie. Cada persona, cosa y acontecimiento surge debido a sus propias causas, que a su vez se han producido dependiendo de sus causas. No hay un principio discernible.

Además, las cosas son producidas por sus propias y únicas causas, no por causas discordantes –cosas que no tienen la capacidad de producirlas–. No es el caso de que algo pueda producir cualquier cosa. Una margarita crece a partir de semillas de margaritas, no del metal. Nuestro cuerpo y mente tienen cada uno sus propias causas únicas.

Las causas dependen de las condiciones para producir sus resultados. Si las condiciones fueran innecesarias, un brote podría crecer en el invierno o en un suelo seco, no dependería del calor y la humedad para crecer. Son necesarias múltiples causas y condiciones para producir un resultado.

Cada causa no solo produce sus propios resultados, sino que también surgió debido a las causas que la produjeron. El brote es la causa del árbol que crece a partir de él, así como el resultado de la semilla a partir de la cual creció. Si un creador externo fuera la causa del universo, también tendría que ser además el resultado de una causa anterior. Sería un fenómeno producido y no podría existir independiente de causas.

Si los budistas no aceptan un yo, ¿quién renace? Aunque el Buda refuta un yo que exista independientemente de todos los demás factores, acepta un yo convencional que depende de causas, condiciones y partes. Este yo se designa en función del cuerpo y la mente, por lo que la pregunta de si el yo tiene principio depende de si el cuerpo y la mente tienen principio. La naturaleza del cuerpo es material. Actualmente los científicos dicen que toda la materia se remonta hasta el Big Bang. ¿Cómo ocurrió el Big Bang? Tuvo que haber algunas sustancias materiales, energía o potencial para la materia que existía antes del Big Bang, y las condiciones debieron ser de tal manera que explotó. Aquí también vemos que las cosas deben tener causas que se ven afectadas por otras condiciones y, por lo tanto, cambian y dan lugar a algo nuevo.

Nuestra mente cambia momento a momento; la mente es impermanente y surge debido a causas que tienen la capacidad de producir cada momento de la mente. El primer momento de la mente de esta vida tiene una causa, porque sin una causa no podría existir. La causa de nuestra mente no fue la mente de nuestros padres, puesto que ellos tienen su propia continuidad individual de consciencia, igual que nosotros. La causa sustancial (*upadanakarana*) de nuestra mente –la causa que se convierte en la mente– no puede ser nuestro cuerpo o el esperma y el óvulo de nuestros padres, porque la mente y el cuerpo tienen naturalezas diferentes: la mente no tiene forma y su naturaleza es claridad y cognición, mientras que el cuerpo tiene características físicas y materiales. Lo único que podemos señalar como la causa del primer momento de la mente de esta vida es el momento previo de esa mente en la vida anterior. Esta continuidad puede rastrearse infinitamente, con un momento de la mente produciendo el siguiente momento de la mente: no hay principio.

REFLEXIONES

Considera:

1. Todo lo que es producido surge de causas; nada puede surgir sin causas.
2. Las causas son impermanentes: cesan para que surja su resultado.
3. Hay concordancia entre una causa y su resultado. Un resultado específico solo puede surgir de causas y condiciones que sean capaces de producirlo.
4. Aplica esta comprensión a la existencia del universo físico y a tu mente.

¿Tiene un final?

Dentro del budismo hay dos posiciones respecto a esta cuestión. Algunos vaibhasika dicen que cuando un arhat (alguien que ha alcanzado la liberación del samsara) fallece (logra el Nirvana sin el residuo de los agregados contaminados), el continuo de la persona deja de existir, como la llama de una lámpara que se apaga debido a la falta de combustible. Puesto que los agregados contaminados son producidos por las aflicciones y el karma, cuando los arhats desaparecen, no existe la continuidad de sus agregados, ya que sus causas –las aflicciones y el karma contaminado– han cesado. Dado que los agregados son necesarios para la existencia de una persona, dicen que la persona ya no existe.

Hay dificultades con esta afirmación: cuando la persona está viva, no hay Nirvana sin el residuo de los agregados contaminados, y cuando se ha alcanzado este Nirvana, no hay persona que lo haya alcanzado. En ese caso, ¿cómo se puede decir: "Esta persona ha logrado este Nirvana?".

Además, no hay nada que pueda erradicar el continuo mental, la continuidad de la mente. La sabiduría que comprende directamente la ausencia de existencia inherente o sustancial erradica los oscurecimientos aflictivos, pero no puede destruir la naturaleza de claridad y cognición de la mente. Por esta razón, los madhyamikas y la mayoría de los chittamatrins afirman que después de que una persona alcanza el parinirvana, el Nirvana después de la muerte, existe el continuo de los agregados purificados. Estos agregados purificados son la base de designación de ese arhat; por lo tanto, la persona no deja de existir cuando él o ella alcanza el parinirvana. Los bodhisatvas que han superado los oscurecimientos aflictivos, continúan renaciendo en la existencia cíclica impulsados por la compasión. La continuidad de los continuos mentales de los budas también permanece para siempre.

Desde el punto de vista del tantrayana, después de que un arhat muere, el aire y la mente más sutiles continúan existiendo y se postula una persona sobre esta base. Ese yo se denomina un *arhat*. Alguien que ha alcanzado la Iluminación obtiene los cuatro cuerpos (aquí, "cuerpo" significa agregado) de un buda. Dado que la naturaleza última de la mente es vacuidad, la vacuidad de la mente iluminada se convierte en el cuerpo natural de la verdad –la cesación verdadera última que alcanza un buda y la vacuidad de la mente de ese buda–. La mente más sutil se convierte en el cuerpo de la verdad de la sabiduría –la mente omnisciente de un buda–. El aire más sutil se convierte en los cuerpos de la forma de un buda: el cuerpo del deleite y el cuerpo de emanación. Un arya buda –una persona que es un buda– existe siendo meramente designado basándose en estos cuatro cuerpos.

Las cuatro verdades

En la India clásica, muchas tradiciones espirituales hablaron sobre el estado no iluminado del samsara y el estado iluminado del Nirvana. Cada una de ellas tiene su propia descripción de duhkha, sus orígenes, cesación y el sendero que lleva a la cesación. Samsara significa renacer con agregados condicionados por el karma. Específicamente, son nuestros cinco agregados, sujetos al aferramiento (*upadana*) y que nos hemos apropiado debido a las aflicciones y el karma[1].

La liberación es la libertad de la esclavitud de renacer con agregados contaminados, impulsados por las aflicciones y el karma. *Contaminados* quiere decir que están bajo la influencia de la ignorancia. La liberación se produce al cesar la ignorancia y el karma que causan la existencia cíclica. La mente que renuncia al duhkha y que tiene la intención de liberarse de él es una mente preciosa que se debe cultivar con cuidado. La renuncia no significa renunciar a la felicidad: es la aspiración a la liberación, la determinación de buscar una felicidad más elevada y más duradera que la que el samsara puede ofrecer.

La primera enseñanza que el compasivo Buda dio fueron las cuatro verdades: el duhkha verdadero, los orígenes verdaderos, las cesaciones verdaderas y los senderos verdaderos. Estas cuatro verdades abarcan nuestro estado actual, que está repleto de condiciones insatisfactorias (duhkha), y sus orígenes, y presentan una alternativa: el Nirvana (cesaciones verdaderas) y el sendero que conduce a él. El Buda no creó las cuatro verdades, simplemente describió la verdad sobre el samsara y sus orígenes, así como la verdad de que existe un sendero para detenerlos y ocasionar el Nirvana.

Podemos preguntarnos por qué estas verdades a veces se llaman las cuatro nobles verdades. Después de todo, ¿qué tiene de noble el sufri-

1 Upadana significa aferrarse, los agregados están sujetos al aferramiento. Esto indica que los agregados son objetos de nuestro aferramiento y se producen mediante éste. Upadana también se puede traducir como "apropiados", dando a entender que los agregados han sido "adquiridos" por la persona.

miento? *Noble* indica (1) que fueron experimentadas directamente y enseñadas por los nobles –los aryas, aquellos que han percibido directamente la naturaleza última, y (2) que conocer estas verdades nos ennoblece al permitir que nos convirtamos en aryas. Se llaman verdades porque es cierto que se deben abandonar el duhkha y sus orígenes y es cierto que se deben adoptar las cesaciones y los senderos. Estos cuatro puntos son verdaderos según la percepción de los aryas, y son verdaderos en el sentido de que forman una explicación no engañosa que nos llevará más allá del sufrimiento.

El Buda habló de las cuatro verdades en muchos sutras. En el primer giro de la rueda del Dharma, el Buda presentó las cuatro verdades por medio de tres ciclos: primero identificó la *naturaleza* de cada verdad, luego habló de *cómo implicarse* en cada una y finalmente describió el *resultado* de experimentar cada verdad.

La naturaleza de cada verdad

En cuanto a su naturaleza, *los sufrimientos verdaderos* (duhkha) son los agregados contaminados que son producidos principalmente por las aflicciones y el karma contaminado. Más en profundidad, el duhkha verdadero consiste en los cuerpos, mentes, entornos y las cosas contaminadas que utilizamos y disfrutamos. En *Compendio de conocimiento*, Asanga dice: "Si alguien se pregunta qué es el duhkha verdadero, se tiene que entender tanto respecto a los seres conscientes que nacen como a los entornos en los que nacen". El cuerpo y la mente son el duhkha verdadero interno porque están en el continuo de la persona. El entorno y las cosas que nos rodean son el duhkha verdadero externo, que no forma parte del continuo de la persona. Todos los orígenes verdaderos también son duhkhas verdaderos, aunque no todos los duhkhas verdaderos son orígenes verdaderos. Todas las aflicciones son insatisfactorias, pero nuestro cuerpo y nuestro entorno, que son insatisfactorios, no son causas del samsara.

¿Qué impulsa este proceso de tomar repetidamente y sin control los agregados psicofísicos de un ser de uno de los tres reinos? Son los *orígenes verdaderos* de duhkha: las aflicciones y el karma contaminado (acciones). La principal aflicción que es la raíz del samsara es la ignorancia que se aferra a la existencia inherente o sustancial, un factor mental que aprehende los fenómenos existiendo de manera opuesta a la que realmente existen. Si bien todos los fenómenos existen de manera dependiente, la ignorancia los percibe como si existiesen de forma independiente. El término tibetano para *ignorancia –ma rig pa–* significa no saber. Incluso su nombre implica algo indeseable que altera la mente e interfiere con la felicidad y la satisfacción. Puesto que la causa de la existencia cíclica no es auspiciosa, su resultado –nuestro cuerpo, entorno y experiencias en la existencia cíclica– no producirá un placer estable.

La ignorancia estrecha la mente, impidiéndole ver los múltiples factores involucrados en la existencia. De la ignorancia se derivan varias concepciones distorsionadas que fomentan la aparición de todas las demás aflicciones, especialmente los "tres venenos" de la confusión, el apego y la animosidad. Las aflicciones, a su vez, crean un karma que impulsa el renacimiento samsárico. En el contexto de las cuatro verdades, el Buda identificó el ansia como el ejemplo principal del origen de duhkha, para resaltar su destacado papel.

Las *cesaciones verdaderas* son la extinción de los duhkhas verdaderos y de los orígenes verdaderos. Desde el punto de vista prasangika, son la vacuidad de la mente de un arya, específicamente el aspecto purificado de la naturaleza última de una mente que ha abandonado una parte de los oscurecimientos mediante el poder de un sendero verdadero.

Los *senderos verdaderos* son las realizaciones espirituales de los aryas basadas en la sabiduría que percibe directamente la ausencia de existencia inherente o sustancial. Con la excepción de las restricciones éticas, que son formas imperceptibles, los senderos verdaderos son consciencias. Los sutras pali enfatizan el óctuple sendero, que se incluye en los tres adiestramientos superiores, como el sendero verdadero. De estos ocho, la visión correcta –la sabiduría que percibe directamente la vacuidad–, es lo que realmente corta la raíz de la existencia cíclica.

Las cuatro verdades comprenden dos pares, cada uno de los cuales tiene una relación de causa y efecto. Los orígenes verdaderos causan el duhkha verdadero, y los senderos verdaderos producen las cesaciones verdaderas. Técnicamente hablando, la cesación verdadera –el Nirvana– no es un efecto porque es no condicionado y permanente[2]. Sin embargo, alcanzar el Nirvana se debe a una causa, que es el sendero

2 En el budismo, permanente significa que no cambia. Un fenómeno permanente no depende de causas y condiciones. Impermanente quiere decir que cambia instante a instante.

verdadero. El Buda profundiza sobre la naturaleza de cada verdad en el *Sutta de los fundamentos de la atención* (DN 22: 18-21):

> ¿Y qué es, monjes, la verdad arya de duhkha? El nacimiento es duhkha, la vejez es duhkha, la muerte es duhkha, la tristeza, la lamentación, el dolor, el abatimiento y la desesperación son duhkha. Encontrar lo no deseado es duhkha, estar separado de lo deseado es duhkha, no obtener lo que uno quiere es duhkha. En resumen, los cinco agregados sujetos al aferramiento son duhkha...
>
> ¿Y qué es, monjes, la verdad arya del origen de duhkha? Es el ansia lo que da lugar al renacimiento, vinculado al deleite y al aferramiento, que busca deleite nuevo, ahora aquí, ahora allí: es decir, el ansia sensual, el ansia por la existencia y el ansia por la no existencia.
>
> ¿Y qué es, monjes, la verdad arya de la cesación de duhkha? Es la completa eliminación y cese, el abandono, el dejar ir y el desapego de esta [ansia].
>
> ¿Y cuál es, monjes, la verdad arya del sendero que conduce al cese de duhkha? Es precisamente este óctuple sendero arya, es decir, la visión correcta, la intención correcta, la palabra correcta, la acción correcta, el modo de vida correcto, el esfuerzo correcto, la atención correcta y la concentración correcta.

Observemos más de cerca la descripción que presenta Buda del *duhkha verdadero*. Del sufrimiento que implica el nacimiento, la enfermedad, la vejez y la muerte ya somos conscientes. La *tristeza* es nuestra respuesta a la desgracia y a las situaciones desagradables. Cuando la tristeza se intensifica de manera que se hace insoportable, gritamos o lloramos. A esto se refiere el término *lamentación*. *Dolor* hace referencia al dolor físico de cualquier tipo. El *abatimiento* es el dolor mental, la infelicidad y la depresión. Debido al dolor o al abatimiento, el sufrimiento se vuelve abrumador y nos *desesperamos*, abandonando la esperanza porque no vemos ningún recurso para resolver nuestras dificultades.

Encontrar lo no deseado es encontrarse con lo que es desagradable. Por mucho que tratemos de evitar las dificultades, siguen viniendo de una forma u otra. Nos enfrentamos con problemas de relación y financieros, así como con prejuicios, injusticias y el cambio climático.

La separación de lo deseado ocurre cuando obtenemos lo que nos gusta y posteriormente lo perdemos. Una vez que tenemos amigos, parientes, un trabajo e ingresos, una buena reputación, etc., no queremos perderlos. Aunque nos aferremos a ellos, es imposible mantenerlos para siempre porque su propia naturaleza es la transitoriedad. Cuanto mayor sea nuestro apego, más dolorosa será nuestra eventual separación de ellos. Por esta razón, el Buda dijo que las cosas mundanas son insatisfactorias y que carecen de la capacidad de producir una felicidad duradera.

No obtener lo que queremos es tener deseos y necesidades frustrados. Buscamos buena salud, seguridad financiera y relaciones estables; deseamos mantenernos jóvenes para siempre y tener una excelente reputación. Sin importar cuánto las deseemos, no llegamos a conseguirlas hasta el punto en que nos satisfacen, y caemos en la frustración, el mal humor y el desaliento. Esta experiencia es común a los ricos y a los pobres, a quienes son populares y a los solitarios, a los sanos y a los enfermos.

Las circunstancias anteriores son bastante fáciles de discernir en nuestras vidas. En ellas encontramos los tres tipos de duhkha. Hay (1) dolor evidente –el duhkha del dolor–, (2) la situación insatisfactoria de no poder mantener lo agradable –el duhkha del cambio– y (3) la base sobre la que surgen estos dos la constituyen el cuerpo y la mente, los cinco agregados sujetos al aferramiento. Por el hecho de tener estos cinco agregados, surgen todas las demás situaciones insatisfactorias. Este es el duhkha de lo condicionado, que es intrínseco a los cinco agregados sujetos a la ignorancia.

Los cinco agregados son procesos momentáneos, unidos por una relación de mutua condicionalidad. Creemos que somos personas independientes, que existimos por encima y más allá del cuerpo y la mente o que existimos dentro del cuerpo y la mente y tenemos control sobre ellos. Esta idea de ser un yo independiente es una ilusión. Hasta ahora nunca hemos examinado cómo nos aferramos al yo y simplemente asumimos que hay un yo controlando los agregados.

Cuando observamos profundamente la naturaleza de los cinco agregados, vemos que son meros procesos que están cambiando a cada instante y que se encuentran en un flujo constante. Surgen y desaparecen sin interrupción, dando lugar al siguiente momento en el mismo continuo. Lo que consideramos que es la persona está constituida únicamente por agregados mentales y materiales que son momentáneos.

Nuestro cuerpo y nuestra mente son transitorios por naturaleza. No existe otra causa o condición externa para que cambien y desaparezcan que el mero hecho de que hayan surgido. El Buda dijo: "Todo lo que tiene la naturaleza de surgir, tiene la naturaleza de cesar". Esta es la impermanencia sutil, y comprenderla claramente a través de la experiencia directa requiere de una gran atención y concentración. Esta experiencia es muy valiosa porque, cuando se combina con la comprensión de que nuestros agregados nunca serán algo seguro en lo que podamos sentirnos cómodos, nos lleva a buscar *el origen de duhkha* e investigar si se puede erradicar y, en caso afirmativo, cómo.

Tomar repetidamente los cinco agregados ocurre debido a la ignorancia, el ansia y el karma. Nuestros agregados presentes no solo son el producto de la ignorancia, el ansia y el karma pasados, sino que también se convierten en esta vida en la base para que surja más ignorancia, más ansia y más karma, que nos llevará a tomar otro conjunto de cinco agregados sujetos al aferramiento en el futuro, que estarán bajo el control de la ignorancia, el ansia y el karma.

Al señalar el ansia como el mejor ejemplo del origen de duhkha, en el fragmento anterior, el Buda no pasó por alto el papel de la ignorancia, otras aflicciones y el karma. La ignorancia impide que la mente perciba las cosas como son, y dentro de esa falta de claridad, el ansia es una fuerza activa que crea duhkha. Lo hace de varias maneras. En primer lugar, el ansia surge hacia lo que es placentero. Sale a la búsqueda de objetos, facultades cognitivas, consciencias, contactos, sentimientos, intenciones, pensamientos e imágenes que sean agradables. En resumen, el ansia nos convierte en adictos que buscan eternamente más y mejores placeres físicos y mentales. Al hacer que nos aferremos a los objetos que parecen producirnos placer, el ansia engendra insatisfacción y crea la sensación de que nos falta algo. Pensando que satisfacer todos nuestros deseos nos traerá felicidad, nos encontramos inmersos en engaños, mentiras, traiciones y otras conductas dañinas. En resumen, el ansia está detrás de gran parte del karma que impulsa el renacimiento en la existencia cíclica.

Además de ser el motor de muchas de las acciones destructivas que realizamos durante nuestra vida, el ansia surge con mucha fuerza en el momento de la muerte, haciendo que maduren las semillas kármicas que proyectan el próximo renacimiento. Conforme se acerca la muerte, el ansia busca preservar nuestro sentido de ser una persona independiente; No queremos separarnos del cuerpo y la mente de esta vida, que son la base para fabricar un yo independiente. Sin embargo, durante el proceso de la muerte, la capacidad del cuerpo para actuar como soporte de la consciencia disminuye y el ansia da lugar al aferramiento, lo que empuja a la mente a buscar renacer en otro cuerpo. Según las semillas kármicas fertilizadas por el ansia y el aferramiento, la mente se conecta a otro cuerpo en el momento del renacimiento. En un renacimiento humano, este sería el momento de la concepción. Cuando la consciencia se une al óvulo fecundado, los cinco agregados del siguiente renacimiento entran juntos en la existencia. El óvulo fertilizado es el cuerpo y, junto con la consciencia, vienen la sensación, el discernimiento y los factores composicionales, formando así la base de la persona de la nueva vida.

La cesación verdadera de duhkha es la renuncia a los oscurecimientos aflictivos, especialmente el ansia. En nuestra vida cotidiana, podemos experimentar facsímiles de la cesación, por ejemplo, la paz y el alivio que sentimos cuando dejamos de querer que se hagan las cosas a nuestra manera o dejamos de insistir en tener razón y tener la última palabra en una discusión. Aunque la cesación verdadera última es el Nirvana, los aryas logran varias cesaciones parciales en el sendero cada vez que abandonan cierta cantidad de aflicciones y sus semillas.

La tradición pali habla de cuatro tipos de cesación, no todos ellos son el Nirvana:

(1) *La cesación por sustitución de factores* (P. *tat anga nirodha*) ocurre después de haber cultivado el antídoto para una aflicción particular y haberla eliminado temporalmente. Cuando estamos enfadados, meditamos en la paciencia, y cuando estamos llenos de ansia sensual, contemplamos los aspectos desagradables del cuerpo. Al sustituir un estado mental no virtuoso por uno virtuoso, se produce una cesación por sustitución de factores.

(2) *La cesación mediante la supresión* (P. *vikambana nirodha*) es el resultado de alcanzar las absorciones meditativas. Un poderoso samadhi debilita temporalmente las formas manifiestas de los cinco obstáculos y otros engaños (P. *samklesa, samkilesa*), trayendo la paz y el gozo de la concentración. Puesto que los engaños no están activos durante la absorción meditativa, parece que hayan sido erradicados. Sin embargo, sólo han sido refrenados y sus semillas permanecen en el continuo mental.

(3) *La cesación mediante la erradicación* (P. *samucheda nirodha*) es la cesación que se logra a través de la sabiduría penetrante que corta con los engaños de modo que no pueden volver a surgir. Se llega a esta cesación empezando en la etapa del que *ha entrado en la corriente* (sendero de la visión) y progresando a través de las etapas del que *retorna una vez* y del que *no retorna* (sendero de la meditación), y culminando en el *estado de arhat* (sendero de no más aprendizaje).

(4) *La cesación última de los engaños* (P. *achanta nirodha*) como se explica en la tradición pali, es la realidad que es la ausencia última de todos los engaños. Cortar con los engaños completamente depende de una realidad que esté completamente libre de engaños, una realidad que es eterna, que no esté condicionada y no nacida. Es la existencia de este estado no nacido –la realidad del Nirvana– lo que hace posible la erradicación de todos los engaños[3]. Este Nirvana es el objeto de la sabiduría penetrante. Cuando la sabiduría ve la verdad del Nirvana y hace realidad la cesación verdadera, se erradican los engaños.

REFLEXIONES

1. Recuerda un momento en el que aplicaste el antídoto a una aflicción como la codicia o el deseo de venganza y esta cedió temporalmente.
2. Considera que es posible que las aflicciones disminuyan por un período de tiempo más largo debido a la fuerza de haber desarrollado una concentración poderosa que hace que la mente esté extremadamente tranquila y en paz.
3. Considera que es posible percibir la realidad directamente y, debido a ello, erradicar algún nivel de engaños.
4. Considera que es posible profundizar y estabilizar dicha percepción de la realidad de manera que todos los oscurecimientos aflictivos son erradicados y no vuelven a aparecer jamás.
5. Toma la fuerte determinación de hacerlo.

---

3 La manera en que se describe aquí el Nirvana en la tradición pali –como una realidad permanente, no condicionada y no nacida que permite la erradicación de los engaños– parece similar a la descripción madhyamaka de la vacuidad en la tradición del sánscrito.

La cesación verdadera no se logra deseándola o rezando para que ocurra, sino adiestrando la mente. El principal *sendero verdadero* que adiestra la mente es la visión correcta: la sabiduría que percibe directamente la vacuidad. Debemos poner energía para comprender las cuatro verdades: primero intelectualmente, luego a través de la experiencia y, finalmente, con la sabiduría penetrante. Cuando una persona en el sendero del sravaka penetra las cuatro verdades con la percepción directa, se convierte en alguien que ha entrado en la corriente, ha entrado en la corriente que lleva al Nirvana. Se convierte en un arya que llegará al Nirvana y nunca más será un ser ordinario. Cuando aquellos que siguen el sendero del bodhisatva obtienen este logro, se convierten en arya bodhisatvas y llegarán irreversiblemente a la Iluminación.

Cómo implicarse en cada verdad

¿Cómo nos comprometemos o practicamos las cuatro verdades? El duhkha verdadero se debe conocer o comprender completamente, los orígenes verdaderos se deben abandonar, las cesaciones verdaderas se deben actualizar y los senderos verdaderos se deben desarrollar. *Sublime continuo,* de Maitreya (*Ratnagotravibhaga*, *Uttaratantra*) dice (RGV 4.57):

> En el caso de la enfermedad, necesitamos diagnosticarla, eliminar sus causas, alcanzar el estado de felicidad [de salud] y confiar en la medicina adecuada. De manera similar, necesitamos reconocer nuestro duhkha, eliminar sus causas, actualizar su cesación y confiar en el sendero adecuado.

El resultado de cada verdad

En términos de la comprensión resultante de las cuatro verdades, el duhkha verdadero se debe comprender en profundidad, pero no existe un duhkha que comprender; los orígenes verdaderos se deben abandonar, pero no hay orígenes que abandonar; la cesación verdadera se debe hacer realidad, pero no hay cesación que hacer realidad, y los senderos verdaderos se deben desarrollar, pero no hay senderos que desarrollar.

Esto se puede entender de dos maneras. La primera es común a todas las escuelas budistas: una vez que hemos comprendido completamente duhkha, no hay más duhkha que comprender; una vez que hemos superado totalmente sus orígenes, no hay más causas de sufrimiento que superar; una vez que hemos hecho realidad perfectamente la cesación, nuestra liberación es completa y no hay más cesaciones que hacer realidad, y una vez que hemos desarrollado completamente el sendero, ya no hay nada más que se deba desarrollar.

La segunda consiste en el enfoque no común madhyamaka: el Buda se refiere a la naturaleza última de las cuatro verdades, su vacuidad. Su intención es que es posible para nosotros superar el duhkha verdadero y sus orígenes y hacer realidad las cesaciones verdaderas y los senderos verdaderos porque su naturaleza misma es vacía de existencia inherente o sustancial. Puesto que son primordialmente vacíos y nunca han existido inherentemente, el duhkha y sus orígenes se pueden eliminar, y las cesaciones verdaderas y los senderos verdaderos se pueden actualizar. Su naturaleza última, el vacío, también se llama el Nirvana natural, y esto nos permite alcanzar los otros tres tipos de Nirvana: el Nirvana con residuos, el Nirvana sin residuos y el Nirvana que no mora[4].

De acuerdo con el enfoque madhyamaka, el duhkha verdadero se debe comprender en profundidad a nivel convencional, pero a nivel último no hay un duhkha verdadero. Es decir, el duhkha verdadero existe en el nivel convencional al ser meramente designado por concepto y término, pero a nivel último nunca ha existido intrínsecamente el duhkha verdadero; el duhkha verdadero es naturalmente vacío de existencia inherente o sustancial. Es similar para las otras tres de las cuatro verdades: existen convencionalmente, pero al final no se pueden encontrar con el análisis último.

Las cuatro verdades burdas y sutiles

De acuerdo con la presentación única de los prasangika, las cuatro verdades tienen un aspecto burdo y otro sutil. Tanto *Tesoro de conocimiento,* de Vasubandhu (*Abhidharmakosa*), como *Compendio de conocimiento,* de Asanga (*Abhidharmasamuccaya*), describen el aspecto burdo de las cuatro verdades: el duhkha verdadero son todas las circunstancias

4 Esto se refiere a la cuádruple clasificación del Nirvana, véase el capítulo 11. Según los prasangika, el Nirvana natural es el vacío. El Nirvana sin residuos es la cesación verdadera en los continuos de los arhats de los tres vehículos que se caracteriza por la desaparición de la apariencia manifiesta de la existencia verdadera. El Nirvana con residuos es la cesación verdadera en los continuos de los arhats de los tres vehículos que va acompañada de la apariencia manifiesta de la existencia verdadera. Esto ocurre en los momentos entre sesiones de meditación de los arhats que no son budas. El Nirvana que no mora es una cesación verdadera en la que los dos oscurecimientos se han extinguido, y sólo la tienen los budas. Los sistemas inferiores de principios filosóficos explican el Nirvana con y sin residuos de manera diferente.

insatisfactorias que surgen de aferrarse a una persona autosuficiente y sustancialmente existente; los orígenes verdaderos son aferrarse a una persona autosuficiente y sustancialmente existente, y las aflicciones y el karma contaminado que surgen de este aferramiento; las cesaciones verdaderas son el abandono de duhkha y de los orígenes que surgen de aferrarse a una persona autosuficiente y sustancialmente existente; el sendero verdadero es la sabiduría que percibe directamente la ausencia de una persona autosuficiente y sustancialmente existente. Este es el punto de vista de los sistemas inferiores de principios filosóficos.

El aspecto sutil de las cuatro verdades lo describen los prasangika: el duhkha verdadero son las circunstancias insatisfactorias cuyas raíces se encuentran en el aferramiento a la existencia inherente o sustancial y el karma; los orígenes verdaderos son el aferramiento a la existencia inherente o sustancial de la persona y de los fenómenos, y las aflicciones y el karma contaminado que surgen de este aferramiento; las cesaciones verdaderas son la erradicación completa de dichas aflicciones y karma, y el sendero verdadero es la sabiduría que percibe directamente el vacío de existencia inherente. Como origen verdadero, el aferramiento a la existencia inherente o sustancial es mucho más sutil y más persistente que el aferramiento a una persona autosuficiente y sustancialmente existente. También es más difícil de identificar cuando se medita en la vacuidad.

Los seres ordinarios pueden comprender directamente la vacuidad burda –la ausencia de una persona autosuficiente y sustancialmente existente–. Pero esta comprensión por sí sola no puede eliminar la raíz de la existencia cíclica, la ignorancia que se aferra a la existencia inherente. En el mejor de los casos, pueden abandonar temporalmente el aferramiento a la existencia esencial o inherente burda y las aflicciones que dependen de él. Por lo tanto, la sabiduría que percibe directamente la ausencia de una persona autosuficiente y sustancialmente existente no es un sendero verdadero capaz de cortar la raíz de la existencia cíclica, y el cese de este aferramiento no es una auténtica cesación verdadera. Aquí vemos las implicaciones a largo plazo de la forma en que los prasangika plantean el objeto de negación y la importancia de identificarlo correctamente para desarrollar la sabiduría que lo percibe como no existente.

Los dieciséis atributos de las cuatro verdades de los aryas

Los dieciséis atributos de las cuatro verdades se encuentran en *Tesoro de conocimiento*, en *Niveles de los sravakas*, de Asanga (*Sravakabhumi*), y en *Comentario sobre la cognición válida*, de Dharmakirti. Se enseñaron para proteger a los seres conscientes de duhkha ayudándoles a desarrollar la sabiduría y la visión superior (*vipasana*). Cada verdad tiene cuatro atributos, que contrarrestan cuatro concepciones distorsionadas sobre cada una de ellas. Además de eliminar estos dieciséis conceptos erróneos, que son obstáculos para alcanzar la liberación, los dieciséis atributos establecen la existencia de la liberación y el método para alcanzarla. Cada atributo es una cualidad de la verdad correspondiente y revela una función específica de esa verdad.

Si tienes dudas sobre la posibilidad de erradicar duhkha para siempre y si te preguntas si existe el Nirvana y si es posible alcanzarlo, contemplar los dieciséis atributos de las cuatro verdades te será de gran ayuda. A medida que reflexionamos en ellos, podemos descubrir que tenemos algunos de los conceptos erróneos que se refutan. Esforzarse por entender los dieciséis atributos nos ayudará a disiparlos, despejando el camino para que surja la sabiduría.

A menos que se indique lo contrario, los dieciséis atributos se presentan de acuerdo con el punto de vista común aceptado por todos los sistemas de principios filosóficos budistas. También se presenta el significado único de los prasangika cuando difiere del punto de vista común[5]. Por favor, observa que, aunque cada verdad se expresa generalmente en singular (por ejemplo, *origen verdadero*), tiene muchos componentes, así que a veces se expresa en plural (*orígenes verdaderos*).

Los cuatro atributos del duhkha verdadero

El duhkha verdadero (*duhkha-satya*) son los agregados contaminados causados principalmente por las aflicciones y el karma. Incluyen el duhkha verdadero interno –como nuestro cuerpo y nuestra mente contaminados– y el duhkha verdadero externo –como nuestros hábitats y las cosas que hay en ellos–.

Los cuatro atributos del duhkha verdadero –impermanencia, duhkha (insatisfacción), vacuidad y ausencia de existencia inherente– contrarrestan cuatro concepciones distorsionadas (*ayoniso manas-*

5 Véase de Su Santidad el Dalai Lama y Thubten Chodron, *Budismo: Un maestro, muchas tradiciones*, para una explicación de los dieciséis atributos según la tradición pali.

kara) o modos de concebir (*vikalpa viparyasa*) que creen que las cosas impermanentes son permanentes, que las cosas que son por naturaleza insatisfactorias son placenteras, que las que no son atractivas son atractivas, y que careciendo de existencia sustancial la tienen[6]. El Buda dijo en *Distorsiones de la mente* (AN 4.49):

> Percibiendo permanencia en lo impermanente, percibiendo placer en lo que es duhkha, percibiendo existencia inherente en lo que no la tiene y percibiendo belleza en lo que es repugnante, los seres recurren a puntos de vista equivocados, sus mentes están trastornadas, su percepción tergiversada.
>
> Estas personas están sometidas por el yugo de Mara[7] y no logran seguridad en la esclavitud. Los seres continúan en el samsara, pasando repetidamente del nacimiento a la muerte.
>
> Pero cuando los budas aparecen en el mundo y envían una luz brillante, revelan esta enseñanza que conduce a la pacificación de duhkha.
>
> Al oírlo, los sabios recuperan la cordura. Ven lo impermanente como impermanente y lo que es duhkha como duhkha. Ven lo que no existe inherentemente como carente de existencia inherente y lo desagradable como desagradable. Al adquirir la visión correcta, superan todos los duhkhas.

Los cuatro atributos del duhkha verdadero contrarrestan las cuatro concepciones distorsionadas[8]. La comprensión de los dos primeros atributos nos prepara para llevar a cabo los dos últimos, que son los principales antídotos que producen las cesaciones verdaderas. Aunque nuestros agregados físicos y mentales se ponen como ejemplo del duhkha verdadero porque son la base de designación del yo, la explicación abarca todo lo que está condicionado por las aflicciones y el karma.

1. Los agregados físicos y mentales son *impermanentes* (*anitya*) porque experimentan un continuo y efímero surgimiento y desintegración.

---

6 Yo, ser (atman), tiene dos significados distintos dependiendo del contexto: (1) Una persona, alguien que es un ser consciente o un buda, y (2) la existencia inherente o sustancial, como en "ignorancia que se aferra a la existencia inherente"

7 Mara es la personificación de los obstáculos y los oscurecimientos.

8 En los cuatro primeros capítulos de *Los cuatrocientos,* de Aryadeva, se ofrece una descripción detallada de las cuatro concepciones distorsionadas y sus antídotos.

Presos de la ignorancia, aprehendemos las cosas transitorias –como nuestro cuerpo, relaciones y posesiones– como inmutables, estáticas y duraderas, esperamos que sigan siendo iguales y que siempre estén ahí. No sentimos que vamos a morir –al menos no en un futuro cercano–. Creyendo que somos la misma persona que ayer, esperamos que nuestras vidas sean constantes y predecibles. Nos sorprende un accidente de coche o un cambio repentino en nuestras condiciones de trabajo. Como consecuencia de percibir lo que es impermanente como permanente, no nos preparamos para la muerte o las vidas futuras, evitando las acciones dañinas e implicándonos en acciones constructivas. Diciéndonos a nosotros mismos que practicaremos el Dharma más tarde, cuando tengamos más tiempo, desperdiciamos nuestra preciosa vida como ser humano.

Nuestros sentidos pueden percibir la impermanencia burda: el sol se pone, se construye un edificio y más tarde se derrumba, los bebés se convierten en adultos y luego mueren. Todos estos cambios burdos ocurren debido a la impermanencia sutil –cambios que ocurren a cada instante–. Estos cambios sutiles van implícitos en la naturaleza de las cosas condicionadas: no es necesario ningún otro factor externo para hacer que las cosas surjan y cesen a cada instante.

Surgir quiere decir que algo nuevo ha llegado a la existencia, *permanecer* es la continuación similar de algo y *cesar* es la desintegración de lo que era. Estos tres sucesos ocurren simultáneamente en cada instante. Desde el momento en que algo surge, está cambiando y cesando. No hay manera de detener este proceso o de que haya un descanso. Debido a que todo cambia a cada instante, no hay estabilidad ni seguridad en el samsara. Comprenderlo nos da una visión más realista de la vida. Esto, a su vez, nos ayuda a liberarnos del apego a los placeres samsáricos y al nacimiento en el samsara en general, y deja libre nuestra mente para buscar una felicidad más fiable que proviene de la práctica del Dharma.

2. Los agregados son *insatisfactorios por naturaleza* (*duhkhata*) porque están bajo el control de las aflicciones y el karma.

Creyendo que lo que es insatisfactorio por naturaleza –comida, posesiones, reputación, amigos, parientes, nuestro cuerpo, etc.– es placer y felicidad real, nos metemos en el mundo de los placeres transitorios esperando un gozo duradero. Viendo nuestro cuerpo como fuente de gran placer, invertimos mucho esfuerzo para conseguir y experimentar placeres sensuales. Al hacerlo, consumimos más de lo que nos corresponde de los recursos de la Tierra y pasamos mucho tiempo persiguiendo ilusiones. En realidad, nuestro cuerpo tiene dolores y molestias constantes y rara vez estamos cómodos mucho tiempo. Si lo viéramos de manera más realista, lo mantendríamos sano para poder usarlo para practicar el Dharma, pero no esperaríamos verdadera felicidad de él.

Contemplar el hecho de que los objetos, personas y actividades que vemos agradables tienen en realidad una naturaleza insatisfactoria porque están bajo la influencia de las aflicciones y el karma corrige la creencia distorsionada de que son una fuente fiable de felicidad. Lo que comúnmente llamamos placer es en realidad un estado en el que una incomodidad ha disminuido y una nueva incomodidad acaba de empezar. Por ejemplo, cuando hemos estado de pie durante mucho tiempo, sentarse trae una sensación de alivio y placer. Pero, lentamente, la incomodidad de estar sentado aumenta y, después de un rato, queremos levantarnos y dar una vuelta.

Nuestros agregados están sujetos a los tres tipos de duhkha mencionados anteriormente: el duhkha del dolor, que es el dolor físico y mental; el duhkha del cambio, en el cual las circunstancias placenteras no duran, y el duhkha de lo condicionado que todo lo impregna, un cuerpo y una mente condicionados por las aflicciones y el karma. Este último es la fuente de los dos primeros. Las aflicciones y el karma condicionan nuestras experiencias y, sin elección, nuestro cuerpo enferma, envejece y muere. Nuestra mente está desbordada por las emociones aflictivas como la desesperación y la rabia. Al comprender que todo lo que está bajo el poder de las aflicciones y el karma no puede ser una fuente de alegría duradera, soltamos expectativas poco realistas y nos alejamos de la búsqueda inútil de aferrarnos a los placeres samsáricos. En su lugar, dirigimos nuestra energía a hacer realidad las cesaciones verdaderas.

Los atributos de impermanencia y duhkha están vinculados. Aryadeva dice (CS 50):

> Lo impermanente está definitivamente dañado. Lo que está dañado no es placentero. Por lo tanto, se afirma que todo lo que es impermanente es duhkha.

Gyaltsab explica:

> Todo lo que es impermanente, como el cuerpo, que es la maduración del karma pasado contaminado y las aflicciones, está definitivamente dañado por factores que producen la desintegración y, por lo tanto, produce aversión. Cualquier cosa afectada por las causas del daño, cuya naturaleza es producir aversión, no es placentera. Por lo tanto, se dice que todo lo que es impermanente y contaminado es duhkha, igual que todo lo que cae en un pozo de sal se vuelve salado.

Las cosas impermanentes y contaminadas, como nuestro cuerpo, están bajo la influencia de las aflicciones y el karma, que hacen que se desintegren. Un cuerpo viejo o muerto se considera algo indeseable e impuro, igual que las flores hermosas son feas cuando se deterioran y se pudren. Todo lo que se desintegra bajo la influencia de las aflicciones y el karma y nos produce aversión y desagrado es duhkha por naturaleza. Carece de una esencia que se pueda encontrar, es vacío. Entender esto nos lleva al desencanto del samsara y nos inspira a dirigir nuestra atención hacia la liberación.

3. Los agregados son *vacíos* (*sunya*) porque carecen de un yo permanente, unitario e independiente.

La tercera concepción distorsionada sostiene que lo que es repugnante –específicamente nuestro cuerpo– es bello. Nuestro propio cuerpo y el de los demás está lleno de sustancias desagradables: sangre, huesos, músculos, órganos, tejidos, excrementos, etc. Debido a la ignorancia, lo acicalamos y vemos los cuerpos de los demás como algo deseable, y los codiciamos. No hace falta decir que nuestra obsesión por el cuerpo está fuera de lugar y conduce a la decepción y la miseria.

Hay dos planteamientos para ver los agregados como desagradables. El primero se enfoca en el cuerpo y ve que sus órganos, fluidos, etc., son repugnantes. Nadie encuentra el interior del cuerpo hermoso, y nos deshacemos de todo lo que el cuerpo excreta. El segundo entiende que puesto que los agregados son impermanentes e insatisfactorios por naturaleza, el cuerpo no es atractivo y nuestros pensamientos aflictivos son indeseables. Así pues, no merece la pena anhelar nuestros agregados samsáricos y aferrarse a ellos, ya que no tienen la capacidad de traernos un bienestar duradero. Esto nos inspira a centrar nuestra atención en crear las causas de la liberación.

El hecho de que los agregados estén vacíos refuta el yo o atman permanente, unitario e independiente tal como lo conciben los no budistas. *Permanente* aquí significa que el yo es eterno y no cambia de una vida a otra. *Unitario* quiere decir que no está compuesto por partes, e *independiente* en este contexto significa que no depende de causas y condiciones. Un yo o un alma con estas características tiene una naturaleza que es completamente diferente de la de los agregados: siempre es estática, monolítica, omnipresente y está completamente separada de los fenómenos condicionados. Por el contrario, los agregados cambian, constan de partes, y dependen de causas y condiciones. Los agregados no pueden ser dicho yo. El atributo del vacío también refuta la existencia de un creador que sea independiente, estático, que no cambie y que no dependa de causas y condiciones.

¿Cómo contrarresta el tercer atributo –la vacuidad– la noción de que el cuerpo es atractivo? Nuestra creencia equivocada de que el cuerpo –que es desagradable– es atractivo y puro implica mantener que la persona y los agregados están separados, cuando en realidad son de la misma naturaleza. Durante la época del Buda, las personas se adhirieron fuertemente al sistema de castas y los brahmanes se enorgullecían de ser puros porque nacían de la boca de Brahma, mientras que las personas de castas inferiores nacían de las partes inferiores del cuerpo de Brahma y por lo tanto eran considerados impuros. Los brahmanes mantenían reglas estrictas de limpieza hasta el punto de no tocar los cuerpos de las personas de castas inferiores, no comer con ellos ni usar los mismos utensilios. El Buda se opuso al sistema de castas y a la noción de un "yo puro" que constituía su base. Al enseñar que no hay un yo puro, eterno y monolítico que esté separado de los agregados, daba a entender que todos los cuerpos –sin importar a qué casta perteneciera la gente– eran poco atractivos e impuros.

Aunque los prasangika están de acuerdo con lo anterior, su punto de vista único acerca del tercer atributo se expresa en el siguiente silogismo: "Los agregados son vacíos porque surgen de manera dependiente". Esto expresa la vacuidad de existencia inherente de los fenómenos. Si el sujeto fuera la persona, expresaría el vacío de la persona. La razón –es decir, que surgen de manera dependiente– demuestra la vacuidad tanto de la persona como de los agregados, porque en ambos casos se está negando la existencia inherente. La razón en este silogismo podría ser también "porque dependen de causas y condiciones" o "porque dependen de partes".

4. Los agregados carecen de un yo sólido (*nairatmya*) porque carecen de una persona autosuficiente y sustancialmente existente.

Si existiera una persona autosuficiente y sustancialmente existente, sería de la misma naturaleza que los agregados. Cuando decimos "yo" o "mi cuerpo y mi mente", tenemos la impresión de que hay un yo que es el dueño y el controlador del cuerpo y la mente. Este yo lleva a la mente a pensar y al cuerpo a moverse. Pero, si este fuera el caso, se podría identificar una persona autosuficiente y sustancialmente existente sin percibir ninguno de los agregados, mientras que normalmente identificamos a una persona al ver su cuerpo, al escuchar su voz o al pensar en su mente. El cuarto atributo niega la existencia de tal yo.

De acuerdo con la visión única de los prasangika, un yo autosuficiente y sustancialmente existente es un objeto de negación burdo, que se puede refutar por un conocedor válido convencional. Afirman que la cuarta concepción distorsionada es el aferramiento a todos los fenómenos como si fueran inherentemente existentes, lo que significa que tienen su propia esencia intrínseca y existen por su propio poder, independientemente de todos los demás factores. Para los prasangika, la vacuidad y la ausencia de un yo con existencia inherente o sustancial llegan al mismo punto.

La ignorancia que se aferra a la existencia inherente es un gran productor de problemas. Basándonos en ella, incorrectamente nos consideramos como entidades cerradas en sí mismas, nos apegamos a nuestro bienestar individual y vemos todo en relación con nosotros mismos. El aferramiento a la existencia inherente promueve la conceptualización distorsionada, que proyecta la belleza y la fealdad en las personas y en las cosas a pesar de que no tienen dichas características. Como resultado, nos indignamos cuando somos criticados y experimentamos arrogancia cuando nos elogian. Esto conduce a un comportamiento manipulador, a la angustia personal, a la discordia social y a las cruentas guerras. Es importante entenderlo examinando nuestras propias experiencias.

Debido a que todos los fenómenos carecen de esencialidad (carecen de una naturaleza sustancial o inherente), es posible que la sabiduría que comprende directamente la vacuidad de existencia inherente pueda superar y eliminar la ignorancia que se aferra a la existencia esencial, que sostiene los fenómenos como si existieran de manera inherente. Ver con sabiduría que la persona y todos los fenómenos son vacíos –que carecen de existencia inherente– es el camino que nos libera del samsara.

En conclusión, debido a que no conocemos los cuatro atributos del duhkha verdadero, las cuatro concepciones distorsionadas surgen en nuestra mente una detrás de otra. Dan lugar a aflicciones, que instigan acciones perturbadoras –ya sean mentales, verbales o físicas–, que a su vez dejan semillas kármicas en nuestro continuo mental. Algunas de estas semillas kármicas maduran en el momento de la muerte y producen nuestro próximo renacimiento; otras maduran en vidas futuras, afectando nuestro entorno, hábitos y las experiencias que nos acontezcan en ellas. Este es el significado de estar bajo el control de las aflicciones y las acciones contaminadas, e ilustra claramente que no somos libres de experimentar la alegría y la satisfacción que buscamos. Debemos entender bien las cuatro concepciones distorsionadas para superarlas, igual que en la guerra ordinaria se tiene que aprender sobre los enemigos para poder vencerlos.

Los cuatro atributos del duhkha verdadero se construyen unos sobre otros. Nuestro cuerpo y nuestra mente cambian momento a momento. Esta es su naturaleza. Una vez que surgen, no se necesita ninguna otra causa más para que cambien. Ser conscientes de este hecho contradice la creencia de que son estáticos y no cambiantes.

Las cosas impermanentes son producidas por causas y condiciones. Nuestros agregados están controlados por sus propias causas –las aflicciones y el karma–, que en última instancia tienen su raíz en la ignorancia. Cualquier cosa causada por la ignorancia o que tenga sus raíces en ella es insatisfactoria: este es el duhkha de lo condicionado que todo lo impregna. Una vez que entendemos esto, no importa cuán hermosas, agradables y atractivas puedan parecer las cosas, sabemos que no son dignas de aferrarnos a ellas.

Los dos primeros atributos se centran en que los agregados dependen de causas y condiciones, y dirigen a la comprensión de los dos últimos atributos, que niegan la existencia de cualquier clase de yo o persona que sea independiente. No estamos libres de estos agregados, entonces, ¿cómo podría haber un yo estático, unitario e independiente que sea una entidad diferente de los agregados? No podemos evitar que nuestro cuerpo y nuestra mente envejezcan y mueran, entonces, ¿cómo podría haber una persona autosuficiente y sustancialmente existente que controle los agregados?

Aunque en principio abordemos los cuatro atributos desde el punto de vista del razonamiento o desde el de la meditación, más adelante debemos combinar el conocimiento obtenido de los dos para lograr un conocedor válido directo yóguico que experimente la impermanencia, el duhkha, la vacuidad y la ausencia de existencia inherente. Esta mente es una consciencia mental resultante de la unión de la permanencia apacible y la visión superior o vipasana, que percibe directamente estos cuatro atributos.

Concepciones distorsionadas del duhkha verdadero		Atributos del duhkha verdadero *Los agregados contaminados son:*
1	Creer que las cosas impermanentes son permanentes	Impermanentes, porque experimentan un continuo surgimiento y desintegración instante a instante
2	Creer que las cosas insatisfactorias son placenteras	Duhkhata, porque están bajo el control de las aflicciones y el karma
3	Creer que lo desagradable es atractivo	Vacíos, porque carecen de un yo estático, unitario e independiente
4	Creer que lo que carece de un yo tiene un yo	Carentes de existencia inherente, porque carecen de un yo autosuficiente y sustancialmente existente

Reflexionar sobre los cuatro atributos del duhkha verdadero nos hace anhelar liberarnos de nuestros agregados contaminados y alcanzar el Nirvana, un estado de libertad auténtica. La práctica de los cuatro fundamentos de la atención es una forma de tener una comprensión experiencial de los cuatro atributos del duhkha verdadero y superar las cuatro concepciones distorsionadas. La atención al cuerpo combate la visión que lo mantiene como atractivo; la atención a la sensación supera el ver los agregados como placenteros y deseables; la atención a la mente contrarresta el aferramiento a un yo permanente, unitario e independiente; y la atención a los fenómenos nos lleva a comprender la ausencia de existencia inherente o sustancial. La experiencia directa de la vacuidad sutil y de la ausencia de existencia inherente sutil nos liberan de las cadenas de la existencia cíclica.

REFLEXIONES

1. Recuerda una situación en la que te habías enfadado mucho con alguien. Observa tu creencia entonces de que la persona era estática y no cambiante. Parecía como si todo lo que ella había sido o había hecho se condensara en esa horrible persona que te hacía daño.
2. Pregúntate a ti mismo si esto es cierto. ¿Se congela en el tiempo la persona o cambia según las causas y las condiciones? ¿Hay una persona independiente que siempre ha sido y siempre será la imagen que actualmente tienes de ella?
3. Viendo que la persona no es ni estática ni independiente, deja que tu enfado se disipe. Disfruta de la sensación de estar libre de dolor y el enfado.

Los cuatro atributos de los orígenes verdaderos

Los orígenes verdaderos (*samudaya-satya*) –las aflicciones y el karma– son las causas principales del duhkha verdadero. Las acciones provienen de las aflicciones, especialmente del ansia y la ignorancia, la raíz de todas las aflicciones. Los sistemas de principios filosóficos budistas tienen diversas ideas sobre lo que es la ignorancia y cómo se relaciona con la visión de una identidad personal. Estas se explicarán más adelante.

Un notorio ejemplo de las aflicciones es el ansia (*trsna*), un agrado muy fuerte por un objeto que hace que no estemos dispuestos a dejarlo ir. Al observar de cerca nuestras experiencias en la vida, vemos que gran parte de nuestro sufrimiento se debe al ansia: aferrarnos a algo o a alguien externo a nosotros como la fuente de la felicidad, la seguridad y el éxito. El ansia crea sentimientos de insatisfacción y escasez, de modo que no importa lo que logremos o poseamos o quién nos ame y nos aprecie que, aun así, nos sentimos descontentos, invadidos por el anhelo de más y mejor.

Los cuatro atributos de los orígenes verdaderos son: causa, origen, fuerte producción y condiciones.

1. El ansia y el karma son las *causas* (*hetu*) de duhkha porque son las causas principales de duhkha.

Nuestro sufrimiento no es casual, sino que tiene causas: el ansia y el karma. Bajo el control de la ignorancia, ansiamos experimentar sensaciones agradables y ansiamos no experimentar sensaciones dolorosas. Esto nos lleva a actuar, creando karma. El ansia también favorece que los diversos karmas den sus resultados, especialmente durante el proceso de la muerte. Este atributo refuta la idea de que duhkha sea aleatorio o sin causas, como afirman los *materialistas* (*charvakas*), una escuela filosófica de la antigua India. Al rechazar la ley del karma y sus efectos, muchos *materialistas* negaban la responsabilidad ética y vivían de manera hedonista, complaciéndose en los placeres de los sentidos sin pensar mucho en los efectos que tendrían sus acciones a largo plazo, tanto para ellos como para los demás.

2. El ansia y el karma son *orígenes* (*samudaya*) de duhkha porque producen repetidamente todas las diferentes formas de duhkha.

Las aflicciones y el karma no solo crean una parte de nuestra desgracia mental y física, sino toda ella en el pasado, presente y futuro. Comprenderlo disipa la idea de que duhkha proviene de una sola causa, como una deidad externa o una materia cósmica primigenia. Si duhkha se apoyara en una sola causa, las condiciones cooperativas serían innecesarias, en cuyo caso o bien esa causa nunca produciría un resultado o nunca dejaría de producirlo. Si un brote dependiera solo de una semilla y nada más, la semilla crecería continuamente porque el cambio de estaciones no le afectaría para nada; o no crecería en absoluto porque la presencia de un clima cálido, agua y fertilizante no le afectaría. Duhkha depende de la unión de muchos factores cambiantes. No está predestinado ni establecido.

Ver las diversas formas de duhkha que experimentan repetidamente los seres conscientes que se hallan bajo el control de las aflicciones y el karma puede ser impactante al principio. Sin embargo, dado que son fenómenos condicionados, cuando las condiciones cambien o cesen, también duhkha cambiará o cesará.

3. El ansia y el karma son *fuertes productores* (*prabhava*) porque actúan enérgicamente para producir un duhkha fuerte.

Tendemos a pensar que nuestros problemas provienen de causas externas a nosotros mismos: un creador externo u otra persona. Cuando algunas personas experimentan enfermedades o accidentes se lo atribuyen a Dios, que quería que pasara ese acontecimiento. En un nivel más mundano, culpamos de nuestra infelicidad a otras personas o circunstancias externas. Esta forma de pensar nos encierra en una mentalidad de víctima en la que creemos que somos incapaces de cambiar nuestras experiencias porque son causadas por alguien ajeno a nosotros. Comprender el tercer atributo disipa la noción de que duhkha surge de causas discordantes, como por ejemplo la voluntad de un creador externo.

Concepciones distorsionadas de los orígenes verdaderos		Atributos de los orígenes verdaderos *Los agregados contaminados son*:
1	Creer que duhkha es aleatorio o que no depende de causas (charvaka)	Causas de duhkha, porque son las causas principales de duhkha.
2	Creer que duhkha es producido por una única causa	Orígenes, porque producen repetidamente todas las diversas formas de duhkha
3	Creer que duhkha surge de causas discordantes, como un creador externo (vaisesika)	Fuertes productores, porque actúan con fuerza para producir un fuerte duhkha.
4	Creer que duhkha es fundamentalmente permanente pero temporalmente fugaz (nirgrantha)	Condiciones, porque actúan como condiciones cooperativas que dan lugar a duhkha.

Las aflicciones y el karma producen un duhkha intenso tanto en reinos inferiores como en los superiores, y nos mantienen fuertemente atados al samsara. Cuando entendemos que las aflicciones y el karma son los orígenes reales de nuestros problemas, aceptamos la responsabilidad de nuestras acciones y de nuestras vidas. Nos vemos en cierto modo poderosos, sabiendo que tenemos la capacidad de cambiar nuestra situación y de crear las causas de la felicidad que deseamos. Habiendo identificado correctamente los orígenes de nuestro sufrimiento, aprendemos, reflexionamos y meditamos en el Dharma para contrarrestar las aflicciones y purificar el karma. Comprenderlo nos impulsa a disipar estos orígenes de duhkha.

4. El ansia y el karma son *condiciones* (*pratyaya*) porque también actúan como condiciones cooperativas que dan lugar al duhkha.

El ansia y el karma no solo son las causas principales del duhkha, sino también las condiciones cooperativas que permiten que el karma madure. Cuando el ansia se manifiesta en nuestra mente, actúa como un fertilizante que permite que las semillas kármicas maduren. Comprender que duhkha depende de causas y condiciones disipa la noción de que es fijo e inalterable y contrarresta la idea de que duhkha es fundamentalmente permanente pero temporalmente fugaz, es decir, pensar que nuestro estado insatisfactorio no se puede superar aunque haya momentos de alivio temporal. Cuando se eliminan las causas y condiciones, las experiencias insatisfactorias y dolorosas resultantes también cesarán. Saberlo aporta resiliencia a nuestra práctica de Dharma. Contemplar estos cuatro atributos fortalece nuestra determinación de abandonar los orígenes verdaderos.

REFLEXIONES

1. Examina el papel que juega el ansia en tu vida. ¿Qué ansías? ¿Te proporcionan verdadera satisfacción esas cosas cuando las posees?
2. ¿Viene el ansia de fuera de ti mismo? ¿Viene de un creador u otra persona el objeto que anhelas? ¿Cómo se relaciona el ansia con la ignorancia?
3. ¿Qué haces bajo la influencia del ansia? ¿Cuáles son los resultados de estas acciones?
4. Toma la fuerte determinación de vencer la ignorancia y el ansia para practicar el sendero.

Los cuatro atributos de las cesaciones verdaderas

Las cesaciones verdaderas (*nirodha-satya*) incluyen las cesaciones de varios niveles de aflicciones que se van actualizando a medida que avanzamos a través de los senderos hacia el estado de arhat y la Iluminación. Los prasangika añaden a esto que una cesación verdadera es la naturaleza última purificada de la mente que ha eliminado ese nivel de aflicciones.

Se pone como ejemplo el cese verdadero alcanzado por un arhat, en el que han cesado todas las aflicciones y el karma que causan un renacimiento samsárico. Este cese verdadero en el continuo de un arhat es el cese de las aflicciones innatas (*sahaja*) que han existido desde tiempos sin principio y las aflicciones adquiridas (*parikalpita*) que se aprendieron de filosofías incorrectas.

Los prasangika afirman que las verdaderas cesaciones de las cuatro verdades burdas no son cesaciones verdaderas reales porque eliminar la ignorancia que se aferra a una persona autosuficiente y sustancialmente existente no erradica el duhkha verdadero y sus orígenes, aunque detendrá temporalmente las aflicciones burdas evidentes explicadas en los dos *Conocimientos*. También afirman que el cese verdadero alcanzado por un buda es también el cese de los oscurecimientos cognitivos que impiden la Iluminación.

Los cuatro atributos de la cesación verdadera abordan las preocupaciones que puedas tener. Si crees que las aflicciones existen inherentemente en los seres conscientes, lo que hace imposible un estado último de paz, reflexiona sobre el primer atributo. Si te preguntas si el cielo es mejor que el Nirvana, contempla el segundo atributo. Si crees que el Nirvana no es la libertad total, reflexiona sobre el tercer atributo. Y si te preguntas si es posible que el Nirvana degenere, contempla el cuarto atributo.

Los cuatro atributos de la cesación verdadera son: cesación, paz, magnificencia y emergencia definitiva (libertad).

1. El Nirvana es la *cesación* de duhkha (*nirodha*) porque es un estado en el que se han abandonado los orígenes de duhkha, y por lo tanto asegura que ya no surgirá duhkha.

Al pensar que las aflicciones son una parte inherente de los seres conscientes, algunas personas creen que tratar de eliminarlas es inútil. No intentan remediar su situación y, en consecuencia, continúan renaciendo en la existencia cíclica. Comprender que alcanzar las cesaciones verdaderas es posible eliminando las aflicciones y el karma disipa la idea errónea de que la liberación no existe, liberándonos de inmediato de una actitud derrotista y, a menudo, cínica.

2. El Nirvana es paz (*shanta*) porque es una ruptura en la cual se han eliminado las aflicciones.

No pudiendo identificar correctamente las cualidades de la liberación, algunas personas confunden otros estados contaminados, como las absorciones meditativas en los reinos de la forma y sin forma, con la liberación. Aunque estas absorciones meditativas son mucho más pacíficas que nuestra existencia humana, solo han suprimido las aflicciones evidentes y no han eliminado de raíz las aflicciones sutiles y sus semillas. Al no entender que el Nirvana es la paz definitiva, las personas no intentan alcanzarlo y están satisfechas con un estado samsárico superior que es temporal. Este atributo contrarresta la creencia de que los estados contaminados por la ignorancia son el Nirvana. Las personas que están convencidas del daño de las aflicciones y el karma saben que la cesación de éstos es un estado de paz y alegría que no desaparecerá.

3. El Nirvana es *magnificencia* (*pranita*) porque es la fuente superior de beneficio y felicidad.

Puesto que el Nirvana es completamente no engañoso y ningún otro estado de liberación lo reemplaza, es supremo y magnífico. El Nirvana es la libertad total de los tres tipos de duhkha. Saberlo evita confundir ciertos estados de cesación temporal o parcial con el Nirvana. También evita pensar que hay algún estado superior al cese de duhkha y sus orígenes. Alguien que confunde un estado samsárico con la liberación cogerá un desvío que no le lleva a su destino. Por ejemplo, alguien que disfruta de la tranquilidad de suprimir la mente conceptual en una meditación dejando la mente en blanco se hace un flaco favor, porque el Nirvana lo eludirá.

Concepciones distorsionadas de las cesaciones verdaderas		Atributos de las cesaciones verdaderas El Nirvana –el cese verdadero alcanzado por un arhat, en el que han cesado todas las aflicciones y el karma que causan un renacimiento samsárico, por la fuerza de los antídotos es:
1	Creer que la liberación no existe	Cesación de duhkha, porque es un estado en el que los orígenes de duhkha se han abandonado
2	Creer que otros estados contaminados (como las absorciones meditativas del reino de la forma y sin forma) son la liberación	Paz, porque es una ruptura en la que las aflicciones se han eliminado
3	Creer que un estado de cesación temporal o parcial es el Nirvana o la liberación	Magnificencia, porque es la fuente superior de beneficio y felicidad
4	Creer que el Nirvana puede degenerar, que es reversible	Libertad, porque es la liberación total e irreversible del samsara

4. Nirvana es *libertad* o *emergencia definitiva* (*nihsarana*) porque es una liberación total e irreversible del samsara.

El Nirvana es un abandono definitivo porque es una liberación irreversible del duhkha del samsara. Esto contrarresta la noción errónea de que el Nirvana puede degenerar. Debido a que el Nirvana es la eliminación de todas las aflicciones y el karma que causan el renacimiento samsárico, ya no existe ninguna causa para tal renacimiento o para el sufrimiento que este conlleva.

Contemplar estos cuatro atributos nos anima a no detenernos a mitad de camino, sino a continuar practicando hasta que alcancemos el Nirvana.

REFLEXIONES

1. Para tener un concepto aproximado de cómo sería el Nirvana, imagina que una aflicción como el enfado está totalmente ausente en tu mente. No importa lo que alguien diga o haga, no importa lo que suceda, nunca volverás a enfadarte.

2. El Nirvana es la ausencia completa y para siempre de aflicciones. Aspira a conseguirlo.

Los cuatro atributos de los senderos verdaderos

El sendero verdadero (*margasatya*) *es la sabiduría que experimenta directamente los dieciséis atributos de las cuatro verdades, especialmente el cese verdadero.* Al existir en los continuos mentales de los aryas de los tres vehículos, los senderos verdaderos erradican la ignorancia y otras aflicciones. Cuando cesan las aflicciones, ya no se crea karma contaminado y el que se había creado ya no puede madurar en un renacimiento samsárico: se ha alcanzado la liberación.

La tradición pali dice que el óctuple sendero de los aryas constituye los senderos verdaderos, mientras que los prasangika dicen que dichos senderos son un logro de un arya, basado en la sabiduría que percibe directamente la vacuidad de existencia inherente. La sabiduría que comprende el vacío es el sendero verdadero principal porque ve el modo en que existen los fenómenos de modo contrario a cómo lo ve la ignorancia. Mientras que la ignorancia se aferra a la existencia inherente o sustancial, la sabiduría que percibe directamente la vacuidad comprende la ausencia de la existencia inherente. De esta manera, es capaz de contrarrestar completamente la ignorancia y todas las aflicciones enraizadas en ella.

Igual que antes, estos cuatro atributos resuelven las dudas que podamos tener sobre el sendero verdadero. Si temes que no haya un sendero hacia la paz, reflexiona sobre el primer atributo. Si crees que la sabiduría que comprende el vacío no puede contrarrestar las aflicciones, reflexiona sobre el segundo atributo. Si te preguntas si la sabiduría que comprende la vacuidad eliminará realmente todas las aflicciones, considera el tercer atributo. Si te planteas si meditar con la sabiduría que comprende directamente el vacío producirá el Nirvana y no algún otro estado, reflexiona sobre el cuarto atributo.

Los cuatro atributos de los senderos verdaderos son: sendero, adecuado, logro y liberación. Estos se explican de acuerdo con la visión prasangika[9].

9 Tanto en las tradiciones del pali como en las del sánscrito, los tres adiestramientos superiores de la conducta ética, la concentración y la sabiduría –que se incluyen en el óctuple sendero– se especifican en general como el sendero a la liberación. Alex Wayman señala que las cuatro concepciones distorsionadas y los cuatro atributos de

1. La sabiduría que comprende directamente la ausencia de existencia inherente o sustancial es el *sendero* (*marga*) porque es el camino inequívoco hacia la liberación.

Esta sabiduría lleva a la liberación. Saberlo contrarresta la idea errónea de que no hay sendero a la liberación del samsara. Las personas que creen que no existe un sendero no se aventurarán a desarrollarlo y permanecerán interminablemente atrapadas en la existencia cíclica.

2. La sabiduría que percibe directamente la vacuidad de existencia inherente es *adecuada* (*nyaya*) porque actúa como antídoto directo a las aflicciones.

La sabiduría que percibe directamente la vacuidad de existencia inherente es el sendero adecuado que conduce al Nirvana porque es el poderoso antídoto que contrarresta directamente la ignorancia que se aferra a la existencia inherente, y elimina el duhkha. Comprenderlo elimina la idea errónea de que esta sabiduría no es un camino hacia la liberación. Al tener confianza en que es el camino correcto hacia el Nirvana, estaremos ansiosos por desarrollar la sabiduría que conoce tanto la naturaleza de esclavitud del samsara como la liberación de él, tal como son. Esta sabiduría también conoce los defectos de las aflicciones y el significado de la vacuidad.

3. La sabiduría que percibe directamente la vacuidad de existencia inherente es un *logro* (*pratipatti*) porque comprende de manera inequívoca la naturaleza de la mente.

A diferencia de los senderos mundanos, que no pueden hacer que logremos nuestros objetivos últimos, la preciosa sabiduría que perci-

---

los ceses verdaderos corresponden a las cuatro concepciones distorsionadas y los cuatro atributos de los senderos verdaderos. Estos, a su vez, se relacionan con los tres adiestramientos superiores. (1) Los verdaderos senderos conducen a verdaderas cesaciones, que en conjunto contrarrestan la concepción distorsionada de que el Nirvana no existe porque los verdaderos senderos no existen. (2) El adiestramiento superior de la concentración es un sendero adecuado que conduce a la paz porque calma y enfoca la mente. (3) El adiestramiento superior en la conducta ética es el logro que conduce a la magnificencia porque comprender directamente la naturaleza de la mente promueve el no dañar. (4) El adiestramiento superior en sabiduría es el sendero a la liberación porque conduce a la libertad irreversible. Ver Alex Wayman, "The Sixteen Aspects of the Four Noble Truths and Their Opposites", Journal of the International Association of Buddhist Studies 3, no. 2 (1980), 73.

be directamente la vacuidad conduce a logros espirituales inequívocos porque es una sabiduría sublime que percibe directamente el modo último de existencia de la mente, su vacío de existencia inherente o sustancial. De esta manera, se consigue erradicar las aflicciones y se logra la liberación.

Comprenderlo contrarresta la idea errónea de que los senderos mundanos eliminan el duhkha. Los senderos mundanos son de muchos tipos, como las absorciones meditativas que se confunden con la liberación. Por muy felices que sean, no consiguen un verdadero estado de liberación. Algunas personas practican el sendero mundano del ascetismo extremo, creyendo erróneamente que un trato severo al cuerpo eliminará el ansia de placer. Este método no produce el resultado deseado, como lo atestiguó el Buda al practicar el ascetismo tortuoso durante seis años –sendero al que después renunció–.

4. La sabiduría que percibe directamente la vacuidad es el *sendero a la liberación* (*nairyanika*) porque supera las aflicciones y duhkha desde su raíz y produce una liberación irreversible.

La existencia inherente y la existencia no inherente son contradictorias. Al experimentar la ausencia de existencia inherente, la ignorancia que se aferra a la existencia inherente se puede eliminar de manera concluyente. Esta sabiduría es capaz de subyugar la ignorancia porque conoce las cosas como son, mientras que la ignorancia se basa en fabricaciones erróneas. Puesto que definitivamente abandona todo duhkha y los oscurecimientos, esta sabiduría no se detiene a mitad de camino, sino que nos libera definitivamente de la existencia cíclica. Este atributo contrarresta la idea errónea de que las aflicciones pueden volver a surgir y no pueden eliminarse por completo. También contrarresta la noción errónea de que si bien algunos senderos pueden cesar duhkha parcialmente, ningún sendero puede cesarlo por completo.

Contemplar estos cuatro atributos nos anima a meditar en los senderos verdaderos para destruir duhkha y sus orígenes y hacer realidad el Nirvana.

Concepciones distorsionadas de los senderos verdaderos		Atributos de los senderos verdaderos *La sabiduría que percibe directamente la vacuidad es:*
1	Creer que no hay un sendero a la liberación	Sendero, porque es un sendero inequívoco a la liberación
2	Creer que esta sabiduría no es un sendero a la liberación	Adecuada, porque actúa como antídoto directo de las aflicciones
3	Creer que los senderos mundanos (ej. la absorción meditativa) pueden eliminar duhkha y son la liberación	Logro, porque comprende sin error la verdadera naturaleza de la mente
4	Creer que las aflicciones y duhkha no se pueden eliminar por completo o que una vez se han eliminado pueden volver a aparecer	Sendero a la liberación, porque elimina las aflicciones y duhkha desde su raíz y produce una liberación irreversible

REFLEXIONES

1. Contempla que el duhkha verdadero –todo lo que es producido por las aflicciones y el karma contaminado– carece de existencia inherente o sustancial.

2. Contempla que todo el duhkha así como sus orígenes dependen de causas. Puesto que son dependientes y no existen por su propio poder, duhkha y sus orígenes carecen de una esencia independiente.

3. Contempla los cuatro atributos de la cesación verdadera. Mantén la certeza de que el Nirvana –un estado de paz y felicidad últimos– se puede lograr, y deja que tu mente se impregne del optimismo que produce este pensamiento.

4. Ten en cuenta que los verdaderos caminos también son fenómenos condicionados que dependen de otros factores. Tampoco existen por su propio lado y, por lo tanto, son vacíos de existencia inherente o esencial.

En conclusión, según la perspectiva prasangika, toda la complejidad de los sufrimientos y circunstancias insatisfactorias de la existencia cíclica está arraigada en la ignorancia que se aferra a la existencia inherente. Este aferramiento a la existencia objetiva está detrás de nuestras reacciones emocionales, como el ansia, el enfado, los celos, la arrogancia, la culpa, etc. Desarrollar la visión de la vacuidad socava este aferramiento y supera las cuatro concepciones distorsionadas, así que hay una conexión directa entre la comprensión de la vacuidad y nuestra implicación diaria con el mundo.

Si bien no he experimentado directamente la vacuidad, puedo asegurarte que, como resultado de desarrollar la comprensión de la vacuidad, profundizar en ella y familiarizarme con esta comprensión a lo largo del tiempo, puedo ver una reducción progresiva de la influencia de las aflicciones que normalmente dominan nuestra mente ordinaria. Hay un impacto real y un poder transformador en esta práctica. Si haces un esfuerzo sincero por estudiar y contemplar el vacío y meditar en él, las cuatro concepciones distorsionadas ya no podrán alimentar las aflicciones en tu mente. Cuando se han eliminado tus aflicciones, la implicación en acciones contaminadas cesa, y sin estas acciones, el renacimiento debido a las aflicciones y el karma llega a su fin.

2 | Girar en la existencia cíclica: La verdad de duhkha

Las cuatro verdades se aplican directamente a nuestras vidas: establecen el marco para entender nuestra situación y nuestro potencial, y ahora que tenemos una comprensión general de ello, profundizaremos en cada verdad, comenzando con la verdad de duhkha, las circunstancias insatisfactorias a las que estamos atados. Estas incluyen los tres reinos de la existencia samsárica en los que nacemos, las desventajas de nacer en ellos y el valor de nuestra vida humana para revertir esta situación.

Conocer duhkha por lo que es

El Buda dijo que el duhkha verdadero se debe conocer, los orígenes verdaderos se deben eliminar, las cesaciones verdaderas se deben hacer realidad y los senderos verdaderos se deben desarrollar. Al especificar que se debe conocer el duhkha verdadero, el Buda nos dio un mensaje importante: a menos que identifiquemos las circunstancias insatisfactorias que nos aquejan, nunca intentaremos liberarnos de ellas. Si no sabemos que estamos enfermos o negamos el hecho de que lo estamos, no iremos al médico ni tomaremos las medicinas recetadas. Mientras tanto, una insidiosa enfermedad se enconará en nuestro interior.

En la práctica espiritual, el primer paso es identificar el duhkha verdadero, la situación insatisfactoria en la que vivimos. Una vez nos demos cuenta, buscaremos sus causas, las eliminaremos desarrollando los senderos verdaderos y haremos realidad las cesaciones verdaderas, el estado de paz y felicidad duradero que deseamos. Cuando reflexionamos sobre los diversos tipos de duhkha, tenemos en cuenta que el propósito es generar la determinación de liberarse del samsara y alcanzar la liberación. Al ver el duhkha de los demás, con compasión también desearemos ayudarlos a alcanzar la liberación. De lo contrario, no tiene propósito alguno reflexionar sobre el sufrimiento.

Habiendo identificado adecuadamente nuestro duhkha, es esencial desarrollar una actitud apropiada hacia él. Muchos de nosotros, cuando nos enfrentamos con el dolor o la injusticia, respondemos con enojo o autocompasión. Tratamos de culpar a alguien más de nuestro dolor. Meditar en el duhkha verdadero implica asumir la responsabilidad de nuestra situación y de nuestros problemas y tratarlos con sabiduría.

Podemos pensar que ya somos conscientes de nuestro sufrimiento, por lo que no hay necesidad de contemplarlo. Aunque podamos ser conscientes de nuestro duhkha burdo, probablemente no seamos conscientes de los niveles más sutiles de duhkha. Hasta que no los reconozcamos, no buscaremos liberarnos de ellos.

Los practicantes del nivel inicial identifican el sufrimiento obviamente doloroso de los renacimientos desafortunados y sus causas: las acciones destructivas. Desean lograr un buen renacimiento (el cese de ese sufrimiento) y observan el karma y sus efectos como sendero para lograrlo. Sin embargo, estas personas aún no comprenden el significado completo de duhkha, ni pueden hacer realidad la cesación completa de todo el duhkha.

Podemos conocer las diferentes divisiones de duhkha en tres, seis y ocho tipos y tener un conocimiento intelectual de ellas, pero la comprensión real proviene de observar nuestras propias experiencias: nuestro cuerpo y mente, nuestra vida y nuestra muerte. Implica enfrentarse a la discrepancia que existe entre la creencia de que tenemos el control de nuestra vida y la realidad de lo que realmente ocurre.

Al reflexionar sobre duhkha, ten en cuenta que comprender duhkha y sus orígenes es solo el comienzo. El Buda también enseñó las dos últimas verdades, nos dirigió al estado de paz genuina y nos mostró el método para lograrlo. Con todo ello, tendremos una imagen completa. Como dijo Buddhaghosa (Vism 16.97):

> La verdad de duhkha se debe considerar como una carga, la verdad del origen como el hecho de aceptar la carga, la verdad de la cesación como rechazar la carga, la verdad del sendero como el medio para librarnos de la carga. La verdad de duhkha es como una enfermedad, la verdad del origen es como la causa de la enfermedad, la verdad de la cesación es como la cura de la enfermedad y la verdad del sendero es como la medicina.

Reinos de existencia

Como seres en la existencia cíclica, renacemos en diferentes reinos (*dhatu*) de existencia. Un reino se define principalmente como los cinco agregados proyectados por nuestro karma, aunque también incluye el entorno. Todo esto se considera duhkha verdadero. Una forma de describir los reinos del samsara es el esquema de los tres reinos (*tridhatu* o *trailokya*). Los seres en el *reino del deseo* están completamente inmersos en objetos que son atractivos para los seis sentidos. Están obsesionados con satisfacer sus deseos poseyendo dichos objetos. Este es el reino en el que vivimos actualmente. El *reino de la forma* comprende los seres que han alcanzado los cuatro niveles de concentración unipuntualizada o estabilidad meditativa (*dhyana*, *jhana*). El *reino sin forma* consiste en seres en estados de absorción meditativa (*samapatti*)[10] aún más profundos, tanto es así, que no tienen cuerpos. Si bien estos reinos son manifestaciones de nuestro karma, no son meras proyecciones de la mente o metáforas de los estados que experimentamos como seres humanos. Cuando nacemos en un reino, nos parece tan real como nos parecen ahora nuestra vida humana y nuestro entorno.

Los seres conscientes en el samsara se pueden dividir en seis clases (*sadgati*). De la más elevada a la más baja, estas son: devas (dioses o seres celestiales en los reinos del deseo, de la forma y sin forma), asuras (semidioses), seres humanos, espíritus ávidos, animales y seres del infierno. A veces los devas y los asuras se consideran una sola clase de seres, en cuyo caso hay cinco clases.

Los tres reinos se pueden expandir en treinta y tres clases de seres o planos de existencia, que son enumerados del más elevado al más bajo[11].

(1) Reino sin Forma (*Arupyadhatu*)

33. Cima del Samsara (ni discriminación ni no discriminación, *Naivasamjñana-samjñayatana* o *Bhavagra*)

---

10 En general, cuando se hace referencia en conjunto a las concentraciones meditativas del reino de la forma y del reino sin forma, se denominan absorciones meditativas. Sin embargo, técnicamente, *dhyana* se refiere específicamente a los niveles de concentración en el reino de la forma y *samapatti* a los del reino sin forma.

11 Para una explicación más detallada, ver Lati Rinpoche, Denma Locho Rinpoche, Leah Zahler y Jeffrey Hopkins, *Meditative States in Tibetan Buddhism* (Somerville, MA: Wisdom Publications, 1983), 23–47.

32. Inexistencia (*Akiñcanyayatana*)
31. Consciencia Infinita (*Vijñananantyayatana*)
30. Espacio Infinito (*Akashanantyayatana*)

Los seres ordinarios nacen en estos cuatro reinos debido al karma invariable, es decir, en la vida inmediatamente anterior alcanzaron el nivel correspondiente de absorción meditativa. Al carecer de un cuerpo burdo, estos seres solo tienen los cuatro agregados mentales. Permanecen en profundos estados de absorción meditativa durante eones, sin experimentar ningún sufrimiento burdo en absoluto. Estas cuatro absorciones meditativas se distinguen entre ellas de acuerdo con el factor mental del discernimiento que las acompaña, que se hace respectivamente más sutil culminando en la cima del samsara. Estos estados son tan sutiles y gozosos que algunos meditadores los confunden con la liberación. Sin embargo, cuando el karma de estos renacimientos se agota, estos seres renacen nuevamente en el reino del deseo, generalmente como seres infernales, espíritus ávidos o animales.

(2) El Reino de la Forma (*Rupadhatu*)

Cuarto dhyana (*Chaturthadhyana*)

29. La Morada Pura más Elevada (*Akanishtha*)
28. Clarividencia (*Sudarshana*)
27. Belleza (*Sudrsha*)
26. Sin Problemas (*Atapa*)
25. No Grande (libre de aflicciones, *Avrha*)[12]
24. Seres Inconscientes que no Tienen Discriminación (*Asamjña-sattva*). Los seres ordinarios que han alcanzado el cuarto dhyana y desarrollan la absorción meditativa sin discriminación nacen aquí, donde los seres no tienen percepciones y no tienen actividad mental, excepto en los momentos del nacimiento y de la muerte[13].
23. Gran Fruto (*Brhatphala*)

---

12 De la clase 29 a la 25 son las *Cinco moradas puras* (*Suddhavasa*).

13 Algunos dicen que esta es una división aparte del cuarto dhyana, haciendo un total de dieciocho dhyanas. Otros dicen que está dentro de la *Tierra del gran fruto*.

22. Mérito Creciente (*Punyaprasava*)[14]
21. Sin Nubes (*Anabhraka*)

Los seres ordinarios nacen en estos tres dhyanas debido al karma invariable de haber obtenido previamente dicho estado de concentración.

Tercer dhyana (*Trtiyadhyana*)

20. Devas de Gloria Refulgente (*Subhakrtsna*)[15]
19. Devas de Gloria Inconmensurable (*Apramanasubha*)
18. Devas de Gloria Limitada (*Parittasubha*)

Los seres ordinarios nacen en el tercer dhyana debido al karma invariable de haber obtenido previamente dicho estado de concentración.

Segundo dhyana (*Dvitiyadhyana*)

17. Devas de Resplandor Completo (*Subhakrtsna*)
16. Devas de Resplandor Limitado (*Apramanabha*)
15. Devas de Resplandor Ilimitado (*Parittabha*)

Estos seres nacen en el segundo dhyana debido al karma invariable de haber obtenido previamente dicho estado de concentración.

Primer dhyana (*Prathamadhyana*)

14. El Gran Brahma (*Mahabrahma*). El Gran Brahma, que erróneamente se considera a sí mismo como el creador del universo, reside allí.
13. Ministros de Brahma (Delante de Brahma, *Brahmapurohita*)
12. Comitiva de Brahma (aspectos de Brahma *Brahmakayika*)

Estos seres nacen en el primer dhyana debido al karma invariable de haber obtenido previamente dicho estado de concentración.

Los cuatro dhyanas del reino de la forma difieren en cuanto a los factores mentales que los acompañan.[16] Las cuatro absorciones sin

14 La tradición pali no incluye el *Mérito creciente* o *Sin nubes* en el cuarto dhyana, incluye los *Seres inconscientes*. Algunas versiones sánscritas incluyen los *Seres inconscientes*, que forman dieciocho dioses del reino de la forma; otras no lo hacen.

15 *Subha* se puede traducir también como "puro" o "auspicioso.

16 Ver N 4.123 para una descripción en profundidad del reino de la forma.

forma difieren en cuanto a su objeto. La profundidad de la concentración aumenta a medida que uno asciende por estas ocho absorciones meditativas.

Solo los aryas que aún no están libres del samsara nacen en las cinco moradas puras en el cuarto dhyana, si bien, después de que los no retornantes se convierten en arhats habitan allí hasta alcanzar el Nirvana final. La causa para renacer allí es el desarrollo de concentraciones alternas. Esta es una práctica realizada por los aryas, que consiste primero en entrar en un cuarto dhyana no contaminado, luego en un dhyana contaminado, seguido de otro dhyana no contaminado. Esto es extremadamente difícil de hacer, y la cantidad de veces que un yogui puede ir y venir entre los dhyanas no contaminados y contaminados determina en qué morada pura nacerá. Los aryas que han logrado la liberación hacen estas meditaciones para distanciarse todavía más de las aflicciones y experimentar gozo en esta vida.

Los sravakas que son no retornantes renacen en las cinco moradas puras para experimentar el gozo específico de las moradas puras. Los realizadores solitarios que son aryas no nacen allí porque rezan en su última vida para nacer donde no hay un buda. Los arya bodhisatvas nacen en las moradas puras para beneficiar allí a los sravakas que son arhats, animándolos a entrar en el sendero del bodhisatva después de que salen de su gozosa meditación en el Nirvana.

Las cinco moradas puras son reinos samsáricos. Son diferentes de las tierras puras del *nirmanakaya* (el cuerpo de emanación) –por ejemplo, la tierra pura del buda Amitabha, Sukhavati, y la tierra pura del buda Aksobhya, Abhirati– y de las tierras puras del *sambhogakaya* (el cuerpo del deleite), ya que estas no son reinos samsáricos. Varios lugares tienen el nombre Akanistha. El Akanistha que es una de las cinco moradas puras es una morada samsárica, mientras que el Akanistha *intensamente engalanado* no lo es: En esta morada, el cuerpo del deleite de un buda enseña a los arya bodhisatvas.

De acuerdo con la tradición pali, solo los arhats y los no retornantes habitan en las cinco moradas puras. Aquellos que llegan a ser no retornantes en otros reinos renacen en estas moradas puras, donde logran el estado de arhat. Los nuevos arhats permanecen aquí hasta el final de su vida natural y luego alcanzan el parinirvana.

De acuerdo con *Tesoro de conocimiento*, los seres del reino de la forma carecen del sentido del olfato y del gusto[17]. Si bien tienen un deseo sensual de imágenes y sonidos, es débil –los seres con un fuerte deseo nacen en el reino del deseo–. No duermen ni comen, ni tienen deseo sexual, porque en ese reino no tienen órganos sexuales. Sus cuerpos son formas sutiles compuestas por los cuatro elementos. Su estado básico de consciencia es el samadhi, aunque emergen de él e interactúan entre ellos.

El reino de la forma y los reinos sin forma se conocen en conjunto como los reinos superiores debido a los estados mentales refinados de los seres nacidos allí. Los seres nacen en estos reinos al alcanzar diversos grados de absorción meditativa –por ejemplo, cuando eran meditadores humanos–. Todas estas absorciones meditativas las pueden alcanzar también los seres humanos, en cuyo caso se dice que la persona está en el reino del deseo porque es un ser humano, pero tiene una zona de la consciencia en el ámbito (*vacaracitta*) del reino de la forma debido al nivel de concentración que ha desarrollado.

(3) El Reino del Deseo (*Kamadhatu*)

Dioses del Reino del Deseo (*Kamadhatudeva*)

11. Los Dioses Controladores de la Emanaciones de Otros (*Paranirmitavashavartin*) disfrutan de los placeres sensoriales que otros crean para ellos. Mara, la personificación del engaño y del deseo, reside allí.

10. Los Devas que se Deleitan en Emanaciones (*Nirmanaruti*) disfrutan de los placeres sensoriales que ellos mismos crean.

9. Los Devas Alegres (*Tushita*) experimentan puro deleite. De acuerdo con la tradición pali, Maitreya (*Metteya*), el bodhisatva que se convertirá en el próximo buda que gire la rueda del Dharma, reside aquí, igual que otros bodhisatvas en la vida previa antes de llegar a ser budas. La tradición sánscrita dice que Maitreya vive en la tierra pura de Tushita, que se encuentra en las afueras del reino de los devas con el mismo nombre.

8. Los Devas Suyama (*Suyama*) viven en el aire y están libres de problemas.

---

17 El Abhidharma pali dice que también carecen del sentido del tacto.

7. Los Treinta y Tres Devas (*Trayastrimsa*) se llaman así porque treinta y tres jóvenes nacieron allí como resultado de sus acciones meritorias. El líder de este grupo de jóvenes se convirtió en el deva Shakra, quien preside este reino y es un seguidor del Buda. Muchos devas que habitan aquí viven en mansiones en el aire[18]. Durante un *retiro de lluvias*, el Buda fue a enseñar a su propia madre, que había renacido en este reino.

6. Los Devas de los Cuatro Grandes Reyes (*chaturmaharajika*). Los Cuatro Grandes Reyes, que son protectores del Dharma, gobiernan esta tierra. Sus imágenes a menudo están cerca de la puerta de los templos mahayana. Las causas para renacer aquí son la conducta ética y la generosidad.

Otros seres del reino del deseo

5. *Semidioses* (*asuras*). Asanga incluye los asuras en el reino deva y dice que experimentan un gran placer sensorial, a pesar de que sufren debido a los celos y las batallas constantes con los devas superiores. El *Smrtyupasthana sutra* los sitúa con los espíritus ávidos y los animales[19].

4. Los *seres humanos* (*manusya*) tienen el equilibrio necesario entre felicidad y sufrimiento que les permite practicar el Dharma. La causa principal para un renacimiento aquí es la conducta ética.

3. Los *animales* (*tiryañc*) padecen de hambre y sed, son esclavizados por los seres humanos y devorados por otros.

2. Los *espíritus ávidos* (*pretas*) sufren de hambre y sed constantes que nunca pueden satisfacer[20].

---

18 *Tesoro de conocimiento* explica por qué el Reino de los Treinta y Tres Devas se llama así: "Hay ocho dioses de la riqueza, once dioses iracundos, doce dioses del sol y los dos hijos pequeños de Ashvini. Debido a que existen estos treinta y tres [dioses principales], se llama así, o, alternativamente, se llama así debido a que hay treinta y tres residencias de los dioses, como por ejemplo Dharma Excelente (*Sudharma*), el lugar de reunión de los dioses, etc.".

19 Los sutras pali no hablan de los asuras como un reino separado, sino que los consideran como un renacimiento desafortunado. Mencionan asuras que son vecinos de los devas en la Tierra de los Treinta y Tres, pero que a menudo pelean con ellos. Algunos comentaristas pali dicen que los asuras están en el reino de los espíritus ávidos.

20 En algunos textos, se invierte el orden entre los espíritus ávidos y los animales.

1. Los *seres infernales* (*naraka*) experimentan un enorme sufrimiento físico producido por el calor, el frío y la tortura.

Las acciones no éticas y los puntos de vista erróneos son la causa principal del renacimiento como espíritu ávido, animal o ser del infierno. La mezquindad está especialmente relacionada con el renacimiento como espíritu ávido, mientras que las actividades violentas están asociadas con el renacimiento en los infiernos.

El renacimiento en cualquiera de los seis reinos no es eterno. Cuando el karma que causa ese renacimiento se agota, el ser nace en otro reino. Ninguno de los reinos son recompensas o castigos. Son simplemente resultados de nuestras acciones, de nuestro karma.

De acuerdo con la tradición pali, los *nagas* (seres parecidos a serpientes que viven en el agua o cerca de ella), los *gandharvas* (músicos celestiales) y los *yaksas* (espíritus de los árboles de diversos grados de pureza ética, que se parecen a los duendes, trols y hadas) viven en el reino de los Cuatro Grandes Reyes. *Tesoro de conocimiento* dice que algunos yaksas están en el reino de los devas y otros en el reino de los espíritus ávidos. Los gandharvas se incluyen con los devas porque son los músicos de los devas. Los *garudas* (aves grandes), *kimnaras* (seres que son mitad humano y mitad caballo) y los nagas están incluidos entre los animales. *Pisaca* (una clase de demonios), *unmada* (creadores locos), *apasmara* (creadores olvidadizos) y *matrka* (un tipo de demonio malvado) se incluyen con los espíritus ávidos.

Estos reinos son reinos reales de renacimiento. Podemos hacernos una idea de la vida en ellos comparándolos con algunas experiencias que ocurren en el reino humano. El sabio indio Kamalashila dice:

> Los humanos también experimentan los sufrimientos de los seres del infierno, etc. Aquellos que están afligidos aquí al haberles cortado los miembros, al ser empalados, ahorcados, etc., por ladrones, etc., sufren como los seres del infierno. Los que son pobres y desfavorecidos y padecen hambre y sed sufren como los espíritus ávidos. Los esclavos, etc., cuyos cuerpos están controlados por otros y están oprimidos, sufren al ser golpeados, encadenados, etc., como los animales[21].

Los magníficos placeres de los reinos de los devas se pueden entender comparándolos con algunos de los placeres más grandes que expe-

21 El Dalai Lama y Jeffrey Hopkins, *El sentido de la vida desde una perspectiva budista*, (Ediciones Del Bronce, 2000)

rimentamos los seres humanos. Sin embargo, estas son simplemente analogías, no son la experiencia real. La felicidad real de los reinos de los devas está más allá de nuestra imaginación, como también lo está la miseria de los reinos desafortunados.

Ver los diversos reinos como estados psicológicos puede ser útil para reconocer las características mentales que podríamos tener. Por ejemplo, el estado mental de un espíritu ávido es similar al de una persona que va de aquí para allá en busca de alguien a quien amar, pero está perpetuamente insatisfecha con cada relación. El estado mental de un infierno se asemeja a la mente de alguien abrumado por el miedo, la animosidad y la violencia. Estos estados mentales humanos podrían impulsar acciones que causan el renacimiento en esos reinos, pero los reinos reales no son simplemente estados psicológicos de los seres humanos.

En *Tesoro de conocimiento*, Vasubandhu afirma que el mundo con sus reinos y sus seres conscientes está creado por el karma, y describe la ubicación de algunos reinos en relación con nuestro reino humano. Aunque el conocimiento moderno contradice su versión, eso no refuta la existencia general de estos reinos. Sabemos que el reino animal existe. Las personas con el poder paranormal del ojo divino pueden ver algunos de los otros reinos.

Tres tipos de duhkha

Cuando se traduce duhkha como "sufrimiento", las personas fácilmente tienen la idea equivocada de que se refiere solo al dolor. Pero las experiencias insatisfactorias son más que eso. En el capítulo anterior, describí brevemente los tres tipos de duhkha y ahora me gustaría explicarlos en mayor profundidad.

(1) El *duhkha del dolor* es el dolor manifiesto físico y mental que todos los seres reconocen como sufrimiento. Incluye sufrir por el calor, el frío, el hambre, la sed, el estrés, la ansiedad, la depresión, la soledad, etc.

(2) El *duhkha del cambio* es más sutil y más difícil de identificar, e incluye lo que los seres mundanos suelen llamar felicidad. ¿Por qué es insatisfactoria la felicidad que experimentamos cuando comemos bien, escuchamos música que nos gusta o experimentamos otros placeres sensoriales? Si fueran verdaderamente placenteros, cuanto más los experimentásemos, más felices seríamos. Sin embargo, este no es el

caso. Si seguimos comiendo, nos sentimos enfermos. Correr después de un largo día en el que hemos estado sentados en el trabajo, sienta de maravilla al principio, pero después de un tiempo estamos cansados y queremos sentarnos. Cuando estamos solos, ver a un amigo alivia inicialmente la sensación de aislamiento y nos hace felices. Pero si nos quedamos con esa persona una hora tras otra, nos cansamos, nos aburrimos y queremos estar solos. Cuando no tenemos un trabajo de alto estatus, queremos uno. Después de lograr el ascenso, al principio nos sentimos felices pero luego nos molesta tener que trabajar más horas. Aryadeva comenta (CS 37):

> El placer, cuando aumenta, se transforma en dolor. Por el contrario, el dolor, cuando aumenta, no se transforma en placer.

Al examinar las experiencias que denominamos felicidad, vemos que no son la verdadera felicidad. Nos hacen sentir bien durante un corto periodo de tiempo y luego se convierten en incomodidad manifiesta o incluso en dolor. Por esta razón, son insatisfactorias por naturaleza, y el Buda con su compasión nos dirige hacia una alegría más satisfactoria: la paz de la liberación y la Iluminación.

(3) El *duhkha de lo condicionado que lo impregna todo* es incluso más sutil y difícil de identificar. Se refiere a nuestros cinco agregados psicofísicos (nuestro cuerpo, sensaciones, discernimiento, factores composicionales y consciencia) que son insatisfactorios porque son producidos por las aflicciones y el karma. Como resultado de nuestros renacimientos samsáricos anteriores, nuestros agregados actuales son la base para nuestro duhkha presente, cuando madura nuestro karma destructivo bajo el aspecto del dolor físico y mental que experimentamos en esta vida.

Aunque nuestro cuerpo y mente no experimenten dolor en este momento, al menor cambio de las circunstancias fácilmente lo harán. Tienen el potencial de experimentar un dolor horrible. Además, nuestros cinco agregados nos impulsan a crear las causas de más duhkha en el futuro. Al reaccionar ante el dolor y el placer de esta vida con aflicciones como el apego, la ira y la confusión, creamos nuevamente más causas kármicas para tener otro renacimiento samsárico en el que volveremos a experimentar los tres tipos de duhkha. Dharmakirti dice (PV):

> Debido a que son la base de las faltas [es decir, duhkha] y también porque están bajo el poder de causas [contaminadas], son duhkha.

En la actualidad, estamos bajo el influjo de la ilusión de que se puede alcanzar la felicidad con este cuerpo. Nos aferramos a la esperanza de que los científicos descubrirán y eliminarán las causas de la depresión, la infelicidad, las enfermedades, el abuso de sustancias, la vejez y la muerte. Si bien los esfuerzos científicos han remediado mucho sufrimiento, no pueden detener las causas básicas del sufrimiento porque nuestro cuerpo en sí mismo es insatisfactorio por naturaleza. Por mucho que un cocinero intente impedir la desintegración de unas verduras podridas o las cubra con una salsa deliciosa, es imposible hacer un plato sabroso con ellas. De manera similar, una vez que hemos tomado un cuerpo y una mente bajo el control de las aflicciones y el karma, estamos preparados para experimentar duhkha. Por esta razón nuestros agregados se consideran insatisfactorios por naturaleza. Aryadeva nos dice (CS 32-33):

> El cuerpo, por mucho que uno se esfuerce, no será en sí mismo placentero. Decir que se puede anular su naturaleza por otros factores es impropio.
>
> Los elevados tienen sufrimiento mental; a los ordinarios les viene del cuerpo. Día a día, ambos tipos de duhkha oprimen a las personas en el mundo.

Al contemplar los tres tipos de duhkha y las desventajas de la existencia cíclica, reflexiona en que los has experimentado desde tiempos sin principio. Estas meditaciones en duhkha no son especulaciones ociosas: estar sometido repetidamente a las miserias de la existencia cíclica es grave. En el *Sutta de las lágrimas*, el Buda dio una serie de vívidos ejemplos que ilustran la duración del tiempo en que las aflicciones y el karma nos han unido al samsara (SN 15.3).

> Solo el torrente de lágrimas que has derramado mientras vagabas y vagabas a través de este largo curso [del samsara], llorando y lamentándote por estar unido a lo desagradable y separado de lo agradable, es mayor que el agua en los cuatro grandes océanos. Durante mucho tiempo, monjes, habéis experimentado la muerte de una madre . . . padre . . . hermano . . . hermana . . . hijo . . . hija . . . la pérdida de familiares . . . la pérdida de riqueza . . . la pérdida por enfermedad. Puesto que lo has experimentado, llorando y llorando por estar unido a lo desagradable y separado de lo agradable, el torrente de lágrimas que has derramado es más grande que el agua en los cuatro grandes océanos. ¿Por qué razones? Porque, monjes, este samsara no tiene un principio

> detectable. No se discierne un primer momento de los seres que vagan y migran obstaculizados por la ignorancia y encadenados por el deseo. Durante tanto tiempo, monjes, habéis experimentado sufrimiento, angustia y desastre, y llenado el cementerio. Es suficiente para experimentar la repulsión hacia todas las formaciones, lo suficiente para volverse desapasionados hacia ellas, lo suficiente para liberarse de ellas.

Si bien este mensaje puede sonar desagradable en un principio, el Buda lo dice con compasión para que podamos actuar ahora mientras tenemos la oportunidad de remediar la situación y liberarnos de semejante sufrimiento.

Sensaciones, aflicciones y duhkha

Cada uno de los tres tipos de duhkha está asociado con una sensación específica: el duhkha del dolor con las sensaciones dolorosas; el duhkha del cambio con las sensaciones agradables, porque cuando inicialmente nos involucramos en ciertas actividades o tenemos posesiones particulares, nos sentimos felices; y el duhkha de lo condicionado que lo impregna todo con las sensaciones neutras, porque todos los seres en la existencia cíclica experimentan este duhkha incluso cuando no están sintiendo activamente dolor o placer. Exploraremos esto en profundidad en la práctica de los cuatro fundamentos de la atención, en un futuro volumen.

Estas sensaciones a su vez provocan aflicciones. El enfado surge fácilmente hacia las sensaciones físicas y mentales dolorosas. El apego se manifiesta cuando se experimentan sensaciones placenteras: anhelamos estas sensaciones, no queremos que cesen y nos aferramos a los objetos que parecen causarlas. La ignorancia aumenta cuando las sensaciones neutras están presentes porque percibimos los agregados como permanentes cuando de hecho son fugaces.

Bajo la influencia de estas aflicciones, creamos karma. Mientras que el apego puede alimentar acciones que conducen al renacimiento como cualquiera de las seis clases de seres, el enfado nos hace miserables en esta vida y crea las causas de renacimientos desafortunados. La ignorancia nos mantiene atados a la existencia cíclica, incapaces de ayudarnos a nosotros mismos y mucho menos a los demás.

Reconocer las sensaciones agradables como duhkha nos permite liberarnos del ansia y el aferramiento a ellos y, como resultado, el apego remite. Aceptar que, por naturaleza, nuestro cuerpo no es satisfactorio hace que sea más fácil evitar el enfado o la ansiedad con respecto a las sensaciones dolorosas. Ver que las sensaciones neutras tienen una naturaleza transitoria disminuye la ignorancia. De esta manera, aunque puedan surgir las tres sensaciones dejamos de responder a ellas con apego, enfado e ignorancia, reduciendo así el karma creado por las aflicciones.

REFLEXIONES

1. Piensa en una situación en la que te sientas feliz. Observa cómo surge el apego tanto por la sensación placentera como por las personas, los objetos o las situaciones que parecen causarla.
2. Observa las acciones que haces motivado por el apego. ¿Cómo crean problemas en esta vida? ¿Cómo crean karma para el sufrimiento en vidas futuras? Piensa en los tipos de renacimiento que esas acciones podrían impulsar.
3. Contempla que las sensaciones agradables son de naturaleza insatisfactoria porque no duran y desembocan en dolor si seguimos haciendo lo que las produce. Después de contemplar las desventajas del duhkha del cambio, observa cómo desaparece tu apego. A medida que tu mente se vuelva más equilibrada, disfruta de esa paz.
4. Si bien esta paz no es la serenidad del Nirvana, nos da el conocimiento de que renunciar al apego en cualquier nivel hace que la mente sea más pacífica.

Seis desventajas de la existencia cíclica

El samsara no solo es de naturaleza insatisfactoria, sino que también carece de ventajas. En *Carta a un amigo* (*Suhri-lekha*), Nagarjuna habla de seis desventajas del samsara:

(1) No hay seguridad ni certeza. Es posible que trabajemos arduamente para lograr un determinado objetivo, pero los obstáculos inesperados bloquean nuestro logro. Podemos vivir en un entorno agradable y, de repente, ser obligados a irnos. Nuestra situación puede cambiar dramáticamente en un corto período de tiempo. Nuestros parientes y amigos pasan de una vida a otra. El samsara carece de consistencia y previsibilidad.

(2) Nunca estamos satisfechos con lo que somos, hacemos o tenemos. Siempre queremos más y mejor de cualquier cosa que nos parezca deseable. No importa lo que hayamos logrado o lo distinguidos

que seamos, nunca nos sentimos lo suficientemente bien con nosotros mismos.

(3) Morimos una y otra vez, y cada vez dejamos atrás todo y a todos los que conocemos. Todo por lo que trabajamos tan arduamente durante nuestra vida no puede acompañarnos a la próxima vida. La muerte sigue naturalmente al nacimiento, y cuando morimos nada de esta vida, excepto nuestras semillas kármicas y nuestros hábitos mentales, nos acompaña.

(4) Renacemos una y otra vez en la existencia cíclica con todos los problemas y luchas que existen en cada vida. Nuestro samsara no tiene principio y, a menos que hagamos un esfuerzo para alcanzar la liberación, será interminable.

(5) Cambiamos repetidamente de estatus, de superior a inferior y viceversa. En una vida podemos cambiar la posición social, la salud, el estado financiero, las relaciones, etc. De una vida a otra podemos pasar del reino de los devas a un reino del infierno para nacer después como un humano o un animal.

(6) Experimentamos el sufrimiento solos, los demás no pueden experimentarlo por nosotros por mucho que nos amen. Nacemos solos y morimos solos. Nuestras sensaciones las sentimos únicamente nosotros. Si bien podemos ser inseparables de ciertas personas durante nuestras vidas, en el momento de la muerte la separación está garantizada.

El Buda no señaló estas desventajas para que nos deprimiéramos. Más bien, con compasión, nos pidió que observáramos de cerca nuestras experiencias en la existencia cíclica y las viéramos por lo que son. Sabiendo que tenemos el potencial de liberarnos de ellas, describió sus causas, el camino para contrarrestarlas y el estado de la liberación.

REFLEXIONES

1. Contempla cada una de las seis desventajas de la existencia cíclica, poniendo ejemplos de ellas en tu vida.
2. Contempla que tienen su origen en la ignorancia y que es posible eliminarla desarrollando la sabiduría, con la comprensión experiencial de la vacuidad de existencia inherente.
3. Sabiendo que tienes el potencial para lograr el Nirvana, genera una fuerte determinación para liberarte del samsara y lograr la liberación y la Iluminación.

4. Utiliza esta aspiración clara y firme para inspirar tu práctica del Dharma y dejar claras tus prioridades en la vida.
5. Observa que las ocho preocupaciones mundanas no son interesantes cuando tus miras se centran en objetivos más elevados, como la verdadera libertad del Nirvana o la Iluminación.

Ocho condiciones insatisfactorias

En su descripción del duhkha verdadero en su primera enseñanza el Buda dijo (SN 56.II):

> Ahora, esta, monjes, es la verdad arya de duhkha: (1) El nacimiento es duhkha, (2) la vejez es duhkha, (3) la enfermedad es duhkha, (4) la muerte es duhkha, (5) la unión con lo que es desagradable es duhkha, (6) la separación de lo que es agradable es duhkha, (7) no obtener lo que uno quiere es duhkha, en resumen (8) los cinco agregados sujetos al aferramiento son duhkha.

No es difícil poner ejemplos de estos ocho en nuestras vidas, ya que describen mucho de lo que experimentamos a diario. Para muchas personas, el hecho de poder reconocer la presencia de estas condiciones insatisfactorias en sus vidas es un alivio. Ya no sienten que "algo falla en mí", sino que saben que todos los seres normales tienen estas experiencias. Ven estos sucesos como parte de la vida, no como castigos o fallos personales.

Al principio de nuestra vida nacemos. Salir del seno materno a un nuevo entorno es físicamente doloroso tanto para el niño como para la madre. Al final de nuestra vida morimos, experimentando sufrimiento mental –además de sufrir físicamente también–. Entre estos dos eventos están la vejez y la enfermedad, que asimismo son experiencias indeseables. Además, los problemas, que no queremos, vienen sin invitarlos. Hacemos un gran esfuerzo para tener condiciones que traigan felicidad, pero nuestros esfuerzos no siempre tienen éxito. Incluso cuando encontramos buenas circunstancias, cambian y tenemos que separarnos de lo que nos gusta, o estamos decepcionados porque no traen la felicidad duradera que esperábamos. Queda demostrado que esta situación es insatisfactoria. Nuestro potencial humano debe implicar algo más que experimentar solo esto.

Nuestros cinco agregados, sujetos al aferramiento, son de la naturaleza de duhkha. Son un recipiente en el que el karma pasado madura, y el cuerpo en particular es la base de la vejez, la enfermedad y la muerte. Aferrados a nuestros agregados presentes, nuestra mente genera más aflicciones, que crean más karma, lo que produce renacimientos futuros, así como también dolor e insatisfacción durante esas vidas. Por ejemplo, al estar enojados con nuestros problemas actuales, podemos robar, mentir o criticar a otros, creando el karma para tener más sufrimiento en el futuro. Aferrarse al éxito mundano en esta vida nos familiariza con ese estado mental, preparando el escenario para que aumente en vidas futuras. En resumen, los agregados son la base sobre la que circulan sin control los tres, seis y ocho tipos de duhkha. Contemplarlo en profundidad conduce a la aparición de una clara y poderosa intención de renunciar a la esclavitud del samsara y buscar la libertad.

Examinar el duhkha verdadero mediante los diez puntos

En el *Sravakabhumi*, Asanga habla de los cuatro atributos del duhkha verdadero a través de diez puntos. Los puntos del 1 al 5 se refieren a la impermanencia, los puntos del 6 al 8 a duhkha, el punto 9 a la vacuidad y el punto 10 a la ausencia de existencia inherente o esencial[22].

1. Para entender la *impermanencia del cambio*, es decir, la impermanencia burda, examinamos los cambios que son fáciles de observar: nuestro cuerpo nace y muere; nuestra salud, apariencia y cuerpo pueden cambiar repentinamente como resultado de una lesión o una enfermedad. Todo lo que hay en nuestro entorno (árboles, edificios, ciudades) y todos los objetos que utilizamos (comida, transporte, edificios, medicamentos y ropa) también se consumen o se destruyen de igual manera. El carácter fugaz de nuestras sensaciones de felicidad, sufrimiento y neutras y la rapidez con que cambian nuestros pensamientos de un momento a otro también son ejemplos de cambios bruscos. Los objetos que vemos, oímos, olemos, saboreamos, tocamos y en los que pensamos, todos cambian, al igual que las facultades cognitivas que nos permiten aprehenderlos. Meditar sobre esto en profundidad nos lleva a comprender que todas las cosas condicionadas son inestables y no son fiables y, por lo tanto, no pueden brindarnos una verdadera satisfacción.

22 Ver también la obra *Inner Science of Buddhist Practice,* de Artemus Engle (Boston: Snow Lion Publications, 2009), 125–34.

2. Reflexionar sobre la *impermanencia de lo perecedero* conduce a un conocedor inferencial que conoce la impermanencia sutil. Aquí contemplamos que el cambio burdo que vemos no podría ocurrir sin un cambio imperceptible momento a momento. Nada puede impedir que las cosas funcionales cambien. Aparte del mero hecho de surgir no necesitan ninguna otra causa para provocar su desintegración: perecer está en su propia naturaleza. Podemos pensar que un volcán entra en erupción de repente, cuando en realidad la presión en su interior ha estado creciendo imperceptiblemente durante mucho tiempo. Vemos la salida y la puesta del sol, pero el sol atraviesa el cielo momento a momento. Como dice Chandrakirti:

> Así como la consciencia es momentánea, todas las [demás] cosas condicionadas tienen la misma naturaleza efímera que la mente, porque nada obstruye la desaparición de todas las cosas condicionadas tan pronto como aparecen y porque la impermanencia [de las cosas] depende solo de que surjan[23].

La impermanencia de lo perecedero también apunta a las múltiples situaciones en las que nos encontramos los seres conscientes y a cosas tan diversas como nuestra belleza física, inteligencia, riqueza, fama, periodo de vida, satisfacción, etc. La infinidad de estas alternativas está condicionada por el innumerable y complejo karma virtuoso y no virtuoso que creamos, no por la casualidad ni por la voluntad de un creador externo. Al meditar en ello, desarrollamos la convicción de que factores condicionados en una vida –específicamente nuestras acciones físicas, verbales y mentales– producen nuestras experiencias en vidas futuras.

3. Para comprender *la impermanencia de la separación* reflexionamos sobre la variabilidad de nuestra situación personal y la separación, sin elección, de las circunstancias deseables que experimentamos. Estamos sanos y después enfermamos; tenemos libertad y más tarde nos controlan otros; tenemos una vida familiar feliz, pero después las circunstancias cambian y se evapora.

4. Para reflexionar sobre *la impermanencia del dharmata o de la naturaleza última de las cosas* consideramos que aunque no experimentemos la impermanencia del cambio o la impermanencia de la separación en este momento, lo haremos en el futuro. No hay manera de conti-

---

23 *Ccomentario a los "Cuatrocientos" de Aryadeva* (*Catuhsatakatika*) por Chandrakirti.

nuar con las buenas circunstancias que tenemos actualmente, porque el cambio es la naturaleza de todo en el samsara.

5. *La impermanencia que está presente* es la impermanencia y separación que actualmente experimentamos. Contemplar esto refuerza las contemplaciones anteriores, ya que vemos que la impermanencia y la separación están ocurriendo en este mismo instante.

Estas reflexiones sobre la impermanencia sacan a relucir el hecho de que cada faceta de nuestro ser y cada aspecto de nuestras vidas y nuestro mundo es transitorio e inestable. Esto conduce a una sensación de inquietud con respecto a la vida en la existencia cíclica. Contemplar los siguientes tres puntos, las tres formas de duhkha, aumentará nuestra incomodidad de permanecer en el samsara.

6. El *duhkha del dolor* se denomina "el aspecto de ser indeseable" porque no deseamos las experiencias dolorosas físicas y mentales. Aun así, siguen llegando, en contra de nuestro deseo de felicidad.

7. El *duhkha del cambio* se conoce como "el aspecto de las cadenas y la esclavitud" porque incluso cuando nuestro cuerpo y mente experimentan placer, ese placer conduce a la esclavitud del ansia, que a su vez da lugar a la esclavitud del nacimiento, la vejez, la enfermedad, la muerte, la tristeza, el lamento, el dolor, la pena y la desesperación.

8. El *duhkha de lo condicionado que lo impregna todo* se denomina "el factor de que nuestro bienestar no es seguro" porque aunque ahora podamos experimentar una sensación neutra, nuestros agregados están bajo el control de las aflicciones y el karma: poseen el potencial para experimentar los dos primeros tipos de duhkha al menor cambio de las circunstancias.

Comprender la impermanencia nos lleva a comprender duhkha. El nacimiento en la existencia cíclica es insatisfactorio porque está impregnado de cambios no deseados: vejez, enfermedad, muerte, encontrarse con lo desagradable, separación de lo deseable y no obtener lo que queremos. Contemplar duhkha sobre la base de la comprensión de la impermanencia sutil hace temblar nuestra complacencia. Surge un profundo sentimiento de vulnerabilidad porque la felicidad y el sufrimiento están enteramente bajo el capricho de las aflicciones y el karma. En nuestro estado ignorante, tenemos muy poco control sobre estos dos.

9. El *aspecto de inobservabilidad* se refiere a no poder observar o discernir un yo real que exista separado de los agregados. Aquí contempla-

mos que no hay un yo que esté sobre todas las situaciones de cada uno de los agregados. Por ejemplo, cuando decimos "yo veo" simplemente hay un objeto visual, la facultad del ojo y una consciencia inmediatamente precedente. Juntos provocan una consciencia visual que percibe el objeto. "Yo" y "mío" son meros nombres, meras figuras de la palabra: los agregados no son poseídos por un yo real. Tampoco se puede encontrar una persona entre los agregados. No hay un yo observable que cree karma y experimente sus resultados. No hay un yo que se pueda encontrar que gire en el samsara o logre la liberación. Estos agregados condicionados están completamente vacíos de un yo.

10. El *aspecto de la ausencia de independencia* se refiere a que los agregados no están bajo el control de un yo. Los agregados son una relación dependiente que carecen de autodeterminación, carecen de un yo controlador.

La comprensión de la impermanencia, el duhkha, la vacuidad y la ausencia de existencia inherente evoluciona en este orden. La impermanencia sutil significa que los agregados surgen debido a causas y condiciones, específicamente debido a las aflicciones y el karma. Esas causas y condiciones provocan los tres tipos de duhkha, que dan lugar al ansia y así refuerzan la existencia cíclica. Comprender el duhkha de lo condicionado que lo impregna todo en particular nos lleva a examinar la relación entre los agregados y el yo, y, por lo tanto, a comprender la vacuidad y la ausencia de existencia inherente o sustancial. Como señala Dharmakirti (PV 2: 254cd):

> Por esta misma razón, el [Buda] enseñó duhkha a través de la impermanencia, y la ausencia de existencia inherente a través de duhkha.

¿Por qué se presta tanta atención al duhkha verdadero? Sería mucho más agradable pensar en la luz, el amor y la felicidad. Sin embargo, animarnos a contemplar duhkha es la mejor manera que tiene el Buda para hacernos salir de nuestra complacencia y para que aprovechemos nuestra increíble oportunidad de practicar el Dharma. Igual que una persona no buscará la libertad si no es consciente de que está encarcelada o si cree que la prisión es un entorno cómodo, no buscaremos la liberación de la existencia cíclica sin tener una consciencia clara de lo que es y por qué es insatisfactoria. Meditar profundamente en los temas anteriores nos dará energía para alejarnos de la prisión del samsara y seguir el camino hacia el Nirvana.

REFLEXIONES

1. Reflexiona en cada uno de los diez puntos de Asanga, uno por uno, poniendo ejemplos de ellos en tu vida.
2. Enfócate en la conclusión de que todo en la existencia cíclica es transitorio, insatisfactorio por naturaleza, vacío y carente de existencia inherente o sustancial.
3. Aspira a lograr la Liberación.

Nuestro valor como humanos

Reflexionar sobre las descripciones anteriores del duhkha verdadero aplicándolas a nuestras propias vidas y observando las experiencias de otros es crucial para hacer que esta enseñanza cobre vida. Al hacerlo, surgirá en nuestra mente una aspiración sincera de liberarnos del samsara y alcanzar la liberación o la Iluminación. Esas aspiraciones son el combustible para nuestra práctica de Dharma. A medida que nuestra comprensión de duhkha crezca gradualmente, también lo hará nuestra fe en las Tres Joyas como guías cualificadas.

Poco a poco nos damos cuenta del hecho de que el dinero, el estatus social, la popularidad, el poder, los elogios y el reconocimiento, aunque son útiles en esta vida, no producen una felicidad duradera y, en cambio, generan más preocupaciones y dificultades. Comenzamos a ver que perseguirlos es como montar en una montaña rusa o en un carrusel: puede parecer temporalmente emocionante, pero al final volvemos al mismo sitio en el que empezamos. La paz duradera aún nos elude, y en el fondo todavía carecemos de un sentido estable de autoestima. Sin importar cuánto lujo nos rodee, cuán emocionantes sean nuestros trabajos, lo famosos que seamos o cuánta gente nos ame, todavía no hemos ido más allá de la vejez, la enfermedad y la muerte.

Como respuesta a este problema, en su ignorancia, algunas personas se automedican con cualquier clase de adicción (drogas, alcohol, trabajo, sexo, juegos digitales, televisión, juegos de azar, compras, etc.), pero solo sirven como distracciones a corto plazo que producen más sufrimiento. Otras personas piensan que la vida no tiene sentido y consideran acabar con su vida. Esto es muy ignorante, ya que todos tenemos un gran potencial: el potencial de convertirnos en budas, el potencial de experimentar un gozo y una plenitud fiables.

Cuando analizamos cómo surgen en nuestra mente el sufrimiento y la felicidad, vemos que surgen de nuestras acciones, que están motivadas por nuestras emociones perturbadoras y puntos de vista distorsionados. Sin ni siquiera tener en cuenta las vidas pasadas, podemos ver que cuanto más subyugada está nuestra mente, más pacíficos y felices somos. Incluso si nuestro entorno externo es tumultuoso, con la paz mental interior podemos transformar las dificultades externas en el camino hacia la Iluminación mediante la práctica de enseñanzas del adiestramiento mental. Pero cuando nuestra mente está alterada, agitada u oscurecida, estamos tristes incluso cuando el entorno externo es fantástico. Esto demuestra claramente que la felicidad y el sufrimiento están relacionados con nuestras actitudes mentales. Por lo tanto, vale la pena adiestrar nuestra mente.

Al reflexionar sobre duhkha de esta manera, nos sentimos menos enamorados del samsara y cambiamos nuestra aspiración natural por el bienestar del Nirvana. El poema de Gyelsay Togme Zangpo *Las treinta y siete prácticas de los bodhisatvas* (9) lo resume:

> Como el rocío en la punta de una brizna de hierba, los placeres de los tres mundos duran solo un momento y luego desaparecen. Aspira al estado de la suprema liberación que nunca cambia –esta es la práctica de los bodhisatvas–.

Describiendo su propio viaje espiritual antes de alcanzar la Iluminación, el Buda dijo (MN 26.13):

> Antes de mi Iluminación, mientras todavía era solo un bodhisatva no iluminado, yo también, estando sujeto a mi nacimiento, buscaba lo que también estaba sujeto al nacimiento. Estando yo mismo sujeto a la vejez, la enfermedad, la muerte, la tristeza y los engaños, busqué lo que también estaba sujeto a la vejez, la enfermedad, la muerte, la tristeza y los engaños. Entonces consideré lo siguiente: "¿Por qué, estando yo mismo sujeto al nacimiento, busco lo que también está sujeto al nacimiento? ¿Por qué, estando yo mismo sujeto a la vejez, a la enfermedad, a la muerte, a la tristeza y a los engaños, busco lo que también está sujeto a la vejez, a la enfermedad, a la muerte, a la tristeza y a los engaños? Supongamos. Busco la suprema seguridad no nacida, libre de la esclavitud, el Nibbana. Supongamos. . . Busco la seguridad suprema

sin vejez, sin enfermedad, sin muerte, sin tristeza y sin engaños, libre de la esclavitud, el Nibbana".

Mientras estamos sujetos a las circunstancias insatisfactorias del samsara, nosotros, seres ignorantes, nos refugiamos en personas y cosas que también están sujetas a los caprichos del samsara. ¿Qué pasaría si, por el contrario, tuviéramos que buscar refugio en las Tres Joyas y buscar el Nirvana? Los practicantes que tienen esta aspiración no se distraen con los encantos de los placeres, las riquezas, el poder y la fama del samsara, y se mantienen enfocados fácilmente en sus objetivos espirituales. Esto conduce a la paz mental en esta vida, así como a la liberación. Los bodhisatvas amplían esta aspiración de libertad para incluir a todos los seres conscientes y generan la bodhichita, la aspiración de la Iluminación.

Reducir nuestro apego a los placeres samsáricos no significa tener aversión hacia nuestro cuerpo, relaciones, buena comida, alabanzas, reputación y otros objetos sensoriales. Estas cosas, en sí mismas y por sí mismas, no son virtuosas ni no virtuosas: la fuente de las dificultades es nuestra ansia por ellas. El propósito de ver las cosas del samsara como insatisfactorias es eliminar nuestra ansia y aferramiento por ellas, puesto que estas emociones son las que nos mantienen atados al samsara. Para vivir en sociedad, el dinero y las posesiones son necesarios. Podemos usarlos sin apego y compartirlos con otros para crear mérito. Los seres humanos somos criaturas sociales y nuestras vidas dependen de la bondad de los demás. Podemos apreciar a las personas que hay en nuestras vidas y ser compasivos sin estar apegados a ellas.

Renunciar al apego a nuestro cuerpo no significa que ignoremos nuestra salud y no vayamos al médico o al dentista. Nuestro cuerpo es el soporte físico de nuestra preciosa vida humana que usamos para practicar el Dharma, por lo que debemos cuidar el cuerpo y mantenerlo sano. Cuidar nuestro cuerpo de una manera práctica es muy diferente de entregarse a los placeres sensuales con apego.

Con todo lo que se habla sobre duhkha, podemos creer erróneamente que los practicantes de Dharma deben abandonar todas las actividades habituales que les brindan felicidad y, en su lugar, practicar el ascetismo extremo y la abnegación. Podemos temer que no se pueda experimentar felicidad hasta que alcancemos el Nirvana. Este no es el caso en absoluto. De hecho, es importante tener una mente feliz mientras se practica el Dharma. A medida que profundizamos en la práctica, nos damos cuenta de que hay muchos tipos y niveles de felicidad y placer. Tener comida, refugio, ropa, medicinas y amigos nos brinda algo de bienestar, lo suficiente como para que podamos practicar el Dharma sin tener que padecer un sufrimiento extremo que haría difícil la práctica. A medida que practicamos más, descubrimos la paz interna que surge de la vida ética y la sensación placentera y de relax que se obtiene al mejorar nuestra concentración. Conforme disminuye nuestro apego y abrimos nuestros corazones a los demás, la alegría derivada de conectarse con los demás desde el corazón y actuar con bondad hacia ellos nos brinda una sensación de plenitud que es muy superior a cualquier placer que el dinero y las posesiones puedan proporcionar.

Aunque la mayoría de las personas del mundo tienen relaciones íntimas afectivas y sexuales, algunas personas eligen no tenerlas. Esta es una opción de estilo de vida válida, tanto si las personas son budistas como si no, ya sean monjes o practicantes laicos. No están evitando la intimidad: prefieren usar su energía vital haciendo otras cosas que son más importantes para ellos. En resumen, renunciar a nuestra adicción al placer derivado de objetos externos y personas abre la puerta para experimentar otros tipos de felicidad.

Algunas personas se preguntan si es posible llegar a estar apegado al Dharma y anhelar la liberación. El apego se basa en proyectar o exagerar cualidades y luego aferrarse a un objeto. En general, no es posible exagerar las excelentes cualidades de las Tres Joyas, la liberación y la Iluminación. Además, el aprecio por las excelentes cualidades del Dharma y la aspiración de alcanzar la liberación son muy diferentes a estar apegados a ellas con un deseo obsesivo o posesividad.

Si alguien quizá construye una identidad del ego pensando: "Soy budista y mi religión es la mejor", no ha entendido muy bien el budismo. Su actitud no es de apego al budismo, sino que más bien su mente está afligida por el aferramiento a la existencia esencial o inherente y la arrogancia.

3 Los orígenes verdaderos de duhkha

Vivimos en medio del duhkha verdadero día tras día. Es nuestro compañero cercano, que nunca nos deja estar tranquilos, ni en nuestro corazón ni con los demás. Puesto que no nos gusta duhkha, y queremos librarnos de él, debemos buscar sus causas, examinar si se pueden eliminar y, de ser así, aprender el camino para hacerlo. El Buda identificó las aflicciones y el karma como los orígenes verdaderos de duhkha. El karma surge de las aflicciones, siendo la ignorancia la aflicción principal. En este capítulo examinaremos los engaños, que son los orígenes de duhkha. Estos factores mentales nos mantienen atados a la existencia cíclica y nos impiden alcanzar el Nirvana y la Iluminación.

La psicología budista es profunda y revela partes de nuestra mente que puede que no hayamos tenido en cuenta. Los factores mentales virtuosos y los moralmente variables se describieron en el capítulo 3 del volumen anterior, *Fundamentos de la práctica budista*. Los siguientes factores mentales aflictivos se explican en el contexto de los factores que producen duhkha e interfieren con el logro de la liberación y la Iluminación.

Es importante abordar el tema de las aflicciones con la actitud correcta. Evita usar las diversas listas de engaños para criticarte a ti mismo, pensando: "Me enfado tanto. También soy muy celoso. ¡Qué mala persona soy!". Recuerda que el conocimiento de los engaños mentales nos da el poder de liberarnos de ellos y llegar a un estado de paz verdadera. Tenemos el potencial para hacerlo. Los capítulos del doce al catorce explicarán la posibilidad de alcanzar la liberación y nuestra naturaleza de buda que lo hace posible.

Describir las aflicciones es similar a identificar a los ladrones en nuestra casa que han estado haciéndose pasar por nuestros amigos mientras nos robaban la felicidad. Cuando conocemos sus características podemos atraparlos, echarlos de casa y cerrar la puerta con llave para que no puedan regresar nunca. Pero a diferencia de los ladrones de verdad, que pueden reorganizarse más tarde, las aflicciones, una vez desalojadas, se desvanecen por completo.

Como todos los demás fenómenos, los engaños mentales están vacíos de existencia inherente. Son transitorios como burbujas que explotan rápidamente; no tienen esencia, como el tronco de un platanero. En lugar de pensar en el enfado, o en cualquier otra aflicción, como en una emoción sólida que siempre está acechando bajo la superficie de tu mente, lista para explotar, arrojando su veneno, reconoce que existe al ser meramente designada: dependiendo de unos momentos de la mente que comparten algunas características comunes designamos "enfado". Eso es todo lo que es el enfado. No es un monstruo que sea una parte inherente en nosotros: no es quien somos. Necesitamos ver nuestras aflicciones desde dos perspectivas: por un lado, son la fuente de nuestra miseria; por otro, carecen de esencia y pueden erradicarse completamente de nuestro continuo mental. Hay muchas maneras de clasificar los engaños mentales. Comenzaremos con las seis aflicciones raíz, el grupo más importante en la tradición sánscrita.

Las seis aflicciones raíz

Al estudiar el laboratorio de nuestra propia mente, advertimos que podemos tener emociones radicalmente diferentes en distintos momentos. Podemos ser alguien amable en un momento e irritarnos al siguiente. Algunas emociones surgen más fácilmente o son más habituales que otras: nuestro enfado surge en un momento; la paciencia es difícil de cultivar. Algunas emociones traen paz, otras perturban nuestra tranquilidad mental. Estas últimas se denominan aflicciones. Asanga las identifica en su *Compendio de conocimiento* (LC 1: 298):

> Una aflicción se define como un fenómeno que, cuando surge, es de carácter perturbador y que, con su aparición, perturba el continuo mental.

Las aflicciones son factores mentales diversos que, cuando surgen en nuestra mente, hacen que esta no sea pacífica ni esté subyugada. Las aflicciones pueden ser emociones, actitudes o puntos de vista, y generalmente surgen sin que podamos elegir. Las tres aflicciones principales son la ignorancia, la aversión y el apego. Aunque la compasión puede alterar nuestra mente, no es una aflicción. La compasión genuina –a diferencia de la lástima o la angustia personal al ver a otros sufrir– se desarrolla deliberadamente con un buen propósito y se basa en el razonamiento. Incapaz de ignorar el duhkha de los seres conscientes, la compasión desea que se liberen de él. Nuestra mente se puede alterar temporalmente porque se ha desafiado nuestra apatía, pero este tipo de perturbación mental nos incita a ser más tolerantes y amables: hace que nuestra mente sea fuerte y decidida para ayudar a los demás y nos aporta beneficios a nosotros mismos y a ellos.

Las aflicciones, por otro lado, surgen sin una buena razón y carecen de fundamento en la realidad. Debido a que estamos habituados a ellas, surgen fácilmente cuando nos encontramos con ciertas condiciones. Alteran la tranquilidad de la mente y tienen el efecto a largo plazo de aumentar nuestros problemas e infelicidad. A diferencia de los estados mentales virtuosos, como la integridad y la compasión, las aflicciones carecen de claridad mental y, a menudo, nos encontramos justificando su presencia: "Tengo derecho a estar enfadado porque me criticó injustamente". Pero piénsalo: ¿por qué debemos estar enojados cuando alguien nos critica? ¿Es el enfado la única respuesta posible a esta situación? ¿El enfado aumenta nuestra capacidad de comunicarnos bien o la destruye? Hacernos estas preguntas así elimina la confusión y nos permite ver la "lógica" defectuosa que está detrás de las aflicciones y, por lo tanto, disiparlas.

Las aflicciones dan lugar a las acciones que se consideran destructivas en todas las culturas, como matar, robar y mentir. Estas acciones perpetúan el ciclo del sufrimiento. Puesto que producen nuestra ruina, necesitamos ser conscientes de su naturaleza, causas, funciones y desventajas. Si un país tiene un enemigo que está destruyendo su bienestar, trata de aprender todo lo que puede sobre dicho enemigo para combatirlo y evitar que destruya el país. Igualmente, necesitamos saber todo lo que podamos sobre el enemigo –las aflicciones que destruyen nuestra felicidad y la de los demás–. Pero simplemente aprender sobre las aflicciones no es suficiente, también debemos combatirlas escuchando, pensando y meditando en sus antídotos como se describe en las enseñanzas del Buda. Hacer esto es el quid de la práctica del Dharma.

El Buda enumeró ochenta y cuatro mil aflicciones; las más destacadas son las aflicciones raíz (*mulaklesa*) y aflicciones secundarias (*upaklesa*). En *Tesoro de conocimiento*, Vasubandhu habló de seis aflicciones raíz, la última de las cuales son puntos de vista aflictivos, que a su vez se subdividen en cinco. En *Compendio de conocimiento*, su hermano mayor, Asanga, enumeró diez aflicciones raíz: las cinco primeras que Vasubandhu enumeró más los cinco puntos de vista aflictivos. Aunque las dos listas llegan al mismo punto, hay algunas diferencias en cómo describen algunas de las aflicciones porque *Tesoro de conocimiento* se escribió desde el punto de vista vaibhasika, mientras que *Compendio de conocimiento* fue escrito desde el punto de vista chitamatra. En general seguiremos este último, excepto cuando la presentación prasangika difiera. Esto ocurre principalmente en las descripciones de la ignorancia y la visión de una identidad personal. Las seis aflicciones raíz son el apego (*raga*), el enfado (*pratigha*), la arrogancia (*mana*), la ignorancia (*avidya*), la duda engañosa (*vicikitsa*) y los puntos de vista aflictivos (*klistadrsti*).

Apego

El apego es un factor mental que, basado en una atención distorsionada que exagera el atractivo de un objeto contaminado (un objeto bajo la influencia de la ignorancia), lo desea y tiene un gran interés en él. El objeto podría ser un objeto material, una persona o un lugar, o podría ser un elogio o una idea. Su función es producir descontento y perpetúa el ciclo de las existencias. Observando nuestras propias experiencias, podemos ver cuán cierto es.

Esta es una descripción general del apego. Hay muchos grados y variantes. Algunos ejemplos del apego que surgen en la vida diaria son la codicia –que desea más de lo que nos corresponde–, el apego a nuestras ideas –que nos lleva a una insistencia obstinada en tener razón–, el apego a la reputación, a la alabanza, a las experiencias sensoriales agradables, etc. También nos apegamos a las personas, lo que nos lleva a tener expectativas poco realistas de ellas o de nuestras relaciones con ellas. Esto a su vez conduce a la decepción y la fricción en esas relaciones, y a sentimientos de rencor o traición cuando las relaciones no van como se esperaba.

La codicia es una forma burda de apego. Como una de las diez no virtudes, la codicia dirige fácilmente a acciones que dañan directamente a los demás, como robar o mantener relaciones sexuales imprudentes. Otras aflicciones derivadas del apego son la avaricia, que no quiere compartir lo que tenemos; la arrogancia, que se apega a nuestra buena fortuna, y la inquietud, que distrae la mente llevándola hacia objetos deseables durante la meditación.

El apego y la aspiración son factores mentales distintos con diferentes funciones. Aunque ambos se sienten atraídos por su objeto, el apego está basado en una atención distorsionada que exagera el atractivo del objeto o proyecta buenas cualidades que no existen. Al verlo incorrectamente, el apego se aferra al objeto y no quiere separarse de él. Nos apegamos a las personas, al dinero y a las posesiones, al amor y a la aprobación, a la buena comida y a otras experiencias sensoriales placenteras, etc., y estamos convencidos de que las buenas cualidades que vemos en esa persona o cosa son inherentes. Si nuestra percepción fuera precisa, todos deberían ver a esa persona o cosa tan atractiva como la vemos nosotros y desearla tanto como nosotros. Claramente ese no es el caso.

La aspiración se enfoca en su objeto deseado y tiene un gran interés en él, pero no se basa necesariamente en exagerar o proyectar las buenas cualidades del objeto. Las aspiraciones que buscan un buen renacimiento, la liberación y la Iluminación se basan en una visión realista de las cualidades beneficiosas que sí están presentes. En su texto sobre el abhidharma, el erudito tibetano Chim Jampelyang (ca. 1245–1325) aclaró que las aspiraciones a un renacimiento afortunado, a la liberación o a la Iluminación son virtuosas, no son apego.

Además, Vasubandhu dijo que los objetos que hacen surgir las aflicciones están contaminados. Dado que la Budeidad y las Tres Joyas no están contaminadas, no pueden inducir aflicciones en la mente de los demás. Si alguien piensa: "Cuando sea un buda, todos me respetarán", padece de apego a la reputación, no de apego a la Budeidad.

El ansia es una forma de apego y generalmente se ve como no virtuoso. Sin embargo, "ansia" puede referirse a otras formas de apego que pueden ser útiles temporalmente. Por ejemplo, en el caso de alguien que es miserable y no quiere desprenderse de sus posesiones, el ansia por ser rico en una vida futura puede motivarlo a contrarrestar su tacañería y llegar a ser generoso en esta vida. Aunque este anhelo busca la felicidad en el samsara, es un paso más que ansiar la felicidad solo de esta vida y, por lo tanto, se considera virtuoso. Para alguien que vive una vida éticamente corrupta, el deseo de renacer como un deva puede inducirlo a que abandone las conductas dañinas y guarde los preceptos. El ansia por el gozo del samadhi en los reinos de la forma y sin forma puede inspirar a alguien a cultivar la concentración para renacer en esos reinos. Estos tipos de apego son útiles en esas situaciones específicas. Sin embargo, para alguien que intenta liberarse, esas mismas ansias son obstáculos porque están enamoradas de los placeres samsáricos.

Ananda dice que basándose en el ansia por alcanzar la liberación –nuestra aspiración espiritual más elevada–, que ciertamente es virtuosa, se pueden eliminar las formas no deseadas del ansia (AN 4.159, AN 2.145). El texto postcanónico pali *nettippakarana* habla de formas virtuosas y no virtuosas de ansia y confirma que el ansia virtuosa lleva al final del ansia. Por ejemplo, una monja descubre que otra monja se ha convertido en un arhat, y con el deseo de lograr el estado de arhat ella también, practica diligentemente y se convierte en un arhat, alguien que ha abandonado el ansia. De manera similar, un monje motivado por la arrogancia piensa: "Soy tan capaz como esa persona que logró el estado de arhat". Esto lo impulsa a hacer un esfuerzo y se convierte en un arhat, alguien que ha abandonado la arrogancia. Esto es parecido a la idea de llevar el apego al camino en el tantrayana: el apego se emplea para manifestar la mente más sutil y usarlo para tener la comprensión experiencial del vacío y destruir todos los oscurecimientos, incluido el apego.

¿Cómo reconciliamos estos ejemplos con la siguiente afirmación de Nagarjuna, el gran sabio indio del siglo II que difundió la visión madhyamaka o camino medio (RA 20ab)?

> El apego, la ira y la confusión y el karma que surge de ellos son no virtuosos.

Apego aquí se refiere al deseo egoísta de posesiones materiales, alabanza, buena reputación y experiencias sensoriales agradables. Este apego a menudo conduce a realizar acciones no virtuosas, mientras que la aspiración por la felicidad de las vidas futuras puede conducirnos a acciones virtuosas. El enfado y la ira, sin embargo, nunca pueden ser los factores motivadores de la virtud: siempre conducen a la no virtud. Aquí *confusión* no se refiere a la ignorancia que se aferra a la existencia esencial o inherente, que es la raíz del samsara, sino a la ignorancia que no comprende el karma y sus efectos. Si bien la ignorancia que se aferra a la existencia esencial también puede estar detrás de las acciones virtuosas, la ignorancia que tiene una visión distorsionada de la conducta ética conducirá a senderos de acción mentales, verbales y físicos no virtuosos.

Igualmente, hay diferentes maneras de estar "apegados" a una hermosa estatua del Buda. Una persona quiere una hermosa estatua para inspirar su práctica diaria de meditación. Otra quiere esa misma estatua para enseñársela a sus amigos o para venderla y sacar un beneficio. Estas diferentes motivaciones traerán diferentes resultados en la vida presente y en las vidas futuras.

En resumen, el apego puede tener diversos significados en diferentes contextos. Esto se ilustra mediante los cuatro tipos de apego mencionados en la enseñanza *Separarse de los cuatro apegos* que Manyushri le dio al gran lama sakya Sachen Kunga Nyingpo:

> Si estás aferrado a esta vida no eres un verdadero practicante espiritual.
>
> Si estás aferrado al samsara no tienes renuncia.
>
> Si estás aferrado a tu propio interés, no tienes bodhichita.
>
> Si hay aferramiento no tienes la visión.

La primera línea señala el aferramiento a la felicidad de esta vida, que es invariablemente un obstáculo para la práctica del Dharma. La presencia o ausencia de este tipo de apego es la línea divisoria entre una acción que es Dharma y otra que no lo es. La segunda, el aferramiento a la existencia cíclica, nos impide emprender el sendero a la liberación, aunque podría conducir a la felicidad dentro del samsara, como lo ejemplifica la persona que está apegada a la dicha del samadhi y que nace en los reinos de la forma y sin forma.

El aferramiento a nuestro propio interés nos impide entrar en el sendero del bodhisatva, aunque podría ayudarnos a lograr el estado de arhat –por ejemplo, una persona que se aferra a estar libre del samsara y busca su propia liberación en solitario–. El apego más profundamente arraigado es el aferramiento a la existencia inherente, que impide tanto el logro de la liberación como el de la Iluminación.

El término tibetano *chags pa* también se puede traducir como apego, y a veces se utiliza para indicar un fuerte afecto y atención. En este sentido, los budas están *apegados* a los seres conscientes, lo que indica que, debido a su fuerte compasión, nunca los abandonarán y trabajarán continuamente para guiarlos hacia la felicidad temporal y definitiva. Este sentimiento de cercanía y cuidado que los budas tienen por los seres conscientes es muy diferente del apego en las mentes de éstos últimos.

Enfado/aversión

El enfado es un factor mental que, al referirse a uno de los tres objetos, agita la mente, por no poder soportarlo o por querer dañar al objeto o a la persona. Los tres objetos se pueden ampliar a nueve: (1-3) me dañó en el pasado, me daña ahora, me dañará en el futuro; (4-6) dañó a mi querido amigo o familiar, les está haciendo daño, les hará daño; (7–9) ayudó a mis enemigos, los está ayudando ahora, los ayudará en el futuro. Aquí, *enemigo* incluye a las personas que no nos gustan o con las que tenemos discrepancias, así como a quienes nos dañan o interfieren en nuestra felicidad. La función del enfado es perturbar nuestra mente. Siendo la base para hacernos daño a nosotros mismos y a los demás, nos involucra en acciones destructivas y aumenta el sufrimiento en el mundo.

El enfado se basa en una atención distorsionada que exagera o proyecta defectos en las personas y las cosas. Nuestra mente crea muchas razones para validar nuestro enojo y darnos una falsa sensación de poder en situaciones en las que sentimos miedo o dolor. El enfado aparece bajo muchas formas, y muchas otras aflicciones se derivan de él, incluyendo la irritación, la molestia, la frustración, el odio, la rebeldía, la beligerancia, el resentimiento, la venganza, el rencor, la crueldad, la violencia y los celos.

Detrás de cada episodio de enfado hay muchas historias –conceptualizaciones que nuestra mente hace proliferar– en las que imputamos motivaciones en las personas que estas no tienen, interpretamos acciones desde nuestro propio punto de vista y favorecemos nuestras preocupaciones, al mismo tiempo que ignoramos o degradamos las preocupaciones de los demás. Aunque podemos tratar de justificar, racionalizar o negar nuestro enfado, la verdad es que somos infelices cuando nuestra mente cae ante él. A veces expresamos nuestro enfado a los amigos, esperando que se pongan de nuestro lado (si no lo hicieran, ¿cómo iban a ser nuestros amigos?). Otras veces hablamos o actuamos de una manera que perjudica a los demás. Aquí podemos ver la relación entre el apego y el enfado: cuanto más ha exagerado las cualidades de alguien la atención distorsionada, aumentando la fuerza de nuestro apego, más exagera también los defectos de esa persona cuando no cumple con nuestras expectativas. Nos sentimos descontentos, y esta infelicidad mental inflama nuestro enfado, lo que resulta en un comportamiento agresivo que rompe la confianza de las personas que más nos importan. El enfado es un estado mental, no es el comportamiento. Aunque algunos de nosotros no pensemos que somos personas airadas porque no tiramos las cosas o no gritamos a los demás, en nuestro interior el enfado prolifera. En estos casos, el hecho de ignorar a la otra persona o negarse a tener algo que ver con ella puede considerarse un comportamiento dañino. No debemos dejarnos engañar pensando que el comportamiento pasivo, como retirarse de una situación y negarse a comunicarse, indica una ausencia de enojo.

El enfado también puede ser una reacción ante el miedo. Cuando tememos miedo generalmente nos sentimos impotentes, así que el enfado nos da una falsa sensación de poder al enviar adrenalina a través de nuestro cuerpo. Si bien el enfado a veces hace parecer que somos valientes, nuestro comportamiento cuando estamos enojados rara vez soluciona el problema y generalmente lo empeora.

Orgullo

El orgullo es un factor mental que, basado en la visión de una identidad personal –o visión de lo compuesto y transitorio– que malinterpreta cómo existe el yo o lo mío, se aferra fuertemente a una imagen inflada de nosotros mismos. Su función es evitar que descubramos y aumentemos nuestra virtud, y nos lleva a faltarle al respeto o a denigrar a los demás. Vasubandhu menciona siete tipos de orgullo:

1. El orgullo que piensa: "Soy superior" en relación con alguien que es "inferior". En esta y las siguientes dos formas de orgullo, nos comparamos con otros en términos de riqueza, apariencia, conocimiento, posición social, capacidad física, fama y otros factores.

2. El orgullo que piensa: "Soy superior" en relación con alguien que es nuestro igual.

3. El orgullo que piensa: "Soy superior" en relación con alguien que es mejor que nosotros.

4. El orgullo que observa nuestros agregados y piensa: "yo". Esto también se conoce como el *orgullo de ser* (*asmimana*). Debido al aferramiento a la existencia inherente o esencial, creemos que existimos inherentemente y que somos muy importantes.

5. El orgullo que piensa que tenemos cualidades que no tenemos.
6. El orgullo que piensa que somos un poco inferiores a alguien que es realmente maravilloso. Podemos pensar: "En este grupo de personas respetadas, soy el menos cualificado", lo que implica que, aunque somos menos que los expertos, definitivamente somos mejores que la mayoría de las personas. También reclama su estatus al estar asociado con alguien que es mejor que nosotros: "Soy el discípulo de un verdadero maestro espiritual".
7. El orgullo que cree que nuestras faltas son virtudes. Por ejemplo, una persona éticamente degenerada piensa que es honrada y justa.

En *Guirnalda preciosa*, Nagarjuna (RA 407-12) describe siete tipos de orgullo de una manera ligeramente diferente, aunque el significado es generalmente el mismo que el anterior. La única excepción es el orgullo de la inferioridad. Aquí Nagarjuna lo describe como el orgullo de despreciarnos y pensar que somos inútiles e incapaces. La tradición pali está de acuerdo con la observación de Nagarjuna.

(1) En cuanto a esto, [el primero] se llama *orgullo*. Es cuando se piensa que uno mismo es incluso inferior al inferior, igual al igual o mayor o igual que el inferior.

(2) Es *presunto orgullo* ya que uno supone que es igual a alguien que es mejor.

(3) Si uno supone que es incluso mejor que el mejor, esto es *orgullo más allá del orgullo*; pensando que uno mismo es aún más noble que el noble. Es excesivamente malo, como desarrollar úlceras sobre los forúnculos.

(4) Los cinco agregados vacíos se denominan [*agregados*] *sujetos al aferramiento*. Cuando uno los aprehende como "yo", a esto se le llama el *orgullo de pensar "yo soy"*.

(5) Suponer que uno ha alcanzado un resultado que no ha logrado es tener *orgullo presuntuoso*.

(6) El sabio es consciente de que jactarse de las propias acciones negativas es *orgullo erróneo*.

(7) Ridiculizarse a sí mismo, pensando "No puedo arreglármelas" es el *orgullo de la inferioridad*.

En resumen, estas son las siete formas de orgullo.

El orgullo nos impide lograr nuevas cualidades. Cuando creemos que ya somos de primera categoría, no somos receptivos al aprendizaje. En cambio, seguimos siendo complacientes, o incluso engreídos, sin tratar de desarrollar cualidades virtuosas. El orgullo basado en nuestro conocimiento o logros del Dharma no afecta a los principiantes, pues en ese momento somos conscientes de lo poco que sabemos y de cuánto necesitamos aprender y practicar. Pero después de haber estudiado y practicado durante un tiempo, el orgullo puede establecerse fácilmente y detener nuestro crecimiento espiritual.

Es importante discernir entre el orgullo y la confianza en uno mismo. El orgullo es a menudo una tapadera para la inseguridad, mientras que la confianza en uno mismo reconoce nuestras habilidades sin inflarlas. Las personas seguras de sí mismas no tienen necesidad de jactarse de sus logros. La autoestima es un factor esencial en el sendero espiritual que deberíamos nutrir. Pensar: "A medida que practique progresivamente el sendero, podré realizar todas las actividades del bodhisatva" es una actitud útil y necesaria, no es orgullo. La consciencia de nuestro potencial impulsa nuestro entusiasmo para implicarnos en el estudio y la práctica del Dharma. De manera similar, regocijarnos de nuestra virtud con un sentido de satisfacción pensando: "Me siento bien porque mantuve mis preceptos en una situación desafiante" no es orgullo, es una forma de reforzar nuestra virtud.

Ignorancia

La ignorancia es un estado aflictivo de desconocimiento provocado por la falta de claridad en la mente respecto a la naturaleza de cosas como las cuatro verdades, las Tres Joyas y el karma y sus efectos. Su función es servir como base y raíz de todas las demás aflicciones, y las acciones y renacimientos aflictivos que estas producen. Esta es una definición general de la ignorancia aceptada por todos los sistemas de principios budistas. Sin embargo, cada sistema tiene su propia definición única también. Además, el significado de la ignorancia difiere según el contexto; algunos de estos significados se explican a continuación. A menos que se indique lo contrario, concuerdan con la visión prasangika, que puede o no ser compartida por otros sistemas. A medida que nos adentremos en la visión correcta de la vacuidad más adelante en la serie, se aclararán los significados de la ignorancia en las diferentes escuelas. La ignorancia (*avidya*) es a menudo, pero no siempre, sinónimo de confusión (*moha*)[24].

1. La *ignorancia que es un factor mental* es la ignorancia definida anteriormente.

2. La *ignorancia de la ausencia de existencia esencial o inherente* es el significado común a todas las escuelas de principios filosóficos budistas: no comprender la ausencia de existencia esencial o inherente de la persona.

3. La *ignorancia de la verdad última* desconoce el modo de existencia de todo: la persona y los fenómenos. Este significado es aceptado por las escuelas chitamatra y madhyamaka. Cuando esta ignorancia da lugar a aflicciones que producen karma, que a su vez proyecta renacimientos en el samsara, esta ignorancia es el primer eslabón de la relación dependiente (ver #6).

4. La *ignorancia del karma y sus efectos* está detrás de todas las acciones destructivas, especialmente aquellas que conducen a renacimientos desafortunados. No se trata simplemente de no saber sobre el karma y sus efectos, sino que es una profunda incredulidad o un desprecio temporal por él. Esta ignorancia no puede discernir las acciones virtuosas de las no virtuosas, no acepta que la felicidad provenga de las acciones virtuosas y la infelicidad de las acciones no virtuosas, o no lo cree completamente. Por ejemplo, bajo la influencia de esta ignorancia no vemos el error de participar en negocios que priven a otros de lo que es suyo. En general, podemos creer en el karma y sus efectos, pero cuando se nos brinda la oportunidad de obtener ganancias, justificamos la mentira para obtener lo que nos gusta (ver #5).

5. La *ignorancia que es uno de los tres venenos* –la ignorancia, el apego y la animosidad– es uno de los tres factores básicos que estimulan la creación del karma destructivo. Esta es la ignorancia del karma y sus efectos. A menudo se traduce como "confusión", acompaña a todos los estados mentales no virtuosos y es una causa de renacimientos desafortunados.

6. La *ignorancia que es el primer vínculo de la relación dependiente* inicia un nuevo conjunto de doce vínculos que lleva al renacimiento

24 La siguiente lista muestra los diferentes contextos en los que se utiliza el término "ignorancia", no es una enumeración estándar textual.

en el samsara. Los sistemas de principios filosóficos tienen diferentes afirmaciones sobre esta ignorancia. Según los prasangika, se aferra al *yo* y a *lo mío* como inherentemente existentes, lo cual está basado a su vez en aferrarse a los agregados como inherentemente existentes.

7. La *ignorancia que se aferra a la existencia inherente* se aferra a la persona y los fenómenos como si existieran de modo inherente. Primero se aferra a los agregados como inherentemente existentes, y sobre esa base se aferra a la persona como si existiera de modo inherente. *Ignorancia que se aferra a la existencia inherente* es sinónimo de *ignorancia que se aferra a la existencia esencial*, de *ignorancia que se aferra a la existencia verdadera*, *ignorancia que se aferra a las cosas como si existieran por su propio lado*, etc. A veces, cuando se usa en líneas generales *ignorancia que se aferra a la existencia inherente* puede referirse al aferramiento a una persona autosuficiente y sustancialmente existente.

8. La *ignorancia de las cuatro concepciones distorsionadas* se aferra a lo impermanente como permanente, a lo que es duhkha por naturaleza como placentero, a lo que no es atractivo como bello y a lo que carece de existencia inherente como si la tuviera. Esta descripción es aceptada por todos los sistemas de principios filosóficos.

9. En la tradición pali, la ignorancia se explica como no conocer las cuatro verdades –los agregados, su origen, su cesación y el sendero hacia esa cesación (SN 22.135)–, las vidas pasadas y futuras y la relación dependiente. En contextos específicos se describe como desconocer la naturaleza impermanente de los agregados (SN 22.126): no entender la gratificación, el peligro y el escape con respecto a los cinco agregados (SN 22.129), etc.[25] En todos estos casos, el conocimiento verdadero –la mente que los entiende claramente, tal como son– es lo opuesto.

Vasubandhu afirma que la ignorancia (ver #1) acompaña a todas las aflicciones[26]. Los prasangika afirman que la ignorancia que se aferra a

---

25 La *gratificación* es el placer que se experimenta por el contacto con los agregados. El *peligro* es la decadencia de los agregados que nos deja decepcionados. *Escapar* es abandonar el deseo por los agregados, liberándonos con sabiduría de las aflicciones que nos atan a duhkha.

26 Una consciencia primaria tiene varios factores mentales que la *acompañan* o son *concomitantes* con ella, lo que significa que comparten cinco similitudes: tienen la

la existencia esencial o inherente provoca aflicciones burdas, pero no las acompaña porque las dos tienen funciones diferentes. La ignorancia que se aferra a la existencia esencial o inherente comprende su objeto como si fuera inherentemente existente, mientras que el apego ansía un objeto que ve atractivo y deseable. La ignorancia que se aferra a la existencia esencial o inherente surge primero y el apego la sigue. Debido a que realizan diferentes funciones y no se producen al mismo tiempo, los prasangika dicen que el apego y la ignorancia que se aferra a la existencia inherente no comparten la misma mente primaria y no acompañan uno al otro.

Sin embargo, dicen que la ignorancia que se aferra a la existencia inherente o esencial puede acompañar a las aflicciones sutiles porque el apego y el enfado sutiles tienen un elemento de aferramiento a los fenómenos como si existieran de modo inherente. El apego sutil se aferra a su objeto como si fuera inherentemente deseable y ansía poseerlo. El enfado sutil se aferra a su objeto como si fuera inherentemente indeseable y ansía separarse de él. Estas aflicciones sutiles son obstáculos para alcanzar el Nirvana, pero no necesariamente obstaculizan un buen renacimiento. Las escuelas inferiores no consideran que las aflicciones sutiles impidan la liberación porque dichas escuelas afirman la existencia inherente.

De acuerdo con los prasangika, la ignorancia (ver #3, 7) se aferra a la persona y los fenómenos como si tuvieran existencia inherente. Aferrarse al yo como autosuficiente y sustancialmente existente es también una forma de ignorancia, pero no es la ignorancia que es la raíz del samsara. La ignorancia que se aferra a la existencia inherente surge primero, seguida por la ignorancia que se aferra al yo como autosuficiente y sustancialmente existente. La primera no acompaña a la segunda, porque se aferran a su objeto de manera diferente y no ocurren simultáneamente: la primera se aferra al yo como si fuera inherentemente existente, la segunda como si fuera autosuficiente y sustancialmente existente. De igual manera, en los casos en que el aferramiento a la persona como si fuera autosuficiente y sustancialmente existente hace que surja el enfado, no acompaña al enfado debido a las diferentes formas en que estos factores mentales se aferran a su objeto.

---

misma base, objeto observado, aspecto, tiempo y entidad. En este caso, la ignorancia es un factor mental que acompaña a la consciencia mental primaria y, por lo tanto, comparte estas cinco similitudes con ella. Ver *Fundamentos de la práctica budista*, capítulo 3.

Técnicamente hablando, *la ignorancia que se aferra a la existencia inherente* y *el aferramiento a la existencia inherente* no son lo mismo. La *ignorancia que se aferra a la existencia inherente* o esencial se refiere al factor mental de la ignorancia que se aferra a la existencia inherente, mientras que el *aferramiento a la existencia inherente* se refiere a todo el estado mental –la consciencia primaria y los factores mentales que la acompañan y que incluyen la ignorancia que se aferra a la existencia inherente–. En otras palabras, cuando la ignorancia que se aferra a la existencia inherente acompaña a un estado mental, todos los aspectos de ese estado mental se aferran a la existencia inherente. Sin embargo, a veces la *ignorancia que se aferra a la existencia inherente* y *el aferramiento a la existencia inherente* se usan indistintamente. En este caso, el propósito del orador no es distinguir el factor mental de todo el estado mental, sino identificar la existencia inherente y cómo nos aferramos a los objetos y a la persona para que existan de esta manera. Como puedes ver, el tema de la ignorancia es complejo, ¡y necesitamos mucha sabiduría para entenderlo!

Duda engañosa

La duda engañosa es un factor mental que es indeciso y vacila hacia una conclusión incorrecta con respecto a temas espirituales importantes, como la naturaleza última de los fenómenos, las cuatro verdades, las Tres Joyas y el karma y sus efectos. Al mantenernos en un estado constante de incertidumbre sobre lo que creemos, qué camino seguir y qué practicar, la duda engañosa nos inmoviliza y nos impide avanzar espiritualmente. Dudando de nosotros mismos, del sendero y del resultado, giramos en círculos y pasamos días, meses y años atrapados en la indecisión. La duda engañosa se compara con tratar de coser con una aguja de dos puntas: no logramos nada. Tiene solo una forma adquirida, no innata.

La duda engañosa difiere de la duda que se inclina hacia la conclusión correcta o la duda que vacila en el medio. Es diferente de la curiosidad, que nos impulsa a hacer preguntas y a aprender más hasta que llegamos a una conclusión sólida.

REFLEXIONES

1. Revisa cada una de las cinco aflicciones anteriores, una por una. Piensa al menos en tres casos en que cada aflicción haya surgido en tu mente.

2. ¿Cuáles fueron los hechos fehacientes de la situación que las provocó? ¿Qué añadió la atención distorsionada a estos meros hechos, por ejemplo, imputando cualidades sobre el objeto o la persona?
3. ¿Qué efecto tuvo esa aflicción en tu mente? ¿Cómo influyó en tus acciones y palabras?
4. ¿Qué puntos o enseñanzas del Dharma te ayudarían a dominar esa aflicción?

Visiones aflictivas

Las cinco aflicciones raíz anteriores no son puntos de vista, mientras que la sexta, las visiones aflictivas, incluye cinco puntos de vista erróneos. Estos cinco puntos de vista erróneos son formas de inteligencia corrupta que, o bien se aferra al yo como si existiera inherentemente o, en base a ello, desarrolla concepciones erróneas a posteriori. Actúan como base para todos los problemas causados por las aflicciones y todas las demás perspectivas erróneas y crean conflictos en nuestras vidas. Su antídoto es la sabiduría.

Decir que estos puntos de vista son "inteligencia corrupta" (T. *shes rab nyon mong chan*) significa que son especulaciones o conclusiones incorrectas a las que llega un análisis incorrecto. Son mentes no válidas que carecen de una base realista. Se les llama inteligencia (*prajña*) porque distinguen su objeto y conocen sus cualidades; son corruptas (*klesha*) porque comprenden mal su objeto. Aunque las visiones aflictivas son numerosas, estas cinco son las más destacadas: la visión de una identidad personal –o visión de lo compuesto y transitorio– (*satkaya-drsti*), la visión de los extremos (*antagrahadrsti*), la visión que sostiene las visiones erróneas como supremas (*drsti-paramarsha*), la visión de las malas reglas y prácticas (*silavrata-paramarsa*[27]), y los puntos de vista erróneos (*mithyadrsti*).

La visión de una identidad personal

De acuerdo con todas las escuelas budistas, excepto la prasangika, la visión de una identidad personal –o visión de lo compuesto y transitorio– es una inteligencia corrupta que, en relación con los agregados físicos y mentales, se aferra a ellos como si fueran un *yo* y *mío*

---

27 P. *silabbata-paramasa*. El término tiene varias traducciones diferentes. En pali *paramasa* significa *malentendido*. Parece que el término sánscrito correspondiente puede deletrearse de manera similar al que significa *supremo* y, por lo tanto, el término tibetano a menudo se traduce como *mantener las malas reglas y prácticas como supremas*.

autosuficientes y sustancialmente existentes. Según los prasangika, es una inteligencia corrupta que observando el *yo* y *mío*, que existen nominalmente, se aferra a ellos como si existieran inherentemente. De los dos aferramientos a la existencia esencial o inherente –a la persona y a los fenómenos– la visión de una identidad personal se incluye dentro del aferramiento a la existencia esencial o inherente de la persona. Sin embargo, el aferramiento a la existencia esencial o inherente de la persona incluye aferrarse a todas las personas como si existieran de modo inherente, mientras que la visión de una identidad personal –o visión de lo compuesto y transitorio– se aferra a nuestro propio *yo* y *mío* como inherentemente existentes.

Los agregados son conjuntos de muchos momentos o muchas partes; son transitorios, desapareciendo a cada instante. Una traducción literal del término tibetano para el sánscrito *satkayadrsti* –*jig tshogs la lta ba*– es *visión del conjunto transitorio* o *visión de los agregados perecederos*. Al especificar que son transitorios o que perecen se indica que no son permanentes. Al decir *agregados* se indica que son plurales, no unitarios. El término en sí mismo elimina la posibilidad de una persona permanente y unitaria basada en los agregados.

Aunque el yo se imputa sobre el conjunto de agregados, la visión de una identidad personal lo sostiene existiendo como una entidad independiente. Todas las escuelas budistas refutan la creencia en un alma o un yo permanentes afirmada por los no budistas. De acuerdo con las escuelas budistas inferiores, la visión de una identidad personal observa los agregados y cree erróneamente que son un *yo* y *mío* autosuficientes y sustancialmente existentes –una persona que controla los agregados y una persona que posee los agregados–. Aquí, el objeto observado (*alambana*, T. *dmigs pa*) son los agregados, y el objeto aprehendido (*mustibandhavisaya*, T. *'dzin stangs kyi yul*) y el objeto concebido (T. *zhen yul*) son una persona autosuficiente y sustancialmente existente. La visión de una identidad personal o de lo compuesto y transitorio está equivocada con respecto a sus objetos aprehendidos y concebidos porque cree que los agregados son una persona autosuficiente y sustancialmente existente, aunque no lo sean.

De acuerdo con la visión única de los prasangika, la visión de una identidad personal o de lo compuesto y transitorio observa el *mero yo* y *mío* –el *yo* y *mío* que existen al ser meramente designados sobre los agregados– y erróneamente se aferra a ellos como inherentemente existentes. Aquí, el objeto observado es el *mero yo* y *mío*, y los objetos aprehendidos y concebidos son un *yo* y *mío* inherentemente existentes. Esta visión es errónea con respecto a sus objetos aprehendidos y concebidos porque se aferra equivocadamente a que el mero yo y "mío" existen inherentemente, como una entidad independiente que no está relacionada con ningún otro factor. Para los prasangika, el aferramiento al *yo* y *mío* como autosuficientes y sustancialmente existentes es un aferramiento burdo. No es la verdadera visión de una identidad personal, sino que solo se imputa como tal. La visión de una identidad personal sutil que se aferra al *yo* y *mío* como inherentemente existentes es la verdadera visión de una identidad personal. Esto tiene ramificaciones en la meditación sobre la ausencia de existencia inherente o esencial, porque comprender únicamente la ausencia de existencia inherente que es la ausencia de un *yo* y *mío* autosuficientes y sustancialmente existentes no nos liberará del samsara.

Los prasangika afirman que la visión de una identidad personal –o visión de lo compuesto y transitorio– es una forma de la ignorancia que es la raíz de la existencia cíclica; es una aflicción innata que está presente en todos los seres conscientes –incluidos los bebés y los animales– como una sensación instintiva de un *yo* y *mío* inherentemente existentes. Su forma falsa es expuesta y justificada por filosofías incorrectas.

La visión de una identidad personal tiene dos facetas, una que se aferra al *yo* como inherentemente existente (*ahamkara*, T. ngar 'dzin pa) y la otra que se aferra a *mío* como inherentemente existente (*mamakara*, T. nga yir 'dzin pa). *Yo* se refiere a la persona, mientras que *mío* se refiere a lo que hace a las cosas mías. Sobre la base del aferramiento al *yo*, surge el aferramiento a *mío* y *mi*. El *yo* y *mío* son una naturaleza, pero diferentes aislados: no se pueden separar, pero son nominalmente distintos.

Nuestros agregados son un ejemplo de *mío*: convencionalmente se dice que los cinco agregados son míos, pertenecen al yo. Sin embargo, aferrarse a ellos como si existieran de manera inherente o esencial es aferramiento a la existencia esencial o inherente de los fenómenos. La visión de una identidad personal se aferra al *mero yo* como existiendo de modo inherente o esencial y considera que los agregados están bajo el control de esta persona, quien hace a las cosas ser mías.

Una vez que designamos algo como *mío*, ya sea nuestro cuerpo, mente, objetos materiales, ideas o relaciones, nos relacionamos con ellos de una manera muy diferente. Si un coche nuevo en la sala de exposición está abollado no nos molesta, pero una vez que vemos ese coche como *mío*, nos enfurecemos cuando aparece un pequeño rasguño. *Mi* cuerpo como atractivo o enfermo evoca fuertes sensaciones de deleite o preocupación. Cuando *mis* ideas son aceptadas son fuente de gran orgullo.

Al sostener la fuerte noción de un yo inherentemente existente, cuidamos de nosotros mismos más que de cualquier otra cosa. Todo lo que nos da placer lo vemos como bueno, nos aferramos a ello y queremos más. Todo lo que interfiere en nuestra felicidad o nos perjudica se considera malo, nos volvemos hostiles hacia ello y buscamos destruirlo o evitarlo. Para obtener y proteger los objetos de nuestro apego y para defenderlos contra cualquier daño llevamos a cabo muchas acciones destructivas que dañan a los demás, y sembramos semillas de karma destructivo en nuestro continuo mental que madurarán en el futuro como experiencias dolorosas.

Debido a que la visión de una identidad personal es una consciencia errónea que malinterpreta el yo, puede erradicarse experimentando la sabiduría que comprende cómo existe el yo en realidad. Identificar las desventajas de la visión de una identidad personal –también llamada visión de lo compuesto y transitorio– nos motiva a desarrollar esta sabiduría liberadora.

Tanto la tradición pali como la sánscrita hablan de veinte visiones falsas de un yo real que se derivan de la visión de una identidad personal. *La serie más corta de preguntas y respuestas* (*Culavedalla Sutta*, MN 44) recoge las preguntas de un seguidor laico a Bhikkhuni Dhammadinna acerca de cómo surge la visión de una identidad personal. Ella responde:

> Una persona ordinaria no educada que no tiene en cuenta a los aryas y carece de habilidades y disciplina en su Dhamma [. . .] considera (1) el cuerpo como el yo, o (2) el yo como poseedor del cuerpo, o (3) el cuerpo como algo [contenido] en el yo, o (4) el yo como algo [contenido] en el cuerpo. Considera las sensaciones como el yo, o el yo como poseedor de las sensaciones, o las sensaciones como estando [contenidas] en el yo, o el yo como estando [contenido] en las sensaciones. Considera el discernimiento como el yo, o el yo como poseedor del discernimiento, o el discernimiento como algo [contenido] en el yo, o el yo como algo [contenido] en el discernimiento. Considera los

> factores composicionales como el yo, o el yo como poseedor de los factores composicionales, o los factores composicionales como estando [contenidos] en el yo, o el yo como estando [contenido] en los factores composicionales. Considera la consciencia como el yo, o el yo como poseedor de la consciencia, o la consciencia como estando [contenida] en el yo, o el yo como estando [contenido] en la consciencia.

Los comentarios del pali explican estas cuatro posiciones para cada agregado usando el ejemplo de la relación entre el yo y el cuerpo:

1. Considerar que el cuerpo es el yo es como considerar que la llama de una lámpara de aceite es lo mismo que el color de esa llama.
2. Considerar al yo como poseedor del cuerpo es como considerar que un árbol posee su sombra.
3. Considerar que el cuerpo está en el yo o es parte del yo o que depende del yo es como considerar que el aroma está en la flor. En la tradición sánscrita, la analogía es una bolsa (yo) con muchos artículos (agregados) en ella.
4. Considerar que el yo está en el cuerpo o es parte del cuerpo o depende del cuerpo es como contemplar una joya en una caja. En la tradición sánscrita, la analogía es que el yo es como un león en un bosque.

Con respecto a los tres primeros, podemos pensar: "La llama no es lo mismo que su color, un árbol realmente no posee su sombra y el aroma no está en la flor, pero una joya puede estar en una caja. Dado que esta última analogía es verdadera, tal vez el yo esté en el cuerpo". Para entender la analogía, debemos preguntarnos si la relación entre el yo y el cuerpo es como la relación entre una joya y la caja en la que está. Una joya es un fenómeno distinto de la caja y se puede quitar de la caja y observarla individualmente, sin ver la caja. Sin embargo, eliminar el yo como una entidad totalmente distinta del cuerpo y mirarlo en sí mismo, separado del cuerpo, no es posible porque el yo depende del cuerpo. Se designa dependiendo de los agregados. De manera similar, el león es una entidad distinta del bosque, mientras que el yo depende de los agregados.

Estas veinte visiones falsas no son la visión de una identidad personal en sí misma: los objetos observados de la primera y la tercera son uno de los agregados y los objetos observados de la segunda y la cuarta son el yo. Estas visiones falsas no son el aferramiento innato porque, según los prasangika, la visión de una identidad personal –o visión de lo compuesto y transitorio– no se aferra al yo de manera innata ni como si fuera inherentemente uno con los agregados ni como si estuviera completamente separado de ellos. Puesto que las veinte visiones falsas presentan solo estas dos posibilidades y ninguna de ellas es el modo en que la visión de una identidad personal se aferra de manera innata al yo, se adquieren visiones falsas. Sin embargo, si el yo existiera inherentemente tendría que ser una de las cuatro posiciones. Así pues, para refutar la visión de una identidad personal –o visión de lo compuesto y transitorio– también debemos refutar estas veinte.

La visión de los extremos

La visión de los extremos es una inteligencia corrupta que refiriéndose al *yo* y a *mío* aprehendidos por la visión de una identidad personal los considera de manera eternalista o nihilista. Sobre la base del aferramiento al yo como inherentemente existente, la visión de los extremos sostiene o bien (1) una perspectiva absolutista de que el yo existe como un alma o yo eterno e inmutable que continúa en vidas futuras, o bien (2) una perspectiva nihilista de que el yo se hace totalmente inexistente después de la muerte, no hay continuidad del *mero yo* en vidas futuras. La visión de los extremos nos impide encontrar la visión del camino medio, que está libre de los dos extremos del absolutismo y el nihilismo. También nos hace descuidar la creación de las causas virtuosas para un renacimiento superior y para la liberación.

La visión absolutista también se denomina *la visión de la existencia, de la superposición, de la permanencia* o *eternalismo*[28] porque proyecta en la persona un modo falso de existencia. La visión nihilista se denomina *la visión de la no existencia, de la aniquilación* o *del menosprecio* porque niega la continuidad del yo que realmente existe. Al hacerlo niega el renacimiento futuro, así como la posibilidad de la liberación y la Iluminación. El Buda habló de esta visión diciendo que quienes la mantienen piensan (SN 24.4): "Puede que yo no sea, puede que no lo sea para mí, yo no lo seré, no lo será para mí".

Identificando la visión de los extremos como errónea, el Buda aclaró que, aunque no hay una persona que exista de modo inherente, sí que hay una persona que existe de modo convencional –el *mero yo*– que renace y que puede alcanzar la liberación.

28 *Eternalismo* en la filosofía budista no es lo mismo que el *eternalismo* que es una filosofía del tiempo.

La visión que sostiene las visiones erróneas como supremas

La visión que sostiene las visiones erróneas como supremas es una inteligencia corrupta que considera la visión de una identidad personal, la visión de los extremos o las visiones erróneas como visiones correctas y supremas: no hay visiones más elevadas. También considera nuestros cinco agregados como supremos, pensando que no hay un cuerpo mejor, unas sensaciones mejores, etc. Nosotros, seres ordinarios, nos apegamos fácilmente a nuestros puntos de vista, y la visión que sostiene las visiones erróneas como supremas funciona para incrementar nuestro apego a visiones erróneas, de modo que podemos promover arrogantemente nuestras visiones erróneas como las correctas. Sostener las visiones erróneas como supremas sostiene fuertemente las visiones erróneas y sirve de base para generar visiones erróneas en esta vida y en las futuras. Hace nuestra mente muy estrecha y disminuye nuestra inteligencia. Si bien los puntos de vista erróneos se pueden abandonar con relativa facilidad, cuando los consideramos supremos se atrincheran profundamente en nuestra mente y, por lo tanto, son más difíciles de superar.

Las cuatro concepciones distorsionadas con respecto al duhkha verdadero se corresponden con las tres primeras visiones aflictivas: ver lo que carece de existencia esencial o inherente como si la tuviera es la visión de una identidad personal; ver lo que es impermanente como permanente es la visión extrema del eternalismo; ver el cuerpo –que de por sí es repugnante– como algo limpio y ver lo que por naturaleza es insatisfactorio como placentero constituyen la visión que sostiene las visiones erróneas como supremas.

La visión de las reglas y prácticas

La visión que sostiene como supremas las malas reglas y prácticas es una inteligencia corrupta que cree que la purificación de los engaños mentales es posible a través de la práctica ascética y de códigos éticos inferiores inspirados en visiones erróneas. Hace que nos impliquemos en acciones inútiles que nos dejan exhaustos, pero que no aportan ningún beneficio espiritual.

La visión de las reglas y prácticas piensa que lo que no son causas para un renacimiento elevado y para la liberación son causas para ellos y que lo que no es el sendero hacia la liberación lo es. Bajo su influencia, las personas se involucran en lo que no es virtuoso creyendo que es virtud y siguen un camino que creen que los llevará a la liberación cuando, en realidad, los dirige a renacimientos desafortunados. Los ejemplos de este punto de vista erróneo incluyen pensar que matar en nombre de la propia religión producirá renacer en un reino celestial y que el sacrificio de animales complace a los dioses y trae buena fortuna. Otros casos son creer que únicamente la ejecución perfecta de un ritual, sin ninguna transformación mental, es el sendero a la liberación; creer que las negatividades pueden ser purificadas bañándose en agua bendita o bebiéndola; o pensar que se ha abandonado el apego practicando el ascetismo extremo, como ayunar durante días, caminar sobre el fuego o acostarse en una cama de clavos. Aunque estas personas aspiran a la liberación, su aspiración sigue sin cumplirse.

Visiones erróneas

Las visiones erróneas son una inteligencia corrupta que niega la existencia de algo existente y necesario para lograr la Iluminación. Esto incluye: la negación de las causas, diciendo que no existen acciones constructivas ni destructivas; la negación de los efectos, creyendo que los resultados de acciones constructivas y destructivas no existen; la negación de la funcionalidad, creyendo que las vidas pasadas y futuras no existen; y la negación de los fenómenos, afirmando que la liberación, la Iluminación o las Tres Joyas no existen. Estas opiniones son tan perjudiciales porque cuando las personas las sostienen fácilmente niegan la responsabilidad ética de sus acciones y justifican la participación en muchas acciones destructivas. Las visiones erróneas funcionan para dañarnos porque sirven como base para implicarnos en la no virtud, hacen que no participemos en actos virtuosos y cortan nuestras raíces de virtud. Adherirnos a visiones erróneas elimina nuestra oportunidad de alcanzar la Iluminación.

En *Supremo Net Sutta* (*Brahmajala Sutta*), el Buda habló de sesenta y dos ejemplos de visiones erróneas promovidas por diferentes grupos (DN 1.3.45–57)[29]:

> Los eternalistas proclaman la eternidad del yo y del mundo [. . .]. Los que son en parte eternalistas y en parte no eternalistas proclaman la eternidad parcial y la no eternidad parcial del yo y del mundo [. . .]. Los finitistas e infinitistas proclaman la finitud o infinitud del mundo [. . .], se escabullen como una anguila recurriendo a afirmaciones evasivas [. . .]. Los originistas del azar proclaman el origen casual del yo

29 El budismo tibetano denomina a estos sesenta y dos "visiones malas", pero no habla de ellos en el contexto del factor mental de las visiones erróneas. Tsongkhapa explica esto en *Iluminación del pensamiento* (*Dgongs pa rab gsal*).

> y del mundo [. . .]. Aquellos que especulan sobre el pasado, teniendo puntos de vista fijos sobre el pasado [. . .]; los que reivindican una doctrina de supervivencia consciente post mortem [. . .]; los que proclaman una doctrina de supervivencia inconsciente post mortem [. . .]; aquellos que proclaman una doctrina de supervivencia post mortem ni consciente ni inconsciente [. . .]. Los nihilistas proclaman la aniquilación, la destrucción y la no existencia de los seres [. . .], (y) también hay defensores [de un yo que realiza] el Nibbana aquí y ahora [. . .]. Los especuladores sobre el futuro [. . .]. Los especuladores sobre el pasado, el futuro o ambos [. . .].

Como podemos ver, igual que en la actualidad, también en la época del Buda hubo una gran cantidad de visiones, cada una de las cuales afirmaba ser la única verdad correcta.

El Buda señaló tres tipos de visiones nihilistas rechazadas por los sabios porque no producen la liberación (MN 60, MN 76).

1. *La visión nihilista que niega la continuación de la persona después de la muerte* es a menudo el resultado de una perspectiva materialista de la vida. En un contexto moderno, es pensar que la mente es una propiedad que emana del cerebro, y puesto que el cerebro deja de funcionar en el momento de la muerte, también lo hacen la mente y la persona. Ya que nadie experimentará las consecuencias de nuestras acciones en un futuro renacimiento, mientras evitemos a las autoridades en esta vida no experimentaremos ninguna repercusión adversa de nuestras acciones no virtuosas y, por lo tanto, podemos hacer lo que nos plazca.

2. *La visión nihilista que niega la existencia de las acciones constructivas y destructivas* niega las distinciones éticas entre los actos. En este contexto, matar y torturar a los demás no es destructivo, por lo que no se producirán resultados desagradables por llevar a cabo tales acciones. La generosidad y la amabilidad no son constructivas, por lo que no tiene sentido implicarse en ellas.

3. *La visión nihilista que niega la causalidad* sostiene que no hay causas ni condiciones para los engaños de los seres conscientes ni tampoco para purificarlos –los seres conscientes tienen engaños y los purifican por casualidad o porque es su destino, y no hay nada que podamos hacer para evitar el sufrimiento o alcanzar la liberación–. Algunas personas pueden creer en la aleatoriedad de la felicidad y

el dolor porque no pueden ver el vínculo entre las causas creadas en una vida y los efectos que producen en otra. Por otra parte, son fatalistas y creen que todo está controlado por el destino o por la voluntad del creador.

El Buda no dijo que estas visiones fueran erróneas porque contradecían sus ideas, sino porque están basadas en errores de comprensión, en un conocimiento limitado o en pensamientos distorsionados, y llevarán a quienes las sostienen a crear las causas de su propio sufrimiento futuro.

Se puede hablar de visiones erróneas de dos maneras. En general, incluyen las cinco visiones aflictivas. Siendo más precisos, se diferencian de otras visiones en función de su objeto: niegan la existencia de vidas pasadas y futuras, de las Tres Joyas y de la ley del karma y sus efectos. Negar la causa y el efecto es una visión errónea importante, ya que corta la raíz de la virtud.

Las visiones erróneas en el contexto de los diez senderos de la no virtud y en el contexto de las aflicciones raíz difieren ligeramente. En el segundo caso son más penetrantes en el sentido de que incluyen no solo negar lo que existe –como las Tres Joyas, etc.–, sino también sostener lo que no existe –como un dios creador, una sustancia metafísica primigenia o mente universal– como la fuente última del mundo y de los seres en él.

Las visiones erróneas cortan las raíces de la virtud gradualmente, no todas a la vez. Las raíces de virtud disminuyen mientras las visiones erróneas se fortalecen. Por ejemplo, aunque Sally practica la generosidad, su carrera no avanza. Mientras tanto, ve que la gente que miente asciende. En su mente surge la visión errónea de que es inútil crear virtud. Poco a poco esta idea se hace más fuerte, de modo que, aunque su maestro trate de explicarle que sus obstáculos se deben al karma destructivo del pasado y que sus acciones constructivas presentes traerán resultados agradables en el futuro, ella no escucha. Rechaza completamente la ley del karma y sus efectos. Una visión errónea tan arraigada rompe la raíz de la virtud en su mente, destruyendo las semillas de la virtud.

Es fácil que nuestra mente se quede deslumbrada ante visiones erróneas, creyendo que son correctas. Observar nuestras visiones, suposiciones y creencias y cuestionar su veracidad nos ayuda a ser conscientes de visiones erróneas que aún no hemos reconocido. Las personas que fueron educadas en otra religión se pueden encontrar con que en lo más profundo de su mente todavía tienen creencias que les enseñaron cuando eran niños –como creencias acerca de un creador, un alma, recompensa y castigo por un comportamiento ético y no ético, etc.–. Esto puede tergiversar nuestra comprensión de conceptos budistas aparentemente similares, dificultando la comprensión correcta de las enseñanzas. Es importante examinar estas creencias de cerca y usar la razón para decidir qué aceptamos con el fin de poder resolver la confusión que causan las visiones erróneas.

Las visiones erróneas se basan en la ignorancia y surgen debido a una lógica incorrecta. Son especialmente difíciles de abandonar porque las razones y creencias equivocadas que conforman su base se deben desmantelar. Debido a un fuerte apego, algunas personas son reacias a examinar a conciencia aquellas creencias que valoran y, por lo tanto, se resisten a oír las razones que refutan las suposiciones en las que se basan sus creencias. Pero cuando estamos abiertos y alguien nos señala las absurdas consecuencias que resultan de nuestras visiones erróneas, empezamos a reevaluar nuestras creencias. Una vez dudamos de una visión incorrecta, podemos usar el razonamiento para generar una asunción correcta y, posteriormente, una comprensión inferencial. A medida que lo hacemos, nuestra mente se vuelve más clara y pacífica.

Las visiones erróneas fomentan fácilmente una conducta poco ética. Las personas que descartan la ley del karma y sus efectos y sostienen que no hay conexión entre nuestras acciones y nuestras experiencias pueden alejarse de cualquier sentido de responsabilidad respecto a sus acciones. Creen que pueden hacer lo que quieran –incluyendo la extorsión, la violación y la brutalidad– porque sus acciones no les afectarán negativamente, siendo la única consecuencia posible que la policía los detenga, cosa que intentan evitar.

Las visiones erróneas impiden que la gente obtenga experiencias del sendero, la liberación y la Iluminación. Alguien con una fuerte creencia en un creador externo encontrará que la doctrina de la vacuidad no es interesante y no hará ningún intento para aprenderla o entenderla. Alguien que cree que los seres conscientes son inherentemente egoístas no piensa que adiestrar la mente en la compasión sea beneficioso, y considera que el desarrollo de la bodhichita es una actividad inútil.

Todos los sistemas de principios filosóficos budistas están de acuerdo en que estas cinco visiones son aflictivas en el sentido de que perturban la mente; la visión de una identidad personal y la de los extremos son éticamente neutras, pero las otras tres son no virtuosas. Los sistemas de principios filosóficos también concuerdan en que las cinco visiones aflictivas están arraigadas en la ignorancia y tienen un elemento de desconocimiento del objeto. Los prasangika llevan esto un paso más allá y dicen que todos los puntos de vista aflictivos son formas de ignorancia. Según *Tesoro de conocimiento*, los puntos de vista erróneos son una especie de inteligencia corrupta. Según *Compendio de conocimiento*, se denominan inteligencia corrupta pero en realidad no son inteligencia porque la inteligencia debe ser necesariamente virtuosa y las visiones aflictivas son no virtuosas. Sin embargo, ambos textos coinciden en que el factor mental de las visiones erróneas y el factor mental de la ignorancia no tienen un denominador común. Según *Compendio de conocimiento*, el sendero de acción de las visiones erróneas (la décima no-virtud) es el factor mental de las visiones erróneas y no es la ignorancia. Asanga lo dice porque las visiones erróneas son inteligencia corrupta, y la ignorancia, al ser oscurecimiento y desconocimiento, no lo es.

REFLEXIONES

1. Pon ejemplos de tu propia experiencia en los que cada una de las cinco visiones aflictivas se han manifestado en tu mente.
2. ¿Fueron estas cinco visiones más fáciles o difíciles de detectar que las primeras cinco aflicciones?
3. ¿Qué efecto tienen las visiones aflictivas en tu práctica de Dharma?
4. ¿Qué te ayudará a subyugarlas?

Más tipos de engaños

Para ampliar nuestra perspectiva acerca de los orígenes verdaderos, veremos ahora otros modos en que los sutras y los textos abhidharma de las tradiciones pali y sánscrita describen los factores mentales aflictivos que impulsan el samsara.

Hay muchos sistemas de clasificación, cada uno observando los engaños desde una perspectiva ligeramente distinta que enfatiza unos puntos particulares. Las aflicciones secundarias enfatizan la relación entre las aflicciones secundarias y las aflicciones raíz. El abandono o la reducción de las diez trabas definen los logros correspondientes a las distintas etapas: la del que ha entrado en la corriente (*srotapanna*), la del que ha vuelto una vez (*sakrdagamin*), la del no retornante (*anagami*) y la del arhat. Los engaños se analizan en el contexto de que son las contaminaciones mentales básicas que mantienen a los seres conscientes girando en la existencia cíclica porque están muy bien arraigados en la mente.

A veces la descripción de un engaño varía de un texto o tradición a otro. Esto nos da más información sobre ese engaño y sus funciones, haciendo más fácil para nosotros identificarlo cuando surge en nuestra mente.

Lo que sigue no son simplemente listas de engaños, sino espejos para nuestra mente que nos ayudan a identificar las diversas actitudes, emociones y visiones que la perturban. Estos engaños nos hacen experimentar infelicidad aquí y ahora, y nos instigan a crear karma destructivo que traerá resultados desagradables en vidas futuras. Mientras lees las descripciones de los diversos engaños, haz una pausa después de cada uno de ellos y busca un ejemplo en tu propia experiencia. Esto dará vida a estas listas y las revelará como una herramienta excelente para identificar los factores que dificultan tu felicidad y el logro de tus objetivos espirituales.

Aflicciones

En los sutras pali las aflicciones (P. *kilesa*) se mencionan a menudo, pero no se detallan. Su enumeración se encuentra en el *Vibhanga* y se explica en el *Dhammasangani*, siendo ambos textos canónicos del abhidhamma. *Camino de purificación* también las describe, diciendo que se denominan *aflicciones* porque en sí mismas son aflictivas y porque añaden aflicción a los estados mentales a los que se asocian (Vism 22.49). Son diez en total.

(1-3) La codicia (apego, P. *lobha*), la animosidad (odio, P. *dosa*) y la confusión (P. *moha*), que se califican como *raíces* (P. *mula*) porque su presencia determina la cualidad ética de un estado mental, así como de las acciones verbales y físicas que motivan. Sus opuestos –libertad, amor afectuoso y sabiduría– son las tres raíces de la virtud. (4) La arrogancia (P. *mana*) es una de las mayores trabas, que solo se abandona en el estado de arhat. Sobre la base de cualquiera de los cinco agregados –que son impermanentes, duhkha y carentes de existencia inherente– la arrogancia piensa: "Yo soy superior, igual o inferior". (5) Las visiones aflictivas (P. *ditthi*) son numerosas, pero pueden condensarse en eternalismo y nihilismo. (6-8) La duda engañosa (P. *vicikiccha*), la excitación mental (P. *uddhacca*) y el letargo o pesadez mental (P. *thina*) son tres de los cinco obstáculos (P. *nivarana*), que se explicarán más adelante. (9-10) La falta de integridad (P. *ahirika*) y la falta de consideración por los demás (P. *anottappa*) son instrumentos para crear karma destructivo. La falta de integridad se dirige hacia el interior. Bajo su influencia, no respetamos nuestros principios y preceptos y por lo tanto no abandonamos los pensamientos y comportamientos no virtuosos[30]. La falta de consideración por los demás se dirige hacia afuera, y no abandona los pensamientos y comportamientos no virtuosos aunque afecten negativamente a los demás y a su fe. En la tradición sánscrita, sin embargo, varía la consideración de algunas de estas aflicciones como *raíces* o *secundarias.*

Tendencias subyacentes

Las llamadas *seis aflicciones raíz* en la tradición sánscrita se denominan *tendencias subyacentes* (*anushaya, anusaya*) en los sutras pali (MN 18.8) y en el abhidharma[31]. Son las mismas seis, con la diferencia de que el apego se ha dividido en dos haciendo un total de siete: apego a la sensualidad (*kamaraga*), enfado (P. *patigha*), visiones, duda engañosa, arrogancia, existencia (*bhavaraga*) e ignorancia (P. *avijja*). Vasubandhu clasifica las tendencias subyacentes de la misma manera.

En este caso el *apego a la sensualidad* es el apego del reino del deseo, que tiene hambre de objetos sensoriales del reino del deseo: objetos visuales, sonidos, etc. El *apego a la existencia* es el apego al nacimiento

30 Esto se traduce a veces como "desvergüenza", refiriéndose a la falta del tipo de vergüenza buena que nos hece sentir mal por nuestro pobre comportamiento.

31 En MN 148.28 se habla de tres tendencias subyacentes: el apego a la sensualidad, la aversión y la ignorancia. En MN 64.3-6 se habla de cinco tendencias subyacentes: la visión de una identidad personal, la duda, la visión de sostener malas reglas y prácticas, el deseo sensual y la malicia. Estos cinco son también los cinco obstáculos inferiores. El *Jñanaprasthana* –el último texto en el Sarvastivadin Abhidharma– explica diez tendencias subyacentes que son las mismas que las diez aflicciones raíz en la tradición sánscrita.

en los reinos de la forma y sin forma: los habitan seres de los tres reinos que se aferran al gozo de la concentración. Un humano podría abandonar el apego por los objetos sensoriales del reino del deseo, pero tener un fuerte apego por los estados meditativos de los reinos de la forma o sin forma. Los seres nacidos en el reino de la forma están apegados a la existencia en ese reino o a la existencia en el reino sin forma y se esforzarán por hacer real ese nivel de absorción meditativa. Los seres nacidos en el reino sin forma están apegados a la existencia en este reino, aunque no lo están a la existencia en los reinos del deseo o de la forma. Debido a que todavía ansían la existencia samsárica no aspiran a la liberación y no pueden alcanzar el Nirvana a menos que renuncien a ese apego.

Aunque los principales factores mentales aflictivos se enumeran distinguiendo entre tendencias subyacentes y aflicciones raíz, se ven de manera diferente en el abhidhamma pali que en *Compendio de conocimiento*. En la tradición pali, *anusaya* significa literalmente "acostarse o dormir con". Al estar firmemente establecidas en la mente, las tendencias subyacentes "duermen al lado" del continuo mental, actuando como las causas de las aflicciones manifiestas. Son disposiciones latentes presentes incluso en los recién nacidos, y que permiten que las aflicciones manifiestas surjan cuando se presentan las causas y condiciones apropiadas.

Si bien se enumeran siete tendencias subyacentes, todos los engaños tienen una forma latente que también se denomina tendencia subyacente. Estas pueden ser más fuertes o más débiles dependiendo de las acciones y pensamientos de la persona. Cuando cierta visión o emoción surge repetidamente en nuestra mente –y especialmente cuando actuamos movidos por ella– su tendencia subyacente se fortalece. Si se dice de alguien que tiene "mal genio" se debe a que su tendencia subyacente al enfado es fuerte.

Cuando las aflicciones surgen y las contrarrestamos aplicando los antídotos, sus tendencias subyacentes se debilitan. Adiestrar nuestra mente en maneras correctas de pensar aumenta la fuerza de los factores mentales que son antídotos de las aflicciones, transformando a alguien que tiene mal genio en alguien amable y paciente. Las tendencias subyacentes comienzan a ser erradicadas de nuestro continuo mental cuando alcanzamos el sendero supramundano y nos convertimos en alguien que ha entrado en la corriente. Esto corresponde al sendero de la visión en la tradición sánscrita.

Los vaibhasika consideran que las tendencias subyacentes y las aflicciones son lo mismo, mientras que los sautrantika dicen que el apego latente es una tendencia subyacente y el apego manifiesto es un enredo completo. Esta diferencia de interpretación surgió cuando los abhidharmikas trataron de explicar cómo una aflicción podía manifestarse ahora, desaparecer en quince minutos y manifestarse de nuevo mañana. Sin un yo permanente, ¿qué es lo que conecta el instante previo de una aflicción con el siguiente? Los sautrantika dicen que las tendencias subyacentes son fuerzas latentes, como las semillas que producen las aflicciones manifiestas cuando están presentes las condiciones adecuadas. Ya que las aflicciones, como las consciencias, son impermanentes, la tendencia subyacente del enfado conecta un instante de enfado con otro instante de enfado al día siguiente.

Los vaibhasika no están de acuerdo, y dicen que si estos potenciales latentes estuvieran siempre junto a la consciencia, nunca podría haber un estado mental virtuoso, porque los estados mentales virtuosos y los potenciales latentes son incompatibles. Por lo tanto, dicen que las tendencias subyacentes y las aflicciones son las mismas.

Otra escuela abhidharma (Yasomitra dice que es la *vatsiputriya*) afirma que las tendencias subyacentes son compuestos abstractos (*viprayukta-samskara*) –cosas temporales que no son ni forma ni consciencia–. Según esta interpretación las tendencias subyacentes son neutras –ni virtuosas ni no virtuosas– y podrían coexistir con cualquier estado mental[32]. Esto es similar a lo que piensan los budistas tibetanos sobre este tema: las aflicciones son factores mentales. Cuando una aflicción manifiesta se desvanece, queda una semilla de esa aflicción. La semilla es un compuesto abstracto neutro. Cuando se reúnen las condiciones apropiadas, la semilla se convierte en la aflicción manifiesta y, de esta manera, conecta un instante de una aflicción con un instante posterior.

32 Ver Padmanabh S. Jaini, "*Smrti* in the Abhidharma Literature and Development of Buddhist Accounts of Memory of the Past," en *In the Mirror of Memory: Reflections on Mindfulness and Remembrance in Indian and Tibetan Buddhism*, ed. Janet Gyatso (Albany: State University of New York Press, 1992), 47–60. Ver también Collett Cox, "The Sarvastivadin Path of Removing Defilements," en *Paths to Liberation: The Marga and Its Transformations in Buddhist Thought*, ed. Robert E. Buswell Jr. y Robert M. Gimello (Honolulu: Kuroda Institute / University of Hawaii Press, 1992), 70–72.

El mismo mecanismo tiene lugar para los factores mentales virtuosos.

El Buda señaló tres tendencias subyacentes como particularmente peligrosas (MN 148.28):

> Cuando uno es tocado por una sensación placentera, si uno se deleita en ella, la acoge y permanece aferrado a ella, la tendencia subyacente al apego se encuentra en el interior de uno. Cuando uno es tocado por una sensación dolorosa, si uno sufre, se aflige, se lamenta, llora, se golpea el pecho, y llega a estar consternado, la tendencia subyacente al enfado se encuentra en el interior de uno. Cuando uno es tocado por una sensación neutra, si uno no entiende como es en realidad el origen, la desaparición, la gratificación, el peligro y el escape[33] con respecto a esa sensación, la tendencia subyacente a la ignorancia se encuentra en el interior de uno. Monjes, esta persona debe aquí y ahora poner fin a duhkha, pero, sin abandonar la tendencia subyacente al apego por la sensación placentera, sin abolir la tendencia subyacente al enfado por la sensación dolorosa, sin extirpar la tendencia subyacente a la ignorancia con respecto a la sensación neutra, sin abandonar la ignorancia [que es la raíz del samsara] y sin despertar el verdadero conocimiento, esto es imposible.

Observando nuestras vidas, vemos claramente que el apego surge inmediatamente como respuesta a sensaciones agradables –por ejemplo, comer algo sabroso–, la aversión surge como respuesta a una sensación desagradable –como al tener dolor de estómago–, la ignorancia surge como respuesta a una sensación neutra. Lo que se necesita es sabiduría, perspicacia y un conocimiento verdadero para liberar nuestra mente de estas tendencias subyacentes.

Sin embargo, estas tres tendencias subyacentes no se deben abandonar con respecto a todas las sensaciones agradables, desagradables y neutras (MN 44.25-28). De hecho, la alegría (*priti*) y el gozo (*sukkha*) experimentados en el primer dhyana vencen la tendencia subyacente al apego sensual. La sensación desagradable de pensar en duhkha vence la tendencia subyacente al enfado/aversión inspirándonos para convertirnos en un no retornante. La sensación neutra en el cuarto dhyana

---

33 El origen y la desaparición se refieren a su naturaleza transitoria. La gratificación es la atracción o disfrute que tenemos. El peligro son las consecuencias desagradables que vienen de la implicación aflictiva. El escape es la libertad que deseamos alcanzar.

conduce a la ecuanimidad, y utilizar ese dhyana para comprender las cuatro verdades conduce al estado de arhat.

Incluso antes de alcanzar la visión superior y la sabiduría, podemos disminuir temporalmente las tendencias subyacentes. Cuando surja una sensación agradable, sé consciente de ella, pero no te deleites. En lugar de aferrarte y querer más de esa experiencia, simplemente déjala estar. De esa manera, la tendencia subyacente a la sensualidad no se activa. De manera similar, practica observando las sensaciones desagradables y para no despertar enfado recuerda su fugacidad. Refrenar nuestros sentidos también es útil porque, al disminuir el contacto con los objetos sensoriales, experimentamos menos sensaciones agradables y desagradables y, por lo tanto, menos instantes de apego sensual y enfado.

Aflicciones secundarias

En la tradición sánscrita, *Compendio de conocimiento* presenta veinte aflicciones secundarias (*upaklesa*) que perturban la mente. Se denominan *secundarias* porque están en íntima relación con las aflicciones raíz o próximas a ellas, y se clasifican de acuerdo con las aflicciones raíz con las que están asociadas[34].

34 *Tesoro del Conocimiento* contiene otras dos categorías de engaños que se solapan con estas veinte. Por un lado están los *diez enredos completos,* (*paryavasthana*) que incluyen (1-2) la falta de integridad y la falta de consideración hacia los demás, que interfieren con la conducta ética. (3-4); la envidia (estar mentalmente molesto por el éxito de otro) y la avaricia (la posesividad que se opone a dar el Dharma, las posesiones y las habilidades), que son incompatibles con beneficiar a los demás; (5) la excitación mental, que es agitación (6-7); el arrepentimiento y la pesadez mental, que son incompatibles con la concentración; (8) el sueño, que es la agrupación de la mente que deja a uno incapaz para controlar el cuerpo (el sueño y el arrepentimiento se consideran enredos completos solo cuando son aflictivos; en *Compendio de conocimiento*, el arrepentimiento y el sueño se enumeran como factores mentales variables porque pueden acompañar a estados mentales virtuosos); (9) la beligerancia, que incluye todo tipo de enfado (excepto la malicia y la nocividad) dirigido hacia los seres conscientes y objetos inanimados, y (10) la ocultación, que es esconder un comportamiento vergonzoso.

Las seis manchas (*mala*) son: (1-2) la pretensión (engañar a otros) y el disimulo (la torpeza de la mente que lleva a actuar de manera distorsionada), que son formas de deshonestidad; (3) la soberbia, que es una autocomplacencia engreída; (4) el rencor, que es aferrarse firmemente a un comportamiento vergonzoso y no aceptar buenos consejos; (5) el resentimiento, que es animosidad continuada, y (6) la nocividad, que es la crueldad que hiere a otros con armas o palabras duras.

Aflicciones derivadas del enfado

1. La agresividad (beligerancia, *krodha*) es un factor mental que, debido a un aumento del enfado, consiste en un estado mental completamente malicioso y que pretende causar daño inmediato.

2. El resentimiento (venganza, *upanaha*) es un factor mental que se aferra firmemente al hecho de que en el pasado fuimos heridos por una persona en particular y, movidos por él, deseamos tomar represalias.

3. La ira (*pradasa*) es un factor mental que, precedido por la agresividad o por el resentimiento, es un resultado de la malicia y nos motiva a proferir palabras duras como respuesta a palabras desagradables pronunciadas por otros.

4. La envidia (*irsya*) es un factor mental que, por apego al respeto y a la ganancia material, es incapaz de soportar las buenas cualidades, las posesiones, las oportunidades o la virtud de otros.

5. La crueldad (*vihimsa*) es un factor mental que, con una intención maligna que carece de compasión o amabilidad, desea hacer daño, menospreciar o ignorar a otros. Por lo general se dirige a aquellos que consideramos inferiores a nosotros mismos.

Aflicciones derivadas del apego

6. La avaricia (*matsarya*) es un factor mental que, por apego al respeto y a la ganancia material, se aferra firmemente a nuestras posesiones sin querer deshacerse de ellas.

7. La soberbia (*mada*) es un factor mental que, teniendo como punto de referencia la buena fortuna de la que gozamos, produce una falsa sensación de confianza o seguridad que conduce a la autocomplacencia.

8. La excitación mental (agitación, excitación, *auddhatya*) es un factor mental que, a través de la fuerza del apego, no permite que la mente descanse en un objeto virtuoso, sino que la dispersa aquí y allá en muchos otros objetos.

Aflicciones derivadas de la ignorancia

9. La ocultación (*mraksa*) es un factor mental que desea ocultar nuestras faltas siempre que otra persona con buena intención, libre de apego, confusión, odio o miedo habla de ellas.

10. El letargo (pesadez, *styana*) es un factor mental que vuelve la mente poco clara y, por lo tanto, insensible, y esta no puede comprender claramente su objeto.

11. La pereza (*kausidya*) es un factor mental que, habiéndose aferrado firmemente a un objeto que ofrece felicidad temporal, no desea hacer nada constructivo o, aunque lo desee, la mente está débil. La pereza lleva a un dormir en exceso, a involucrarse en actividades sin sentido y al desánimo.

12. La falta de fe (falta de confianza, *asraddhya*) es un factor mental que, haciendo que no creamos en lo que es digno de confianza o que no lo respetemos –como el karma y sus efectos y las Tres Joyas–, es todo lo contrario a la fe. Actúa como base para la pereza y la falta de respeto.

13. El olvido (*musitasmrtita*) es un factor mental que, habiendo provocado la pérdida de la aprehensión de un objeto virtuoso, induce el recuerdo de un objeto aflictivo y la distracción hacia éste.

14. La no vigilancia (comprensión no clara, *asamprajanya*) es un factor mental que, siendo una inteligencia aflictiva, no ha hecho ningún análisis, o sólo un análisis burdo, y no está totalmente alerta a la conducta de nuestro cuerpo, palabra y mente, y por lo tanto hace que nos volvamos descuidadamente indiferentes.

Aflicciones derivadas de ambos: del apego y de la ignorancia

15. La pretensión (*maya*) es un factor mental que, estando abiertamente apegado al respeto o a la ganancia material, fabrica una cualidad particularmente excelente sobre nosotros mismos y desea darla a conocer a otros con el propósito de engañarlos.

16. El disimulo (deshonestidad, *sathya*) es un factor mental que, estando claramente apegado al respeto o a la ganancia material, desea engañar a otros escondiendo nuestras faltas o impidiendo que otros las conozcan.

Aflicciones derivadas de la ignorancia, del enfado y del apego

17. La falta de consideración hacia uno mismo (*ahrikya*) es un factor mental que no evita acciones destructivas, ni por razones de conciencia personal ni por el bien de nuestra práctica de Dharma. Es

una condición que sirve de soporte para todas las aflicciones y es la base para no proteger nuestros preceptos.

18. La falta de consideración hacia los demás (*anapatrapya*) es un factor mental que, no teniendo en cuenta a los demás o sus tradiciones espirituales, no impide el comportamiento destructivo. Hace que los demás pierdan la fe en nosotros.

19. La no rectitud (negligencia, *pramada*) es un factor mental que, cuando nos afecta la pereza, desea actuar de manera desenfrenada sin cultivar la virtud ni proteger la mente de objetos o personas que provoquen aflicciones.

20. La distracción (*viksepa*) es un factor mental que, derivado de cualquiera de los tres venenos, es incapaz de dirigir la mente hacia un objeto constructivo y la dispersa hacia una variedad de objetos.

La tradición pali enumera dieciséis aflicciones secundarias (P. *upakkilesa*) derivadas de las tres aflicciones raíz (MN 7.3). Muchas de estas coinciden con las veinte de la tradición sánscrita.

1. La codicia y la avaricia (P. *abhijjhavisamalobha*) son aspectos del ansia. Un comentario dice que la codicia es el deseo por nuestras propias pertenencias y el apego hacia ellas, y la avaricia es el deseo por las pertenencias de los demás y el apego hacia ellas. Otro comentario afirma que la codicia es el apego hacia un objeto que es adecuado y que se ha obtenido (por ejemplo, codiciar una camisa nueva que se necesita y obtenerla legalmente), mientras que la avaricia es el apego hacia un objeto que es inadecuado y que no se ha obtenido (por ejemplo, desear con avidez drogas ilegales).

2. La malicia (P. *vyapada, byapada*) es la aversión que surge en nueve casos cuando pensamos: "Me dañó a mí, me está dañando, me dañará. Dañó, está dañando, dañará a mis seres queridos. Ayudó, está ayudando, ayudará a mis enemigos".

3. La agresividad (P. *kodha*) es el odio y la hostilidad que busca dañar a alguien.

4. El resentimiento (P. *upanaha*) es enfado y hostilidad acumulados. Al principio hay enfado hacia una persona o situación. Este enfado persiste y se convierte en resentimiento, que es la continua animosidad hacia alguien. Nos sobrecarga emocionalmente y oscu-

rece nuestra mente espiritualmente. El resentimiento crece cuando insistimos en tener razón, en convertirnos en víctimas o en negarnos a perdonar.

5. El desdén (P. *makkha*) es una ingratitud que denigra a quienes han sido amables con nosotros. Un maestro espiritual puede ayudar a su estudiante durante muchos años, adiestrándolo y enseñándole. Pero cuando el estudiante se hace conocido y respetado, hace caso omiso de su maestro y piensa: "No hizo nada por mí".

6. La insolencia (P. *palasa*) es una sensación de competitividad que hace que la otra persona se sienta mal. Con arrogancia nos consideramos por encima de otros que están más cualificados.

7. La envidia (P.*issa*) es el resquemor por las ganancias, el honor, el respeto, el aprecio, la veneración y la reverencia mostrados hacia los demás.

8. La avaricia (P. *macchariya*) es la mezquindad y la tacañería. Nos aferramos a lo que tenemos y no estamos dispuestos a compartir nuestras posesiones, vivienda, comida, reputación, alabanzas, etc. con los demás. No queremos que las personas que nos alaban conozcan a otros porque podrían alabarlos. No queremos que otros aprendan el Dharma porque pueden llegar a ser tan respetados como nosotros.

9. La pretensión (P. *maya*) esconde astutamente nuestros defectos y fechorías. Hacemos una acción no virtuosa y, al no querer que los demás lo sepan, fingimos ser inocentes.

10. El disimulo (P. *satheyya*) proclama fraudulentamente excelentes cualidades, logros o estatus que no son tales[35]. Pretendemos ser un amigo leal y querido que nunca defraudaría a los demás.

11. La obstinación (P. *thambha*) es rigidez y ausencia de flexibilidad. Esta tozudez surge a menudo cuando, estando inseguros, tratamos de controlar una situación o insistimos en que tenemos razón.

12. La competencia (P. *sarambha*) busca rivalizar y eclipsar a los demás. Vemos a alguien bien vestido y queremos conseguir mejores ropas para presumir; oímos que alguien es culto y queremos demostrar nuestro conocimiento para recibir más elogios y una reputación mejor. A pesar de que dicha rivalidad es engañosa, es posible

35 Según Asanga, las definiciones de pretensión y disimulo se invierten.

"competir" de manera positiva. Vemos a alguien que es generoso, y con un corazón generoso deseamos igualar o superar su donación; conocemos a alguien que se ha formado en el Dharma, y con un deseo sincero de aprender aspiramos a aprender el Dharma tan bien como ella lo ha hecho.

13. La arrogancia (P. *mana*) crece debido a nuestra clase social, educación, posesiones, etc. Hay tres tipos de arrogancia: pensar que (1) soy mejor que los demás, (2) que soy tan bueno como ellos, y (3) que soy peor que ellos. En la tradición pali, la arrogancia se enumera como una tendencia subyacente y como una aflicción auxiliar[36].

14. El engreimiento (P. *atimana*) es la elevación extrema de la mente. Altivos y desdeñosos de los demás, estamos tan envueltos en nuestra propia grandeza que los demás parecen insignificantes en comparación.

15. Autocomplacencia (P. *mada*). Según un comentario, es similar a la arrogancia y el engreimiento en el sentido de que se refiere a la clase social, el clan, etc. Los sutras describen la autocomplacencia como vanidad en relación con la juventud, la salud y la vida. Los jóvenes están enamorados de su juventud y piensan que nunca envejecerán, los sanos creen que no enfermarán, y los que están vivos piensan que no morirán.

16. La no rectitud (P. *pamada*) es lo opuesto a la rectitud y permite que la mente deambule entre objetos de placer sensorial. Dejar que la mente se vea abrumada por las aflicciones sin hacer ningún esfuerzo por contenerlas, conduce a acciones autoindulgentes y a caídas éticas. De las dieciséis aflicciones secundarias en la tradición pali, ocho (beligerancia, resentimiento, envidia, avaricia, disimulo, pretensión, autocomplacencia y no rectitud) son aflicciones secundarias y una (la arrogancia) es una aflicción raíz en *Compendio de conocimiento*. Dos (codicia y malicia) son dos de las diez no virtudes.

36 Bhikkhu Bodhi distingue entre estos dos, diciendo que la aflicción secundaria de la arrogancia es una aflicción manifiesta, mientras que la tendencia subyacente de la arrogancia es un potencial o semilla no manifiesto que se convertirá en una aflicción manifiesta cuando se encuentre con circunstancias provocativas. Conexión personal.

REFLEXIONES

1. Algunas personas tienen dificultad para identificar las emociones porque cuando eran niños sus padres no las nombraban ni hablaban mucho de ellas.
2. Algunas maneras de aprender a identificar tus emociones son ser consciente de: (a) las sensaciones en tu cuerpo, (b) el flujo o la "textura" de tu respiración, y (c) el "tono" o estado de ánimo de tu mente.
3. Usando las técnicas anteriores, trata de identificar las manifestaciones de cada una de las aflicciones secundarias de tu vida.
4. Examina los desencadenantes que hacen que surjan las aflicciones secundarias. Examina los resultados a corto y largo plazo de las aflicciones secundarias manifiestas en tu vida.
5. Desarrolla una fuerte determinación por contrarrestar las aflicciones secundarias fomentando los estados mentales que ven el objeto de manera opuesta.

Ataduras

Las diez ataduras (*samyojana*) se tratan extensamente en la tradición pali y en *Tesoro de conocimiento*. Se llaman ataduras porque nos mantienen atados a la existencia cíclica e impiden el logro de la liberación. Las cinco primeras son ataduras inferiores porque nos atan al renacimiento en el reino del deseo. Las cinco últimas son ataduras superiores que impiden que un no retornante se convierta en un arhat.

(1) La visión de una identidad personal aprehende un yo verdadero con respecto a los agregados –por ejemplo, pensar que uno de los agregados es el yo; que el yo está separado de los agregados; que el yo es vasto y los agregados existen en él; o que el yo existe en los agregados–.

(2) La duda engañosa es una mente vacilante que se equivoca sobre cuestiones importantes para la liberación, como dudar de que el Buda esté iluminado, de que el Dharma sea la verdad última y el sendero para salir del samsara, y de que la Arya Sangha haya realizado el Dharma.

(3) La visión de las reglas y prácticas se aferra a códigos éticos erróneos y a prácticas erróneas como si fueran virtuosas y como si fueran

el sendero hacia la Iluminación –por ejemplo, mantener prácticas ascéticas extremas de automortificación, tales como ayunar durante semanas o sentarse en el fuego como algo virtuoso, o mantener rituales brahmánicos perfectamente realizados como si fueran el sendero–.

(4) El deseo sensual (*kamacchanda*) es el apego a los objetos en el reino del deseo.

(5) La malicia es el deseo de dañar a otro ser vivo.

(6-7) El deseo por la existencia en el reino de la forma (P. *ruparaga*) y el deseo por la existencia el reino sin forma (P. *aruparaga*). Los seres en estos reinos están apegados a sus respectivos reinos y desean continuar viviendo allí. Estos corresponden al contaminante del ansia por la existencia.

(8) La arrogancia en sí, es la arrogancia sutil y fundamental; la pretensión de "yo soy" (*asmimana*). Esto difiere de la visión de una identidad personal, que es una visión conceptual que sostiene un yo permanente y verdadero. Después de eliminar este punto de vista, los pensamientos "yo soy esto" o "yo soy aquello" ya no surgen, pero el pensamiento "yo soy" todavía está presente. Aunque un no retornante sabe que esto es un error y no se aferra a la idea "yo soy", el pensamiento "Yo soy" sigue surgiendo espontáneamente.

(9) La excitación mental está presente en cualquier mente que no esté liberada. Este obstáculo puede surgir en los no retornantes si no son conscientes y diligentes, pero son capaces de superarlo rápidamente.

(10) La ignorancia es la ignorancia primordial que es la raíz del samsara. Es la ceguera ante la verdadera naturaleza, un oscurecimiento que nos impide ver cómo existen realmente las cosas. A diferencia de lo que afirma la prasangika, según la tradición pali la ignorancia no aprehende las cosas del modo contrario a como existen.

Compendio de conocimiento enumera las ataduras de manera diferente: apego, enfado, arrogancia, ignorancia, duda engañosa, visiones aflictivas (visión de una identidad personal, visión de los extremos y visiones erróneas), mantener visiones erróneas como supremas –que incluye la visión de las reglas y las prácticas– la envidia y la avaricia.

REFLEXIONES

1. Elige una de las ataduras que sea más evidente en tu experiencia. Sé consciente de ella en su forma de predisposición, manifiesta y motivadora.
2. Aunque eliminar su forma latente requiere una comprensión de la ausencia de existencia inherente o esencial, ¿qué ideas tienes para impedir su manifestación, o una vez que se haya manifestado, para que no motive tus actos y tus palabras?

Contaminantes

Los contaminantes (*asrava, asava*) perpetúan el samsara. La mayoría de los sutras pali mencionan tres contaminantes, aunque una adición tardía al *Mahaparinibbana Sutta* y la literatura del abhidhamma pali hablan de cuatro.

(1) El *contaminante de la sensualidad* (P. *kamasava*) es una tendencia profundamente arraigada hacia el deseo sensual que nos hace enredarnos con objetos sensuales. Corresponde a la atadura del deseo sensual.

(2) El *contaminante de la existencia* (P. *bhavasava*) es el ansia profunda y fundamental de existir de alguna forma. Este contaminante es particularmente insidioso porque impulsa a la mente a renacer repetidamente en la existencia cíclica. Encapsula las ataduras del deseo por la existencia en los reinos de la forma y sin forma.

(3) El *contaminante de la ignorancia* (P. *avijjasava*) es ausencia de saber y de comprensión. Siempre presente en los seres samsáricos, a veces surge y se vuelve muy intenso, impidiendo que la mente vea la realidad claramente. La atadura de la ignorancia y la tendencia subyacente de la ignorancia están incluidas en este contaminante.

(4) El *contaminante de las visiones* (P. *ditthasava*) incluye las ataduras de la visión de una identidad personal y la visión de las normas y prácticas, y la tendencia subyacente de las visiones. Este contaminante no está incluido en la enumeración de contaminantes en los primeros sutras.

Los contaminantes están profundamente arraigados y son engaños primordiales que nos han mantenido atados al samsara sin darnos un respiro. Al existir en lo profundo de la mente, fluyen hacia la experiencia consciente cuando son provocados por el contacto con ciertos objetos. Por ejemplo, el contacto con objetos sensoriales agradables estimula el contaminante de la sensualidad.

Asrava era una palabra utilizada por los brahmanes y los ascetas anteriores al Buda. El Buda le dio un nuevo significado al término y definió los tres primeros contaminantes. Estas son también formas de ansia, cada una enfocada en su propio objeto y funcionando a su manera para mantenernos atrapados en el samsara.

Tesoro de conocimiento enumera tres contaminantes: (1) El *contaminante del deseo o apego* incluye las aflicciones y todos los entramados del reino del deseo, a excepción de la ignorancia. Son no virtuosos. (2) El *contaminante de la existencia* está orientado hacia el interior y está interesado en el nacimiento en los reinos de la forma y sin forma. Es éticamente neutro e incluye las tendencias subyacentes y las aflicciones de los reinos de la forma y sin forma, a excepción de la ignorancia. (3) El *contaminante de la ignorancia* es la ignorancia de los reinos del deseo, de la forma y sin forma. Se enumera como un contaminante aparte para enfatizar que es la raíz del samsara y que cuando se elimina, los otros contaminantes también cesan. Se denominan *contaminantes* porque nos establecen en la existencia cíclica; se llaman *riadas* porque fluyen fuera de la mente a través de los seis poderes sensoriales[37].

Obstáculos

Otro grupo de oscurecimientos que se explican tanto en la tradición pali como en la sánscrita son los cinco obstáculos: (1) el deseo sensual, (2) la malicia, (3) el letargo y el adormecimiento, (4) la excitación mental y el arrepentimiento y (5) la duda engañosa. Se denominan obstáculos porque impiden alcanzar las absorciones meditativas del reino de la forma y sin forma. Estos cinco son no virtuosos y los poseen sólo los seres del reino del deseo. Los cinco obstáculos han sido explicados brevemente antes en otras clasificaciones de contaminantes y se expli-

---

37 Después de hablar de los contaminantes, Vasubandhu se dirige a las *riadas* (*ogha*) y a los yugos (*yoga*), diciendo que son cuatro: apego, existencia, ignorancia y visiones. Se llaman *riadas* porque nos arrastran al renacimiento en el samsara. Se llaman *yugos* porque nos atan al renacimiento en el samsara. No incluye las visiones como contaminantes porque los contaminantes nos establecen en el samsara, mientras que las visiones por sí solas, sin estar asociadas con otras aflicciones, no son suficientes para hacerlo.

carán en mayor profundidad cuando se presente el método para lograr la permanencia apacible.

En las clasificaciones anteriores de los engaños, algunos se encuentran en múltiples categorías, otros están presentes sólo una vez. Diferentes formas de apego, enfado e ignorancia aparecen repetidamente, a veces con nombres diferentes o definiciones ligeramente distintas. Sin embargo, todavía señalan tres fuertes tendencias de nuestra mente a las que conviene prestar atención.

Cuando estudiamos los engaños y observamos cómo funcionan en nuestra mente y la influencia que tienen en nuestras vidas, es importante recordar que no están incrustados en la naturaleza de nuestra mente. Así como las nubes en el cielo oscurecen la naturaleza clara del cielo pero no son parte de él, las impurezas oscurecen la naturaleza de la luz clara de la mente pero no están incrustadas en su naturaleza pura. Igual que las nubes, los engaños se pueden eliminar. Pero a diferencia de las nubes, que siempre pueden reaparecer, cuando los engaños son eliminados completamente de la mente, nunca pueden regresar y la naturaleza pura de la mente, parecida al cielo, irradia siempre sin oscurecerse.

4 | Aflicciones, su aparición y sus antídotos

Como hemos visto cuando indagamos en las categorías y definiciones de los engaños según las diferentes tradiciones del budismo y las escuelas de principios filosóficos budistas, las explicaciones se hacen largas y complejas. Por otro lado, cuando nos enfocamos en las preguntas: "¿Qué me impulsa a actuar de una manera en la que me hago daño a mí mismo y a los demás? ¿Qué me mantiene a mí y a los demás atados a la existencia cíclica?" la respuesta es sucinta –las aflicciones enraizadas en la ignorancia–. En este capítulo aprenderemos más sobre cómo operan las aflicciones.

Ochenta y cuatro mil aflicciones

Nos podemos preguntar por qué ciertas emociones aflictivas –como el miedo, la ansiedad, la frustración, la inseguridad y la depresión– no se mencionan en la clasificación de los engaños, a pesar de que alteran nuestra mente e interfieren con la práctica del Dharma. Podría deberse a la estructura de la sociedad contemporánea y a los acontecimientos mundiales el hecho de que estas aflicciones han llegado a ser más sobresalientes. Sin embargo, no pasaron desapercibidas para el Buda, que habló de ochenta y cuatro mil aflicciones. Los grupos del capítulo anterior contienen las aflicciones más destacadas que nos mantienen girando en la existencia cíclica. Estas otras aflicciones se encuentran entre las ochenta y cuatro mil, y son derivados de las aflicciones más destacadas.

Por ejemplo, el miedo, la inseguridad y la ansiedad están relacionados con el apego. Teniendo como base unas concepciones distorsionadas que ven lo que es impermanente como permanente y lo que es insatisfactorio por naturaleza como felicidad, nos apegamos a ciertas personas o cosas. Surge el miedo ante la posibilidad de vernos separados de la gente, las situaciones y las cosas a las que estamos apegados. La ansiedad y la inseguridad se manifiestan cuando consideramos acontecimientos futuros que desconocemos, como la posibilidad de perder el trabajo, la disolución de nuestro matrimonio, o recibir un diagnóstico médico no deseado. Aunque estos acontecimientos no han ocurrido todavía y puede que nunca tengan lugar, las concepciones distorsionadas y las aflicciones irrumpen en nuestra mente haciéndonos desgraciados.

Otro tipo de ansiedad está relacionado con la duda, pero, a diferencia de la duda que es una aflicción mental, este tipo de duda no concierne a temas importantes para la práctica espiritual. Más bien, agonizamos tomando decisiones, deseando poder seguir todas las opciones simultáneamente antes de elegir la mejor. Asolados por la duda, evitamos tomar una decisión y damos vueltas ansiosamente. Esto también está relacionado con el apego: Nuestro mundo se ha vuelto estrecho al estar enfocados únicamente en nuestra propia felicidad y en lo que nos beneficia a nosotros y a las personas que apreciamos. Nuestro problema es que no queremos saber lo que nos traerá la mayor felicidad.

La depresión que no está basada en una actividad química del cerebro o en un daño traumático del mismo parece estar relacionada con el apego. Queremos que las cosas sucedan de acuerdo con nuestras expectativas y nuestros sueños y nos desanimamos cuando no es así. Esto nos puede llevar a enfadarnos con nosotros mismos o a la recriminación personal. Estas dos actitudes pueden contribuir a la depresión.

Emociones como la depresión, la rabia y la ansiedad que se manifiestan como una vigilancia extrema pueden tener múltiples factores contributivos –abusos físicos sexuales o emocionales; traumas de guerra; pobreza; perjuicio y opresión; e irregularidades en la química del cerebro o daños en éste, por nombrar solo algunos– de manera que la curación puede requerir un acercamiento multidimensional. Entre estos, el acercamiento budista que analiza los pensamientos, los hábitos mentales, etc. que están detrás de las emociones aflictivas, puede ayudar mucho. Si atribuimos nuestros problemas únicamente a factores externos, la curación puede ser muy difícil porque no podemos deshacer las experiencias pasadas. Sucedieron y ya no están. Nuestros problemas presentes radican en modos perjudiciales de interpretar y responder a los acontecimientos del pasado y a los recuerdos que tenemos de ellos en el presente. Al comprender el modo erróneo en que funcionan las emociones aflictivas y aprendiendo maneras más realistas y beneficiosas de manejar las situaciones, podemos subyugar estas emociones perturbadoras e impedir el comportamiento dañino que pueden provocar.

Cuando oímos hablar de nuestras emociones analizadas del modo anterior nos podemos sentir conmovidos, pensando que no se está respetando la seriedad de nuestras emociones. Como individuos estamos muy apegados a lo que determinamos como *mis* emociones. Basándonos en nuestro aferramiento a ellas como *mías*, consideramos que nuestras emociones son algo extremadamente serio, tanto es así que nos sentimos heridos si los demás no están preocupados por ellas como lo estamos nosotros. Aunque nuestras emociones son importantes, puede que no lo sean por la razón que pensamos. Estas emociones impulsan nuestras acciones físicas, verbales y mentales, que no solo nos afectan espiritualmente, sino que también influyen en los demás a nuestro alrededor. Nuestros actos también influyen en nuestras vidas futuras. Por estas razones, es importante aprender a manejarlas de manera efectiva.

Algunas personas están apegadas a la predictibilidad a pesar de que el samsara es impredecible ya que el karma creado previamente está continuamente madurando. Desean controlar a los demás y las situaciones y se frustran cuando no pueden. Sin embargo, no podemos hacer que los demás hagan lo que nosotros pensamos que es lo mejor, ni podemos impedir que nuestro cuerpo envejezca ni tampoco hacer el cuerpo inmune a la enfermedad y al daño. Nuestro deseo de control y la creencia de que deberíamos poder hacerlo está asociado con la visión de una identidad personal –o visión de lo compuesto y transitorio– especialmente con el aspecto que se aferra a una persona autosuficiente y sustancialmente existente. Tsongkhapa utiliza la analogía de un amo y un sirviente para ilustrar este aferramiento: El yo es como un amo que controla y da las órdenes y el cuerpo y la mente, como lo haría un sirviente, deben obedecer. Sin embargo, esta persona autosuficiente y sustancialmente existente no existe, así que pensar que deberíamos ser capaces de controlar todo a nuestro alrededor no es realista, definitivamente.

Cuando lo observamos desde una perspectiva global, es evidente que todos estos engaños dependen de uno u otro modo del poder oscuro y engañoso de la ignorancia y la visión de una identidad personal. Estos son la raíz del samsara. Viendo sus desventajas nos determinamos a desarrollar la sabiduría que los erradicará. Sabiendo que todos los seres ordinarios sufren por ellos se abre nuestro corazón a la compasión por nosotros y por los demás.

REFLEXIONES

1. Cuando surjan en tu mente aflicciones que no se enumeran específicamente en el capítulo anterior, nómbralas y observa cómo funcionan. Observa con qué aflicciones raíz están más estrechamente relacionadas.
2. Identifica las concepciones distorsionadas que yacen detrás de esa emoción.
3. Observa las demás aflicciones que surgen tanto antes como después de ella.
4. Plantéate si estas aflicciones sirven para fomentar tu propio bienestar y el de los demás. Piensa qué enseñanzas del Dharma puedes contemplar para contrarrestar estas emociones aflictivas.

El orden en el que surgen las aflicciones

La manera de presentar el orden en el que surgen las aflicciones depende de si la ignorancia y la visión de una identidad personal –o visión de lo compuesto y transitorio– se consideran como algo separado. Viéndolas como factores mentales diferentes, *Dos conocimientos* dice que la ignorancia es un oscurecimiento mental que no puede ver las cosas claramente. Sobre la base de la ignorancia, la visión de una identidad personal cree erróneamente que los agregados son una persona autosuficiente y sustancialmente existente. Todas las demás aflicciones derivan de esto. Esto es análogo a no poder ver con claridad en una habitación oscura (la ignorancia) y confundir una cuerda con una serpiente (la visión de una identidad personal). El apego, el enfado y otras aflicciones le siguen rápidamente. Vasubandhu expone su desarrollo secuencial en *Tesoro de conocimiento*: Ignorancia, duda, visiones erróneas, visión de una identidad personal, visión de los extremos, visión de las reglas y prácticas, visión que sostiene visiones erróneas como supremas, orgullo, apego, odio.

> Inicialmente, de la *ignorancia*, respecto al significado en las [cuatro] verdades, surge la *duda*, al preguntarse si duhkha existe o no existe.
>
> A partir de aquí, confiando en un amigo espiritual inferior –uno que se implica en enseñanzas y aprendizajes erróneos– se produce la *visión errónea* de que duhkha no existe.
>
> De esto surge la *visión de una identidad personal* que se aferra a los agregados como "yo y mío".

De esto surge la *visión de los extremos*, que se aferra a la permanencia de los agregados o a la aniquilación de estos. [Es decir, que el yo existe como un alma eterna e inmutable o que deja de existir después de morir].

De esto, surge la *visión de las reglas y prácticas* que se aferra a la creencia de que existe purificación sosteniendo estas [visiones] extremas.

De esto, surge la *visión que sostiene visiones erróneas como supremas*, ya que se creía que proporcionaban purificación [se sostiene como una visión suprema].

De esto, surge el *orgullo* y el *apego* por las propias visiones y el *odio* que desprecia las de los demás.

Sabios como Dharmakirti y Chandrakirti y sus seguidores, que afirmaban que la visión de una identidad personal –o visión de lo compuesto y transitorio– es la ignorancia, presentan otra secuencia, como la que describe Dharmakirti en su *Comentario a la cognición válida* (LC1:300).

Una vez que existe un yo, existe la idea de otro. Al discriminar entre el yo y el otro surgen el apego y la animosidad. Todas las faltas aparecen asociadas con estos.

Tsongkhapa lo desarrolla (LC 1:300):

Cuando la *visión de una identidad personal* [que es *ignorancia*] aprehende el yo, surge la discriminación entre yo y el otro. Una vez que has hecho esta distinción, te *apegas* a lo que está asociado contigo y eres *hostil* hacia lo que concierne a los demás. Cuando observas el yo tu mente se hincha (con la *arrogancia*). Desarrollas la creencia de que este mismo yo es o bien eterno o bien está sujeto a la destrucción [la *visión de los extremos*]. Llegas a creer en la supremacía de una visión del yo y de cosas por el estilo [la *visión de sostener visiones erróneas como supremas*], y también llegas a creer en la supremacía de prácticas perjudiciales asociadas con esas visiones [la *visión de las reglas y prácticas*]. De igual manera desarrollas la *visión errónea* que niega la existencia de cosas como el Maestro [Buda], que enseñó la vacuidad, y de aquello que él enseñó –el karma y sus efectos, las verdades de los aryas, las Tres Joyas, etc. o también *dudarás* acerca de si tales cosas existen o son reales.

Es interesante darse cuenta de que la versión vaibhasika de Vasubandhu coloca la duda y las diferentes visiones aflictivas antes de las emociones perturbadoras del apego, el enfado y el orgullo, mientras que en la versión de Dharmakirti las emociones perturbadoras surgen antes que las visiones aflictivas y la duda.

Factores que hacen surgir las aflicciones

Algunas personas afirman que las aflicciones son parte inherente de la naturaleza humana y, como tal, están conectadas en nuestro sistema nervioso o en nuestros genes, que aunque seamos capaces de modificar sus efectos nunca podremos librarnos de ellas. Desde el punto de vista budista esta es una visión estrecha del potencial humano, que ofrece pocas esperanzas para la mejora de la humanidad. Como se describió en los volúmenes 1 y 2 de *Biblioteca de sabiduría y compasión*, la visión budista es que aunque los niveles burdos de la consciencia son interdependientes con el cerebro, no tienen la misma naturaleza. Así, las mentes sutiles no están regidas por las limitaciones físicas de nuestro cuerpo y cerebro. Además, al ser fenómenos en la consciencia, las aflicciones se pueden eliminar del continuo mental aplicando sus antídotos. No son nuestra naturaleza inherente y la liberación de las aflicciones es posible, como ha sido demostrado por muchos practicantes altamente realizados a través de la historia.

La aparición de las aflicciones en los seres ordinarios está en cierta medida relacionada con nuestro cuerpo. Cuando estamos físicamente enfermos o nos vemos privados de necesidades físicas, somos más susceptibles al enfado. Cuando estamos sanos y nuestro cuerpo está cómodo nos inclinamos más hacia el apego, especialmente hacia el deseo sexual. Cuando estamos enfadados, hambrientos o cuando estamos deprimidos como resultado de un desequilibrio químico en el cerebro, están funcionando dos factores: Uno es nuestra situación física presente, el otro es la semilla de las aflicciones en nuestro continuo mental. Algunas personas piensan que los científicos podrán algún día detener todas las emociones perturbadoras mediante medicinas que regulen la química del cuerpo y técnicas que alteren la configuración genética. Sin embargo, mientras las semillas de las aflicciones estén presentes, las aflicciones surgirán cuando se reúnan las condiciones adecuadas. Las aflicciones sólo se pueden eliminar completamente a través de la práctica espiritual.

¿Cuáles son los principales factores que hacen que las aflicciones manifiestas surjan en nuestra mente? Seis condiciones o una combinación de ellas juegan un papel importante.

(1) Las *semillas de las aflicciones* son una causa notoria. Puesto que permanecen en nuestro continuo mental y van de una vida a otra, no estamos libres de las aflicciones. Un factor externo o interno puede avivar estas semillas para que den lugar a aflicciones manifiestas.

(2) El *contacto con ciertos objetos* puede estimular la erupción de las aflicciones. El apego surge cuando hay buena comida o una persona atractiva delante de nosotros; el enfado se dispara cuando estamos con personas que no están de acuerdo con nuestras ideas o desafían nuestras opiniones.

(3) Las *influencias perjudiciales* como las malas amistades ejercen una fuerte influencia en nuestro modo de pensar y en nuestro comportamiento. Los adultos reconocen la fuerte influencia que tiene la presión de grupo en los niños, pero rara vez hacen un análisis de hasta qué punto sus propias emociones y comportamientos se ven influidos por el deseo de formar parte de un grupo y el deseo de no ser vistos como extraños o diferentes de los demás. Buscar la aprobación o los elogios de las personas que cuidamos o respetamos puede hacer que se vean comprometidos nuestros valores éticos si no estamos atentos. Si un amigo íntimo está enfadado con alguien tendemos a enfadaros con esa persona también. Si alguien de la familia está apegado fuertemente a una visión política en particular, nuestro apego –o enfado– hacia esta visión aparecerá con facilidad.

(4) La *estimulación verbal* –noticias, libros televisión, internet, radio, revistas, películas, redes sociales, etc.– tienen un impacto en nuestros pensamientos y emociones. En los últimos años, los medios de comunicación se han convertido en un poderoso condicionante de nuestras vidas, ya que estamos expuestos a cientos si no miles de anuncios cada día. Las noticias diarias influyen en nuestros pensamientos y pueden provocar emociones fuertes con facilidad. Con el constante despliegue de imágenes sexuales y violentas al que estamos sometidos desde la infancia, no es de extrañar que el apego y la hostilidad estallen tan fácil y frecuentemente que nos pasen desapercibidos.

(5) Los *modos habituales de pensar y las emociones habituales* se autogeneran en el futuro. Cuanto más familiarizados estamos con ciertas aflicciones y visiones erróneas, más ciertas nos parecen y más las reforzamos. Alguien que está acostumbrado a ocultar sus faltas y fechorías seguirá con esta mentalidad, haciendo que sea más difícil de cambiar. El resentimiento y la beligerancia surgen con más facilidad en alguien que está más familiarizado con el enfado y que nunca ha aplicado los antídotos correspondientes. Por ello, es aconsejable aprender y aplicar los antídotos a nuestras aflicciones y comportamientos habituales, porque son los más problemáticos.

(6) La *atención distorsionada* (*ayoniso manaskara*) o concepciones distorsionadas, malinterpretan los eventos, superponen cualidades atractivas y desagradables sobre las personas y objetos, y proyectan intenciones y significados sobre las palabras y actividades de otras personas. Esto establece el escenario perfecto para que las aflicciones que no han surgido lo hagan y las que ya lo han hecho se incrementen. Sin embargo, cuando adiestramos nuestra mente para observar con atención y sabiduría los objetos sensoriales, las aflicciones que no han surgido no lo hacen y las que ya lo han hecho disminuyen. Por ejemplo, partiendo de la base de que vemos un coche con existencia inherente, vemos sus maravillosas cualidades como si existieran *en* el coche. De hecho, la atención distorsionada ha exagerado las buenas cualidades del coche e ignorado sus defectos, haciendo que el coche aparezca ante tus ojos cien por cien atractivo. Explota nuestro apego por él y *debemos* comprarlo. Si hacemos una pausa para analizarlo, empezaremos a ver que la atención distorsionada está fabricando las buenas cualidades del coche y su *deseabilidad* y que nuestra vida seguirá estando bien si comprarlo.

El entorno en el que vivimos puede contener muchos de los objetos, influencias sociales perjudiciales, y estímulos verbales que desencadenen nuestras aflicciones. Por eso, el consejo de los grandes maestros es evitar los ambientes que provoquen nuestras aflicciones. No se hace porque las personas o los objetos sean malos, sino porque nuestras aflicciones están todavía descontroladas. Vivir en un entorno en el que las distracciones y las perturbaciones son mínimas nos permite centrarnos en el desarrollo de los antídotos de las aflicciones. Una vez que estos antídotos son fuertes, nuestro ambiente externo no nos afectará demasiado.

REFLEXIONES

1. ¿A qué tipo de medios de comunicación estás expuesto a lo largo del día: Internet, televisión, noticias, películas, *smartphone*, ordenadores, publicidad, vallas publicitarias, revistas, etc.?
2. ¿Cómo influye cada uno de éstos en tus pensamientos y tus decisiones? ¿Tienen un efecto perjudicial? Por ejemplo, ¿cómo influyen en tu mente el sexo y la violencia de las películas? ¿Comparas tu cuerpo con las fotos de las revistas y otros medios y sientes que no eres atractiva o atractivo? ¿Ver a la gente peleando en las películas revoluciona tu adrenalina y provoca hostilidad en tu mente?
3. ¿Cómo sería una relación saludable con los medios de comunicación en tu vida? ¿Qué tienes que hacer para que eso ocurra?

Sensaciones que acompañan a las aflicciones

Anteriormente explicamos una forma en que las sensaciones y las aflicciones están relacionadas: las sensaciones contaminadas fácilmente provocan que surjan las aflicciones; cuando somos infelices, el enfado y la malicia pueden aparecer poco después. Aquí, las sensaciones son causas para las aflicciones. Por esta razón, aconsejamos mantener la mente feliz. En la segunda forma, son simultáneas, es decir, las sensaciones acompañan a los estados mentales aflictivos. El apego en el reino del deseo va acompañado por sensaciones placenteras; el enfado y la animosidad por sensaciones desagradables. Esta sería una razón por la que estamos menos dispuestos a aplicar los antídotos al apego. Cualquiera de las tres sensaciones –agradables, desagradables o neutras– puede acompañar a la ignorancia.

La felicidad e infelicidad mental pueden acompañar a visiones erróneas. Si alguien cree que las acciones no virtuosas no producen resultados, es feliz; pero si piensa que las acciones virtuosas no producen resultados, es infeliz. La infelicidad mental acompaña a la duda; estar indeciso es desagradable. Una sensación de felicidad acompaña a la arrogancia y a las otras cuatro visiones aflictivas. Sin embargo, si la mente de una persona en el reino del deseo no es clara, las diez aflicciones raíz están acompañadas por una sensación neutra.

El abhidharma pali dice que todas las consciencias enraizadas en el enfado están acompañadas por la infelicidad mental. Esto significa que, siempre que nuestra mente sea infeliz, el enfado está presente, aunque sea a nivel sutil, y este estado es no virtuoso.

Por el contrario, los estados mentales virtuosos van acompañados tanto por sensaciones de felicidad como de ecuanimidad. Dirigir conscientemente nuestros pensamientos para que sean constructivos no sólo trae felicidad o ecuanimidad, sino que también crea un karma virtuoso. Cuando actuamos con auténtica generosidad o con moderación ética, nuestra mente es feliz aquí y ahora y creamos la causa de la felicidad en el futuro. Por supuesto, cuando nos adiestramos en estas prácticas puede que no seamos continuamente felices porque las aflicciones a veces interfieren, pero a medida que continuamos practicando, las aflicciones disminuirán y la virtud y el gozo aumentarán.

De las aflicciones secundarias y los factores mentales variables aquellos que se vuelven no virtuosos –el arrepentimiento, la envidia, la beligerancia, la malicia, el resentimiento y la ira– van acompañados por la infelicidad mental. La avaricia, siendo un aspecto del apego, va acompañado por una sensación agradable. Tanto la felicidad como la infelicidad mental pueden ir acompañadas por el disimulo, la pretensión, la ocultación, y el dormir, porque cuando estos cuatro factores mentales no logran su propósito, la mente se vuelve infeliz.

La autocomplacencia viene acompañada normalmente por la felicidad, aunque por encima del tercer dhyana (P. *jhana*) están presentes las sensaciones neutras. La falta de integridad, la desconsideración hacia los demás, la pesadez mental y la excitación mental pueden ir acompañados por cualquiera de las cinco sensaciones –felicidad física y mental, infelicidad física y mental, y sensación neutra–. Las sensaciones neutras pueden acompañar a cualquiera de las aflicciones.

En el reino de la forma y sin forma no hay infelicidad física o mental y las aflicciones allí son éticamente neutras porque son débiles. De los dhyanas, los tres primeros pueden ir acompañados por sensaciones gozosas (un tipo de sensación de felicidad) y en el cuarto por sensaciones neutras. Las absorciones del reino de la forma y sin forma pueden ir acompañadas por sensaciones neutras.

REFLEXIONES

1. Practica identificando los diversos factores mentales virtuosos y no virtuosos a medida que surgen en tu mente.

2. Observa la sensación que acompaña a cada una de ellas.
3. ¿En qué se diferencia la sensación de felicidad que surge con el apego hacia los objetos sensuales de la felicidad que acompaña a la generosidad o al afecto genuino?

La dimensión ética de las aflicciones

No todas las aflicciones son no virtuosas. En sí mismas, la ignorancia, la visión de una identidad personal –o visión de lo compuesto y transitorio– y la visión de los extremos son neutras. No son no virtuosas porque por sí mismas son incapaces de producir dolor. Además, estas tres no siempre dan lugar a estados mentales no virtuosos[38].

En *Tesoro de conocimiento* se habla de ignorancia mezclada y no mezclada. La *ignorancia mezclada* asiste y acompaña a las otras cinco aflicciones raíz y comparte cinco similitudes con ellas: dependen del mismo poder sensorial, tienen el mismo objeto, se generan con el mismo aspecto, ocurren al mismo tiempo y tienen la misma entidad[39]. La ignorancia comparte la misma consciencia primaria con todas las aflicciones raíz y secundarias. Un ejemplo es la ignorancia que comparte una consciencia primaria con el apego. Esta ignorancia, así como las consciencias primarias y otros factores mentales que la acompañan, se vuelven no virtuosos por el poder del apego siendo no virtuosos.

La *ignorancia no mezclada* no comparte cinco similitudes con ninguna de las aflicciones no virtuosas y es éticamente neutra. Ejemplos de ignorancia no mezclada serían la ignorancia que acompaña a la visión de una identidad personal y a la visión de los extremos, y la ignorancia que confunde un bolígrafo con un palo.

La ignorancia que es el primero de los doce vínculos de relación dependiente es ignorancia no mezclada. Cuando da lugar al enfado, la codicia o cualquier otro factor mental no virtuoso, este nuevo es-

38 La visión de los extremos sostiene que los agregados son o bien eternos o bien inexistentes. Según las escuelas vaibhasika y sautrantika, cuando uno alcanza el Nirvana sin residuos, los agregados dejan de existir, por lo que no hay una persona que realmente posea este tipo de Nirvana, ya que sin los agregados, una persona no puede existir. Puesto que una parte de la visión de los extremos sostiene que los agregados son inexistentes y concuerda con la forma anterior de definir el Nirvana sin residuos, esta visión es neutra, no es no virtuosa.

39 Ver *Fundamentos de la práctica budista*, capítulo 3.

tado mental ya no es el primer vínculo. Este estado mental nuevo va acompañado por la ignorancia y es no virtuoso debido al poder de otra aflicción que lo acompaña. Conduce a una acción composicional que es en realidad el segundo vínculo.

Todas las aflicciones del reino del deseo son no virtuosas a excepción de la ignorancia no mezclada, la visión de una identidad personal –o visión de lo compuesto y transitorio– y la visión de los extremos, que son neutras. Todas las aflicciones de los reinos superiores –de la forma y sin forma– son neutras. Se necesita un grado de intensidad para que una aflicción sea no virtuosa. Puesto que las aflicciones en los reinos superiores son sutiles, carecen de la intensidad requerida para crear karma no virtuoso que madure en experiencias dolorosas.

Aplicando esto a la visión prasangika, la ignorancia que constituye el primer vínculo y que precede a un karma virtuoso composicional como puede ser la generosidad, es ignorancia no mezclada que se aferra al sujeto, al objeto y a la acción como si existieran de modo inherente. Es éticamente neutra. Esta ignorancia da lugar a un estado mental virtuoso, como la compasión, que impulsa el karma composicional de la generosidad, que es el segundo vínculo. Durante la acción de dar, el aferramiento a la existencia inherente puede continuar o podemos sencillamente aprehendernos a nosotros mismos, el ofrecimiento y el recipiente sin aferrarnos a ellos ni como inherentemente existentes ni como no inherentemente existentes. En el primer caso, el estado mental que se aferra a la existencia inherente es neutro y es un estado mental diferente de aquel que es generoso, que es virtuoso. Aunque los dos estados mentales están estrechamente relacionados en el tiempo, no tienen lugar simultáneamente.

Antídotos a las aflicciones

Tanto si seguimos una religión como si no, podemos ver que las aflicciones interfieren en nuestra felicidad personal así como en el bienestar de la sociedad en general. Los acontecimientos más nefastos entre los individuos, grupos o naciones tienen su raíz en la ignorancia y están motivados por el odio, la codicia, el orgullo, la envidia, etc. Estas aflicciones son las causas de matar, robar, abuso sexual, escándalos políticos y financieros, prejuicios, injusticias y desigualdades. Los problemas de la sociedad –incluidos en nuestras estructuras institucionales– están enraizados en los estados mentales aflictivos de las personas. A pesar de ser este el caso, cuando nos enfrentamos a problemas personales o sociales raramente buscamos en nuestra mente la fuente de los problemas. Es hora de que lo hagamos.

Las leyes terrenales castigan a quienes se implican en acciones perjudiciales en un esfuerzo por detener tal comportamiento. Aunque el castigo pueda hacer que alguien se sienta molesto o temeroso de manera que temporalmente cesa un comportamiento determinado, no produce un cambio duradero. Este cambio solo se produce cambiando la actitud mental. A menos que se elimine la fuente profunda de las actividades negativas, continuarán de una u otra forma. Necesitamos identificar la fuente de los problemas –que yace en la mente descontrolada– y emplear medidas preventivas y correctivas para domar nuestra mente. Esto implica aprender acerca de los defecto de las aflicciones y sobre las técnicas para contrarrestarlas, aplicarlas a nuestra propia mente y compartirlas con los demás. Esto se puede hacer sin utilizar lenguaje budista o conceptos religiosos; es de sentido común.

El primer paso para contrarrestar las aflicciones es darse cuenta de cuándo se manifiestan en nuestra mente. Aunque podemos creer que nos conocemos bien, nuestros pensamientos y emociones a menudo nos pasan desapercibidos. Un factor que contribuye a ellos es la falta de atención y de consciencia introspectiva –pasamos por alto el enfocar nuestra mente en lo que es beneficioso y el monitorizar nuestra mente con sabiduría–. A veces, estamos distraídos con los objetos sensoriales y no prestamos atención a los pensamientos y emociones. Algunas personas crecen en familias donde las emociones y pensamientos no se etiquetan ni se explican, de modo que no aprenden el vocabulario necesario para explicar el funcionamiento de sus mentes.

Aquí hay algunos consejos para ayudarte a identificar pensamientos y aflicciones. Primero comprueba el estado de tu cuerpo; nuestras sensaciones físicas a menudo nos dicen mucho sobre lo que está sucediendo en nuestra mente. Cuando nuestro corazón se acelera, nuestra cara se ruboriza y el estómago se tensa lo más probable es que haya enfado –que a menudo se basa en el miedo–. Cuando tenemos las palmas sudorosas y la respiración es corta, generalmente estamos agitados o nerviosos.

Comprueba también el estado mental. Cuando los pensamientos sobre los objetos deseables van como un torbellino, el apego está presente. Cuando no puedes soportar que otra persona sea mejor que tú en cierta actividad, eso es la envidia. Cuando no tienes ganas de hacer nada más que holgazanear, eso es la pereza de posponer. Cuando te hundes, es la pereza del desánimo.

Observa también tus patrones de comportamiento, pueden decirte si una aflicción está apareciendo en tu mente. Si te das cuenta de que vas a la nevera repetidamente incluso aunque no tengas hambre, ¿qué aflicción está presente en tu mente? Si revisas continuamente las redes sociales, ¿cuál es la aflicción que te impulsa a hacerlo? ¿Qué estás buscando en realidad con dicho comportamiento?

El paso siguiente es distinguir los pensamientos constructivos y neutros de las aflicciones. Algunos estados mentales virtuosos tienen "enemigos cercanos" –aflicciones parecidas a ellos–. El amor y el apego se confunden con facilidad: ambos quieren que otra persona sea feliz. El amor extiende libre y ampliamente la buena voluntad a muchas personas, mientras que el apego se centra en un pequeño grupo de personas y tiene expectativas y restricciones. El enfado justificado puede confundirse con la compasión porque ambos buscan eliminar la injusticia y el sufrimiento de los demás. Sin embargo, la compasión persigue el mejor resultado para todos los implicados en un conflicto, mientras que el enfado justificado quiere perjudicar a aquellos a los que vemos como autores del daño.

A veces debemos separar las diferentes facetas de un estado mental para identificar una aflicción. Por ejemplo, un amigo se salta deliberadamente un semáforo en rojo cuando no hay circunstancias atenuantes. Algunas personas se enfadan con el conductor –quien realiza la acción–. A otros les desagrada la acción en sí –poner en peligro a los demás a la ligera–. Lo primero es enfado, lo segundo no. Cuanto más podamos separar a la persona de la acción, más podremos evitar el enfado con la persona. Este cambio de actitud nos permite tener una discusión razonable con ella sobre los posibles efectos de saltarse un semáforo en rojo.

A continuación, reflexiona en las desventajas de cualquier aflicción que te invada. Esto te dará la determinación para aplicar su antídoto.

Cuando trabajamos para subyugar las aflicciones es mejor elegir la que nos cause los mayores problemas. Los principiantes en la meditación reconocen a menudo que tienen apego por la comida, pero esta podría no ser la aflicción más problemática para ellos. El enfado podría ser un problema mayor porque interfiere en nuestras relaciones en el trabajo y en casa y aviva el comportamiento destructivo. La posesividad con respecto a otras personas, el deseo de placer sexual o el ansia de dinero o estatus social pueden causar más dificultades en nuestras vidas y provocar un karma más destructivo que el apego a la comida. Por otro lado, si tienes sobrepeso y mala salud y el médico te aconseja comer de manera más saludable, el apego a la comida puede ser la primera aflicción con la que debes trabajar. Si trabajas en la aflicción más problemática desde el principio de tu práctica, verás los efectos positivos que la práctica del Dharma tiene en tu vida.

Una de las connotaciones de la palabra *Dharma* es "apartar" o "prevenir". En el caso del Budadharma, si lo practicamos correctamente, nos aparta del duhkha samsárico subyugando o destruyendo las aflicciones. El Dharma puede hacerlo porque proporciona los antídotos para estos dañinos factores mentales. Todo lo que se enseña en este libro pretende ser un antídoto para las aflicciones, sus semillas y predisposiciones.

Hay dos tipos de antídotos. Uno es el antídoto universal que contrarresta todas las aflicciones. El otro consiste en antídotos que son específicos para cada aflicción. La sabiduría que comprende la vacuidad es el antídoto universal que contrarresta y erradica todas las aflicciones. Es directamente contraria a la ignorancia que se aferra a la existencia inherente o sustancial, que es la raíz de las aflicciones. Mientras que la ignorancia se aferra a todos los fenómenos –incluido el yo– como si tuvieran existencia inherente, la sabiduría que comprende directamente la vacuidad aprehende la vacuidad de existencia inherente de la persona y todos los fenómenos. Puesto que la ignorancia y la sabiduría son diametralmente opuestos respecto al modo en que aprehenden los fenómenos y dado que la ignorancia es una mente errónea, la sabiduría puede vencer a la ignorancia. Cuando se desenraiza la ignorancia, todas las demás aflicciones que dependen de ella también cesan.

Otros antídotos no tienen la capacidad de superar la ignorancia, pero se aplican a aflicciones concretas. Puesto que desarrollar la sabiduría que comprende la vacuidad requiere de mucho tiempo, mientras tanto, debemos aprender a aplicar estos antídotos más limitados para impedir que nuestras aflicciones se nos vayan de las manos. Aquí hay algunos antídotos que desarrollar:

- Para contrarrestar el apego, el ansia, el aferramiento y la codicia reflexiona en la impermanencia de cualquier persona u objeto al que estés apegado. Contemplar los aspectos desagradables de la persona y el objeto también da resultado.
- Cuando sientas ansia por la existencia en el samsara, contempla las desventajas del samsara. Este poderoso antídoto redirigirá nuestra aspiración hacia la liberación.
- Para pacificar el enfado y la venganza, desarrolla paciencia.
- Como remedio a la ira, la hostilidad, el resentimiento, etc. medita en el amor afectuoso.
- Para contrarrestar la vanidad y el orgullo contempla las divisiones detalladas de los fenómenos, como los dieciocho elementos, las doce fuerzas y los doce vínculos de relación dependiente. Al ver la enormidad de lo que hay, la prepotencia se desinfla. Además, al examinar todos los componentes del yo, el apego a un yo real disminuirá.
- Para contrarrestar la arrogancia, reflexiona en la amabilidad de los demás. Observando que nuestras habilidades, talentos y conocimiento se deben a la amabilidad de los demás se desinfla el orgullos exagerado.
- Para darle la vuelta a la envidia, regocíjate de la felicidad de los demás, de sus buenas cualidades, buenas oportunidades y de su mérito.
- Para remediar la ansiedad y la duda engañosa, observa la respiración. Emplaza tu atención en el suave fluir de tu respiración, sin permitir que la mente le dé vueltas a historias fabricadas y egocéntricas.
- Cuando estás confundido y no puedes discernir la virtud de la no virtud o lo que practicar y abandonar en el sendero, estudia los sutras y las escrituras. Te proporcionarán una guía excelente.
- Para disminuir las emociones perturbadoras en general, recuerda que no son tú; no son lo que tú eres y no están incrustadas en la naturaleza de tu mente.

En las etapas iniciales de la práctica es difícil disminuir nuestras aflicciones. Parecen surgir de la nada porque estamos muy habituados a ellas. Nuestros antídotos son débiles y se necesita tiempo y esfuerzo continuado para fortalecer los antídotos y desarrollar cualidades positivas. Es importante ser pacientes con nosotros mismos y seguir adelante con una actitud determinada y optimista para adiestrar nuestra mente en hábitos mentales nuevos.

Los antídotos anteriores son efectivos temporalmente para las aflicciones específicas que cada uno contrarresta. Para poder dominarlos debemos practicarlos de manera regular, especialmente cuando no estamos en pleno apogeo de una aflicción. Tener una práctica diaria de meditación en la que te puedes imaginar aplicando estas técnicas en diversas situaciones con las que te puedes encontrar o con las que ya te hayas encontrado, es muy efectivo en este sentido.

Los antídotos se deben aplicar con habilidad, de manera que no vayamos a ir demasiado lejos en la otra dirección. Por ejemplo, el antídoto contra la lujuria se centra en la inmundicia del cuerpo. Sin embargo, si no somos diestros al hacerlo, puede llevarnos a odiar nuestro cuerpo o a despreciar a la persona por cuyo cuerpo nos sentimos atraídos. Igualmente, desarrollado sin destreza, el amor afectuoso podría conducir al apego.

Al mismo tiempo que usamos estos antídotos para reducir temporalmente la fuerza de las aflicciones burdas, deberíamos reflexionar también en la vacuidad, para desarrollar la sabiduría que eliminará las aflicciones para siempre. Combinando la concentración unipuntualizada con una comprensión correcta de la vacuidad, un día, nuestra sabiduría llegará a ser lo bastante fuerte como para desenraizar las aflicciones y oscurecimientos de la mente de manera que nunca más regresen.

REFLEXIONES

1. ¿Qué aflicción es la más fuerte y la más frecuente en tu mente?
2. Contempla sus desventajas en esta vida y en tu sendero espiritual.
3. ¿Cuál es el antídoto temporal para dicha aflicción? Recuerda situaciones en las que esa aflicción era fuerte y contempla su antídoto. Observa si la fuerza de la aflicción se reduce aunque sea solo un poco. Cuando lo haga, regocíjate.

Me encontré con un interesante fragmento escrito por el maestro kadampa Togme Zangpo en el que denominaba a la visión de una identidad personal “la lanza de los budas”. Esto es algo inusual porque normalmente se dice que las aflicciones carecen de cualquier cualidad positiva. Aquí Togme Zangpo describe una habilidosa manera de utilizar la visión de una identidad personal –o visión de lo compuesto y transitorio– como un arma para destruir el duhkha producido por la visión de una identidad personal. Al empezar, como principiantes con un fuerte aferramiento a la existencia sustancial, pensamos: "Quiero liberarme del samsara". A pesar de que esta aspiración se ve afectada por la visión de una identidad personal, nos empuja a aprender, pensar y meditar en la vacuidad, lo que, a su vez, destruirá un día la visión de una identidad personal. Aquí vemos que para algunas personas, en un momento dado de su práctica, el aferramiento a un yo con existencia verdadera podría impulsarlos a practicar.

En un sutra pali se encuentra una idea similar. Explicándole el Dharma a una Bhiksuni, Ananda dijo: (AN 4.159):

> Así se ha dicho: "Bhikkhuni, este cuerpo ha llegado a la existencia a través del ansia, pero sobre la base del ansia, el ansia puede ser abandonada". ¿Con referencia a qué se dijo esto? En este caso, un monje oye decir: "Dicen que un monje llamado tal y tal, por la destrucción de los contaminantes, en esta misma vida entra y habita en la liberación no contaminada de la mente, la liberación por la sabiduría, habiéndola consumado para sí mismo a través del conocimiento directo". El piensa: "Oh, ¿cuándo llegaré a experimentar yo también la liberación no contaminada de la mente, la liberación por la sabiduría?". Algún tiempo después, sobre la base de esa ansia, abandona el ansia. Es por este motivo que se dijo: "Este cuerpo ha llegado a la existencia a través del ansia, pero sobre la base del ansia, el ansia puede ser abandonada".

Caracterizado por este cuerpo, que está en la naturaleza de duhkha, surge el samsara a través del ansia, Pero cuando un monje oye que otro monje ha logrado la liberación, ansía lograrla también. Impulsado por esta nueva ansia, practica correctamente y logra el Nirvana –la destrucción de toda ansia–. En el párrafo siguiente a este, Ananda dice lo mismo respecto al orgullo. Aquí un monje oye que otro monje ha logrado el Nirvana, y su orgullo queda herido porque el otro monje lo ha logrado primero. El orgullo surge en él y, no queriendo quedar eclipsado, se siente con mucha energía para demostrar que él también puede lograr el Nirvana. Esta motivación arrogante le instiga a practicar de tal manera que erradicará todo su orgullo para siempre. Algunos maestros utilizan esta técnica para vigorizar a los estudiantes perezosos en el campo de debate. Son medios hábiles para utilizar las aflicciones para destruir las propias aflicciones.

Cuando aprendemos el Dharma por vez primera, vivir sin apego parece imposible. Tenemos miedo de que si renunciamos al apego nos volveremos individuos insensibles y egocéntricos. Afortunadamente, este no es el caso. Algunos ejemplos de cómo responden los seres liberados ante situaciones humanas reales nos da una idea de cómo sería vivir con una mente transformada.

Shariputra, el principal discípulo del Buda en lo que respecta a la sabiduría, les comentaba a algunos monjes amigos suyos que se preguntaba si habría algo en el mundo cuyo cambio o pérdida le provocaría pena, duelo, dolor o desesperación. Examinándose a sí mismo, no vio nada que pudiera desestabilizar su equilibrio emocional. Entonces, Ananda, el asistente del Buda, le preguntó: "¿Qué sucedería si nuestro Maestro, el Buda, sufriera un cambio y falleciera? ¿No te produciría dolor? Shariputra le contestó con total sinceridad (SN 21.2):

> Amigo, incluso si el Maestro mismo sufriera un cambio y una alteración, aun así, la pena, el duelo, el dolor, el disgusto y la desesperación no surgirían en mí. No obstante, pensaría: "El Maestro, tan influyente, tan fuerte y poderoso, ha fallecido. Si el Bendito hubiera vivido durante mucho tiempo, habría sido por el beneficio y la felicidad de la multitud, por compasión hacia el mundo, por el bien, el beneficio y la felicidad de los devas y humanos".

Abrumado de admiración, Ananda respondió que el equilibrio emocional y la compasión de Shariputra, incluso en el momento de perder a la persona más importante de su vida, se debía a la profundidad de su práctica de Dharma:

> Debe ser porque el *yo* fabricado, el *mi* fabricado y la tendencia subyacente al orgullo han sido completamente desenraizados en el venerable Shariputta hace tanto tiempo, que incluso si el Maestro mismo sufriera el cambio y la alteración, aun así la pena, el duelo, el dolor, el disgusto y la desesperación no surgirían en él.

La ecuanimidad de Shariputra ante su propia pérdida personal no se debía a la represión de sus emociones. El logro del estado de arhat no le hizo una persona fría. Verdaderamente estaba consternado y profundamente conmovido ante la perspectiva de la muerte del Buda, pero no era debido a su propio interés, ya que había abandonado todo aferramiento al *yo y mío*, así como también había renunciado a la creencia profundamente arraigada de "*yo existo*". Estaba conmovido porque veía los beneficios de la presencia del Buda en el mundo y la pérdida que supondría para todos los seres que necesitan el Dharma. Su tristeza era por los demás, no por él.

Resulta interesante que cuando Shariputra oyó que el Buda pronto alcanzaría el parinirvana, le dijo al Tathagata que no soportaría ser testigo del evento y eligió lograr el parinirvana antes que el Buda.

Aflicciones: nuestro verdadero enemigo

Cuando encaramos dificultades en la vida solemos atribuir sus causas a factores externos: el comportamiento de un amigo, las palabras de nuestro jefe, la política del gobierno, etc. El Buda cuestiona nuestra suposición de que la causa principal de nuestros problemas reside fuera de nosotros mismos. Él nos dirige de vuelta hacia nuestra propia mente, pidiéndonos que examinemos nuestros pensamientos y emociones para que veamos cómo crean tanto la infelicidad interna como la desarmonía en nuestras relaciones y en la sociedad. Las desventajas de las concepciones distorsionadas y las emociones perturbadoras van más allá de esta vida, influyendo negativamente en todas nuestras vidas. Shantideva asemeja las aflicciones a enemigos despiadados a quienes, en nuestra confusión, tratamos como a amigos (BCA 4.28-30,32-34):

> Los enemigos como el ansia y el odio no tienen brazos, piernas, etc. No son valientes ni sabios. ¿Cómo es que me tienen esclavizado?
>
> Morando en mi mente me arruinan. Me causan daño a su antojo. Y aun así los soporto pacientemente y no me enfado debido a mi tolerancia con esta situación vergonzosa e impropia.
>
> Aunque todos los devas y humanos fuesen mis enemigos, ni siquiera ellos podrían llevarme al fuego del infierno Avichi, que puede consumir incluso las cenizas del Monte Meru. Las aflicciones, poderosos enemigos me arrojan allí en un instante.
>
> Todos los demás enemigos son incapaces de permanecer durante tanto tiempo como pueden hacerlo mis aflicciones, el enemigo que no tiene ni principio ni fin [si no se le hace frente].
>
> Mientras esté en la existencia cíclica ¿cómo puedo disfrutar y no tener miedo si, en mi corazón preparo de buena gana un lugar para este ene-

> migo incesante de larga duración, la única causa del aumento de todo lo que me hace daño?
>
> Y, ¿cómo voy a poder tener felicidad alguna vez si en la red del apego dentro de mi mente, moran los guardianes de la prisión de la existencia cíclica: estas aflicciones que son mis carniceros y torturadores en el infierno?

Las aflicciones no tienen ni brazos ni piernas; no pueden atacar nuestro cuerpo. Aun así, el daño que nos infligen es mucho peor que cualquier agresor externo o asesino. Lo peor que otros seres conscientes pueden hacernos es quitarnos la vida, que de hecho es algo horrible. Pero no pueden empujarnos a un renacimiento desafortunado como lo pueden hacer nuestras emociones aflictivas al impulsarnos a actuar de manera no virtuosa, creando el karma que nos arrojará a renacimientos con un intenso sufrimiento.

Además, los seres conscientes que nos hacen daño un día morirán, mientras que las aflicciones residen en nuestra mente desde tiempos sin principio y no se marcharán por voluntad propia. Pueden incluso hacerse más fuertes. Visto de este modo, nuestra paciente aceptación de las aflicciones sabotea nuestra propia felicidad. Nunca tendremos felicidad mientras nuestro enemigo resida de forma cómoda en nuestra mente, produciéndonos dolor constantemente. Deberíamos estar totalmente hartos de esta situación y contraatacar. Shantideva continua (BCA 4.39, 44, 46-48):

> Si incluso las cicatrices infligidas por enemigos insignificantes se llevan sobre el cuerpo como adornos, entonces ¿por qué el sufrimiento iba a ser una causa de daño para mí mientras me esfuerzo impecablemente por cumplir el gran propósito?
>
> Sería mejor que me quemaran, que me cortaran la cabeza y me mataran, en lugar de inclinarme ante esas concepciones perturbadoras siempre presentes.
>
> ¡Aflicciones engañosas! Cuando seáis vencidas por el ojo de la sabiduría y disipadas de mi mente, ¿a dónde iréis? ¿Dónde viviréis para volver a perjudicarme más tarde? Debilitado mentalmente, me he visto obligado a no hacer ningún esfuerzo.
>
> Si estas aflicciones no existen en los objetos, ni en las facultades cognitivas, ni en el conjunto de ambos ni en otro lugar, entonces ¿dónde existen y cómo dañan al mundo? Son como una ilusión; por lo tanto,

> debo disipar el miedo en mi corazón y esforzarme con determinación por alcanzar la sabiduría. Sin una razón real, ¿por qué debería sufrir tanto en el infierno?
>
> Por lo tanto, habiendo pensado bien en ello, debo tratar de poner en práctica estos preceptos tal como se han explicado. Si se ignoran las instrucciones del médico, ¿cómo sanará el medicamento a un paciente que necesita una cura?

Orgullosos de su combate, los guerreros llevan las cicatrices de la batalla como medallas. Mientras combatimos contra nuestro más pérfido enemigo, nuestras aflicciones, no debemos rehuir ningún daño que podamos padecer. Nunca nos postraremos ante este enemigo ni aceptaremos la derrota. Por el beneficio de todos los seres conscientes, generaremos la sabiduría que comprende la vacuidad que arrasará las aflicciones de manera que nunca podrán volver.

Las aflicciones no existen en los objetos externos ni en nuestras facultades sensoriales. Es imposible encontrar aflicciones que existan inherentemente; son como ilusiones que carecen de una esencia real y que pueden vencerse. Por lo tanto, debemos poner en práctica las enseñanzas del Buda, ya que son la medicina que sanará todo el daño de la existencia cíclica.

REFLEXIONES

1. Lee y contempla uno a uno los versos anteriores de *Implicarse en las acciones de los bodhisatvas*, diciéndotelos a ti mismo, igual que lo hace Shantideva.
2. Recuerda que las aflicciones no son lo que tú eres; no forman parte de la naturaleza de tu mente y se pueden eliminar.
3. Desarrolla antipatía hacia las aflicciones y genera una fuerte determinación de familiarizarte con sus antídotos mediante una práctica diaria del Dharma.

La compasión actúa como una medicina preventiva contra muchas de nuestras aflicciones. Cuanto mayor sea nuestra compasión más paz experimentaremos. Mi experiencia personal es que meditar en el sufrimiento de los seres conscientes y generar compasión por ellos me ayuda a desarrollar más fortaleza interior. Cuando crecen esta fortaleza interior y la autoestima, disminuyen el miedo y la duda. Esto hace que nos abramos más a los demás de manera natural. Los demás, a su vez, son amigables, y esto alimenta una comunicación mejor y una interacción más positiva con ellos.

Por el contrario, si estamos llenos de parcialidad, miedo, odio y duda, la puerta de nuestro corazón está cerrada, y cualquiera con quien nos encontremos nos parece sospechoso. Lo triste es que entonces creemos que los demás sospechan tanto de nosotros como nosotros de ellos. Eso crea distancia, y esta espiral fomenta la soledad y la frustración.

Todos nosotros, pero especialmente la generación más joven, tenemos la responsabilidad de asegurarnos de que el mundo sea un lugar pacífico para todos. Esto puede hacerse realidad si todos nos esforzamos por desarrollar la compasión. Nuestro sistema educativo debe centrarse no sólo en la formación del intelecto, sino también en adiestrar el corazón. Ayudemos a las generaciones futuras a aprender a ser buenos ciudadanos del planeta siendo nosotros mismos modelos de compasión y tolerancia.

5 Aflicciones y karma, sus semillas y predisposiciones

Los orígenes verdaderos de duhkha son aquellos fenómenos que hacen surgir la existencia cíclica y están en la naturaleza de duhkha. Los orígenes verdaderos de duhkha son las aflicciones –cuya raíz es la ignorancia– y el karma contaminado –las acciones creadas bajo la influencia de la ignorancia que producen tres tipos de duhkha–. Entre las aflicciones y el karma, las aflicciones son lo principal porque producen el karma y también actúan como condición para que éste madure. Sin la presencia de las aflicciones no se puede crear el karma contaminado y aunque las semillas de karmas creados anteriormente permanezcan en nuestro continuo mental, no pueden madurar como duhkha sin la presencia de las aflicciones.

En el contexto de los doce vínculos de relación dependiente, que describe cómo damos vueltas en el samsara, el karma se refiere a las acciones volitivas que llevamos a cabo bajo la influencia de las aflicciones y que provoca renacimientos en la existencia cíclica. Este es un significado más específico del karma que el que utilizamos en el volumen 2, donde hablábamos de muchos tipos de acciones, no solo de las que impulsan un renacimiento. Para lograr la liberación –la interrupción de los renacimientos incontrolados en el samsara– debemos eliminar los oscurecimientos aflictivos que los provocan: la ignorancia, todas las demás aflicciones que esta produce y las semillas de dichas aflicciones[40].

En este capítulo investigaremos diferentes tipos de aflicciones y de karma: aflicciones adquiridas e innatas; aflicciones burdas y sutiles; aflicciones subyacentes y manifiestas; semillas y predisposiciones o im-

40 Aquí distinguimos entre los orígenes verdaderos –que incluyen el karma– y los oscurecimientos aflictivos –que no están entre ellos–. Los orígenes verdaderos son la fuente de todo tipo de duhkha; los oscurecimientos aflictivos son lo que hay que superar para lograr la liberación. Una vez que las aflicciones son superadas, el karma que causa el renacimiento ya no puede madurar.

presiones de las aflicciones; semillas del karma y el haber concluido[41]. Conocer esto amplía la comprensión del funcionamiento de nuestra mente, de la evolución del samsara y del sendero a la liberación.

Aflicciones adquiridas e innatas

Las aflicciones son de dos clases: innatas y adquiridas. Las *aflicciones innatas* han estado en nuestro continuo mental desde tiempos sin principio. No las aprendimos de nadie y pasarán de un renacimiento a otro. Las aflicciones innatas están presentes en los bebés, en los animales, en los insectos y en los seres nacidos en otros reinos samsáricos. En ningún momento en nuestro deambular por el samsara nos hemos librado de ellas.

Las *aflicciones adquiridas* son las que aprendemos en esta vida al adoptar los razonamientos erróneos de filosofías e ideologías erróneas. Por ejemplo, podemos estudiar una filosofía que afirma un alma permanente o un creador que existe inherentemente y llegar a creer los argumentos que presenta para su existencia. Tanto la ignorancia innata que se aferra a la existencia esencial como la adquirida no se diferencian entre ellas respecto al modo en que se aferran al objeto, ambas se aferran a él como si tuviera existencia inherente. Se diferencian en que la ignorancia innata que se aferra a la existencia inherente (o esencial) está profundamente enraizada y surge frecuente y espontáneamente. La ignorancia adquirida que se aferra a la existencia inherente (o esencial) se aprende en esta vida al reflexionar en razonamientos erróneos. A pesar de que la ignorancia innata que se aferra a la existencia inherente o esencial es la raíz de la existencia cíclica, la versión adquirida es especialmente insidiosa porque se basa en pensar de manera errónea sobre cómo existen las cosas, llegando así a conclusiones erróneas. Puede provocar que alguien se aferre a visiones erróneas y no esté receptivo a las enseñanzas sobre la vacuidad.

Un fuerte aferramiento a las identidades de esta vida –nacionalidad, religión, etnia, raza, clase, nivel educativo, género, orientación sexual, etc.– es una aflicción adquirida. Aprendemos estas identidades en esta vida y se nos enseña a aferrarnos a ellas. Entonces pensamos: "Yo soy esto y aquello y no deberías tratarme de este o de aquel modo". Aunque

41 Ver la definición en el glosario para entender el sentido de este profundo término.

la identidad específica es adquirida la mente que se aferra al "yo soy" es innata.

Las aflicciones adquiridas no pueden surgir sin sus formas innatas. Las aflicciones adquiridas abundan y producen un sufrimiento horrible. Por ejemplo, el enfado innato existe en nuestro continuo mental. Si alguien nos enseña mediante razonamientos falsos por qué un grupo racial o étnico particular es inferior o violento podríamos creerlo y tener fuertes prejuicios y enfado hacia cualquiera que pertenezca a ese grupo. Mantener la creencia "esta tierra es mía porque una escritura religiosa así lo dice" es un apego adquirido. Pensar: "Matar a los enemigos de mi gente está justificado por esta teoría política o creencia religiosa" es una hostilidad adquirida. "Mi grupo racial o étnico es moralmente superior" es un ejemplo de un orgullo adquirido. Pensar: "La mente es el cerebro" es una visión errónea adquirida.

Si bien estas manifestaciones particulares de las aflicciones no están presentes cuando nacemos, pueden aun así ser extremadamente dañinas y perjudiciales. Cuando los amigos, la familia o la sociedad enseñan a la gente a adherirse a las aflicciones adquiridas, se producen con facilidad las guerras, la opresión y la destrucción del medioambiente.

Los sabios y las escuelas de principios filosóficos tienen diferentes puntos de vista respecto a cuándo se abandonan las aflicciones en el sendero. Según *Tesoro de conocimiento,* las cinco visiones aflictivas se abandonan en el sendero de la visión, mientras que las otras cuatro aflicciones raíz –apego, enfado, ignorancia y orgullo– se abandonan en el sendero de la meditación.

Según *Ornamento de las comprensiones experienciales claras* (*Abhisamayalamkara*) y la escuela prasangika, la duda engañosa, las visiones erróneas, mantener visiones erróneas como supremas y la visión de las reglas y prácticas se abandonan en el sendero de la visión, mientras que las formas adquiridas de la visión de una identidad personal –o visión de lo compuesto y transitorio– y la visión de los extremos se abandonan en el sendero de la visión y sus formas innatas se abandonan en el sendero de la meditación. Las formas adquiridas de todas las demás aflicciones se abandonan en el sendero de la visión y sus formas innatas en el sendero de la meditación. Todas las aflicciones se han erradicado en el momento de transformarse en un arhat o en un bodhisatva del octavo nivel. Dado que la comprensión experiencial de la vacuidad es necesaria para eliminar las aflicciones adquiridas, no deberíamos subestimar su poder para producir dolor en esta vida y para crear las causas que nos harán experimentar renacimientos desafortunados.

La tradición pali no hace una distinción explícita entre aflicciones adquiridas e innatas. Sin embargo, se dice que unas aflicciones son más fáciles de erradicar que otras: unas se abandonan por la visión mientras que otras se abandonan posteriormente por la meditación[42]. Las primeras las superan los que han entrado en la corriente, las últimas los no retornantes y arhats. Puesto que la comprensión experiencial de lo no condicionado obtenida por quienes han entrado en la corriente –Nirvana– no es tan fuerte como la de los no retornantes y arhats, los obstáculos que abandonan mediante esta primera visión del Nirvana –la visión de una identidad personal, la duda engañosa y la visión de las reglas y prácticas– no están tan arraigados como el resto de los obstáculos que se abandonan en la meditación de senderos más elevados.

REFLEXIONES

1. ¿Cuál es la diferencia entre las aflicciones innatas y las adquiridas?
2. Pon ejemplos de tu propia vida de aflicciones adquiridas –ciertas preferencias, prejuicios, miedos, resentimientos o envidias– que hayas aprendido de filosofías erróneas o por oírlas de quienes las tenían.
3. Considera las diferentes razones por las que dichas creencias son falsas. Intenta ver a esas personas o lugares desde una perspectiva diferente de modo que tu mente pueda estar más clara y libre de la ansiedad, los prejuicios y las concepciones erróneas.

Aflicciones burdas y sutiles

Principalmente, es en la escuela prasangika donde se habla de aflicciones burdas y sutiles, puesto que sus definiciones de la ignorancia y del objeto de negación cuando se medita en la vacuidad son únicas. Las escuelas budistas inferiores dicen que la ignorancia que es la raíz del samsara se aferra a una persona autosuficiente y sustancialmente existente, mientras que los prasangika afirman que dicha ignorancia se aferra a la existencia inherente. Para ellos el aferramiento a una persona autosuficiente y sustancialmente existente es una aflicción burda, como

42 La tradición pali no establece cinco senderos, como la tradición sánscrita. Habla de visión y meditación, pero no del sendero de la visión o del sendero de la medtación.

el enfado, el apego y otras aflicciones basadas en él, mientras que la ignorancia que se aferra a la existencia inherente –así como las aflicciones basadas en ella– son aflicciones sutiles. Puesto que las escuelas inferiores aceptan la existencia inherente de la persona y los fenómenos no niegan las aflicciones basadas en ella.

La mayoría de las aflicciones que experimentan los seres ordinarios cada día son burdas. No hay nada sutil en una persona que estalla de enfado o se ve abrumada por la codicia. Es posible advertir las aflicciones sutiles después de experimentar la ausencia de una persona autosuficiente y sustancialmente existente.

Semillas, predisposiciones de los engaños y haber concluido

Al contemplar las enseñanzas del Buda, los antiguos sabios indios analizaron muchos temas. Uno tenía que ver con la continuidad: ¿Cómo una acción kármica creada en esta vida produce un resultado en otra vida? ¿Cómo puede un factor mental como el enfado o la compasión estar presente en nuestro continuo mental un día, desvanecerse y volver a manifestarse al día siguiente? Aquí es donde entran las predisposiciones, las semillas y el haber concluido.

En su autocomentario a *Complemento*, Chandrakirti dice: "Aquello que contamina el continuo mental y también deja impresiones y produce la continuidad de algo" se denomina *predisposición*. Otros sinónimos de predisposición serían: tendencia habitual, impresión y propensión. De los tres tipos de fenómenos impermanentes –formas, mentes y compuestos abstractos– las semillas o predisposiciones son compuestos abstractos.

En *Iluminación del pensamiento*, Tsongkhapa dice:

> De las dos predisposiciones –una que es una semilla y otra que es no semilla– los oscurecimiento cognitivos son de la última.

Podemos hablar de predisposiciones o impresiones (*vasana*) de dos maneras: Predisposiciones bajo el aspecto de semillas (*bija*) y predisposiciones bajo el aspecto de potenciales (*samartha*); las últimas se denominan *predisposiciones que no son una semilla*. Cuando se utiliza en general la palabra *predisposición*, se refiere tanto a las predisposiciones que son una semilla como a las predisposiciones que no son semillas. Una semilla es necesariamente una predisposición, pero una predisposición no es necesariamente una semilla; podría ser una predisposición que no es una semilla.

Para hacerlo fácil, a las predisposiciones que no son una semilla las denominaremos "predisposiciones", para diferenciarlas de las semillas[43]. *Semilla* tiene la connotación de ser causa de algo. *Predisposición* implica conservar el potencial o la energía de algo. Aunque la mente que haga surgir las semillas y predisposiciones pueda ser virtuosa o no virtuosa, las semillas y predisposiciones en sí mismas son neutras.

Las aflicciones y sus semillas

Las aflicciones aparecen en nuestra mente de una manera manifiesta y activa –nos enfadamos, tenemos envidia, somos codiciosos o perezosos– y actuamos motivados por esas aflicciones manifiestas. Sin embargo, aunque no hemos eliminado el enfado de nuestro continuo mental, no estamos enfadados siempre. Podemos estar sentados tranquilamente, pero cuando alguien nos critica, se desata nuestro enfado y se hace manifiesto. ¿Qué es lo que conecta las ocasiones anteriores de enfado con las posteriores? Esta es la función de la semilla del enfado. Cuando el enfado manifiesto se aquieta, la semilla del enfado permanece en nuestro continuo mental. La semilla proporciona la continuidad en nuestro continuo mental, incluso cuando el enfado mismo no se manifiesta. La semilla del enfado no es el enfado; no es una aflicción, aunque es la causa sustancial para que surja el enfado de nuevo. Tanto el enfado como la semilla del enfado son oscurecimientos aflictivos y no se abandonan completamente hasta que se alcanza el octavo nivel del bodhisatva.

No podemos experimentar simultáneamente dos estados mentales manifiestos que sean contradictorios –no podemos estar enfadados y ser cariñosos en el mismo momento exactamente. Cuando somos cariñosos el enfado no es manifiesto en nuestra mente, pero tampoco hemos eliminado completamente el enfado de nuestro continuo mental. La semilla del enfado permanece en nuestro continuo mental mientras se manifiesta el amor y esta semilla conecta un instante de enfado con el siguiente.

---

43 Los chitamatra hacen una compleja presentación de las semillas y predisposiciones y de cómo producen tanto el objeto como la consciencia que lo conoce. Esta explicación se guardará para un volumen posterior.

Tanto las aflicciones innatas como las adquiridas tienen un aspecto manifiesto y un aspecto que es una semilla. El apego innato manifiesto surge en nuestra mente al ver un objeto atractivo; es una consciencia, mientras que su semilla –el potencial depositado en el continuo mental por un momento previo de apego que puede producir un momento de apego futuro– es un compuesto abstracto: un fenómeno impermanente que no es ni forma ni consciencia.

Los oscurecimientos aflictivos manifiestos adquiridos son aflicciones que se manifiestan en la mente debido a aprender ideas incorrectas. Si leemos acerca de una mente cósmica desde la que se ha originado nuestra mente al nacer y que se disuelve al morir, y después creemos que existe, esta visión errónea es una aflicción manifiesta adquirida. La semilla de esta aflicción es un potencial que puede producir otro momento de esta creencia incorrecta en el futuro.

La semilla del enfado no es lo que los psicólogos denominan el enfado reprimido. Tener la semilla de la ira no significa que hay un nivel atenuado de ira en nuestra mente todo el tiempo. Más bien significa que existe en nuestro continuo mental el potencial para volver a enfadarnos, aunque no estemos enfadados ahora.

Igualmente, el aferramiento a la existencia esencial o inherente no es siempre manifiesto en nuestra mente pero su continuidad no se ha eliminado; está presente bajo el aspecto de semilla. Cuando nos encontramos con ciertas condiciones –por ejemplo, cuando alguien nos acusa falsamente de un mal comportamiento– esta semilla hace surgir el aferramiento a la existencia inherente o esencial como un estado mental manifiesto. Del mismo modo, durante la apariencia blanca, el rojo creciente, la oscuridad cercana al logro y la luz clara de la muerte de los seres samsáricos, el aferramiento a la existencia inherente o esencial no es manifiesto, aunque está presente como semilla. Puesto que todavía no se ha abandonado, dicho aferramiento volverá a emerger de una forma manifiesta en nuestras vidas futuras.

También hay semillas de las consciencias virtuosas. Estas nos permiten experimentar fe, sabiduría, concentración y compasión manifiestas hoy y experimentarlas de nuevo mañana, aunque estén en forma de semilla cuando estamos dormidos.

Reflexionar en la existencia de las semillas de las aflicciones hace que seamos humildes. Después de trabajar intensamente para subyugar una aflicción en particular, podríamos pensar: "Esta ya está solucionada, no necesito seguir trabajando con ella". Pero mi propia experiencia (Chodron) es que, cuando pensamos así y nos volvemos un poco engreídos, la aflicción volverá a dispararse con fuerza cuando menos lo esperemos. Puesto que las semillas de nuestras aflicciones permanecen en nuestro continuo mental la complacencia es un mal consejero, mientras que la humildad nos aporta la cautela necesaria para ir por buen camino en nuestra práctica.

La tradición pali habla de tendencias subyacentes como el factor que conecta un instante de una aflicción raíz con la ocasión posterior en la que vuelve a aparecer. También explica que los obstáculos y otros engaños existen en tres niveles: (1) Como tendencias subyacentes (P. *anusaya*), son potenciales latentes en la mente. (2) Como obstáculos manifiestos (P. *pariyuttana*), esclavizan a la mente de forma activa. (3) Como fuerzas que motivan (P. *vitikkama*), impulsan las acciones no virtuosas del cuerpo y la palabra.

Cuando nosotros, seres ordinarios, no estamos resentidos, la tendencia subyacente del resentimiento todavía existe en nuestro continuo mental. Alguien que nos critique desencadena esta semilla o tendencia subyacente y nos hace sentir resentimiento; este es el resentimiento manifiesto. Si dejamos al resentimiento sin control y no aplicamos un antídoto, aumentará y nos impulsará a decir palabras crueles o a planear cómo hacer daño a alguien. Este es el nivel motivador del resentimiento.

Un monje en la época del Buda creía que los obstáculos existían solo en el continuo de una persona cuando eran manifiestos y activos. Si este fuera el caso –replicó el Buda– entonces un recién nacido no tendría la visión de una identidad personal –o visión de lo compuesto y transitorio– porque ni siquiera tiene la noción de una identidad personal. Pero las tendencias subyacentes de la visión de una identidad personal están presentes en su continuo mental. Igualmente, un recién nacido no tiene la noción de "enseñanzas", sin embargo, la tendencia subyacente a dudar de las enseñanzas está en él. Los niños y otros seres que no han entrado en la corriente tienen los cinco obstáculos inferiores porque tienen las tendencias subyacentes para ello. El comentario dice que las tendencias subyacentes no son distintas; un engaño se denomina tendencia subyacente en el sentido de que todavía no se ha abandonado y aún permanece en el continuo mental; se llama obstáculo en el sentido de que nos ata a la existencia cíclica (MN 64).

El adiestramiento superior en la conducta ética nos ayuda a contener los engaños antes de que motiven acciones destructivas físicas y verbales. El adiestramiento superior en la concentración suprime el nivel manifiesto de los engaños, a pesar de que por sí solo no puede erradicarlos porque todavía existen como tendencias subyacentes en la mente. Solo el adiestramiento superior de un arya en la sabiduría, puede erradicar las tendencias subyacentes por completo.

Predisposiciones y aflicciones

Las predisposiciones de las aflicciones son impresiones o tendencias en el continuo mental. Más sutiles que las semillas de la aflicciones, las predisposiciones o impresiones de las aflicciones en la mente no dan lugar a aflicciones manifiestas. Son oscurecimientos cognitivos que poseen todos los seres conscientes, incluyendo a los arhats y a los bodhisatvas de las tierras puras (los bodhisatvas del octavo, noveno y décimo plano que han purificado su continuo mental de los oscurecimientos aflictivos). Las predisposiciones de la ignorancia que se aferra a la existencia esencial o inherente hacen surgir la apariencia y la "percepción"[44] de la existencia inherente. Las predisposiciones de la ignorancia y de las aflicciones también oscurecen la mente de modo que no puede percibir las dos verdades simultáneamente. Las predisposiciones del apego y otras aflicciones hacen que los arhats se comporten de un modo peculiar algunas veces: Pueden saltar de repente, hablar con dureza o tener clarividencias poco claras, a pesar de carecer de cualquier motivación aflictiva. Esta predisposición es más como un hábito. En la Budeidad, todos los oscurecimientos aflictivos así como todas las impresiones o predisposiciones de las aflicciones se han eliminado para siempre, de manera que el cuerpo, la palabra y la mente de un Buda están completamente libres de impedimentos y están dotados con todas las cualidades excelentes.

---

44 La palabra tibetana *nang wa* se puede traducir como "apariencia" o "percepción". La "apariencia de existencia inherente" hace que parezca que el problema viene del lado del objeto –que los fenómenos aparecen con existencia inherente". Sin embargo, el problema está realmente del lado del sujeto: la mente está oscurecida y percibe las cosas como si fueran inherentemente existentes. Pero "percibir" tampoco es exactamente la palabra correcta, porque implica percepción directa, y la existencia inherente también aparece a las conciencias conceptuales.

Semillas kármicas e impresiones de los engaños y su purificación

Aunque las semillas y las impresiones o predisposiciones de las aflicciones son cosas diferentes con funciones diferentes, las semillas y predisposiciones del karma son lo mismo: son el legado de acciones no virtuosas y acciones virtuosas contaminadas que tienen la capacidad de dar lugar al sufrimiento y a la felicidad en el samsara. Sus frutos son: el resultado que madura, el resultado causal concordante tanto conductual como experiencial y el resultado del entorno. Las semillas kármicas que producen un renacimiento en el samsara son orígenes verdaderos, pero no son oscurecimientos aflictivos. Aunque no se han eliminado en el estado de arhat, estas semillas no pueden madurar porque el ansia y el aferramiento –los factores que fomentan su maduración– se han erradicado.

Dentro del contexto de los diez senderos de no virtud, los tres que se llevan a cabo con la mente –codicia, malicia y visiones erróneas– son aflicciones, de modo que cuando cesan dejan en la mente semillas de aflicciones. El factor mental de la intención que comparte la misma consciencia primaria que esas aflicciones es karma, y esa intención deja semillas de karma destructivo en el continuo mental. Los senderos mentales virtuosos –no codicia, no malicia y visiones correctas, que no son solamente la ausencia de codicia, etc., sino los factores mentales contrarios a éstos– dejan las semillas de estos factores mentales virtuosos cuando cesan, y las intenciones que los acompañan dejan semillas de karma constructivo.

En el capítulo de la paciencia en *Complemento*, Chandrakirti habla de los grandes resultados adversos que surgen al enfadarse un bodhisatva con otro. Éstos van desde la destrucción de la virtud creada durante miles de eones, hasta las experiencias de sufrimiento, pasando por obstrucciones que impiden el progreso hacia senderos más elevados. Incluso cuando ni la persona enfadada ni aquella con la que se enfada sean bodhisatvas, la ira puede destruir las raíces de virtud. En *Cuestiones del sutra Upali* (*Upalipariprccha Sutra*) se habla de tres niveles: las raíces de virtud siendo "mermadas, reducidas por completo y consumidas completamente". *Mermadas* quiere decir que el incremento de las raíces de las grandes virtudes merma pero no se destruyen los resultados agradables; *reducidas* significa que los resultados agradables son mínimos y *consumidas completamente* indica que el karma virtuoso no puede madurar. Con este último, el potencial de la semilla para producir resultados agradables se ha destruido, no la semilla en sí. Estas semillas de virtud son las que proceden de la acumulación de mérito, creadas por la generosidad, la conducta ética, la paciencia y otras acciones compasivas. No son semillas de virtud que procedan de la acumulación de sabiduría, creadas meditando en la ausencia de existencia inherente y en la vacuidad y preparando textos sobre estos temas para que se enseñen.

El *Akasagarbha Sutra* dice que transgredir las raíces de los preceptos de los bodhisatvas destruye las raíces de virtud creadas previamente, y *Compendio de instrucciones*, de Shantideva advierte que pasar tiempo con benefactores con la motivación de recibir regalos, alardear de que poseemos logros espirituales de los que carecemos, y abandonar el Dharma dando enseñanzas incorrectas pero diciendo que son el Budadharma, también destruye nuestras raíces de virtud e impide nuestro progreso en el sendero.

Entonces surge la cuestión: *Enseñanzas del Akshayamati Sutra* (*Aksayamatinirdesa Sutra*) dice que, igual que una gota de agua que cae en un gran océano no se consumirá hasta que se seque el océano, así también el mérito derivado de las acciones motivadas por la bodhichita y dedicadas para la Iluminación no se extinguirá hasta la Iluminación. Si esto es así, ¿Cómo puede el enfado destruir esta virtud?

La analogía de la gota de agua indica que el mérito de dichas acciones no se extinguirá cuando surjan sus efectos, sino que seguirá dando fruto hasta la Iluminación. Sin embargo, estas raíces de virtud pueden, aun así, ser dañadas por el enfado.

En caso de purificar la no virtud, cuando nosotros, seres ordinarios, aplicamos los cuatro poderes oponentes impedimos la maduración de semillas de karma destructivo al disminuir, reducir o consumir por completo su poder, como se ha descrito anteriormente. Dependiendo de la fuerza de los cuatro poderes oponentes, la fuerza de la semilla puede disminuir o se puede retrasar la unión de esa semilla con las condiciones cooperativas para que pueda madurar. Si la purificación es fuerte, el poder de las semillas –su negatividad (*papa*)– se desactiva, aunque estas semillas desactivadas permanecen en el continuo mental, como si fueran semillas de arroz quemadas que quedasen en la tierra. Estas semillas están ahí, pero no pueden producir un resultado aunque se reúnan las condiciones adecuadas para ello. La purificación mediante la sabiduría que comprende directamente la vacuidad –que empieza en el sendero de la visión– es la más poderosa. Destruye completamente las semillas de no virtud.

Los vaibhasika y los sautrantika dicen que no es posible purificar completamente las semillas del karma destructivo, se deben experimentar algunos resultados. Como prueba, se remiten a un pasaje de un sutra que atestigua que el Buda experimentó dolor al pisar una espina debido a una semilla sutil residual. De igual modo, dicen que la trágica muerte de Maudgalyayana, cuando unos ladrones le pegaron una paliza, fue debida al karma destructivo previo, del que quedaban semillas en su continuo mental incluso después de lograr el estado de arhat. Sin embargo, los chitamatra y los madhyamikas afirman que todas las semillas del karma destructivo se pueden purificar por completo, de manera que nunca se producirá un resultado de sufrimiento de ellas.

Las semillas y las predisposiciones son compuestos abstractos; no son ni forma ni consciencia. De los cinco agregados que son la base de designación de la persona, se engloban dentro de los factores composicionales. Aunque las acciones y las aflicciones que crean semillas y predisposiciones podrían ser virtuosas o no virtuosas, las semillas y predisposiciones en sí mismas son neutras.

El haber concluido

La mayoría de las escuelas budistas explican el proceso por el que el karma produce sus resultados en términos de semillas kármicas: fenómenos afirmativos que se han depositado en el continuo mental. Lo hacen así porque consideran que el *haber concluido* (*nashta*) de una acción es un fenómeno permanente y, como tal, es incapaz de producir un resultado. Los prasangika, sin embargo, afirman que el hecho de que una acción haya concluido es lo que conecta la acción con su resultado.

¿Qué es el *haber concluido*? Durante el tiempo en que una acción existe, esta se desintegra instante tras instante. Todas las escuelas budistas aceptan que la desintegración o cese (*vyaya*) de una cosa es una función que da lugar a otra cosa. Una acción cesa o está concluyendo, y cuando termina por completo, ha concluido. En ese momento, la acción ya no está ocurriendo en el presente; es pasado. Por ejemplo, tenemos la intención de hablar y nuestra voz se mantiene por un tiempo. Durante ese tiempo la intención y nuestra voz están cesando. Pero cuando ambas se detienen han cesado y ahora son fenómenos pasados. La mayoría de las escuelas budistas dicen que el *haber concluido* que viene después de la desintegración de algo es un fenómeno permanente, no causado y, por lo tanto, incapaz de producir un efecto[45]. Sin embargo, Nagarjuna dice que igual que la desintegración de una acción –su acto de cesar– es una función de causas y condiciones, también lo es su *haber concluido*. El *haber concluido* de una acción es un estado de destrucción que permanece –el estado en que la acción ha terminado–. Este *haber concluido* tiene el potencial de producir un resultado en el futuro. Según los prasangika, el *haber concluido* es un fenómeno impermanente que se genera a cada instante hasta que produce su resultado en el futuro.

En su comentario a *Sesenta estrofas de razonamiento*, de Nagarjuna, Chandrakirti explica por qué el *haber concluido* de una acción es un fenómeno condicionado y una cosa funcional. Así como el proceso de surgir (*jati*) –la aparición o producción de una cosa desde su causa– es un fenómeno condicionado, también lo es, el haber surgido (T. *skyes pa*) –el acto consumado de surgir–. Por lo tanto, ya que la desintegración de una cosa es algo condicionado, el *haber concluido*, que es el acto consumado de la desintegración, también debería ser un fenómeno condicionado. Siendo pues un fenómeno condicionado que surge debido a una acción, el *haber concluido* de ese karma es capaz de conectar esa acción con su resultado, el cual sucederá en el futuro.

Tanto la semilla kármica como su *haber concluido* permanecen cuando se completa una acción. Puesto que la acción es impermanente termina y es seguida por un *haber concluido*. La propia acción también da lugar a una semilla, que tiene potencial. Tanto el *haber concluido* como la semilla kármica contribuyen a la aparición del resultado kármico.

Así pues, el potencial del karma físico de la postración se transmite de dos maneras: como una predisposición o semilla que deja el factor mental de la intención que motivó esa acción física, y como un *haber concluido* de la forma perceptible, que es la acción física de la postración. El segundo eslabón de la relación dependiente –la acción composicional– para la acción de postrarse consiste en ambos.

Después de que una acción ha terminado su semilla kármica se ha instalado en el continuo mental. El *haber concluido* de una acción kármica está presente con la consciencia mental. Sin embargo, no decimos que ha sido colocado *en* la consciencia mental. Tanto el *haber*

45 Los vaibhasika son la excepción, ya que su posición difiere de la de los prasangika, que es la que nos ocupa ahora.

concluido de los karmas como las semillas kármicas producirán sus resultados cuando se reúnan las condiciones adecuadas.

¿Qué les sucede a las semillas kármicas y a sus respectivos *haber concluido* cuando un arya está en la estabilidad meditativa que experimenta directamente la vacuidad? En ese momento, su consciencia mental no está contaminada porque está completamente absorta en la vacuidad, sin elaboraciones conceptuales en absoluto. Una mente no contaminada no puede servir de transporte de las semillas kármicas contaminadas ni de sus *haber concluido*. Las escuelas de principios filosóficos budistas tienen diferentes explicaciones, pero la de Chandrakirti es la más coherente. Distingue entre bases temporales y bases a largo plazo de las semillas y predisposiciones. La base temporal es la consciencia mental. Después de que una acción ha concluido la semilla se coloca en la consciencia mental. El continuo o base a largo plazo es el mero yo –el yo convencional que existe meramente designado–. Este yo es una mera convención; transporta las semillas kármicas, etc. cuando un arya está en la estabilidad meditativa experimentado directamente la vacuidad. Aunque el mero yo no se puede encontrar cuando se busca mediante el análisis último que trata de encontrar su modo último de existencia, aun así, existe nominalmente. Va de vida en vida llevando consigo las semillas kármicas, y también las semillas y predisposiciones de las aflicciones. Igual que el mero yo –que es la base de las semillas y las predisposiciones– no se puede hallar con el análisis último tampoco se pueden encontrar las predisposiciones, las semillas y los respectivos *haber concluido*. Estos también son vacíos de existencia inherente, aunque existen nominalmente y de modo dependiente.

REFLEXIONES

1. ¿Qué son las semillas kármicas y como llevan a cabo su función?
2. ¿Qué son las semillas de las aflicciones y qué son las impresiones o predisposiciones de las aflicciones? ¿En qué se diferencian?

Otros tipos de predisposiciones

También influyen en nuestra experiencia otros tipos de predisposiciones. Uno implica los sueños, recuerdos y objetos mentales. Por ejemplo, vemos a una persona durante el día y la predisposición de verla queda en nuestro continuo mental. Más tarde, por la noche soñamos con esa persona. Del mismo modo, la memoria es influida por las predisposiciones; vemos una flor y posteriormente la recordamos. En este caso, la consciencia visual ha dejado una predisposición en nuestro continuo mental. Cuando hacemos un retiro de meditación podemos darnos cuenta de que, cuando nuestra mente está más sosegada, salen a la superficie recuerdos de gente y de acontecimientos de los que no hemos sido conscientes durante años. Esto se debe a las predisposiciones.

Las facultades de los sentidos también dejan predisposiciones en el continuo mental que hacen posible que surjan nuevos poderes sensoriales en vidas futuras. Los seres que nacen en el reino sin forma no tienen forma física y por eso carecen de facultades de los sentidos. Sin embargo, después de morir en ese reino y nacer de nuevo en el reino del deseo, las predisposiciones de las facultades de los sentidos que habían estado en su continuo mental se vuelven la causa sustancial de sus cinco facultades sensoriales en el reino del deseo.

Predisposiciones e ideas en otras religiones y en psicología

Los que estamos expuestos a las ideas de las religiones no budistas y de la psicología moderna a menudo nos preguntamos si las predisposiciones son comparables a las nociones de estas otras disciplinas. Lo que viene a continuación son algunos pensamientos generales sobre dos ideas: el pecado original y el inconsciente.

El pecado original

Algunos recién llegados al budismo preguntan si nuestra explicación budista de que las aflicciones y el karma se llevan de una vida a otra se parece a la doctrina del pecado original que se enseña en otras religiones. Estas enseñanzas son muy diferentes. El pecado original se enseña en un contexto teísta. Según San Agustín, Dios creó el mundo y al primer humano, Adán y Eva fueron desobedientes y las generaciones posteriores de seres humanos heredaron ese pecado mediante el acto de la procreación. Jesús nació para vencer la tendencia innata de los seres humanos a hacer el mal y al pecado y para reconciliarlos con Dios. El cese del pecado depende del gran sacrificio que hizo Jesús.

Por el contrario, en el budismo no existe la noción de un creador o de un acto inicial de desobediencia. La ignorancia, las aflicciones y el renacimiento samsárico han existido desde tiempos sin principio. Permanecen en el continuo mental de un individuo y no los heredan sus descendientes biológicos. El Buda mantenía que la naturaleza básica de los seres es neutra y pura; no es inherentemente engañosa y los seres conscientes tienen el potencial para llegar a estar iluminados. Las aflicciones y las semillas kármicas son fortuitos y se pueden eliminar por completo mediante el método interno de la meditación con la sabiduría que percibe directamente la vacuidad. Cada uno de nosotros debe desarrollar esta sabiduría por sí mismo; no es algo que otro ser, por muy divino que sea, pueda hacer por nosotros.

En las religiones teístas, los seres conscientes pueden aproximarse a Dios, pero no *ser* Dios. El Buda dijo que, siguiendo el sendero correcto, los seres conscientes pueden limpiar a fondo todas las semillas y predisposiciones de las aflicciones y el karma de su continuo mental. Cada uno de nosotros tiene el potencial para llegar a ser un buda.

El inconsciente

Como mencionó Sigmund Freud justo antes de principios del siglo veinte, se cree que el inconsciente es un área de la mente compuesta por sentimientos, ideas, instintos animales, miedos y esperanzas que no se dejan expresar en la consciencia consciente. Estas cosas pueden manifestarse y expresarse por sí mismas de otras maneras, como en sueños, ansiedad, enfermedades psicosomáticas y fobias. Algún material inconsciente se inhibe o se modifica por el superego en el proceso de socialización, y esto nos permite vivir con otros más armoniosamente.

Carl Jung planteó la hipótesis de la existencia de un inconsciente colectivo que consiste en pensamientos y sentimientos comunes a la humanidad. Este material inconsciente se expresa a menudo como mitos, leyendas, cuentos de hadas, arquetipos e historias religiosas que contienen temas comunes. El inconsciente colectivo se ve a veces como un almacén de antigua sabiduría trasmitida de generación a generación.

El preconsciente es el área de la mente que tiene los pensamientos y sentimientos que están por debajo del nivel de la conciencia consciente inmediata pero que puede llegar a la conciencia consciente a través del enfoque de la atención. ¿Se pueden comparar algunas de estas teorías psicológicas con la noción budista de la consciencia y las semillas y predisposiciones en ella?

La explicación budista de la mente no contiene un equivalente exacto a la noción occidental del inconsciente. En un intento por trazar algunos posibles paralelismos podríamos hablar de la visión budista de los diferentes niveles de la consciencia –burdos y sutiles–. Las descripciones budistas de las aflicciones subyacentes y las predisposiciones de las aflicciones podrían tener también algún parecido con la idea Jungiana del inconsciente. Sin embargo, ninguno de ellos encaja con precisión en el significado psicoanalítico del inconsciente o con el uso más común de la palabra *inconsciente*, que tiene el significado de falta de consciencia, pensamiento o intención.

Según el Buda, todos los fenómenos son potencialmente conocidos por nuestra mente. Mucho de lo que la psicología considera como material inconsciente o preconsciente se vuelve plenamente consciente a medida que nuestra mente se vuelve más clara a través de la meditación. A medida que aumenta nuestra atención y nuestra vigilancia introspectiva, vemos aspectos de nuestra mente –como ideas preconcebidas, miedos, suposiciones, sentimientos y emociones– que han estado presentes pero que no se han percibido o reconocido previamente. Además, los practicantes avanzados obtienen ciertos súperconocimientos (poderes psíquicos) a través del desarrollo de la concentración unipuntualizada y pueden percibir directamente vidas previas y otros acontecimientos que antes no habían conocido conscientemente. Respecto a esto, el budismo podría decir que todo en nuestra experiencia de esta y otras vidas anteriores es preconsciente en el sentido de que al enfocar nuestra atención y concentración de maneras específicas, se puede conocer conscientemente.

Virtud, no virtud, mérito y raíces de virtud

La causa principal de la felicidad es la virtud y la causa principal del sufrimiento es la no virtud. Conocer la diferencia entre estas dos para que podamos practicar la primera y abandonar la segunda es esencial para tomar decisiones sabias en la vida y para atravesar el sendero que lleva a la liberación y a la Iluminación. En general, la virtud es lo que nos reporta un resultado agradable y la no virtud es lo que produce un resultado desagradable. Aquí, la virtud, incluye las intenciones y los actos constructivos. Estos dejan semillas de virtud en el continuo mental y estas semillas producirán resultados agradables.

Aunque los estados mentales pueden ser virtuosos y no virtuosos, las semillas del karma y las predisposiciones de las aflicciones son neutras. Esto se debe a que la virtud y la no virtud están vinculadas a nuestra intención; una acción se vuelve virtuosa o no virtuosa debido principalmente a nuestra intención. Sin embargo, las semillas y predisposiciones no tienen activo ese fuerte elemento intencional y, por lo tanto, son neutras. Por eso hablamos de "semillas del karma virtuoso" y no de "semillas virtuosas del karma", por ejemplo; hablamos de "predisposiciones de las aflicciones no virtuosas" y no de "predisposiciones no virtuosas de las aflicciones".

De la misma manera, los resultados agradables y desagradables que maduran de la virtud y de la no virtud no son ni virtuosos ni no virtuosos. Haber nacido con un cuerpo humano sano es un resultado de la virtud, pero el cuerpo en sí es éticamente neutro. Poseer riqueza es un resultado agradable del acto virtuoso de la generosidad, pero ser rico no es en sí mismo ni virtuoso ni no virtuoso.

¿A qué se refiere la virtud? *Compendio de conocimiento*, de Asanga, habla de cinco tipos de virtud:

(1) Las *virtudes naturales* incluyen los once factores mentales virtuosos –fe, integridad, consideración por los demás, no apego, no odio, no confusión, esfuerzo gozoso, flexibilidad, rectitud, no violencia y ecuanimidad. Se llaman virtudes naturales porque su naturaleza es virtuosa; naturalmente producen resultados placenteros.

(2) Las *virtudes relacionadas* son consciencias primarias y factores mentales que se vuelven virtuosos porque están acompañados por factores mentales virtuosos. Cuando está presente la compasión, la consciencia mental primaria y los factores mentales de la intención, la sensación, etc. que la acompañan se vuelven virtuosos.

(3) Las *virtudes relacionadas con posterioridad* son semillas y predisposiciones de virtud establecidas por consciencias y factores mentales virtuosos y acciones virtuosas. Por ejemplo, las semillas kármicas creadas por la mente de la generosidad. Las semillas y predisposiciones no son virtudes reales; este es un ejemplo de dar el nombre de la causa (el sendero virtuoso de la acción) al efecto (las semillas y predisposiciones de virtud).

(4) Las *virtudes debidas a la motivación* son acciones físicas y verbales motivadas por factores mentales naturalmente virtuosos. La acción de hacer una donación a una organización benéfica es una virtud física cuando se hace con una motivación generosa.

Los vaibhasika y prasangika afirman que la virtud incluye tanto las mentes como las formas. Consideran que las virtudes debidas a la motivación –acciones físicas y verbales motivadas por estados mentales virtuosos– son virtudes. Puesto que los votos pratimoksa son forma según estas dos escuelas, los preceptos son formas virtuosas. Según los sautrantika, chitamatra, y svatantrikas, solo las mentes pueden ser virtudes.

(5) La *virtud última* es la vacuidad, porque llegar a su comprensión experiencial erradica todos los oscurecimientos y permite florecer a la virtud. Sin embargo, la vacuidad no es una virtud real ya que es permanente y por sí misma no produce resultados.

Esta lista de virtudes no es exhaustiva. Se incluyen, entre otras, la palabra de un buda y los treinta y dos signos y ochenta marcas de un buda.

Incluso un momento de virtud natural puede tener resultados de gran alcance. Cuando el factor mental de la rectitud surge en la mente, la consciencia primaria y los factores mentales asociados a ella se vuelven virtuosos. Las acciones físicas y verbales realizadas con esa motivación también son virtuosas. Aunque las semillas kármicas de esas acciones son neutras, trasportan la fuerza para que surjan resultados agradables, y por esa razón son posteriormente virtudes relacionadas, aunque no sean virtudes reales.

En relación con las cinco virtudes hay cinco no virtudes:

(1) Las *no virtudes naturales* son factores mentales como el apego, el enfado, la envidia y el resentimiento que son no virtuosos por naturaleza.

(2) Las *no virtudes relacionadas* son la consciencia mental primaria y los factores mentales que acompañan a un factor mental que es no virtuoso por naturaleza

(3) Las *no virtudes relacionadas con posterioridad* son predisposiciones en la mente que han dejado mentes y factores mentales no virtuosos. No son no virtudes reales, aunque son éticamente neutras.

(4) Las *no virtudes debidas a la motivación* son acciones físicas y verbales realizadas con una motivación no virtuosa.

(5) La *no virtud última* es, por ejemplo, el samsara, que genera no virtud, aunque no es una no virtud real.

En general, karma virtuoso y mérito son sinónimos. En el contexto del samsara hay acciones que tienen la capacidad de producir resultados favorables. Llamar a una acción virtuosa o meritoria enfatiza que es psicológicamente saludable y éticamente irreprochable. En términos de progreso espiritual las acciones virtuosas enriquecen la mente, establecen las bases para generar los logros espirituales y las excelentes cualidades de los arhats, los bodhisatvas y los budas. Dentro del contexto de las dos acumulaciones de mérito y sabiduría, el mérito es aquello que tiene la capacidad de producir el cuerpo de la forma de un buda.

En general, la expresión *raíz de virtud* se refiere al factor mental virtuoso, aunque también parece que hace referencia a las semillas del karma virtuoso. *Implicarse en las acciones de los bodhisatvas*, de Shantideva, y en *Suplemento*, de Chandrakirti, hay extensas explicaciones sobre el enfado que destruye las raíces de virtud. Cuando el enfado destruye las raíces de virtud o cuando las visiones erróneas u otras acciones no virtuosas pesadas cortan la raíz de virtud impide que surjan los resultados agradables futuros, incluso cuando se dan las circunstancias adecuadas para ello.

Cuando los seres humanos cortan las raíces de virtud, afecta solo a la raíz de virtud creada en el reino humano; la raíz de virtud de los reinos superiores permanece. Es posible que en el futuro todavía se encuentren con condiciones afortunadas y recuperen su raíz de virtud.

REFLEXIONES

1. Revisa los diferentes tipos de virtud. ¿Cuáles son virtudes reales y cuáles son solo denominadas virtudes? Pon ejemplos de cada una de ellas en tu vida.
2. Revisa los diferentes tipos de no virtud. ¿Cuáles son no virtudes reales y cuáles son solo denominadas no virtudes? Pon ejemplos de cada una de ellas en tu vida.

6 | Karma, el universo y la evolución

EL DUHKHA VERDADERO INCLUYE LOS seres conscientes y nuestro entorno. En capítulos anteriores explicábamos nuestro estado insatisfactorio como seres conscientes y nuestras experiencias en la vida, así como los orígenes verdaderos de estas: la ignorancia, las aflicciones y el karma contaminado. En este capítulo veremos más de cerca cómo los orígenes verdaderos de duhkha hacen surgir los entornos en los que vivimos los seres conscientes.

El origen del universo

Igual que hoy en día, un animado tema de discusión entre las personas religiosas y seculares de la época del Buda se centraba en el origen y la destrucción del universo. Tal como viene recogido en los sutras (MN 63), preguntaban: "¿El universo es eterno o no eterno, transitorio o permanente, finito o infinito? ¿Tiene principio o no lo tiene? El Buda se negó a responder a estas preguntas porque las personas que lo preguntaban estaban pensando en términos de un universo inherentemente existente. No importa lo que el Buda pudiera haber respondido, hubieran pensado que el universo existía inherentemente o que no existía en absoluto. Ya que mantener cualquiera de estas dos visiones podría haberles perjudicado, el Buda eligió no responder. En otras ocasiones el Buda se negó a comentar el origen del universo porque no era relevante para mitigar duhkha ni para el logro de la liberación. Sin embargo, los textos del abhidharma y el *Tantra de Kalachakra* hacen referencias a la evolución del universo en términos convencionales. Hoy en día los científicos investigan estos mismos temas, que han dado lugar a diálogos fascinantes entre budistas y científicos, y a algunos de ellos he asistido.

Hay varios enfoques que se podrían tener respecto al origen del universo: Primero debemos investigar si fue creado por una causa o si surgió sin causas. La mayoría de las personas encuentra inaceptable la producción sin causas o la producción aleatoria, porque en nuestra vida cotidiana somos testigos de que los efectos surgen de sus causas. Además, sería difícil para cualquier cosa funcionar y cambiar si careciera de causas y condiciones; un fenómeno permanente no puede interactuar con otras cosas para producir algo nuevo.

Entre quienes aceptan que el universo surge debido a causas hay afirmaciones diferentes. Las religiones teístas como el judaísmo, el cristianismo, el islam y algunas ramas del hinduismo hablan de un creador externo. La mayoría de los científicos atribuyen el origen del universo al Big Bang, unos afirman que un Big Bang inició toda la existencia y otros dicen que puede haber habido varios Big Bangs a medida que diferentes universos comenzaron. La escuela samkhya –una escuela filosófica india no teísta– y algunas otras tradiciones hablan de una sustancia primigenia de la que se creó todo lo demás. Los budistas hablan de la interacción entre las leyes de la naturaleza y la ley del karma y sus efectos.

Aparecen las dificultades cuando posicionamos una causa o acontecimiento original como la fuente del universo con su masa, espacio y tiempo. Si hubiese una única e inicial causa de toda la existencia –ya sea una sustancia cósmica, materia densa o una inteligencia previa– ¿qué desencadenó que una única causa diera lugar al universo con toda su complejidad y diversidad? Un cambio –como la producción de un universo– implica una compleja interacción de muchos factores que influyen unos en otros. Puesto que hasta la existencia de algo pequeño como una flor implica múltiples causas y condiciones, no hace falta decir que este es el caso en entidades más complejas como el universo.

Debido a que las cosas dependen de causas y condiciones cambian; cualquier cosa que surja depende necesariamente de causas y condiciones que lo produzcan. Esta es la ley de la causalidad, una ley natural en el universo que describe cómo surgen las cosas y producen resultados. Dentro de esta ley general de causalidad, Buddhagosha en su comentario al *Digha nikaya*, *Sumangala-vilasini*, habla de cinco tipos específicos de causalidad[46]:

1. *Causalidad inorgánica* (P. *utu niyama*): Es la causalidad que ocurre con la materia inorgánica según lo descrito por la física, la astrono-

46 Éstos se describieron comentando el significado de dhammata, la naturaleza de las cosas, en DN 14.

mía y la química inorgánica. Incluye el funcionamiento causal de las partículas subatómicas así como la causalidad implicada en la materia burda, como el clima y la aerodinámica.

2. *Causalidad biológica* (P. *bija niyama*): Incluye las formas orgánicas –por ejemplo, la causalidad implicada en los genes, los cromosomas y los procesos biológicos en las plantas y el mundo animal–.

3. *Causalidad psicológica* (P. *chitta niyama*): Aborda las complejas interacciones entre los diferentes tipos de consciencias y los factores mentales –por ejemplo, cómo acontecen los conocedores sensoriales, cómo surge la consciencia mental con relación a ellos y cómo se produce la memoria–.

4. *Causalidad kármica* (P. *kamma niyama*): Concierne a las acciones intencionales que realizan los seres conscientes y sus resultados kármicos. Nuestros actos tienen una dimensión ética que influye naturalmente en el renacimiento que tendremos así como en nuestras experiencias, acciones habituales y entorno.

5. *Causalidad natural fenoménica* (P. *dhamma niyama*): Alude a ciertos fenómenos naturales como los maravillosos eventos que ocurren cuando un bodhisatva desciende al vientre de su madre en su último renacimiento, alcanza la Iluminación, gira la rueda del Dharma y muere (alcanza el parinirvana). Se incluyen acontecimientos como terremotos y una gran luz que aparece en el sistema mundial. Tales cosas ocurren *dhammata*, o naturalmente[47]. La causalidad de los doce vínculos de relación dependiente es la causalidad fenoménica natural reflejada en las palabras del Buda: "Cuando eso existe, esto llega a ser. De la aparición de eso, surge esto. Cuando eso no existe, esto no llega a existir. Cuando eso cesa, esto cesa"

Esta causalidad es el orden natural de las cosas en el universo. Aunque los otros cuatro tipos de causalidad son en realidad tipos de causalidad natural fenoménica, solo las relaciones causales que no caen dentro de esas cuatro se incluyen en la causalidad natural fenoménica[48].

---

47 Este y otros ejemplos de DN 14 se dan comúnmente en los comentarios antiguos. Es necesario investigar más sobre el significado de la causalidad del Dharma. Bhikkhu Bodhi especula que puede incluir la causalidad de progresar en el sendero, con una realización espiritual como causa de la siguiente.

48 Ver *The Niyama-dipani: The Manual of Cosmic Order*, de Leti Sayadaw, http://mahajana.net/en/library/texts/the-niyama-dipani.

Estos cinco tipos de causalidad se explican para ilustrar que no hay un creador externo del universo o de los seres conscientes. Más bien, todas las cosas surgen y cesan continuamente dependiendo de sus causas y condiciones. Aunque cada uno de estos cinco tiene su propio ámbito de acción, están interconectados y se influyen mutuamente.

La mente y el mundo externo

Los textos abhidharma hablan de incontables sistemas planetarios, pero no estoy seguro de si un sistema planetario es el equivalente a un sistema solar, una galaxia o un universo. En cualquier caso, los sutras mahayana y el *Tantra de kalachakra* hablan de vastos sistemas planetarios por todo el espacio infinito. En cualquier momento concreto surgen algunos sistemas planetarios, otros permanecen, otros se desintegran y otros se quedan latentes. Desde esta perspectiva no hay un principio absoluto. Sencillamente existe la interacción sin principio de varios factores que hacen que los sistemas planetarios surjan, permanezcan, se desintegren y permanezcan latentes.

Los pensadores budistas clasifican los fenómenos condicionados –cosas que son impermanentes, que están compuestas de partes y que son condicionadas por otros factores– en tres categorías: forma, mente y compuestos abstractos como el tiempo. ¿Cuál es la relación entre la forma –los bloques materiales de construcción y las cosas compuestas que de ellos se derivan en el universo externo– y la mente, con sus pensamientos, sensaciones e intenciones? Cuando hablamos del desarrollo de un sistema planetario y en particular de la evolución de la vida, ¿cuál es la relación entre la mente y la forma?

Compartiré mis ideas sobre el tema. No son conclusiones definitivas, pero es de esperar que despierten la curiosidad tanto entre los que tienen inclinaciones científicas como entre los que tienen disposiciones espirituales.

El primer Dalai Lama en su comentario sobre *Tesoro de conocimiento* explica la visión budista general (EPL 556):

> Si alguien pregunta: Este múltiple mundo que ha sido explicado –el medio ambiente y los seres conscientes que viven en él– ¿de dónde viene?
>
> No surge sin una causa o de una causa discordante porque surge ocasionalmente. Y no surge de [un Dios creador] Ishvara, etc. porque

surge gradualmente. Dicho esto, si alguien pregunta: ¿De dónde surge? El múltiple mundo del entorno y los seres vivos que habitan en él surgen del karma.

El múltiple mundo lo comprenden el entorno y los seres vivos que lo habitan. El mundo no surge sin una causa porque todas las cosas que funcionan deben surgir de causas. No surge de una causa discordante porque un efecto específico solo puede surgir de causas y condiciones que tengan la capacidad de producirlo. Si la causalidad fuera arbitraria cualquier cosa podría producir cualquier cosa y así, estudiando italiano, podríamos aprender a hablar chino. El hecho de que algo solo surja en ciertos momentos (ocasionalmente) significa que solo surge cuando todas sus causas y condiciones se han reunido. El mundo no es una creación de un creador como Ishvara, porque si lo fuera surgiría de una sola vez, mientras que el mundo y los seres conscientes en él evolucionaron gradualmente. La fuente del mundo y de los seres conscientes que lo habitan es el karma –las acciones intencionales originadas en las mentes de los seres conscientes–.

Aunque Vasubandhu en *Tesoro de conocimiento* dice: "El múltiple mundo surge del karma", ni él mismo ni otros autores detallan el proceso exacto mediante el que esto ocurre. El concepto general es que a través de la interdependencia de las sustancias materiales y el karma de los seres conscientes, el mundo evolucionó de tal manera que pudo albergar las diversas formas de vida que habitan en él.

En el contexto del sutrayana, Chandrakirti señala en *Suplemento*: "Desde la mente surge el mundo de los seres conscientes". La escuela chitamatra lo entiende literalmente y desarrolló un sistema filosófico que niega la existencia de objetos externos y afirma en su lugar que tanto la consciencia que percibe como el objeto percibido surgen de la misma predisposición de la consciencia primordial. La escuela madhyamaka no está de acuerdo. Aunque refuta un mundo que existe objetivamente "ahí fuera", que no esté relacionado con la mente de los seres conscientes, afirma objetos externos, diciendo que las intenciones de los seres conscientes crean karma, lo que influye en su complejo de cuerpo y mente resultante y en su hábitat externo.

En el vajrayana, el *Tantra de Guhyasamaja* habla de la inseparabilidad de la mente más sutil y del aire más sutil (*prana*). El aire más sutil no es el aire burdo que mueve las hojas, ni tampoco es la energía sutil o *qi* de nuestro cuerpo. Es un aire extremadamente sutil o energía que es inseparable de la mente más sutil. El aire es el aspecto del movimiento, la mente es el aspecto de la cognición. Este conjunto del aire y la mente más sutiles no entra dentro del rango de lo que se puede medir con los instrumentos científicos. En general, permanece latente durante toda la vida de los seres ordinarios y se hace manifiesto solo en el momento de la muerte o mediante prácticas yóguicas que implican la absorción de los niveles burdos de aire y mente. Desde la perspectiva del más elevado yoga tantra, a pesar de que la mente burda y la forma burda (el cuerpo) son sustancias diferentes con diferentes continuos, la mente y la forma en su nivel más sutil son una sola naturaleza –la mente y el aire más sutiles–.

El *Tantra de Kalachakra* habla de la conexión entre los elementos en nuestro cuerpo y los del mundo externo, y de la análoga relación entre el movimiento de los cuerpos celestes y los cambios en nuestro cuerpo. Puesto que nuestro cuerpo y nuestra mente están relacionados los cambios en los elementos externos e internos afectan a la mente. A la inversa, la mente, especialmente sus intenciones (karma), influye en los elementos de nuestro cuerpo y por extensión en el universo en su conjunto.

El *Tantra de Kalachakra* explica que cuando un sistema planetario está latente solo están presentes las partículas espaciales, que son portadoras de los otros cuatro elementos. Estas partículas elementales son más parecidas a atributos que a sustancias materiales diversas. Las cosas materiales de nuestro entorno se componen de estos elementos en diferentes grados. Como parte de los objetos compuestos –como nuestro cuerpo o una mesa– el elemento tierra proporciona la solidez, el elemento agua la fluidez y la cohesión, el elemento fuego aporta el calor y el elemento aire permite el movimiento. Los elementos se desarrollan progresivamente tanto en el universo como en nuestro cuerpo: primero el espacio, después el aire, luego el fuego, el agua y la tierra, secuencialmente. En el momento de la muerte de un ser humano, los elementos se absorben –pierden su poder para sostener la consciencia– en orden inverso.

De la misma manera, cuando un sistema planetario se desintegra y llega a su fin, los elementos que lo componen se absorben uno en otro en orden inverso –el elemento tierra se absorbe en el elemento agua, el elemento agua en el elemento fuego, el elemento fuego en el elemento aire y el elemento aire en el elemento espacio–. Aunque son inobservables por nuestros sentidos físicos y carecen de masa, las partículas espaciales son la fuente fundamental de toda la materia, permanecen durante la etapa latente entre un sistema planetario y el siguiente, y actúan como causa sustancial de los elementos más burdos que surgen durante la evolución del siguiente sistema planetario.

Las partículas espaciales no son como las partículas sin partes que afirman las escuelas no budistas que postulan unos elementos constituyentes esenciales sin partes e inmutables, a partir de los cuales se construye todo. Tampoco son partículas que existan de manera inherente. Existen por ser meramente designadas dependiendo de la potencia de los otros cuatro elementos.

Los cinco elementos externos están relacionados con los cinco elementos internos correspondientes que constituyen nuestro cuerpo. Estos a su vez, están relacionados con el aire más sutil que forma una única naturaleza con la mente más sutil. Este conjunto de la mente y el aire más sutiles tiene un resplandor de cinco colores que es la naturaleza de los cinco dhyani budas y las cinco sabidurías. Así es la correspondencia entre el mundo externo y las mentes más sutiles e íntimas de los seres conscientes. Los cinco elementos sutiles en el cuerpo evolucionan principalmente a partir del aire más sutil (el que forma parte del conjunto de la mente y el aire más sutiles) de ese ser consciente. Los cinco elementos sutiles a su vez producen los cinco elementos burdos en el cuerpo y en el universo externo.

Por lo tanto, desde la perspectiva tántrica, todo se desarrolla y se disuelve de nuevo en esta unión inseparable de la mente y el aire más sutiles. La mente y el aire más sutiles de cada individuo no es el alma ni permanece independiente de todos los demás factores. La relación entre la mente, los cinco elementos y los cinco elementos en el mundo externo es compleja; solo los yoguis tántricos con grandes logros espirituales tienen acceso a una comprensión completa de esta cuestión.

El karma de los seres conscientes que nacerán en ese universo son las condiciones cooperativas para ese universo. Cuando sus predisposiciones kármicas comienzan a madurar, las partículas espaciales se activan y dan lugar al elemento aire, el movimiento de la energía pura. Los elementos fuego, agua y tierra surgen secuencial y gradualmente a continuación.

Creo que la evolución de las partículas espaciales hasta los múltiples fenómenos de un universo y la regresión de esos fenómenos a las partículas espaciales al final de dicho universo podrían estar relacionadas con la teoría del Big Bang. Sin embargo, no creo que hubiera una única partícula espacial en el centro que explotara para producirlo todo. Con una mayor investigación, tal vez se podría establecer una correlación entre las partículas espaciales y algunas teorías de la física y la astronomía.

Los elementos del cuerpo de un individuo están relacionados con su karma personal y su mente y aire más sutiles. El universo externo en su conjunto es el efecto ambiental del karma colectivo de los seres conscientes que lo disfrutan. El karma colectivo de los seres conscientes que habitan en un universo influye en la forma en que los elementos burdos evolucionan para formar ese universo. En otras palabras, el universo y los seres conscientes existen dependientemente el uno del otro. Los seres conscientes no pueden existir sin el entorno en el que viven y el entorno no puede existir sin los seres conscientes, cuyo karma jugó un papel en su creación.

La relación entre la mente y los elementos sutiles es el dominio de meditadores altamente realizados con concentración unipuntualizada. De acuerdo con las escrituras y la experiencia de los yoguis altamente realizados, alguien que ha subyugado su mente y ha desarrollado cierto nivel de control sobre sus elementos internos también puede controlar los elementos externos. Esto explica las historias que oímos de personas que pueden caminar sobre el agua, volar por el cielo (¡sin subir a un avión!), y viajar por debajo de la tierra.

Las leyes de la naturaleza y la ley del karma y sus efectos

Las leyes de la naturaleza y las leyes del karma y sus efectos operan en sus propios dominios, aunque a veces se cruzan en momentos clave. No todo en las vidas y el entorno de los seres conscientes se puede reducir al funcionamiento de las leyes naturales o al funcionamiento del karma. Las leyes naturales funcionan de tal manera que, una vez que se ponen en marcha determinados procesos, producen ciertos efectos. El karma entra en escena cuando están implicadas las intenciones de los seres conscientes y su felicidad o sufrimiento.

En su mayor parte, las leyes naturales de la física, la química y la biología que guían las interacciones de los elementos externos están involucradas en el desarrollo de nuestro sistema planetario. Sin embargo, las mentes de los seres conscientes, mediante la maduración de su karma, parecen ejercer influencia en dos puntos. El primero es cuando el karma de los seres conscientes que tienen el potencial para vivir en un sistema planetario en particular desencadena el desarrollo inicial de dicho sistema planetario. Desde la perspectiva del modelo científico, el karma colectivo de un gran número de seres conscientes podría influir en que se produjese el Big Bang. Desde la perspectiva del modelo presentado en el *Tantra de Kalachakra*, el karma colectivo de todos esos seres conscientes estimularía las fuerzas de la solidez, fluidez, temperatura y movilidad existentes en las partículas espaciales presentes entre sistemas planetarios para que aparecieran los elementos burdos.

El segundo punto en el que el karma entra en juego es cuando los elementos de un universo han evolucionado hasta tal punto que pueden albergar vida consciente. Aquí el karma podría actuar como un factor instigador para que las formas inanimadas previas lleguen a ser los cuerpos de los seres conscientes, es decir, que continuos mentales podrían entrar en esas formas para constituir seres conscientes con cuerpos y mentes. La evolución de las diversas especies se produciría posteriormente.

Otra manera de describir este proceso sería en términos de causas principales y condiciones cooperativas. Ambas son necesarias tanto si hablamos de las leyes naturales como de la ley del karma. Una causa principal es aquello que realmente se transforma en el resultado. Las condiciones cooperativas son las causas que participan en este proceso. Por ejemplo, la madera es la causa principal de una mesa y las personas que la construyen y los clavos que la mantienen unida son las condiciones cooperativas. Puesto que todo lo que es producido debe tener causas previas que sean concordantes con ello, pienso que el continuo de la materia existía antes del Big Bang. Esta materia fue la causa principal del sistema planetario que se desarrolló después del Big Bang. Igualmente, en el *Tantra de Kalachakra* las partículas espaciales que existían antes de la formación de nuestro sistema planetario fueron la causa principal de todo lo material en nuestro sistema planetario. Sin importar el modelo que aceptemos, el karma de los seres conscientes que nacerán en ese sistema planetario actúa como condición cooperativa para que esos elementos materiales aparezcan, se fusionen y formen dicho sistema. El karma podría igualmente permitir que se conviertan en la base de la vida consciente.

Karma y nuestro entorno presente

A modo de revisión, hay una conexión entre la formación y evolución del mundo externo y el karma de los seres conscientes que lo habitan. Hay también una conexión entre los elementos del mundo externo y la constitución de nuestro cuerpo físico. Estos, a su vez, están relacionados con los elementos más sutiles y los aires más sutiles, los cuales se remontan hasta el aire y la mente muy sutiles. El karma –que principalmente se refiere a las intenciones de los seres conscientes y los senderos de acción que impulsan– sería el vínculo entre la mente de los seres conscientes y el mundo externo. El karma está relacionado con los aires sutiles de los cuerpos de los seres conscientes que, a su vez, están relacionados con los cinco elementos internos. Éstos, se corresponden con los cinco elementos externos del entorno. Comprender los aires sutiles de los que se habla en los tratados tántricos nos ayudará a comprender esta relación. Esta es mi opinión; se necesita más investigación.

Como mencioné antes, solo un buda puede comprender las complejidades del karma, que incluye cómo el karma afecta a la evolución de un sistema planetario y de la vida consciente en él. Para nosotros, seres limitados, es difícil saber dónde acaban las leyes naturales y entra en juego la ley del karma, donde termina la ley del karma y empiezan las leyes naturales y dónde se influyen mutuamente las dos. Por esta razón, debemos evitar hacer distinciones rígidas y rápidas con respecto a la interrelación entre ambas. Sin embargo, se pueden observar algunas directrices generales.

En cuanto al origen y desarrollo de un sistema planetario hay dos momentos en los que el karma de los seres conscientes puede influir: En el mismísimo principio de ese sistema planetario cuando los elementos burdos están surgiendo y, después, cuando las combinaciones de esos elementos son adecuadas para ser los cuerpos de los seres conscientes. En términos del desarrollo de los entornos y climas específicos en los que viven ahora los seres conscientes, el karma podría jugar un papel de dos maneras. Primero, el karma de la gente que actualmente vive y experimenta un lugar –por ejemplo, Dharamsala, donde yo vivo– contribuyó al desarrollo de ese sitio hace millones de años, cuando se estaba formando. Solo hoy en día, en esta vida, experimentan el efecto. Podemos preguntarnos: ¿Cómo pudo madurar su karma hace tanto tiempo, antes de que nacieran aquí? Una analogía es útil. Antes de mudarse a una casa, los futuros ocupantes diseñan el plano y comienzan a construirla. Más tarde, cuando la casa está lista, la ocupan y experimentan ese ambiente. Igualmente, cuando este planeta se estaba formando, ningún ser consciente vivía en él. Pero como había seres conscientes que iban a nacer aquí, su karma influyó en la manera en que el planeta evolucionaría.

Segundo, un entorno particular está influenciado por el karma de las personas que viven en ese lugar ahora y que no estaban entre los contribuyentes kármicos iniciales del desarrollo de ese clima y de ese entorno mucho tiempo atrás. Estos seres conscientes acumularon más tarde un karma similar al de los contribuyentes kármicos iniciales y así llegaron a vivir en ese lugar y a experimentar ese clima en ese momento. Por ejemplo, después de que el clima específico de Dharamsala ha llegado a existir, otro grupo de personas acumularon el karma que podría producir un clima de este tipo. Este grupo no tiene una conexión directa con el desarrollo del clima de Dharamsala hace miles de años pero, debido a sus acciones, que fueron similares al karma del primer grupo de personas, llegaron a vivir en este lugar. El karma del primer grupo contribuyó realmente al desarrollo del clima y el entorno de Dharamsala. El karma del segundo grupo no contribuyó directamente, pero participó en él, puesto que viven allí. Los dos grupos crearon las causas para experimentar ese entorno, pero de maneras diferentes.

Por poner una analogía, unas personas crean un negocio en Europa. Otra persona en el mismo campo tiene la intención de buscar empleo en los Estados Unidos. Sin embargo, se da la circunstancia de que estando en Europa acepta un trabajo en la empresa que han establecido las otras personas. Aunque se incorpora más tarde, contribuye al trabajo de la empresa.

El karma no fue la única causa para que el clima de Dharamsala se desarrollara de la manera en que lo hizo; las leyes de la causalidad inorgánica y física estaban definitivamente involucradas. La naturaleza tiene cierta autonomía que no depende del karma. El árbol que vemos allí creció de su semilla. Dudo que el karma de alguien estuviera involucrado en ese hecho. De manera similar, el crecimiento de algunas hojas hoy y otras la próxima semana se debe al funcionamiento de los sistemas biológicos, no al karma.

Pero ese árbol está delante de mí y yo puedo utilizarlo y disfrutarlo. Tan pronto como el árbol está relacionado con un ser consciente y con su felicidad o sufrimiento, el karma de ese ser consciente en particular entra en escena.

En el jardín donde vivo crecen plantas y flores de colores. Ciertamente están relacionadas con el karma de los seres conscientes que las utilizan y disfrutan y que experimentan placer o dolor en relación con ellas. Los seres humanos disfrutamos de sus hermosos colores y de su olor, las abejas liban el néctar de las flores, los pájaros utilizan los árboles como refugio, los insectos se comen las plantas. El karma colectivo de todos esos seres contribuyó a la existencia de esas plantas. Este karma fue creado por las mentes de los seres conscientes implicados. Sin embargo, puesto que las plantas son sustancias materiales, su crecimiento depende de las leyes biológicas naturales. El karma no se transforma en el agua y el fertilizante que hace que crezcan las plantas.

Los desastres naturales como los terremotos, huracanes y tsunamis, se producen debido al funcionamiento de las leyes de la naturaleza. Nuestro karma no hace que ocurran. Sin embargo, el hecho de que ciertas personas estén ahí cuando suceden, se debe a su karma. Un volcán explota debido a causas físicas como la acumulación de presión en la superficie de la Tierra; esto no es el resultado del karma. Pero el hecho de que algunos seres conscientes estén cerca del volcán y sufran daños e incluso mueran como resultado de la explosión, tiene relación con el karma de esos seres conscientes. Otros seres que no han creado el karma para sufrir de ese modo no están cerca de la explosión volcánica.

Igualmente, las sequías y las inundaciones se pueden entender en términos de causas externas pero, siempre y cuando afecte a los seres conscientes, el karma de esos seres está involucrado. Por ejemplo, una comunidad de personas que tiene un odio intenso y generalizado puede, en esta o en vidas futuras, residir en un lugar durante una sequía y una hambruna graves. El hecho de estar allí presentes y experimentar sufrimiento de esa situación, son efectos de su karma. De la misma manera, las personas que ahora contaminan conscientemente el medioambiente crean la causa kármica para sufrir viviendo en un entorno contaminado en vidas futuras.

Aunque hablamos de karma como las acciones creadas en vidas previas, también se refiere a las acciones que hacemos hoy. Nuestras motivaciones y elecciones presentes afectan directamente al mundo externo. No debemos pensar que todo se debe a las acciones de nuestras vidas previas e ignorar los efectos de nuestros actos presentes. Cuando arrojamos vertidos tóxicos en el entorno experimentamos el resultado en esta misma vida. Ahora que no compartimos los recursos, el mundo se ha vuelto más turbulento. Nuestras intenciones y acciones durante esta vida están causando un daño global.

Karma, comportamiento instintivo y nuestro cuerpo

Tanto la ciencia como el Budadharma están de acuerdo en que los seres conscientes tienen ciertos comportamientos instintivos, pero el modo de considerarlos varía. La ciencia busca respuestas en la configuración genética mientras que el sabio budista Bhavaviveka dijo que los terneros buscan instintivamente leche en su madre debido a las predisposiciones en su continuo mental de vidas anteriores, cuando habían actuado de manera similar. Un efecto del karma es la tendencia a repetir la acción, lo que explica muchos comportamientos instintivos. Sin embargo, ciertos instintos están relacionados con el tipo de cuerpo que tiene un ser consciente. Estamos en el reino del deseo, donde los componentes corporales de los seres son tales que el deseo es dominante. Así que tenemos muchas necesidades y deseos biológicos, y nuestra mente los ansía. Algunas especies animales son vegetarianas, otras comen carne. Esto no se debe principalmente al karma, sino a las condiciones físicas de sus cuerpos: su composición genética y sus funciones biológicas. Sin embargo, la existencia de estos tipos de cuerpos animales en este planeta está relacionada con el karma general y colectivo de los seres conscientes en este planeta. El hecho de que un ser consciente en particular nazca con el cuerpo de un carnívoro, es un resultado de la maduración del karma individual de ese ser.

El funcionamiento de los sistemas biológicos del cuerpo de un individuo se relaciona más con las leyes biológicas naturales que con el karma, aunque el karma está involucrado cuando esa persona experimenta dolor o placer corporal. Nuestra incomodidad cuando tenemos un resfriado se debe a nuestro karma. El hecho de contraer un resfriado depende de la presencia del virus cerca de nosotros, de la higiene en el área, del estado de nuestro sistema inmunológico y, hasta cierto punto, de nuestro karma. Sin embargo, que nuestra mano sea de naturaleza material y que la naturaleza de nuestra mente sea claridad y cognición no se debe al karma. Son simplemente la naturaleza de esos fenómenos.

Es importante distinguir el papel del karma respecto a las características generales de una especie y las experiencias de un individuo dentro de esa especie. Por ejemplo, es dudoso que el hecho de que los seres humanos tengan pelo y los peces escamas esté relacionado con el karma. El hecho de que los seres humanos tengan pelo se debe a las fuerzas biológicas naturales. Sin embargo, el hecho de haber nacido con un cuerpo con unos genes que provocan calvicie es un resultado de mi karma individual. Por otro lado, que la evolución de los cuerpos humanos en general ocurriera de la manera en que lo hizo –con el potencial de ser calvo– fue en parte una función del karma colectivo de los seres conscientes que habían creado las causas para nacer con estos cuerpos, lo cual me incluye a mí. Como se puede ver, ¡este es un tema complejo! La medida en que los diversos sistemas de causa y efecto –físico, biológico, psicológico, kármico, etc.– están interrelacionados y se influyen unos a otros no es fácil de delinear.

Aunque la teoría de la evolución de Darwin no aborda el tema de qué es la consciencia o cómo los flujos mentales de los seres llegaron a estar asociados con las diversas estructuras físicas que son sus cuerpos, puede explicar la evolución física general de las diferentes formas de vida en nuestro planeta. Los budistas añadirían que el karma de los seres conscientes que nacerán con esos cuerpos influyó en los tipos de órganos sensoriales y en algunas de las características de los cuerpos en los diversos reinos.

Algunas escrituras budistas y leyendas culturales describen otras versiones de la evolución. Según *Tesoro de conocimiento*, los primeros seres humanos, cuyas mentes eran menos aflictivas que las nuestras, tenían cuerpos hechos de luz. Pero a medida que sus pensamientos degeneraban y se volvían codiciosos, sus cuerpos se volvieron más burdos y finalmente terminaron estando hechos de materia, tal y como son ahora. Otro punto de vista es la leyenda tibetana de que la raza tibetana llegó a existir a través de la unión de una ogresa y un mono. ¡Con esto se llega a un arreglo entre la teoría darwiniana de que los humanos descienden de los simios y la visión de las escrituras de que los primeros humanos tenían cuerpos de luz!

Se necesita más investigación. Espero que la explicación anterior los anime a seguir investigando y a comprender la complejidad de la interdependencia.

7 | Dar vueltas en la existencia cíclica: Los doce vínculos de relación dependiente

El proceso del renacimiento en el samsara está ilustrado en la *Rueda de la vida*. Esta pintura del ciclo samsárico de la existencia tiene su origen en la época del Buda, cuando el rey de Vatsa, Udayana, presentó una túnica enjoyada al rey de Magadha, Bimbisara. Bimbisara consultó al Buda sobre qué regalo sería apropiado enviarle a cambio. El Buda le recomendó una pintura de la *Rueda de la vida* que tenía escritos los versos que vienen a continuación. Al contemplar la *Rueda de la vida* el rey Udayana obtuvo logros espirituales.

> Practicando esto y abandonando aquello entra en la enseñanza del Buda. Como un elefante en una casa de paja, destruye las fuerzas del Señor de la Muerte.
>
> Aquellos que con profunda rectitud practiquen esta doctrina tan disciplinada abandonarán la rueda del nacimiento, poniendo fin a duhkha.

La rueda consiste en una serie de círculos concéntricos. La figura antropomorfa del Señor de la Muerte la sostiene en su boca, lo que simboliza nuestra naturaleza impermanente. En el círculo central hay un cerdo, una serpiente y un gallo, que representan los tres venenos de la ignorancia, la animosidad y el apego, respectivamente. Cada animal tiene la cola de otro en su boca, lo que indica que se refuerzan mutuamente, aunque en algunas pinturas la cola de la serpiente y la del gallo están en la boca del cerdo, dando a entender que la ignorancia es la raíz de todas las aflicciones. El siguiente círculo tiene dos mitades: la mitad izquierda (tal como se ve en la pintura de la portada de este libro) es luminosa, con seres felices que ascienden a renacimientos afortunados; la derecha es oscura, con seres que sufren descendiendo a renacimientos desafortunados. Las imágenes indican que basándonos en la ignorancia creamos karma virtuoso y no virtuoso que nos dirige a renacimientos agradables y desagradables.

Estos nacimientos son las cinco clases de seres –devas (incluyendo los asuras), humanos, animales, espíritus ávidos, y los seres del infierno–. Están representados en el círculo siguiente que está dividido en cinco secciones. El círculo exterior tiene doce secciones, cada una ilustra uno de los doce vínculos de relación dependiente.

Por encima y fuera de la rueda agarrada por el señor de la muerte está el Buda señalando a la radiante luna llena: nos muestra el camino al Nirvana. Los dos versos citados anteriormente nos animan a seguir este camino para liberarnos de todo el duhkha para siempre.

Relación dependiente

La relación o surgimiento dependiente[49] es una de las enseñanzas esenciales del Buda. Así expresó su principio fundamental (MN 79:8):

> Cuando esto existe, eso llega a existir; con la aparición de esto, eso aparece. Cuando esto no existe, eso no llega a existir; con el cese de esto, eso cesa.

Cuando las causas y condiciones se junten ese fenómeno surgirá. El Buda utiliza este principio en variedad de circunstancias, incluyendo su explicación sobre la confusión social y el beneficio social. Sin embargo, puesto que la preocupación principal del Buda era la esclavitud de los seres conscientes en el samsara y la liberación de este, una de sus principales enseñanzas acerca de la condicionalidad son los doce vínculos de relación dependiente (*dvadasanga-pratityasamutpada*). Estos doce describen el proceso causal por el que se renace en el samsara y las experiencias insatisfactorias que conlleva. También muestra el modo de alcanzar la liberación de este círculo vicioso.

Los doce vínculos son un tema destacado para el estudio y la contemplación tanto en la tradición pali como en la sánscrita. El Buda habló de ello extensamente en los sutras pali, especialmente en *Discursos relacionados sobre la causalidad* (*Nidanasamyutta, SN 12*) y en los sutras sánscritos, especialmente en el *Sutra del vástago de arroz* (*Shalistamba sutra*). Hay una explicación extensa de la relación dependiente según la tradición pali en el capítulo diecisiete de *Sendero de purificación* así

---

49 Pratityasamutpada se traduce como "origen dependiente" cuando se habla de los doce vínculos y como "relación dependiente" cuando se habla del sentido más amplio en el que todos los fenómenos son dependientes y por lo tanto vacíos de existencia verdadera.

como también en otros textos abhidharma. En la tradición sánscrita, se puede encontrar un comentario extenso en *Compendio de conocimiento*, de Asanga (*Abhidharmasamuccaya*). El capítulo cinco de *Ornamento de las comprensiones experienciales claras*, de Maitreya, explica cómo meditar en los doce vínculos del primero al último y en sentido inverso, y el capítulo tres de *Tesoro de conocimiento*, de Vasubandhu, contiene la explicación vaibhasika de los doce vínculos. Los capítulos veinticuatro y veintiséis de *Tratado del camino medio* (*Mulamadhymakakarika*) establecen la existencia convencional de los doce vínculos al mismo tiempo que refutan su existencia inherente.

El Buda presentaba la relación dependiente de varias maneras. A veces empezaba por el vínculo duodécimo –la vejez o la muerte– y trabajaba en orden inverso (SN 12.2). Esta perspectiva empieza con nuestra experiencia presente de la vejez y nos lleva a preguntarnos cómo hemos llegado a ella. Otras veces empezaba por la ignorancia y explicaba los vínculos desde el primero al último, culminando con la vejez o la muerte (SN 12.1). En otros sutras, el Buda empezaba en mitad de la secuencia e iba hacia atrás, hacia la vejez o la muerte, o hacia delante, hacia la ignorancia (MN 11).

Aunque el Buda no enseñó la vacuidad de manera explícita cuando enseñó los doce vínculos, estableció la base sobre la que podemos entenderlos: Todo lo que existe dependiendo de otros factores es vacío de tener su propia naturaleza inherente, y todo lo que es vacío existe dependiendo de otros factores. Contemplar el primer nivel de relación dependiente –la dependencia causal– nos ayuda a crear la causa para un renacimiento elevado al abandonar la no virtud y practicar la virtud. Contemplar un nivel profundo de la relación dependiente –la designación dependiente– nos lleva a experimentar la vacuidad y a lograr la liberación y la Iluminación. Tanto si buscamos un renacimiento elevado como la bondad más elevada, comprender la relación dependiente es importante y las enseñanzas sobre ella son algo valioso. Aunque la experiencia directa de la vacuidad de existencia inherente nos liberará del samsara, no podemos zambullirnos en ella inmediatamente. Debemos eliminar primero las concepciones erróneas burdas, como creer que nuestra vida o nuestro duhkha son solo sucesos aleatorios o que surgen de un creador externo o de otra causa incompatible. Contemplar la dependencia causal mediante los doce vínculos nos ayuda a contrarrestar estos errores y a familiarizarnos con la relación dependiente, la razón principal que demuestra la vacuidad de existencia inherente. En el *Sutra del vástago de arroz*, dijo el Buda:

> Monjes, aquel que entiende este vástago de arroz puede entender el significado de la relación dependiente. Los que conocen la relación dependiente conocen el Dharma. Quienes conocen el Dharma conocen al Buda.

Relación o surgimiento *dependiente* es una abreviatura de "relación dependiente y asociada o conectada". En el contexto de los doce vínculos, *dependiente* quiere decir que la aparición de cada vínculo depende del vínculo previo. *Asociada/conectada* indica que si un vínculo no existe el siguiente no puede surgir; hay una relación entre los dos vínculos. Cada grupo de doce vínculos contiene las causas y resultados asociados a un nacimiento, aunque un ciclo completo de los doce vínculos puede suceder a lo largo de dos o tres vidas. Los doce vínculos son la ignorancia, las acciones composicionales, la consciencia, el nombre y la forma, las fuentes, el contacto, la sensación, el ansia, el aferramiento, la existencia, el nacimiento y la vejez o la muerte. Para comprender correctamente cada vínculo necesitamos entender su relación tanto con el vínculo que lo precede como con el que lo sigue. El Buda nos invita a contemplar: ¿Cuál es el origen de cada vínculo? ¿Cuál es su cese? ¿Cuál es el sendero que conduce a dicho cese?

Al explicar la serie de causalidad en sentido directo e inverso, tanto para el samsara como para la liberación, el Buda no insinúa que surja un solo vínculo como resultado del vínculo anterior. Más bien, se acumula un impulso a medida que los diversos factores aumentan y se refuerzan unos a otros. En resumen, tanto el samsara como la liberación dependen de muchas causas y condiciones que están interconectadas.

Cómo se produce la existencia cíclica

Cuando hablamos de los doce vínculos, la terminología se utiliza de un modo específico. Por ejemplo, el vínculo de la ignorancia se refiere a un caso específico de ignorancia, no a toda la ignorancia. Los vínculos de la acción composicional y la consciencia se refieren a casos concretos de éstos, no a todo el karma o a todas las consciencias. No todos los tipos de ansia y aferramiento englobados en los vínculos del ansia y el aferramiento son casos específicos de estos dos vínculos.

La siguiente explicación es de la tradición sánscrita. Se proporciona una breve explicación de la perspectiva de la tradición pali en los casos en los que esta difiere o añade una perspectiva única.

1. La ignorancia (avidya)

La ignorancia a la que se hace referencia como la raíz del samsara no tiene principio. El Buda dijo (AN 10.61-2):

> Monjes, no se puede discernir un primer momento de ignorancia del que se pueda decir: "Antes de eso no había ignorancia, y surgió después". Sin embargo, monjes, puesto que esto es así, se discierne una condición específica de la ignorancia.

Aunque la ignorancia y la existencia cíclica no tienen principio, la ignorancia es la causa inicial en la evolución de una vida específica. Hay varias explicaciones acerca de lo que es la ignorancia. Unos dicen que es oscuridad, otros que es aprehender de modo erróneo el modo en que existe la persona. Otros dicen que es ver los agregados y concebirlos como si fueran una persona autosuficiente y sustancialmente existente. Algunos afirman que es observar el mero yo y aprehenderlo como si fuera una persona inherentemente existente. Otros asocian la visión de una identidad personal –o visión de lo compuesto y transitorio– a la ignorancia. Hay quien dice que son factores mentales no relacionados.

Según la visión que tienen en común todas las escuelas de principios filosóficos y la tradición pali, el primer vínculo, la ignorancia, es la ausencia de comprensión de las cuatro verdades de los aryas y de las tres características de los fenómenos condicionados: impermanencia, duhkha y ausencia de existencia inherente que nos conducen a renacer en el samsara[50]. Vasubandhu, Asanga y Dharmakirti afirman que la concepción falsa del yo observa los agregados y cree que son una persona autosuficiente y sustancialmente existente, mientras que los prasangika concluyen que la visión de una identidad personal –o visión de lo compuesto y transitorio– observa el yo que existe nominalmente, el mero yo, y se aferra a él como si tuviera existencia inherente. Debido a la diferencia en sus afirmaciones respecto a este primer vínculo de la ignorancia, estos maestros tienen diferentes afirmaciones en relación

50 La duración de un momento varía según el contexto, desde el nanosegundo más pequeño hasta el tiempo necesario para completar algo o toda una vida. Aquí se refiere al tiempo que tarda la ignorancia del primer vínculo en causar la acción composicional del segundo vínculo.

con lo que aprehende la sabiduría que comprende directamente la ausencia de existencia inherente o sustancial.

Vasubandhu y Asanga coinciden en que este primer vínculo de la ignorancia es un desconocimiento, una falta de claridad. Sin embargo, Vasubandhu dice que la ignorancia se aferra a lo contrario del conocimiento correcto, en este caso, se aferra a un yo autosuficiente y sustancialmente existente, mientras que Asanga afirma que la ignorancia no se aferra a las cosas como si existieran del modo contrario a como existen. Según Vasubandhu, la ignorancia es similar a ver una cuerda enrollada al atardecer: al no poder verla claramente, la malinterpretamos creyendo que es una serpiente. De igual manera, debido a la capacidad de oscurecer de la ignorancia, no está claro cómo existen los agregados y suponemos que son una persona autosuficiente y sustancialmente existente.

Tesoro de conocimiento, de Vasubandhu, dice: "La ignorancia es como un enemigo o una falsedad". Un enemigo no es solo la ausencia de un amigo ni tampoco es un objeto no relacionado, como un melocotón. Es todo lo contrario a un amigo. Del mismo modo, la ignorancia no es simplemente la ausencia de sabiduría ni tampoco es un objeto no relacionado. Es todo lo contrario a la sabiduría.

Vasubandhu dice que, puesto que la visión de una identidad personal es una forma de inteligencia –aunque sea aflictiva–, no puede ser ignorancia. La ignorancia acompaña a la visión de una identidad personal, pero son factores mentales distintos. Siendo una aflicción innata, la ignorancia se supera solo en el sendero de la meditación, mientras que la visión de una identidad personal se elimina en el sendero de la visión. La consciencia mental primaria que va acompañada por la ignorancia y por la visión de una identidad personal tiene una faceta que no conoce el objeto con exactitud (la ignorancia) y, simultáneamente, otra faceta aprehende los agregados de manera distorsionada y se aferra a ellos como si fueran una persona autosuficiente y sustancialmente existente (la visión de una identidad personal o visión de lo compuesto y transitorio).

Asanga dice que la ignorancia es como la oscuridad que impide ver la realidad. No se aferra a los agregados como si existieran de modo contrario al que lo hacen, mientras que la visión de una identidad personal sí lo hace. Por eso dice que la visión de una identidad personal no es ignorancia. Está de acuerdo en que la visión de una identidad personal es una forma aflictiva de inteligencia, pero no la acepta como el factor mental de la inteligencia, porque la inteligencia debe ser virtuosa necesariamente y la visión de una identidad personal es neutra.

Dharmakirti dice que la visión de una identidad personal –lo cual identifica con la ignorancia (PV)– es lo contrario a la sabiduría que comprende directamente la ausencia de existencia inherente. La ignorancia observa los cinco agregados y se aferra a ellos como si fueran una persona autosuficiente y sustancialmente existente.

> Aquí, el antídoto, la sabiduría, es comprender la verdad, el significado de la ausencia de existencia inherente de la persona. Lo contrario es la visión de una identidad personal que se aferra a la existencia inherente de la persona[51].

> Todas las faltas sin excepción surgen de la visión aflictiva del yo. Esto es ignorancia[52].

Según los prasangika, tanto la visión de una identidad personal como la ignorancia, se aferran a su objeto como si tuviera existencia inherente y, por esta razón, la visión de una identidad personal es una forma de ignorancia. La ignorancia a la que hace referencia el primer vínculo es la visión de una identidad personal; es un aferramiento innato a la existencia inherente que ha estado presente desde tiempos sin principio y que da lugar al karma formativo que proyecta un renacimiento en la existencia cíclica. No es un aferramiento a la existencia inherente debido a la familiaridad con filosofías incorrectas ni tampoco es el factor mental de la ignorancia, que es mucho más amplio e incluye la ignorancia respecto al karma y sus efectos. La ignorancia se aferra a la existencia inherente de personas y fenómenos, mientras que la visión de una identidad personal se aferra solo a la existencia inherente o sustancial del propio yo y mío. Todos los seres excepto los arhats, los bodhisatvas del octavo, noveno y décimo nivel y los budas, tienen ignorancia, pero solo los seres ordinarios, aquellos que están por debajo del sendero de la visión, tienen este primer vínculo que constituye la ignorancia. Los aryas de los tres vehículos que no han erradicado todos

51 Gueshe Lhundrup Sopa, con David Patt, *Steps on the Path to Enlightenment: A Commentary on Tsongkhapa's Lamrim Chenmo,* vol. 2, Karma (Boston: Wisdom Publications, 2005), 326.

52 Chim Jampalyang, *Ornament of Abhidharma: A Commentary on Vasubandhu's Abhidharmako'sa,* traducido por Ian James Coghlan (Somerville, MA: Wisdom Publications, 2019), 411.

los oscurecimientos aflictivos tienen ignorancia, pero no es lo bastante fuerte como para producir el karma que proyecta un renacimiento samsárico y por eso no es este primer vínculo de la ignorancia.

Este primer vínculo de la ignorancia son los momentos específicos de ignorancia que se aferra a la existencia inherente y la visión de una identidad personal que está detrás de la motivación, realización y consumación de un karma virtuoso o no virtuoso que sea lo bastante poderoso como para producir un renacimiento en el samsara. No son los demás momentos de ignorancia u otros tipos de ignorancia que acontecen en nuestras vidas. En resumen, la ignorancia del primer vínculo es la visión de una identidad personal que impulsa el segundo vínculo –la acción composicional– de ese conjunto de doce vínculos. Esta ignorancia se aferra activamente al yo como si existiera de una manera en que no lo hace. Es la raíz del samsara, la causa principal del renacimiento en la existencia cíclica.

Al principio, la noción de aferramiento a la existencia inherente puede parecernos abstracta, pero es nuestra experiencia habitual. Cuando aparece un ansia intensa, el yo parece ser independiente de todos los demás factores y lo aprehendemos como si existiera de ese modo: "¡*Yo* debo tener esto!". Cuando el enfado circula por nuestra mente, el yo parece muy sólido, como si existiera por su propio poder: "¡Esto *me* molesta!". El yo parece ser algo que está en nuestro cuerpo y nuestra mente, pero también algo separado de ellos. Este aferramiento es un generador de problemas: instiga y da poder a las aflicciones que crean el karma que madurará en renacimientos inferiores. También impulsa las intenciones virtuosas contaminadas, que producen renacimientos elevados pero que nos mantienen encadenados al samsara. Es una visión falsa porque, cuando examinamos cómo existe el yo, vemos que no es nuestra mente ni nuestro cuerpo ni el conjunto de cuerpo y mente ni algo aparte de ellos. El yo existe por mera designación.

Los vaibhasika, sautrantika, chitamatra y svatantrikas dicen que la ignorancia a la que hace referencia este primer vínculo se aferra a una persona autosuficiente y sustancialmente existente. Esta es la *raíz del samsara* que hay eliminar para alcanzar la liberación. Los chitamatra y los svatantrikas también afirman que se debe eliminar el aferramiento a la existencia inherente de los fenómenos para lograr la Iluminación. Consideran que esto es la *raíz última del samsara*. Para los chitamatra, la ignorancia que se aferra a la existencia inherente de los fenómenos, que es la raíz última del samsara, sostiene los sujetos y objetos como entidades diferentes y sostiene los fenómenos existiendo por sus propias características como los referentes de sus nombres. Para los svatantrikas, la raíz última del samsara es la ignorancia que se aferra a la existencia verdadera de todos los fenómenos.

Los prasangika identifican una ignorancia más sutil como la raíz del samsara: la ignorancia que se aferra a la persona y a los fenómenos como si fueran inherentemente existentes. La visión de una identidad personal que se aferra al yo y mío viene precedida por la ignorancia que se aferra a los agregados como si fueran inherentemente existentes y depende de ella. Nagarjuna dice (RA 35):

> Mientras que exista el aferramiento a los agregados [como si poseyeran una existencia inherente] existirá en consecuencia el aferramiento al yo. Además, cuando existe el aferramiento a un yo [con existencia inherente] hay acción [composicional] y de ella también surge el nacimiento.

El aferramiento a los agregados como si tuvieran existencia inherente hace surgir el aferramiento al yo –que es meramente designado dependiendo de ellos– como si fuera inherentemente existente. En base a la visión de una identidad personal que se aferra al yo como si fuera inherentemente existente, creamos el karma que proyecta un renacimiento en el samsara. La ignorancia aflige a los seres que transmigran porque oculta la visión correcta que percibe directamente la ausencia de existencia inherente.

Cómo nos lleva la ignorancia a crear karma

Tesoro de conocimiento habla de dos motivaciones para una acción: (1) *La motivación causal o inicial* (*hetu-samutthana*) es la primera motivación para actuar. Esta motivación puede tener lugar mucho antes de que se lleve a cabo la acción. (2) La *motivación inmediata* (*tatksana-samutthana*) acontece en el momento de la acción. La ignorancia que desconoce la naturaleza última (la ignorancia que se aferra a la existencia inherente) es la motivación causal para todo el karma contaminado en general y en particular, para todas las acciones composicionales que proyectan el renacimiento en el samsara.

Cuando la motivación inmediata, que acontece seguidamente a la motivación causal, es una aflicción como el apego, la envidia, el enfado o el orgullo, el karma formativo será no virtuoso. Cuando la motivación inmediata es virtuosa, como la fe, la integridad o la compasión, el karma formativo será virtuoso. En pocas palabras, la ignorancia que constituye el primer vínculo y la visión de una identidad personal son siempre neutras; los factores mentales virtuosos y no virtuosos que surgen tras ellas determinan el valor ético de las acciones que les siguen.

Como motivación inicial, la ignorancia que conforma el primer vínculo es la principal fuerza motriz que conduce al karma formativo. Las concepciones distorsionadas pueden aparecer después de esta –aferrarse a lo que es impermanente como si fuera permanente, a lo que es duhkha por naturaleza como si fuera felicidad, a lo desagradable como si fuera atractivo y a lo que carece de existencia inherente como si la tuviera–. También puede surgir la atención distorsionada, que exagera las buenas o malas cualidades de un objeto. Debido a estas concepciones distorsionadas surge la ignorancia que desconoce el karma y sus efectos, junto con otras aflicciones. Con apego planeamos, nos confabulamos y manipulamos para obtener los objetos de nuestro deseo; después mentimos o robamos para hacer nuestro lo de los demás. Cuando se ven frustrados nuestros deseos, surge el enfado y se transforma en malicia. Planeamos y llevamos a cabo nuestros actos de venganza y erróneamente creemos que el enfado nos protege. El apego y el enfado de los ejemplos anteriores no son un vínculo distinto; algunos sabios consideran que forman parte del primer vínculo, otros dicen que son el segundo.

La motivación causal de la ignorancia del primer vínculo no conduce necesariamente a un karma no virtuoso. Cuando la motivación inmediata está libre de la ignorancia que desconoce el karma y sus efectos y es un estado mental virtuoso, las acciones subsiguientes serán virtuosas, por ejemplo, hacer ofrecimientos con fe, proteger la vida con compasión y evitar las diez no virtudes.

Lo anterior es la descripción técnica de la motivación causal e inmediata. Hay otra forma más amplia de usar estos términos. Aquí, la *motivación causal* se refiere al pensamiento inicial virtuoso, no virtuoso o neutro de realizar una acción en algún momento en el futuro y la *motivación inmediata* es la intención en el momento de realizar la acción.

En este caso, tanto la motivación causal como la inmediata de una acción es, por lo general, virtuosa, no virtuosa o neutra, aunque a veces puede ser diferente. Como parte de nuestro adiestramiento en la bodhichita, cuando nos despertamos cada mañana generamos la bodhichita artificial: "Hoy voy a llevar a cabo actos con el deseo de logar la Iluminación para beneficiar a todos los seres conscientes". Esta es la motivación causal para todas las acciones de ese día. Sin embargo, a menudo olvidamos nuestra intención altruista y nuestra motivación inmediata para muchas de nuestras acciones es el apego, la animosidad, la envidia y otras aflicciones. En ese caso, la motivación inmediata determina el valor ético de la acción, que es no virtuosa. Aun así, generar la bodhichita por la mañana merece la pena porque reduce la fuerza de nuestras acciones destructivas y nos acordamos de purificarlas posteriormente. Además deposita semillas en nuestro continuo mental para que un día tengamos la bodhichita no artificial y espontánea. A veces la fuerza de nuestra motivación compasiva de la mañana permanece con nosotros durante el día, transformando muchas de nuestras acciones en virtud. La motivación causal e inmediata de los grandes bodhisatvas para todas sus acciones es la misma.

Una acción o un estado mental no puede ser la causa del samsara o del Nirvana. En general, cualquier acción que sea instigada por la ignorancia es causa del samsara, aunque la motivación pueda ser virtuosa, como por ejemplo la determinación de estar libre del samsara o el deseo compasivo de ayudar a alguien. Las acciones sostenidas por el poder de la base, y con esto nos referimos a las acciones en las que están involucrados objetos sagrados, son una excepción a lo anterior. Las acciones realizadas con fe en las Tres Joyas, como hacer ofrecimientos, postraciones y meditar en sus excelentes cualidades, son virtud que concuerda con la liberación.

REFLEXIONES

1. Observa tus pensamientos durante el día e identifica las motivaciones causales e inmediatas de tus actos.
2. Trata de identificar la ignorancia que desconoce la naturaleza última. Luego observa si surgen conceptos erróneos y momentos de atención distorsionada.
3. De manera periódica durante el día detente y examina tu estado mental: ¿es virtuoso, no virtuoso o neutro? ¿Está creando la causa de la felicidad, del sufrimiento o de ninguno?

2. La acción composicional (*samskara karman*)

Las acciones composicionales afligen a los seres que vagan por el samsara porque siembran semillas kármicas contaminadas en su consciencia. La acción composicional es la intención (karma mental) o la acción física o verbal que se acaba de crear en el primer vínculo que constituye la ignorancia. Esta produce los agregados físicos y mentales de un futuro renacimiento en la existencia cíclica. En el contexto de los doce vínculos, la acción composicional o karma se refiere específicamente a las acciones volitivas que producen un renacimiento como resultado, no a todas las acciones en general. Estas intenciones virtuosas y no virtuosas se expresan a través de las tres puertas de nuestro cuerpo, palabra y mente mediante nuestros actos, palabras y pensamientos.

Las acciones composicionales son tanto virtuosas como no virtuosas; los estados mentales neutros no tienen la capacidad de producir un renacimiento porque carecen de una intención clara. La consumación de la acción produce una semilla kármica que tiene el potencial para producir un renacimiento. Esta semilla kármica se ubica en el tercer vínculo, la consciencia causal. Cuando la nutren el octavo y noveno vínculo –el ansia y el aferramiento– la semilla kármica florecerá en el décimo vínculo –la nueva existencia– que, a su vez, da lugar al siguiente nacimiento. Tanto la semilla como los agregados resultantes son neutros.

Los prasangika dicen que además de la semilla, la acción también produce un *haber concluido*, un fenómeno funcional que indica que la acción ocurrió y se detuvo. Igual que las semillas kármicas los *haber concluido* son neutros. El *haber concluido* de una acción y la semilla kármica se activan mediante el ansia y el aferramiento y conducen al nuevo nacimiento.

El segundo vínculo, la acción composicional –nuestras intenciones mentales y las acciones físicas y verbales– es la causa directa de un futuro renacimiento; es un sendero de acción con las cuatro ramas completas, que proyecta un renacimiento afortunado o desafortunado. Otros karmas que no tienen las cuatro ramas al completo o que son más débiles, completan el renacimiento influyendo sobre otras condiciones o acontecimientos, como nuestras experiencias, el entorno en el que vivimos y nuestras tendencias físicas, verbales y mentales.

El término "acción composicional" se puede traducir como "acción condicionante", lo que implica que crea o compone alguna otra cosa, en este caso, un renacimiento futuro. La "acción condicionante" excluye las acciones no contaminadas y las neutras, que son incapaces de proyectar un nuevo nacimiento con agregados contaminados.

Las acciones composicionales son de tres tipos: no meritorias, meritorias e invariables.

(1) El *karma no meritorio* se crea bajo la influencia de la ignorancia que desconoce la verdad última y la ignorancia que desconoce el karma y sus efectos; la motivación va únicamente dirigida hacia nuestra propia felicidad egoísta en esta vida. El karma no meritorio se crea solo en el reino del deseo y nos dirige a un renacimiento desafortunado como un ser del infierno, un espíritu ávido o un animal. De este modo, se hacen obvias las desventajas de los ocho dharmas mundanos. A pesar de que sea difícil superar nuestra tendencia hacia ellos, es posible hacerlo. Dirigiendo nuestra mente de modo gradual hacia intenciones más virtuosas sin duda disminuiremos nuestro sufrimiento ahora y en las vidas futuras.

(2) El *karma meritorio* es el karma virtuoso creado en el reino del deseo que lleva a un renacimiento afortunado en el reino del deseo. Este karma –creado bajo la influencia de la ignorancia que constituye el primer vínculo y factores mentales virtuosos– lo crean tanto los budistas como los que no lo son.

Para crear este karma virtuoso nuestra motivación debe ser liberarnos de las ocho preocupaciones mundanas, que buscan nuestra felicidad egoísta únicamente para esta vida. Nuestra motivación debe ser vivir de manera ética y con amabilidad porque estos sean nuestros valores. Alguien que cree en la continuidad de la consciencia puede sentirse motivado por lograr un renacimiento elevado con riqueza y poder. A pesar de que esta es una aspiración mundana, está libre del apego a la felicidad de esta vida únicamente y es una acción dhármica y un karma meritorio. Los practicantes de Dharma que buscan la liberación o la Iluminación desean tener una serie de renacimientos elevados para tener una buena base donde poder acumular las causas para culminar sus deseos espirituales. También son meritorias las acciones que llevan a cabo con esta motivación.

(3) El *karma invariable* produce un renacimiento como un deva del reino de la forma o del reino sin forma. Estas acciones se crean bajo

la influencia de la ignorancia que constituye el primer vínculo, con una mente que ha alcanzado una absorción meditativa de los reinos de la forma o sin forma y que no haya degenerado antes de que la persona muera.

El karma invariable conduce a un renacimiento en los tres primeros dhyanas donde la sensación de felicidad que está presente está motivada por un pensamiento que no tiene interés por los objetos sensoriales agradables y busca principalmente las sensaciones placenteras que surgen de la concentración. Alguien que ha revertido el apego por los placeres sensoriales y se ha cansado del gozo de los tres primeros dhyanas busca la sensación de ecuanimidad. Con esta motivación crea el karma invariable que le llevará a un renacimiento en el cuarto dhyana y los cuatro reinos sin forma. En estos estados meditativos se ha eliminado la *aspereza* del gozo meditativo y se experimenta una sensación de ecuanimidad muy superior.

El karma invariable se denomina así porque crea la causa para renacer en esa absorción meditativa específica y no en otra. Podría ser en el primero, segundo, tercero o cuarto dhyana del reino de la forma o una absorción meditativa del espacio infinito, la consciencia infinita, la nada o la cima del samsara (ni discriminación ni no discriminación) en el reino sin forma. Por ejemplo, un ser humano que, careciendo de realizaciones espirituales del Dharma, desarrolla la absorción del segundo dhyana y tiene una concentración que no ha degenerado antes de que muera, experimentará el ansia y el aferramiento del segundo dhyana al morir. Esto hará madurar esa semilla kármica y renacerá en ese dhyana concretamente y no en otro. En este sentido, este karma es invariable.

Cada vez que llevamos a cabo una acción respaldada por la ignorancia, con una intención clara que puede ser virtuosa o no virtuosa, creamos el principio de un nuevo grupo de doce vínculos. Qué semilla kármica y qué *haber concluido* madurarán para producir el próximo renacimiento depende de otros factores, como la fuerza del karma y nuestro estado mental en el momento de la muerte. Un nuevo renacimiento no es la suma total de todo el karma que hemos creado. Solo un karma, o en algunas ocasiones unos pocos karmas, determinan el reino en el que renaceremos.

La manera en que madura el karma para renacer en el reino del deseo puede variar. La maduración del karma de un renacimiento en el reino del deseo puede verse afectada por los pensamientos que tenga la persona justo antes de morir, por oraciones de maestros espirituales, por las circunstancias de los futuros padres y los sucesos del bardo (el estado intermedio entre la muerte y la vida siguiente). Si cambian las condiciones en una pequeña muerte del bardo[53], el karma para renacer como perro puede desactivarse y madurar en su lugar un karma para renacer como humano. El karma para renacer como humano podría madurar como un renacimiento en la tierra pura de Amitabha si en el momento de la muerte la persona dirige su mente hacia Amitabha y su tierra pura, ya sea por sí mismo o influido por un amigo espiritual.

Contemplar los dos primeros vínculos incrementa nuestra renuncia al samsara y nos motiva a vivir de manera ética. Nos interesamos más en aprender sobre la vacuidad porque la sabiduría que comprende de manera directa la verdad última, puede eliminar la ignorancia que es la raíz del samsara y producir la liberación.

REFLEXIONES

1. ¿Cuáles son los diferentes tipos de acciones composicionales?
2. Identifica el proceso mediante el que surgen estas acciones, desde la ignorancia a las aflicciones y de estas a la acción. Pon ejemplos en tu propia vida.
3. A lo largo del día, sé consciente de que tus acciones que tienen las cuatro ramas están creando las causas de tus vidas futuras.
4. ¿De qué manera cambia tu modo de pensar y de actuar el ser consciente de esto?

---

3. *La consciencia* (*vijñana*)

El tercer vínculo, la consciencia, se refiere principalmente a la consciencia mental contaminada que acaba de unirse al siguiente nacimiento bajo el control de las aflicciones y el karma. Este tercer vínculo no se refiere a todas las consciencias. No son las consciencias sensoriales ni tampoco es la consciencia de un buda ni de un bodhisatva de una tierra pura o de un arhat, porque ellos ya no renacen bajo el poder de las aflicciones y el karma. La consciencia a la que hace referencia este

53 El bardo puede durar hasta cuarenta y nueve días. Si no se ha encontrado un nuevo renacimiento, al final de cada semana hay una pequeña muerte en la que es posible que madure un nuevo karma.

tercer vínculo aflige a los seres que transmigran en el samsara porque los dirige al próximo renacimiento.

El tercer vínculo se refiere únicamente a la consciencia mental que acontece en dos momentos específicos:

(1) La *consciencia causal* es el momento de consciencia en el que se deposita la semilla kármica creada por la acción composicional. Esta consciencia es neutra, y la semilla de un karma virtuoso o no virtuoso la impregna o la "perfuma". El continuo de la consciencia causal lleva consigo la semilla hasta el momento en que madura dando lugar al nuevo renacimiento; en ese momento se transforma en la consciencia resultante.

(2) La *consciencia resultante* es el primer y breve instante de consciencia mental al principio de una nueva vida. En el instante siguiente, surge el cuarto vínculo: el nombre y la forma. Para la mayoría de las vidas humanas la consciencia resultante acontece en el momento de la concepción. No sabemos si la concepción tiene lugar antes de que el óvulo fertilizado se implante en el útero o en el momento en que lo hace. También es difícil decir cuándo ocurre la consciencia resultante en el caso de una fecundación in vitro. Sin embargo, queda claro que sin la presencia de una consciencia mental, la mera unión física del esperma y el óvulo no se transformará en un ser humano.

Entre las escuelas budistas se discute ampliamente el tema de cómo se transporta la semilla kármica hasta que produce su resultado. En el contexto de los doce vínculos, esta función la lleva a cabo la consciencia causal. Las escuelas vaibhasika, sautrantika y svatantrika, afirman que la continuidad de la consciencia mental es la consciencia a la que hace referencia el tercer vínculo. A diferencia de las demás escuelas budistas que aceptan seis consciencias, visual, auditiva, gustativa, olfativa, táctil y mental, los proponentes chitamatra de las escrituras afirman que hay ocho consciencias: las seis anteriores más la consciencia aflictiva y la consciencia base (*alayavijñana*). La consciencia base o consciencia almacén, es el depósito de todas las semillas kármicas y desempeña el papel de la consciencia a la que hace referencia el tercer vínculo. Los chitamatra postulan esta consciencia base porque dicen que debe ser una consciencia estable la que transporte las semillas kármicas de una vida a otra. Además, debe haber algo a lo que haga referencia la palabra *yo*, algo que sea la persona.

Los prasangika no están de acuerdo y alegan que, a largo plazo, el mero yo es el que transporta las semillas kármicas. Su razón es que hay una persona que existe nominalmente cuando se crea la acción y cuando la acción produce su resultado, de manera que este mero yo debe ser la base para que se deposite la semilla kármica. El mero yo es impermanente y no se puede encontrar con el análisis último; no hay nada a lo que señalar y poder decir "esto es la persona" aparte de la persona que existe como mera imputación. Aunque el mero yo transporte la semilla kármica durante mucho tiempo, la consciencia mental la lleva consigo temporalmente. La consciencia mental no puede ser lo que lleve consigo la semilla kármica continuamente porque, en el momento en que una persona experimenta directamente la vacuidad, la mente no está contaminada y las semillas contaminadas no pueden estar asociadas a esta mente no contaminada. Por lo tanto el mero yo lleva consigo esas predisposiciones en esos momentos.

La consciencia según la tradición pali

Según la explicación del sutra, la consciencia a la que hace referencia este tercer vínculo, se refiere específicamente a la consciencia que inicia la nueva vida, la consciencia que vincula el renacimiento (P. *patisandhicitta*), que sigue a la consciencia de la muerte y que conecta el continuo mental de la vida anterior con la nueva vida. Esta consciencia es ilusoria, como un eco, un destello, una imitación de un sello o una sombra; no llega aquí de la vida anterior, sino que surge debido a causas de vidas anteriores[54]. La consciencia de la vida siguiente no es la misma

54 Los comentarios del abhidhamma pali dicen que en el preciso momento después del cese de la consciencia que vincula el renacimiento, el mismo tipo de consciencia sigue aprehendiendo el mismo objeto cuando no hay proceso cognitivo, y continúa ininterrumpidamente hasta que surge la consciencia de la muerte. Esta consciencia se llama *el continuo de la vida*. Según una explicación más detallada, el bhavanga acontece inmediatamente después de la consciencia que vincula el renacimiento y es un producto del mismo karma que produjo la consciencia que vincula el renacimiento. El bhavanga es una consciencia profunda, como una base, que constituye la continuidad de la mente que viene del ser vivo en la vida anterior. No es una consciencia continua, una consciencia independiente, o un yo permanente, surge y cesa a cada microinstante. Durante la vida, el bhavanga surge siempre que no hay un proceso cognitivo, manteniendo así la continuidad de la mente. Al final de la vida, el continuo de la vida se convierte en la consciencia de la muerte. Después de la muerte, tiene lugar la consciencia que conecta el renacimiento y así empieza otro grupo de doce vínculos. De esta manera, el continuo

que la de la vida anterior, pero tampoco está del todo desvinculada de ella. Si fueran idénticas, una no podría ser la causa de la otra. Si estuvieran totalmente desvinculadas, no podrían ser un continuo.

En la nueva vida, la consciencia da lugar simultáneamente al aspecto mental de la existencia, que se denomina *nombre*, y da vida a la nueva *forma* física. En términos científicos, en un renacimiento humano, la consciencia se une al óvulo fertilizado haciendo que se transforme en el cuerpo de un ser vivo. El *nombre* lo constituyen los cinco factores mentales omnipresentes de la sensación, el discernimiento, la intención, el contacto y la atención básica[55].

Además de esta perspectiva del desarrollo, la consciencia condiciona al nombre y la forma cada vez que conocemos un objeto. Los cinco factores mentales del nombre dependen de la consciencia y no pueden tener lugar sin ella. Incluso en el sueño profundo, un desmayo, un coma o en absorción meditativa, la consciencia está presente, aunque sea un tipo de consciencia sutil que no es consciente del mundo exterior.

El abhidharma pali explica que la consciencia y el nombre y la forma son coemergentes, en el sentido de que surgen simultáneamente como el fuego y su calor. Además, la consciencia y el nombre y la forma son condiciones mutuas, ya que cada uno de ellos condiciona y mantiene al otro, igual que dos palos que se apoyan el uno en el otro se mantienen de pie.

Aunque los sutras hablan de seis tipos de consciencias, enfatizan que cada tipo de consciencia es responsable de conocer su objeto correspondiente. La consciencia también realiza otra función: mantiene la continuidad de un individuo en cualquier vida, desde el nacimiento hasta la muerte y después más allá. Lleva consigo recuerdos, semillas kármicas, hábitos y predisposiciones conectando las diferentes vidas y haciendo de ellas una serie, de manera que las vidas futuras están relacionadas con las vidas previas.

4. El nombre y la forma (nama-rupa)

El nombre y la forma aflige a los seres que transmigran porque mantiene el objeto de su aferramiento: el cuerpo. El *nombre* se refiere a los cuatro agregados mentales –sensación, discernimiento, factores

mental (P. *chittasantana*) fluye desde la concepción hasta la muerte y desde la muerte hasta el nuevo nacimiento, girando como la rueda de un carro (CMA 228).

55 En otros contextos, el *nombre* incluye la consciencia y se refiere a la mente como un todo.

composicionales y consciencia primaria– y la *forma* es el cuerpo. El cuarto vínculo del nombre y la forma existe desde el momento en que acaba el vínculo de la consciencia y hasta que empieza el vínculo de los seis poderes. La consciencia, que constituye el tercer vínculo es una condición para la forma, ya que este cuerpo se convierte en un cuerpo vivo solo cuando la consciencia está presente. Cuando el *nombre* (el aspecto mental de esta vida) cesa, termina el renacimiento de la persona y el cuerpo permanece como un cadáver sin vida. Aunque las facultades cognitivas permanecen después de la muerte, no pueden conectar un objeto con el momento precedente de consciencia para producir la cognición porque la consciencia ya no está asociada al cuerpo.

Los agregados mentales y físicos de esta vida –nuestra mente y nuestro cuerpo– son el resultado de la maduración contaminada del karma y, como tal, son un producto de las aflicciones y el karma. Son la base del duhkha que experimentamos en la vida presente y, puesto que estamos apegados a ellos, surgen las aflicciones, creando más karma cuyo resultado será más renacimientos posteriores.

En el caso de un nacimiento humano, este cuarto vínculo constituido por el nombre y la forma se refiere a los cinco agregados desde el momento justo después de la concepción hasta el momento en que los cinco órganos de los sentidos empiezan a desarrollarse. La *forma* es el embrión que empieza a crecer en el útero. Consta de los cuatro grandes elementos –tierra, agua, fuego y aire– y formas derivadas de éstos como el color, el olor, etc. Los cuatro grandes elementos son designaciones metafóricas para las diferentes cualidades de la materia. Tierra es el aspecto de la solidez, la propiedad de resistencia y dureza. Agua es la fluidez y el aspecto cohesivo que permite que las cosas permanezcan unidas. Fuego es la cualidad del calor y la energía, y el elemento aire representa la movilidad, la contracción y la expansión. Los seres en el reino sin forma carecen de cuerpo y solo tienen la semilla de la forma[56].

El *nombre* se refiere a los cuatro agregados mentales, porque se relacionan con los objetos con la ayuda de nombres y términos. Justo después de la concepción aparecen únicamente la consciencia mental

56 Esto es desde la perspectiva del sutra. Según el tantra, los seres del reino sin forma tienen un cuerpo muy sutil: el aire más sutil que forma una sola naturaleza con la mente más sutil.

y la táctil, porque en el embrión solo están presentes las facultades mental y táctil[57].

El nombre y la forma en la tradición pali

El nombre, el aspecto mental, y la forma, el aspecto material, son los aspectos principales de nuestra experiencia. La *forma* son los cuatro grandes elementos que conforman el cuerpo. El *nombre* es un término colectivo para los otros tres agregados mentales –sensación, discernimiento y factores composicionales– y los cinco factores mentales –contacto, sensación, discernimiento, intención y atención básica– que acompañan a la consciencia y que son indispensables para dar sentido y poder nombrar las cosas del mundo que nos rodea. Cuando se reúnen el objeto, la facultad cognitiva y la consciencia correspondiente, el *contacto* es esencial para cualquier cognición. Una vez tiene lugar el contacto, la *atención básica* funciona para colocar la mente en el objeto. A continuación, surgen la *sensación*, el *discernimiento* y la *intención* como formas de experimentar y relacionarse con el objeto. Aunque están presentes los cinco factores mentales, la fuerza de cada uno dependerá del estado mental. Cuando lo principal es un dolor o un placer fuertes, la sensación es más notoria; cuando estamos analizando algo y observamos sus características, el discernimiento tiene más fuerza; cuando hacemos planes y estamos decidiendo lo que hacer, la intención destaca más.

¿Por qué están incluidos en el nombre el contacto y la sensación a pesar de que el nombre es anterior en la secuencia causal a los vínculos del contacto y la sensación? ¿Por qué la sensación, el discernimiento y los factores composicionales forman parte del nombre, así como los objetos conocidos por la fuente mental, que es parte del siguiente vínculo, las seis fuentes? En cada vínculo se habla de diferentes aspectos de estos factores mentales. Mientras que un aspecto del contacto y la sensación ocurren simultáneamente con el vínculo del nombre, otro aspecto del contacto sigue al nombre y la forma, y otro aspecto de la sensación viene después de ese aspecto del contacto. De igual manera, un aspecto de los tres agregados mentales se puede incluir en el nombre y la forma, mientras que otro aspecto es el objeto conocido por la fuente mental.

---

57 Esto es de acuerdo con el comentario de Chim Jampalyang sobre *Tesoro de conocimiento*.

5. Las seis fuentes (*sadayatana*)

El quinto vínculo, las seis fuentes, son las seis facultades sensoriales que existen en la naturaleza de la maduración contaminada del resultado (los cinco agregados), justo después de que se haya producido el vínculo del nombre y la forma y antes de que tenga lugar el vínculo del contacto. En el caso de un renacimiento humano, las seis fuentes internas –ojo, oído, nariz, lengua, cuerpo y facultades cognitivas mentales– se desarrollan en el útero. Estas nos permiten conocer las seis fuentes externas –formas visibles, sonidos, olores, sabores, objetos del tacto y fenómenos–. La fuente de los fenómenos (*dharmayatana*) son los objetos de la consciencia mental que percibe la mente, pero que no están incluidos en las cinco primeras fuentes externas. Estos incluyen los agregados de la sensación, el discernimiento, los factores composicionales y diversas formas sutiles, como los objetos de los sueños y los votos pratimoksa de la ética, que no se pueden conocer con los cinco sentidos físicos.

Las facultades cognitivas son formas sensoriales sutiles que están localizadas en los órganos mayores enumerados anteriormente, como el globo ocular. Su función es conectar el objeto con la consciencia para que tenga lugar la cognición del objeto. Se denominan *fuentes* porque son las fuentes para que surjan las seis consciencias.

Si se daña una facultad sensorial y no puede realizar su función, la función sensorial correspondiente también se verá afectada. La fuente corporal está en la piel y en el interior de ciertas áreas del cuerpo. Nos permite experimentar lo liso y lo rugoso, lo duro y lo suave, lo caliente y lo frío, así como el hambre y la sed. La facultad mental no es forma, se compone de las seis consciencias que permiten que un momento posterior de consciencia mental conozca los objetos.

Las facultades táctil y mental están presentes desde la concepción en adelante. Las cuatro facultades cognitivas restantes se manifiestan a medida que se desarrolla el embrión. Cuando las seis facultades cognitivas están formadas, se completa este vínculo y el nuevo ser tiene el potencial para experimentar objetos a través de la unión del objeto, la facultad cognitiva y el momento precedente de consciencia.

Los seres conscientes nacen de cuatro maneras: de un útero, de un huevo, del calor y la humedad y espontáneamente. Los devas y los seres de los infiernos nacen espontáneamente y al nacer, ya tienen todas las facultades cognitivas completas y están dotados perfectamente para interactuar con sus entornos.

Surge una cuestión: ¿Se aplican los doce vínculos al renacimiento en cualquiera de los tres reinos –del deseo, de la forma y sin forma–? *Tesoro de conocimiento,* de Vasubandhu, dice que, puesto que los seres en el reino de la forma nacen espontáneamente y no pasan por el desarrollo en un útero, carecen del vínculo del nombre y la forma, porque todas sus facultades cognitivas ya están presentes en el momento de la concepción. También dice que para los seres del reino sin forma no hay posibilidad del vínculo del nombre y la forma ni de cinco de las seis fuentes, porque no tienen cuerpo. Dado que solo tienen la fuente mental solo experimentan diez vínculos.

Asanga discrepa diciendo que los doce vínculos están presentes en un renacimiento en cualquiera de los tres reinos. El nombre y la forma está presente parcialmente en el reino de la forma, y en el reino sin forma, el vínculo del nombre y la forma está compuesto por la consciencia mental únicamente. El vínculo de las seis fuentes está presente de manera parcial porque existe la fuente mental, a pesar de que no lo hagan las fuentes sensoriales.

Las seis fuentes atormentan a los seres que transmigran en el samsara porque completan el vínculo del nombre y la forma, creando de este modo el potencial para que surja la consciencia de los objetos.

Las seis fuentes según la tradición pali

Las seis fuentes, el quinto vínculo, son las seis facultades cognitivas internas que conectan el objeto con la consciencia para producir el contacto, que es el sexto vínculo. El modo en que aparecen las seis fuentes a partir del nombre y la forma se puede entender de dos maneras: El desarrollo inmediatamente posterior a la concepción y el condicionamiento que ocurre en cualquier cognición.

Usando el ejemplo de un ser humano, en el *modelo del desarrollo*, el nombre y la forma se refiere al organismo psicofísico que fue concebido en el útero de la madre y que está empezando a evolucionar. En el momento de la concepción, la consciencia de la vida previa entra en el óvulo fecundado. Esto se denomina "el nombre y la forma que tiene lugar en el útero".

En este momento, la consciencia de la vida previa se convierte en la fuente mental y, con ella, surgen los otros tres agregados mentales y los cinco factores mentales omnipresentes que constituyen el nombre. De este modo, el nombre se convierte en la condición para la fuente mental sensorial. El funcionamiento de este nuevo ser concebido es rudimentario.

Tras la concepción, el óvulo fecundado se transforma en el cuerpo, que está formado por los cuatro elementos y la forma derivada de ellos. Siendo un diminuto embrión ya tiene la fuente sensorial táctil (la facultad del tacto) y puede experimentar dureza, suavidad, lisura, rugosidad, calor, frío, etc. A medida que el embrión se desarrolla, ciertas células empiezan a especializarse y aparecen las fuentes sensoriales del ojo, el oído, la nariz y la lengua. No son los órganos físicos burdos, sino más bien materia sensible sutil que hay en su interior que es capaz de conectar el objeto y la consciencia para producir el contacto y la cognición. De este modo, la forma es el soporte de las seis fuentes sensoriales. Si se interrumpe el nombre y la forma –por ejemplo, en un aborto natural– cesa el nuevo ser humano y no se desarrollan las seis fuentes.

En cuanto al *condicionamiento que ocurre en cualquier cognición* en nuestra vida diaria, hay una compleja red de factores interconectados que se deben juntar como nombre y forma para que exista y produzca el contacto una determinada fuente sensorial. En una cognición visual, la consciencia visual y los factores mentales que crean el nombre surgen dependiendo de la fuente visual, lo que requiere de la existencia de los globos oculares, que están hechos de los cuatro elementos y sus derivados. La fuente visual no podría funcionar si el cuerpo no estuviera vivo y esto depende de la presencia de la consciencia y los factores mentales que la acompañan. Es en este sentido que el nombre y la forma condicionan las seis fuentes sensoriales.

El nombre –el aspecto mental de los seres vivos– depende de la forma –el cuerpo–. El funcionamiento del cuerpo como un organismo vivo depende de la presencia de la consciencia y de los cinco factores mentales omnipresentes. Buddhaghosa dice (Vism 18.36):

> No pueden llegar a ser por su propio poder o siquiera mantenerse por su propio poder. Dependiendo del soporte de otros estados, débiles en sí mismos y producidos, llegan a existir. Existen con otros como condición; surgen debido a otros como sus objetos; están producidos por objeto y condición y cada uno de estos por otros que no son ellos mismos.

> Igual que la gente depende de un barco para atravesar el mar, así necesita el "cuerpo" mental al cuerpo físico para su aparición. E igual que el barco necesita a la gente para atravesar el mar, así necesita el cuerpo físico al "cuerpo" mental para su aparición. Dependiendo el uno del otro, el barco y la gente van por el mar. Del mismo modo dependen el uno del otro la mente y el cuerpo.

El *bhavanga* o consciencia subliminal, está incluido en la fuente mental. Se dice en los comentarios y en el abhidharma –pero no en los sutras– que el bhavanga es un continuo pasivo y subyacente del que surge la consciencia activa. Tiene lugar en la ausencia de cualquier proceso cognitivo y sirve para conectar todos los estados activos de consciencia. Sin embargo, no es una consciencia o un yo permanente. Se incluye en la fuente mental porque debido a él surge la consciencia mental activa. En el nivel microscópico de los momentos individuales de la mente en el estado de vigilia, la mente podría estar entrando y saliendo del bhavanga tan rápidamente que ni siquiera nos damos cuenta. Durante el sueño, la mente está en el bhavanga durante más tiempo, emergiendo para soñar y regresando al bhavanga después en el sueño sin actividad onírica. El bhavanga también está presente cuando nos desmayamos.

6. El contacto (*sparsha*)

El contacto es el factor mental contaminado que, debido a la unión de tres factores –el objeto, la facultad cognitiva y la consciencia– hace que se experimente el objeto como placentero, doloroso o neutro a través de su propia capacidad, y existe después de que haya tenido lugar el vínculo de las seis fuentes y antes de que aparezca el vínculo de la sensación. El contacto aflige a los seres que transmigran en el samsara porque conecta el objeto, la facultad cognitiva y la consciencia, de modo que los seres disciernen con dualidad.

En general, una consciencia surge debido a tres condiciones: (1) La *condición del objeto observado* (*alambana-pratyaya*) es el objeto que hace que se genere la consciencia con el aspecto de dicho objeto, por ejemplo, con el aspecto del azul o de un sonido. (2) La *condición dominante* (*adhipati-pratyaya*) es la facultad cognitiva que hace que la consciencia correspondiente aprehenda su objeto correspondiente y no otro. La condición dominante para ver –la facultad visual– permite a la consciencia visual aprehender colores y formas, pero no olores o sabores.

(3) La *condición inmediatamente precedente* (*samanantara-pratyaya*) es el momento precedente de consciencia que permite que surja el siguiente momento de consciencia como algo que conoce objetos.

Cuando se reúnen estas tres condiciones surge el contacto. Puesto que hay seis clases de objetos (formas, sonidos, olores, sabores, objetos del tacto y fenómenos), seis facultades cognitivas (ojo, oído, nariz, lengua, cuerpo y mente) y seis consciencias (visual, auditiva, olfativa, gustativa, táctil y mental), hay seis tipos de contacto. El contacto actúa como base para la sensación y dirige hacia la sensación que existe en el momento siguiente.

7. La sensación (*vedana*)

La sensación es el factor mental contaminado que experimenta el objeto como placentero (felicidad), doloroso (sufrimiento) o neutro por su propio poder, dependiendo de su causa: el vínculo del contacto. Aquí, *sensación* no significa emoción, más bien es la experiencia agradable, desagradable o neutra que surge justo después de que cualquier facultad cognitiva contacte con un objeto, y produzca una consciencia que conoce dicho objeto. La sensación aflige a los seres que transmigran en el samsara porque experimentan las sensaciones contaminadas de placer y dolor.

Aunque la sensación se clasifica generalmente en tres tipos –placentera, dolorosa y neutra– o en cinco tipos –placer físico, felicidad mental, dolor físico, dolor mental y neutra– dentro de la explicación de la relación dependiente es de seis tipos: las sensaciones que surgen a partir del ojo, el oído, la nariz, la lengua, el tacto y el contacto mental. Aunque como respuesta al contacto también surgen muchos otros factores como el discernimiento y la intención, el Buda remarcó la sensación porque de una forma muy directa conduce al ansia. Esto es evidente en nuestras vidas: experimentar placer nos impulsa a ansiar más sensaciones placenteras, la experiencia del dolor provoca el ansia de separarse de esas sensaciones indeseables, y la experiencia de sensaciones neutras provoca el ansia de que no disminuyan. Esto último se aplica especialmente a los seres del cuarto dhyana en adelante, ya que solo tienen sensaciones neutras y no desean que cese la paz que produce.

La ignorancia, el karma y la consciencia causal, proyectan un renacimiento que empieza con la consciencia resultante y continúa con el desarrollo del cuerpo durante los vínculos del nombre y la forma y las seis fuentes, y así tienen lugar el contacto y la sensación. La sensación es una de las maneras principales en que madura el karma: las acciones virtuosas producen sensaciones físicas y mentales placenteras y las no virtuosas producen sensaciones físicas y mentales dolorosas. Por un lado, las sensaciones son un resultado evolutivo que comienza con la ignorancia y el karma. Por otro, inician una nueva serie de acontecimientos porque instigan el ansia. El ansia, que también se refleja en las emociones como el apego y el enfado, crea más karma. De este modo se autoperpetúa.

Si observamos detenidamente nuestra experiencia nos daremos cuenta de la cantidad de sensaciones que tenemos, una tras otra a lo largo del día. También advertiremos que somos muy reactivos ante las sensaciones. Nuestra ansia por obtener placer y evitar el dolor es fuerte, lo que afecta a nuestro estado de ánimo y motiva nuestras acciones. La idea de experimentar el placer de nuestra taza de café o té matutino nos saca de la cama por la mañana. Buscando la felicidad que viene de tener dinero y posesiones, vamos a trabajar. Ansiando vernos libres del dolor nos defendemos contra la crítica y atacamos a cualquiera que nos dañe o que meramente nos incomode.

El espacio entre la sensación y el ansia es uno de los lugares donde se puede romper el siguiente movimiento de la relación dependiente. Las sensaciones aparecen de manera natural cuando tiene lugar el contacto con objetos internos o externos como los recuerdos, ideas o planes. Si somos conscientes de las sensaciones y las detectamos con una consciencia introspectiva, es posible impedir que surja el ansia como respuesta a ellas. Practicamos observando las sensaciones sin reaccionar, observando de dónde vienen, dónde residen y dónde se van. Estudiamos las reacciones aparentemente instantáneas que tenemos ante las diferentes sensaciones y cómo el ansia por las sensaciones agradables y el ansia por liberarnos de las sensaciones desagradables controla nuestras vidas.

Solo las sensaciones que van acompañadas por la ignorancia producen ansia. Cuando se ha eliminado la ignorancia las sensaciones están presentes, pero el ansia no surge. Los arhats, así como los bodhisatvas de las tierras puras y los budas también experimentan sensaciones, pero puesto que sus sensaciones no son fruto de un proceso iniciado por la ignorancia son gozosas. Para nosotros, seres ordinarios, son inconcebibles las sensaciones de un ser iluminado. Cuando vivía el Buda, una gran sequía y hambruna azotaba el país. La sangha no recibía ninguna limosna hasta que un hombre que tenía caballos les dio a los monjes forraje para comer. El forraje tenía un sabor desagradable para los monjes, pero el Buda se lo comía satisfecho. Un monje, desolado por la tristeza de que el Buda tuviera que soportar una comida tan asquerosa, dijo: "¡Qué situación tan desesperada es esta, que el Bendito no tenga más que este vil forraje para comer!". El Buda respondió amorosamente: "Por favor, no te preocupes", y tomando una pequeña parte del forraje de su boca, se la dio al monje para que se la comiera. Al masticarla, el monje se quedó maravillado al probar lo que se había convertido en una deliciosa comida divina debido al contacto con los sentidos del Buda.

REFLEXIONES

1. Observa tus sensaciones con atención y consciencia introspectiva e identifica las sensaciones agradables, desagradables y neutras.
2. Sé consciente de que surgen después del contacto con un objeto.
3. Observa cómo surge instantáneamente el ansia para que continúen las sensaciones agradables y el ansia para que cesen las desagradables.
4. ¿Cómo afectan a tu vida esas sensaciones, así como el ansia que provocan? ¿Cómo respondes ante ellas?
5. ¿Hay ciertos objetos que te sería útil evitar temporalmente para que puedas trabajar reduciendo el ansia que se genera al contacto con ellos?

---

8. *El ansia* (*trsna*)

El ansia es un factor mental que, dependiendo del vínculo de la sensación, no desea separarse de su objeto. El ansia, el octavo vínculo, tiene lugar específicamente mientras estamos en pleno proceso de morir, y es una forma de apego que aparece con mucha fuerza mientras el cuerpo se debilita y todavía funcionan las consciencias burdas. Esta ansia no desea separarse de nuestras posesiones, de nuestros seres queridos, de nuestro cuerpo y de la identidad del ego que hemos construido durante esta vida. El ansia aflige a los seres que transmigran en el samsara al acercarlos a su nuevo renacimiento.

En general, aparecen tres tipos de ansia durante nuestra vida:

(1) El *ansia por las sensaciones agradables* surge a través del contacto de nuestras facultades cognitivas con objetos sensoriales particulares y

no quiere separarse de las sensaciones agradables ni de los objetos atractivos y las personas atractivas que las estimulan. El Buda compara ceder ante el ansia con una persona que toma una bebida exquisitamente deliciosa sabiendo que contiene veneno. Nos convertimos en ratas de laboratorio que se agotan dándole golpecitos a una palanca, a pesar de que rara vez reciben un grano de arroz por su esfuerzo.

(2) El *ansia por la existencia* aparece cuando estamos muriendo debido al terror que nos produce saber que la continuidad del yo va a cesar. Temiendo que no vamos a existir más, surge el ansia por unos agregados samsáricos.

(3) El *ansia por la no existencia* busca desesperadamente separarse de las sensaciones dolorosas. Cuando la mente contacta con un objeto indeseable surge el dolor. Esto da lugar al ansia de que el dolor se vuelva inexistente; queremos librarnos de la sensación dolorosa y del objeto o la persona que lo desencadenó. Un ejemplo extremo de esta ansia es el anhelo de que el yo se vuelva inexistente en el momento de la muerte –una noción equivocada y nihilista que podría conducir al suicidio, produciendo unos resultados devastadores–.

Las tres clases de ansia se han descrito en relación con las tres sensaciones: (1) el ansia de no estar separados de las sensaciones agradables, (2) el ansia de estar separado de las sensaciones dolorosas y (3) el ansia de que no disminuyan las sensaciones neutras, es decir, que las sensaciones neutras no degeneren en sensaciones dolorosas.

En nuestra vida diaria podemos atestiguar sensaciones que dan lugar al ansia. Ansiamos las sensaciones agradables y las posesiones, personas, situaciones, talentos y oportunidades que parecen generarlas. Ansiamos separarnos de cualquier cosa que altere nuestra paz, incluyendo las ideas y políticas con las que no estamos de acuerdo. El ansia demuestra claramente la naturaleza insatisfactoria de la existencia cíclica –siempre queremos algo, tenemos miedo de perder lo que nos gusta y estamos impacientes por librarnos de lo que no nos gusta–.

Una vez que surge el ansia respecto a cualquiera de las tres sensaciones, dirige rápidamente al aferramiento hacia esa sensación y hacia el objeto que parece provocarla. Esto también es fácil de observar en nuestras vidas. Experimentamos placer cuando nos alaban, lo disfrutamos y ansiamos más. Cuando se incrementa el ansia aparece el aferramiento con el aspecto de querer escuchar más palabras que complacen al ego y de estar con las personas que las pronuncian.

Desde otra perspectiva, el ansia es de seis tipos: el ansia por los objetos visibles, sonidos, olores, sabores, objetos tangibles y fenómenos. Los últimos son objetos de la consciencia mental e incluyen las apariencias conceptuales de los objetos que perciben los cinco sentidos, pensamientos, imágenes, fantasías, ideas, sensaciones y emociones. El ansia se describe en función de sus seis objetos porque surge de la sensación, la sensación desde el contacto y el contacto desde las fuentes sensoriales. Cada uno de estos vínculos se divide en seis dependiendo de los seis objetos.

Es esencial desarrollar concentración y sabiduría para contrarrestar los diferentes tipos de ansia. Para hacerlo, contempla las diferentes cosas con las que te encuentras y piensa en ello. Ten en cuenta que son meras convenciones pasajeras, no tienen una esencia inherente. No hay *yo*, no hay *ellos*. Practica de este modo considerando transitorios todos los estados mentales y objetos. Déjalos ir sin apegarte a ellos.

Los seres que están libres del ansia experimentan con ecuanimidad cualquier sensación que surja en su mente en lugar de hacerlo reaccionando movidos por la insatisfacción o el miedo. Ser libres del ansia no significa que nuestra vida se vuelva aburrida. Más bien significa que ahora hay espacio mental para las aspiraciones constructivas –para desarrollar sabiduría, amor y compasión para beneficiar a los seres conscientes– que no están influidas por la ignorancia.

EL ansia según la tradición pali

El *ansia por los placeres sensoriales* se describe igual que en la tradición sánscrita. El *ansia por la existencia* busca renacer en cualquiera de los tres reinos. Acompaña a la visión de la permanencia (eternalismo) que se aferra a la noción de un yo o un alma permanente, unitario, independiente y que no cambia que continúa después de la muerte. A través de la historia, la mayoría de las sociedades y religiones han sostenido una visión eternalista de una clase u otra y esta visión está profundamente arraigada en las personas a quienes les enseñaron desde niños que hay un alma permanente.

El *ansia por la no existencia* acompaña a la visión nihilista que cree que cuando el cuerpo deja de funcionar en el momento de la muerte, el yo o la persona se extingue por completo. Esta visión puede surgir en alguien que cae en la desesperación o el cinismo y llega a la conclusión de que, puesto que la muerte es inevitable y todo cesa en el momento de la muerte, no tiene sentido prepararse para vidas futuras o buscar la liberación. Esta visión también puede aparecer en alguien que se suma a una doctrina materialista que niegue cualquier existencia después de la muerte. Al pensar que la erradicación completa de la existencia ocurre de manera pacífica, esta persona ansía cesar por completo al morir.

Todas estas formas de ansia son manifestaciones de la ignorancia. Una vez, un monje le preguntó al Buda: "¿Quién ansía?". El Buda le contestó que esa pregunta no era apropiada. En lugar de intentar aislar un yo que ansía, es conveniente investigar: "¿Cuál es la condición para que surja el ansia?". Puesto que el ansia depende para surgir de la sensación, necesitamos aplicar la atención, la consciencia analítica y la sabiduría a nuestras sensaciones, observarlas como son y hacer todo lo que podamos para no reaccionar a ellas con cualquiera de los tres tipos de ansia.

REFLEXIONES

1. El espacio entre la sensación y el ansia es un punto débil de los doce vínculos. Si podemos aprender a experimentar sensaciones dolorosas y placenteras sin reaccionar a ellas con ansia, podremos dejar de producir karma formativo.
2. Observa con qué facilidad y con qué frecuencia surge cada tipo de ansia como respuesta a una sensación particular.
3. Practica simplemente experimentando la sensación sin ansiar que dure más tiempo o que cese inmediatamente. Cultiva la ecuanimidad sabia, no la indiferencia ignorante a las sensaciones.

9. El aferramiento (upadana)

El aferramiento es el apego que surge como consecuencia del fuerte aumento del ansia. A medida que se va haciendo más evidente que los agregados de esta vida se perderán, el ansia da lugar al aferramiento –un fuerte apego por unos nuevos agregados contaminados–.

Mientras está muriendo una persona, puede tener una apariencia ilusoria de su próxima vida y de dónde va a renacer. Incluso si alguien va a nacer en un reino desafortunado, la apariencia ilusoria de ese lugar será agradable, ansiará nacer allí y esto le llevará al aferramiento por nacer allí. Todo esto alimenta la semilla kármica que se ha depositado anteriormente en la consciencia causal, de manera que el karma se transforma en el vínculo de la nueva existencia. Del mismo modo, desde la perspectiva de un renacimiento afortunado, la persona se siente atraída por la apariencia de un precioso renacimiento humano, por ejemplo. El ansia y el aferramiento surgen hacia este nacimiento, haciendo que madure la semilla de un karma virtuoso que provoca el vínculo de la nueva existencia para este renacimiento afortunado.

Este proceso acontece mientras la persona está en pleno proceso de morir, cuando la mente aún tiene el reconocimiento burdo y la persona todavía puede recordar cosas. Desde la perspectiva del proceso de morir que se describe en el más elevado yoga tantra, el ansia y el aferramiento tienen lugar previos a la apariencia blanca, cuando todavía está funcionando la mente burda. Cuando se absorben los agregados mentales burdos, la mente es incapaz de recordar la virtud o la no virtud y ya se ha establecido el vínculo de la nueva existencia. Así, el aferramiento aflige a los seres que transmigran en el samsara porque los prepara para su próxima vida en el samsara.

Los arhats tienen muchas semillas kármicas con el potencial para producir un renacimiento, pero estas no pueden madurar porque han eliminado el ansia y el aferramiento.

En el bardo, alguien que renacerá como ser humano verá el óvulo y el esperma de sus padres, erróneamente creerá que los padres están en unión y ansiará y se aferrará a estar allí. Debido al aferramiento al óvulo fecundado, la persona quiere estar ahí, en ese cuerpo y no perderlo. La consciencia entra en el óvulo fecundado creando una masa que favorece la aparición de las facultades cognitivas[58].

El aferramiento puede nutrir otros potenciales kármicos en otros momentos de nuestra vida. Generar frecuentemente la aspiración de renacer con un precioso renacimiento humano, ayuda a nutrir las semillas en nuestro continuo mental que lo producirán. Las semillas kármicas también se pueden alimentar de otras maneras. Si hemos creado el karma para una preciosa vida humana, todas las demás actividades virtuosas que hagamos en la vida –hacer postraciones y ofrecimientos, estudiar y practicar el Dharma– ayudan a nutrir ese potencial. El ansia y el aferramiento que aparecen cuando estamos en pleno proceso de morir no son el pensamiento "quiero esto en el futuro", que implica un esfuerzo. El ansia y el aferramiento son innatos. Los seres

58 Ver LC 1:311-12

ordinarios los experimentan cuando están muriendo tanto si creen en la reencarnación como si no.

En general, hay cuatro tipos de aferramiento que pueden aparecer durante nuestra vida (MN 11.9):

(1) El *aferramiento a los placeres sensoriales y a los objetos deseables* surgen con facilidad en nosotros, seres del reino del deseo, y dominan nuestras vidas. Una de nuestras facultades cognitivas contacta con un objeto que desencadena la experiencia de placer o felicidad. A continuación, surge el apego seguido por el aferramiento hacia la sensación agradable y hacia el objeto que la provoca. Los seres en los reinos de la forma y sin forma han eliminado el aferramiento hacia el placer sensorial, pero todavía surge en ellos el aferramiento al intenso gozo o a la paz de la absorción meditativa.

El aferramiento al placer sensorial está detrás de la mayoría del karma que creamos los seres humanos. Nos impulsa a mentir, engañar, maldecir y hablar con dureza para conseguir y proteger las cosas que deseamos. Está detrás de la mayoría de los escándalos sobre los que leemos. Además de dañarnos a nosotros mismos y dirigirnos a renacimientos desafortunados afecta negativamente a los demás, haciendo incluso que la gente pierda la fe en quienes ocupan posiciones de autoridad y respeto.

Algunas personas que tienen la visión correcta del karma quieren disfrutar de placeres sensoriales en sus vidas futuras. Le preguntan al Buda cómo lograr nacimientos celestiales o cómo conocer a sus esposos de nuevo en una vida futura. El Buda enseñó la conducta ética, la generosidad y la amabilidad, que felizmente practicó para lograr su objetivo.

(2) El *aferramiento a las visiones* se aferra a la visión de los extremos, a la visión que sostiene visiones erróneas como supremas y a las visiones erróneas, especialmente a la visión errónea que desprecia el karma y sus efectos, la existencia de vidas pasadas y futuras, etc. El aferramiento a las visiones dirige fácilmente al dogmatismo, al apego a la propia religión y a la denigración de otras religiones hasta el punto de forzar los propios puntos de vista religiosos sobre los demás, ya sea por coerción verbal o mediante amenazas de violencia.

(3) El *aferramiento a la doctrina del yo* es la visión de una identidad personal –o visión de lo compuesto y transitorio– que se aferra al yo y mío como si existieran de modo inherente. El aferramiento al yo es la fuerza que está detrás de todas nuestras aflicciones y yace detrás de

la mayoría de nuestras acciones egoístas que crean karma destructivo. Aparece a lo largo de toda nuestra vida y es especialmente poderoso cuando estamos muriendo. Este aferramiento también se puede aferrar a un yo o alma permanentes o a un yo y mío autosuficientes y sustancialmente existentes. También puede motivar acciones virtuosas. Algunas personas mantienen una conducta ética porque quieren que su yo eterno nazca en un reino celestial.

(4) El *aferramiento a las reglas y prácticas* surge como consecuencia de sostener visiones erróneas acerca de duhkha y sus causas. Nos hace tener nociones distorsionadas sobre la conducta ética o sobre el sendero a la liberación. Aquí se incluye defender automortificaciones extremas ayunando durante mucho tiempo, sentarse sobre el fuego e ir desnudo a bajas temperaturas. También podría dirigir a acciones que no son éticas, como sacrificar animales para tener buena suerte, pensar que la realización impecable de rituales produce la liberación o confundir la absorción meditativa con la liberación.

Estos cuatro tipos de aferramiento se enfocan principalmente en ideas distorsionadas y no incluyen todos los tipos de aferramiento.

El aferramiento según la tradición pali

El ansia también se puede referir a anhelar algo que todavía no tenemos y el aferramiento también puede implicar aferrarse a lo que ya poseemos. Los tres tipos de ansia –por los placeres sensoriales, por la existencia y por la no existencia– se dirigen por lo general hacia lo que todavía no tenemos, mientras que los cuatro tipos de aferramiento –por los placeres sensoriales, por las visiones, por la doctrina del yo y por la visión de las reglas y prácticas– se dirigen normalmente hacia lo que ya poseemos.

Los tres tipos de ansia y los cuatro tipos de aferramiento están relacionados. El ansia por el placer sensorial produce aferramiento por el placer sensorial. El ansia por el placer sensorial puede influir para aferrarnos a ciertas visiones. Pensar que el propósito de la vida es simplemente disfrutar de placeres sensoriales, puede llevarnos a romper la conducta ética robando, mintiendo o teniendo una aventura. El ansia por el placer sensorial en las vidas futuras nos puede llevar a sostener la visión de las reglas y prácticas, por ejemplo, creer que matando a los infieles tendremos un renacimiento con muchos placeres sensoriales.

El ansia por la existencia, que acompaña a la visión eternalista, nos lleva con facilidad a aferrarnos a la doctrina del yo así como al aferramiento a las visiones. El ansia por la no existencia, que a menudo acompaña a la visión nihilista, puede conducirnos al aferramiento a las visiones y a la visión de las reglas y prácticas. Por ejemplo, pensando que no hay nada después de la muerte, alguien podría creer que no importa lo que hagas mientras no te pillen las autoridades.

El aferramiento a las visiones erróneas, a la visión de las reglas y prácticas y a la visión de una identidad personal se abandonan al entrar en la corriente cuando las ataduras de la duda, de la visión de las reglas y prácticas y de la visión de una identidad personal se han eliminado. El aferramiento al placer sensorial disminuye cuando alguien llega a ser *el que vuelve una vez* y se elimina cuando llega a ser un *no retornante*. Solo los arhats han eliminado todo aferramiento.

REFLEXIONES

1. Identifica en tu propia experiencia momentos de cada uno de los cuatro tipos de aferramiento.
2. ¿Cómo afectan a tu vida?
3. ¿Qué ideas tienes para contrarrestarlos?

---

10. La nueva existencia (bhava)

La nueva existencia es el factor que existe en la naturaleza de los agregados que han madurado y están sujetos a las aflicciones (el cuerpo y la mente de la vida futura), y dicho factor es el potencial del karma fortalecido por el ansia y el aferramiento. Como causa de renacimiento, no se refiere al estado en el que nacerá un ser sino a la fuerza kármica que lleva a renacer en dicho estado. La nueva existencia tiene lugar en el momento en el que todas las causas para la vida futura se han completado en esta vida; es la maduración de la semilla kármica que está a punto de producir la vida siguiente. El karma que proyecta el renacimiento era el segundo vínculo. Ahora ha cesado y su continuación existe como un *haber concluido* y una semilla kármica. La nueva existencia es la semilla kármica completamente desarrollada y que ese karma haya concluido tiene el potencial para producir un nuevo nacimiento en la existencia cíclica.

El vínculo de la nueva existencia tiene lugar en dos fases. La *fase de entrar* es el potencial completamente desarrollado que se dirige hacia la vida siguiente. Tiene lugar en la vida presente, antes de morir. La *fase en la que se ha entrado* es el potencial completamente desarrollado que está en el bardo entre dos vidas. Hay tres clases de nueva existencia que corresponden a los tres reinos de existencia en el samsara: la nueva existencia del reino del deseo, del reino de la forma y del reino sin forma.

La nueva existencia es un caso en el que se da el nombre del resultado a la causa. Por ejemplo, después de plantar un brote decimos: "He plantado un árbol" dándole así el nombre del árbol resultante al brote, que es la causa. La nueva existencia es comparable a una semilla (segundo vínculo) plantada en la tierra (tercer vínculo) que se ha alimentado del agua y el sol (vínculos octavo y noveno). Ahora, el potencial de la semilla está preparado (décimo vínculo) para convertirse en un brote (undécimo vínculo).

La acción composicional y la nueva existencia son el mismo karma en diferentes momentos. Se diferencian en que la acción composicional no se ha activado mediante el ansia y el aferramiento y por eso no puede proyectar otro renacimiento inmediatamente.

En cuanto a los renacimientos en los reinos de la forma y sin forma, un meditador debe prepararse la siguiente absorción meditativa superior de estos reinos. Cada uno de los cuatro dhyanas y las cuatro absorciones sin forma tienen siete preparaciones (*manaskara*)[59] –etapas contemplativas que ayudan a lograr el siguiente nivel de absorción meditativa–. La nueva existencia en el reino de la forma es el dhyana que ha logrado un meditador en esta vida, y que le brindará un renacimiento en ese mismo dhyana en la vida siguiente. La nueva existencia en el reino sin forma es el nivel de absorción meditativa en el reino sin forma que ha logrado un meditador en esta vida, y que le impulsará hacia un renacimiento en ese mismo reino sin forma en la vida siguiente.

Aunque el décimo vínculo –la nueva existencia– tiene lugar cuando se está en pleno proceso de morir, en general hay cuatro clases de nueva existencia y cada una de ellas tiene lugar bajo el control de las aflicciones y el karma: (1) La *nueva existencia de nacer* lleva a la consciencia a conectar con el próximo renacimiento bajo el control de las aflicciones y el karma. (2) La *nueva existencia de la muerte* es el último momento de

59 Estas siete son las siguientes contemplaciones mentales: de un mero principiante, el conocimiento individual del carácter, la creencia, el aislamiento completo, la absorción de los sentidos o el gozo, el análisis y el adiestramiento final. A veces se enumera una octava contemplación, la contemplación mental del resultado del adiestramiento final. Esta es el dhyana o absorción meditativa real.

esta vida. (3) La *nueva existencia del bardo* ocurre cuando la consciencia se une al estado intermedio del bardo bajo el control de las aflicciones y el karma. En este momento, uno tiene un cuerpo sutil que es similar al cuerpo que tendrá en la próxima vida. El bardo tiene una duración máxima de siete semanas y se considera parte de la vida siguiente. (4) La *nueva existencia del momento previo* empieza en el momento siguiente después del vínculo del nacimiento, permanece mientras se está vivo y termina con la muerte. En este contexto, *previo* significa anterior a la muerte de esa vida.

No solo la ignorancia y la acción composicional nos atan al samsara. También lo hacen el ansia, el aferramiento y la nueva existencia que tienen lugar en pleno proceso de morir. Estas tres últimas obligan a la consciencia a conectar con el siguiente cuerpo. De este modo, las aflicciones y el karma atan al yo meramente designado a la existencia cíclica. Allí donde va la consciencia va el yo, porque la consciencia es la base principal de designación del yo.

La nueva existencia aflige a los seres que transmigran en el samsara porque hace que suceda el renacimiento resultante.

La nueva existencia según la tradición pali

En la tradición pali, la nueva existencia es el nombre del resultado que se le ha dado a la causa. *Sendero de purificación* distingue dos aspectos de la nueva existencia. Son el mismo karma en fases de maduración diferentes.

(1) La *nueva existencia activada kármicamente* es la intención y los factores mentales de la codicia, etc. que acompañan a dichas intenciones. El karma formativo meritorio, no meritorio e invariable (segundo vínculo) es una condición que da lugar a la nueva existencia activada kármicamente, que es el karma que, como una condición para la vida siguiente, está listo para producir ese nuevo renacimiento. Es de tres tipos en correspondencia con los tres reinos.

Las acciones no virtuosas maduran como la nueva existencia del reino del deseo y llevan a renacimientos desafortunados como ser del infierno, espíritu ávido y animal. Las acciones virtuosas mundanas como las diez virtudes también son la nueva existencia del reino del deseo, pero producen renacimientos como ser humano o deva. La nueva existencia del reino de la forma es cualquiera de los dhyanas que la gente ha alcanzado, dominado y preservado hasta el momento de la muerte. La nueva existencia del reino sin forma es cualquiera de las absorciones del reino sin forma que se hayan logrado, dominado y preservado hasta el momento de la muerte. Los renacimientos en el reino de la forma y sin forma duran eones, pero cuando se acaba el karma, esos seres nacen en unas circunstancias menos favorables.

(2) La *nueva existencia resultante del renacimiento* son los cuatro o cinco agregados sujetos al aferramiento y proyectados por el karma. Este es el momento del renacimiento, así como de toda la existencia en la que experimentaremos los muchos y diversos resultados de nuestras acciones anteriores. El nacimiento es el principio de la existencia resultante del renacimiento, la vejez es la continuidad de esa existencia y la muerte es el final de esa misma existencia resultante del renacimiento.

Mientras dura la existencia resultante del renacimiento, nosotros, seres conscientes, a través de nuestras elecciones y decisiones y las acciones mediante las que se expresan, creamos muchos karmas nuevos que nos llevarán a renacimientos futuros en el samsara. Aunque estas acciones y decisiones vienen influidas por nuestros actos previos, no están determinadas completamente por ellos. Tenemos la libertad de tomar decisiones responsables y también de alimentar o contrarrestar nuestras tendencias hacia diferentes intenciones.

En resumen, la nueva existencia activada kármicamente es la energía kármica causal que proyecta un renacimiento y la existencia resultante del renacimiento es el renacimiento resultante que se tiene.

REFLEXIONES

1. Imagina tu propia muerte y el proceso de morir.
2. En base a lo que has vivido y a tus tendencias habituales, ¿qué tipo de ansia y aferramiento pueden surgir en tu mente en ese momento?
3. ¿Qué clase de pensamientos y aspiraciones te gustaría tener en el momento de la muerte? Recuerda que éstos influirán en qué semillas kármicas se nutrirán y se convertirán en la nueva existencia.
4. ¿Cómo puedes adiestrarte ahora en esos pensamientos y aspiraciones para tener un estado mental virtuoso en esos momentos?

11. El nacimiento (jati)

El nacimiento son los agregados que existen en la naturaleza del resultado que ha madurado y que está sujeto a las aflicciones y conectado a una nueva vida en el samsara bajo el control de las aflicciones y el karma. Normalmente pensamos en el renacimiento como en un niño saliendo del útero de su madre, respirando por sí mismo y empezando su vida. Desde la perspectiva budista, el nacimiento es el primer momento de la nueva vida. Para los mamíferos, esto sucede cuando la consciencia se junta con el óvulo fecundado. La consciencia resultante, la segunda parte del tercer vínculo, es la continuación del continuo mental de un ser que ha dejado su cuerpo anterior. Esta consciencia, lleva consigo todas las semillas kármicas y predisposiciones de las aflicciones que estaban presentes en la vida previa y condicionará muchos aspectos del nuevo ser: en qué cuerpo y con qué configuración genética específica renacerá, su educación y experiencias y sus tendencias en la nueva vida.

El vínculo del nacimiento dura solo un momento; desde el segundo siguiente ya tiene lugar la vejez o la muerte. El nacimiento es la causa de la vejez o la muerte. El Buda señala que sin nacer, no envejeceríamos ni moriríamos (DN 15:4):

> Si, Ananda, no hubiera nacimiento en absoluto, en ningún sitio, de nadie o de nada: de devas en el estado de devas, de gandhabbas..., de yakkhas..., de espíritus ávidos..., de humanos..., de cuadrúpedos..., de pájaros..., de reptiles en el estado de reptiles, si no hubiera absolutamente ningún renacimiento de todos esos seres, entonces, con la ausencia de todo nacimiento, el cese del nacimiento, ¿podrían aparecer la vejez o la muerte? "No venerable señor". Por lo tanto, Ananda, precisamente esta es la raíz, la causa, el origen, la condición de la vejez o la muerte, llamada nacimiento.

En la sociedad, el nacimiento se ve normalmente como algo auspicioso y la gente recibe con alegría el nacimiento de un niño. Estamos ciegos ante el resultado del nacimiento, la vejez o la muerte. Cuando nos adiestramos para ver el cuadro completo de la vida –nacer, envejecer, enfermar y morir– nuestra aspiración se girará hacia la liberación.

Como se ha dicho antes, el nacimiento puede ocurrir de cuatro formas: de un útero, de un huevo, del calor y la humedad y espontáneamente. Los seres de los infiernos, los devas y los seres del bardo nacen espontáneamente, sin tener que pasar por un proceso de desarrollo. Algunos espíritus ávidos nacen de un útero y otros espontáneamente. Los animales nacen de un útero, de un huevo y, en el caso de los insectos, del calor y la humedad. Hay casos de seres humanos que han nacido de estos cuatro modos.

El renacimiento aflige a los seres que transmigran en el samsara porque los dirige a la vejez o la muerte, que es el duhkha esencial de los seres que transmigran.

El nacimiento según la tradición pali

Existe un debate que empezó en las primeras escuelas budistas y que continúa hasta nuestros días sobre si hay un periodo de tiempo entre el momento de la muerte en una vida y el siguiente renacimiento. Aunque no hay una afirmación clara al respecto en los sutras pali, algunos pasajes lo sugieren. Tiene sentido que en algunos casos se requiera tiempo para que se reúnan las condiciones adecuadas inmediatas para que se dé un renacimiento que concuerde con la maduración del karma de la nueva existencia. Si los padres de la próxima vida están en lugares diferentes cuando alguien muere, se necesita un periodo de tiempo para que estén juntos otra vez.

Nacer, envejecer y morir tienen diferentes significados según el contexto. En el *Vibhanga*, el segundo libro del abhidharma pali, *nacer* no solo se refiere a renacer en uno de los tres reinos, sino a la aparición de un instante de mente. *Envejecer* se refiere a la impermanencia intrínseca en todo fenómeno condicionado, no a las canas, dolores y molestias. *Morir* es el cese de ese instante de mente, no la inminente separación del cuerpo y la mente. Cada presentación es válida y útil, pero no deberían confundirse entre ellas ni utilizar una para invalidar las otras.

12. La vejez o la muerte (jaramarana)

La vejez o la muerte son el resultado del nacimiento. Envejecer es el cuerpo y la mente que decaen bajo el control de las aflicciones y el karma. La muerte es la cesación de un tipo similar de agregados físicos y mentales; es la separación de la mente y el cuerpo bajo el control de las aflicciones y el karma. Este vínculo se denomina la vejez *o* la muerte porque algunos seres mueren antes de llegar a envejecer. El Buda dijo (SN 12.2):

> El envejecimiento de los seres en las diversas clases de seres, su envejecimiento, la rotura de sus dientes, sus canas, sus arrugas en la piel, la disminución de su vitalidad, la degeneración de sus facultades, esto se denomina envejecimiento. El fallecimiento de los seres de las diversas clases de seres, que perezcan, su disolución, su desaparición, su muer-

te, la culminación de su tiempo, la descomposición de los agregados, yacer los cadáveres, esto se denomina muerte.

Al estar bajo la influencia de las aflicciones y el karma, nuestro cuerpo enferma, envejece y muere sin elección. Contemplar este hecho permite que crezca en nuestra mente una fuerte renuncia al duhkha del samsara.

Se puede hablar de envejecer de dos maneras: (1) El *envejecimiento progresivo* acontece en cada momento de la vida, empezando en el momento después de la concepción. No es cierto que crezcamos y la vejez empiece en una fecha incierta en el futuro. Más bien, estamos envejeciendo y acercándonos a la muerte desde el momento después de la concepción en adelante. (2) El *deterioro* es envejecer con la incomodidad y el miedo que acompaña a la vejez.

El *Sutra de las diez tierras* (*Dasabhumika Sutra*) dice:

> La muerte tiene dos funciones: (1) hace que se desintegre un fenómeno condicionado y (2) produce la causa de la continuidad de la ignorancia[60].

La muerte misma es un fenómeno condicionado, un resultado de nacer. Hace que cese una vida y, para los seres ordinarios, permite que continúe la ignorancia y el renacimiento samsárico.

Entre la vejez y la muerte está el lamento, la tristeza, no obtener lo que buscamos, separarnos de lo que amamos, encontrarnos y vernos forzados a soportar lo que no nos gusta, la desilusión cuando los acontecimientos no suceden como nos hubiera gustado y no poder controlar las experiencias y situaciones con las que nos encontramos en la vida. Al reflexionar sobre esto con detenimiento, comenzamos a ver la existencia cíclica como lo que es: algo poco fiable y repugnante.

El vínculo de la vejez o la muerte incluye todas nuestras experiencias del duhkha del sufrimiento y del duhkha del cambio que resultan del vínculo precedente, el nacimiento. Esto apunta hacia un nivel más profundo de duhkha: el duhkha de lo condicionado que lo impregna todo, que es la base que está por debajo de los demás duhkhas. Aquí, el undécimo vínculo –renacer bajo el control de la ignorancia y el karma que implica asumir unos nuevos agregados contaminados, que son la

60 Daniel Cozort, *Unique Tenets of the Middle Way Consequence School* (Ithaca, NY:Snow Lion Publications, 1998), 182.

base para experimentar más duhkha– es el significado principal del duhkha de lo condicionado que lo impregna todo.

¿De dónde surge el nacimiento? Del vínculo precedente, la nueva existencia. Este viene de su vínculo precedente, el aferramiento. El aferramiento es la mente que busca un nuevo conjunto de agregados; este surge del ansia, que no quiere separarse de su objeto. El ansia surge como respuesta a las sensaciones agradables, desagradables y neutras que experimentamos debido al contacto –la unión de la facultad cognitiva, el objeto y la consciencia–. El contacto surge de las seis fuentes sensoriales –ojo, oído, nariz, lengua, cuerpo y mental– y estas surgen del nombre y la forma, los cinco agregados. El nombre y la forma surge de la consciencia, que se apropia de la nueva forma. El tercer vínculo, la consciencia, es la consciencia sobre la que se ha depositado una semilla kármica. Surge de la acción composicional que, a su vez, la produce la ignorancia. Toda la secuencia insatisfactoria de los doce vínculos de relación dependiente, está enraizada en la ignorancia. Para liberarnos de este ciclo debemos generar la sabiduría que experimenta directamente la vacuidad que desenraiza esta ignorancia[61].

REFLEXIONES

Empezando por la ignorancia contempla tranquilamente cada vínculo e investiga lo siguiente:

1. ¿Cuál es la naturaleza o el significado de este vínculo?
2. ¿Cuál es su función?
3. ¿Cuál es su causa? ¿Cómo está relacionado con el vínculo precedente?
4. ¿Cuál es su resultado? ¿Cómo se relaciona con el vínculo siguiente?
5. ¿Cuál es el antídoto que detiene este vínculo?

---

61 La tradición pali recomienda el óctuple sendero como remedio a la existencia cíclica.

8 Relación dependiente: girar en el samsara

AHORA QUE HEMOS APRENDIDO EL significado de cada uno de los doce vínculos por separado, revisaremos a continuación varias descripciones sobre cómo funcionan juntos para producir un renacimiento en el samsara. Esto nos ayudará a comprender con claridad nuestra situación en el samsara y nos inspirará a ser conscientes y a estar atentos a nuestros pensamientos, palabras y actos para evitar crear las causas de los renacimientos desafortunados. También nos dará energía para implicarnos en las prácticas de purificación, lo que impedirá que las semillas del karma destructivo maduren como un renacimiento desafortunado. Además despertará nuestro interés para aprender, contemplar y meditar sobre la vacuidad para liberarnos de la existencia cíclica. Después, cuando pensemos en los seres conscientes que están encadenados a innumerables grupos de doce vínculos, crecerán en nuestro corazón la compasión y la bodhichita.

Cómo producen una vida los doce vínculos

En el segundo verso de *Corazón de la relación dependiente* (*Pratitya samutpada*), Nagarjuna dice (LC 1:322):

> El primero, el octavo y el noveno son aflicciones. El segundo y el décimo son karma. Los siete restantes son duhkha.

De los doce vínculos, tres –la ignorancia, el ansia y el aferramiento– son aflicciones. Dos –la acción composicional y la nueva existencia– son karma. Siete –la consciencia, el nombre y la forma, las seis fuentes, el contacto, la sensación, el nacimiento y la vejez o la muerte– son resultados de sufrimiento. Las tres aflicciones y las dos acciones son orígenes verdaderos de duhkha y los siete resultados son duhkha.

Viéndolo desde la amplia perspectiva de renacer continuamente en el samsara, cada uno de estos tres grupos causa los otros, sin un orden fijo. Las aflicciones producen karma, lo que a su vez produce duhkha, resultados insatisfactorios. En estos resultados se incluyen los agregados mentales, entre los que se encuentran las aflicciones y las semillas kármicas. Como dijo Nagarjuna (RA 36):

> Con estos tres senderos que se crean unos a otros sin un principio, medio o final, esta rueda de la existencia cíclica gira como la rueda de una antorcha.

Estos doce vínculos de relación dependiente se denominan vínculos porque están conectados y entrelazados unos con otros. Se suceden uno tras otro tan rápidamente que, como una antorcha girando, es muy difícil decir dónde termina un vínculo y empieza otro. De hecho, como veremos, hay varias descripciones de cómo opera un grupo completo de doce vínculos.

Los vínculos se pueden dividir en causas y efectos que proyectan y causas y efectos que actualizan: Las *causas que proyectan* son los vínculos 1, 2 y 3a –la ignorancia, las acciones composicionales y la consciencia causal–. Los efectos proyectados son los vínculos desde el 3b hasta el 7 –la consciencia resultante, el nombre y la forma, las seis fuentes, el contacto y la sensación–. Las *causas que actualizan* son los vínculos del 8 al 10 –el ansia, el aferramiento y la nueva existencia–. Los *efectos actualizados* son los vínculos 11 y 12 –el nacimiento y la vejez o la muerte–. Según la enseñanza explícita del *Sutra del vástago de arroz*, las causas y efectos que proyectan y las causas y efectos que actualizan tienen lugar a lo largo de tres vidas. Llamemos a nuestra vida presente Vida B. En una vida anterior, la Vida A, las causas que proyectan –la ignorancia, las acciones composicionales y la consciencia causal– crearon en la consciencia el potencial que proyectó un nuevo renacimiento, denominado Vida B. En la vida presente, la Vida B, tienen lugar los efectos proyectados –la consciencia resultante, el nombre y la forma, las seis fuentes, el contacto y la sensación–. En el momento de morir en la Vida B, las causas que actualizan –el ansia, el aferramiento y la nueva existencia– actualizan el potencial de otra nueva semilla kármica en la mente. Esto produce la Vida C, los efectos actualizados de nuestra vida futura –nacimiento, vejez o muerte–.

Presentación explícita de los doce vínculos

Vinculos	Relación con la vida	Vida en la que ocurre
Causas que proyectan 1-3a	B	A
Efectos proyectados 3b-7	B	B
Causas que actualizan 8-10	C	B
Causas actualizadas 11-12	C	C

No hay un tiempo fijo entre las vidas A y B. Las vidas B y C son consecutivas.

En la presentación explícita, los vínculos de los dos diferentes grupos de doce vínculos se presentan juntos. Es decir, dos grupos diferentes de causalidad de dos vidas diferentes se entrelazan, con los vínculos del 1 al 7 describiendo la evolución de la Vida B, y los vínculos del 8 al 12 que ya pertenecen a la Vida C. En cuanto a la producción de la Vida B, solo se presentan explícitamente los vínculos del 1 al 3a, y para la producción de la Vida C, solo se presentan explícitamente los vínculos del 8 al 10. En realidad, tanto la Vida B como la Vida C tienen tres causas que las proyectan y tres causas que las actualizan. Las que no se mencionan de manera explícita se infieren. Igualmente, solo alguno de los vínculos resultantes de la Vida B se mencionan explícitamente (los vínculos del 3b al 7) y solo algunos de los vínculos resultantes de la Vida C son explícitos (los vínculos 11 y 12). Aquí, también se infieren los demás vínculos resultantes para cada vida.

Un ejemplo ayudará. Un americano llamado John (Vida A) crea las causas que proyectan (vínculos del 1 al 3a) para nacer como una mujer italiana llamada María. En su vida como María (Vida B), experimenta los efectos proyectados de ese karma (vínculos del 3b al 7). Mientras María muere, maduran las causas que actualizan (vínculos 8 al 10) para renacer como un deva llamado Rooni y el deva Rooni nace (Vida C) y experimenta los efectos actualizados (vínculos 11 y 12). Un grupo de doce vínculos concierne a la vida como María, el otro tiene que ver con el renacimiento como Rooni. Aunque solo los vínculos del 1 al 7 se mencionan explícitamente en la vida de María, los vínculos del 8 al 12 de ese grupo de doce vínculos están implícitos. Del mismo modo, aunque solo se mencionan las causas y los efectos actualizados para el grupo de doce vínculos de la vida como Rooni, los otros están implícitos.

El Buda explicó los doce vínculos de este modo para destacar que el proceso de renacimiento es continuo. Mientras experimentamos los efectos de una vida se están creando las causas de otra.

Esta presentación también enfatiza las funciones exclusivas de las causas que proyectan y de los efectos que proyectan. *Que proyecta* quiere decir que esas causas (que proyectan) son adecuadas para producir duhkha después de que se reúnan las causas que actualizan y las nutran. *Que actualizan* significa que esas causas (que actualizan) tienen el potencial de la semilla kármica lo suficientemente poderoso como para producir el resultado inmediatamente.

Además de la presentación explícita, Asanga estableció presentaciones implícitas. En ellas, el orden en el que acontecen los cuatro grupos –causas que proyectan, efectos proyectados, causas que actualizan y efectos actualizados– no es necesariamente el mismo en el que se enumeran los doce vínculos.

En la primera presentación implícita, la causa de una nueva vida (B) empieza en una vida previa (A) con sus causas que proyectan: la ignorancia impulsa la creación de un karma formativo que tiene el poder de producir un renacimiento, y esta semilla kármica se depositó en la consciencia causal. En el momento de morir en la Vida A, las causas que actualizan del ansia y el aferramiento nutren esa semilla y esto la transforma en la nueva existencia. En la vida subsiguiente se experimentan todos los resultados –la consciencia resultante, el nombre y la forma, las seis fuentes, el contacto, la sensación (los efectos proyectados), el nacimiento y la vejez o la muerte (los efectos actualizados)–. Aquí, la consciencia resultante y el nacimiento ocurren simultáneamente y en el instante siguiente, mientras se despliegan el nombre y la forma, las seis fuentes, el contacto y la sensación, el vínculo de la vejez o la muerte está en proceso. De este modo se completa un grupo de doce vínculos en dos vidas consecutivas.

PRESENTACIÓN IMPLÍCITA DE LOS DOCE VÍNCULOS 1

VÍNCULOS	RELACIÓN CON LA VIDA	VIDA EN LA QUE OCURRE
Causas que proyectan 1-3a	B	A
Efectos proyectados 3b-7	B	B
Causas que actualizan 8-10	B	A
Causas actualizadas 11-12	B	B

Las vidas A y B son consecutivas.

En la segunda presentación implícita, las causas que proyectan creadas en la Vida A maduran como la Vida C. La Vida B siempre ocurre previamente a la Vida C. Entre la Vida A y la Vida C puede pasar cualquier cantidad de tiempo, una vida o eones de otras vidas. Al final de una de estas Vidas B, acontecen el ansia, el aferramiento y la nueva existencia, y la semilla kármica que estaba implantada en la consciencia hacía mucho tiempo, está ahora a punto de producir un nuevo nacimiento. Los efectos proyectados y los efectos actualizados ocurren juntos en la siguiente vida (C).

PRESENTACIÓN IMPLÍCITA DE LOS DOCE VÍNCULOS 2

VÍNCULOS	RELACIÓN CON LA VIDA	VIDA EN LA QUE OCURRE
Causas que proyectan 1-3a	C	A
Efectos proyectados 3b-7	C	C
Causas que actualizan 8-10	C	B
Causas actualizadas 11-12	C	C

No hay un tiempo fijo entre las vidas A y B. Las vidas B y C son consecutivas.

Un ejemplo

La enseñanza sobre los doce vínculos de relación dependiente es compleja y requiere mucha contemplación. Nos ayudará a entenderla un ejemplo concerniente a las dos presentaciones implícitas.

Pat llega a casa después de trabajar y ve que sus hijos han dejado desordenada la cocina. Cansada del trabajo, pierde los papeles y les grita. Este es el principio de un grupo de doce vínculos. Después de ver el desorden, en la mente de Pat aparece la ignorancia que se aferra a la existencia inherente/la visión de una identidad personal (vínculo 1). Esta ignorancia no comprende que el yo es vacío de existencia inherente y en su lugar, se aferra al yo como si fuera inherentemente existente. Además, la ignorancia que se aferra a la existencia inherente o esencial se aferra a su propio cuerpo y mente, a sus hijos, al desorden en la cocina, al trabajo de limpiarlo y a su propia infelicidad como si existieran inherentemente. Sobre esta base, surge la atención distorsionada que exagera lo terrible que es la situación. A esto, le sigue inmediatamente el enfado y la intención de decir palabras duras. También está presente la ignorancia que desconoce la ley del karma y sus efectos y, puesto que está cansada, no considera los efectos de las palabras duras a corto o largo plazo y no aplica el antídoto para calmar su mente. Las palabras duras salen de su boca creando la acción composicional (vínculo 2) y una semilla de karma destructivo se deposita en su continuo mental. También se ha creado el *haber concluido* del acto de las palabras duras (vínculo 3a). Esto completa las causas que proyectan. Los niños se apresuran a limpiar la cocina y, satisfecha de que los gritos cumplieron su propósito, Pat no piensa en purificar los senderos del karma de la malicia y de las palabras duras.

Al final de su vida, mientras se está muriendo, Pat se enfada y se altera porque la gente a su alrededor está discutiendo y haciendo jaleo. Este estado mental impulsa el ansia y el aferramiento (vínculos 8 y 9) que nutren la semilla de karma destructivo que creó cuando les gritó a sus hijos, preparándola para producir un nuevo renacimiento (vínculo 10). Estas son las causas que actualizan. Su consciencia se ve atraída hacia el cuerpo de un búho chillón y nace allí (vínculos 3b y 11). El envejecimiento o la muerte (vínculo 12) empieza, igual que los vínculos secuenciales del nombre y la forma, las seis fuentes, el contacto y la sensación (vínculos del 4 al 7). Estos son los resultados proyectados y actualizados de ese grupo de vínculos. A pesar de que, como todos los seres conscientes, Pat sólo busca la felicidad y no quiere el sufrimiento, debido a la ignorancia creó la causa del sufrimiento. Puesto que los vínculos del 8 al 10 ocurrieron al final de la vida de Pat, ese conjunto de doce vínculos se completó en dos vidas como en la presentación implícita 1.

Cambiemos de escenario ligeramente. Motivada por la compasión, Pat va regularmente a hacer voluntariado al hospital donde alegra los corazones de las personas que necesitan apoyo y esperanza. Esto empieza otro grupo de doce vínculos y deja en su consciencia una semilla de karma virtuoso. Cuando está muriendo, se regocija del buen corazón y de las buenas acciones suyas y de los demás, y este estado mental activa los vínculos del 8 al 10 del grupo de doce vínculos que empezó con su trabajo de voluntariado. Su consciencia se ve atraída a tomar un nacimiento como ser humano, y acontecen los resultados proyectados y actualizados de ese grupo de vínculos.

Mientras tanto, la semilla kármica de las palabras duras permanece en su continuo mental hasta que en alguna vida futura los vínculos del 8 al 10 se activen y la lleven a un renacimiento desafortunado. En ese caso, el grupo de doce vínculos asociado con las palabras duras tiene lugar en tres vidas, como en la presentación implícita 2.

Pueden estar trabajando muchos grupos de doce vínculos al mismo tiempo, solapándose unos con otros. Mientras experimentamos los vínculos resultantes de un grupo se están creando los vínculos causales de otro. En el caso de Pat, ella experimenta el vínculo de la vejez de un grupo de doce vínculos que se creó en una vida previa. Cuando se enfadó y gritó a sus hijos, empezaron los vínculos de la ignorancia, la acción composicional y la consciencia de un nuevo grupo de doce vínculos. Además, su trabajo como voluntaria en el hospital empezó otro grupo de doce vínculos. Durante su vida, empezaron muchos otros conjuntos de doce vínculos dependiendo de las acciones que llevó a cabo en base a sus motivaciones virtuosas y no virtuosas. Cada grupo tiene el potencial de dirigir a un nuevo renacimiento a menos que se impida que maduren la semilla kármica y el *haber concluido* o que ella erradique los oscurecimientos aflictivos que producen un renacimiento en el samsara. Así, podemos hacernos una idea de lo que significa estar "atado al samsara por las aflicciones y el karma".

¿Elegimos nuestro próximo renacimiento? Para nosotros, seres ordinarios, la elección existe mientras llevamos a cabo cada acción en nuestra vida diaria y creamos nuevas semillas kármicas. No es que en el bardo, tranquilamente, miremos hacia la Tierra y otros hábitats y elijamos a nuestros futuros padres para aprender ciertas lecciones o reparar deudas kármicas. Más bien, justo antes de la muerte, las apariencias kármicas se manifiestan en nuestra mente. Debido a la reacción emocional ante esas apariencias, aparecen el ansia y el aferramiento, nutren una semilla kármica y la mente busca unos nuevos agregados con los que nacer. El bardo es un periodo de confusión; el enfado, el apego, la envidia, el miedo y la ignorancia que se aferra a la existencia sustancial surgen igual que lo hacen durante la vida.

Nadie crea lecciones para que nosotros las aprendamos en la vida. Si aprendemos de nuestras experiencias dependerá de nosotros. ¿Insistimos en echar la culpa a los demás de nuestras dificultades o examinamos nuestras propias concepciones distorsionadas, aflicciones y comportamiento aplicando los antídotos para transformarlos?

Los arya bodhisatvas así como los sravaka aryas pueden dirigir sus propias mentes en el momento de la muerte y determinar dónde van a renacer. Sin embargo, los renacimientos de los seres ordinarios los determinan sus propias aflicciones y el karma, del mismo modo que durante sus vidas están bajo la influencia de las aflicciones y el karma. En esas circunstancias, no somos libres de experimentar la felicidad y la paz que buscamos.

REFLEXIONES

1. Revisa el proceso de cómo los doce vínculos producen un nuevo renacimiento según la presentación explícita y las dos presentaciones implícitas.
2. Pon un ejemplo de tu vida presente de cómo podría desarrollarse un grupo de doce vínculos en el futuro utilizando una acción formativa creada bajo la influencia de la ignorancia.
3. ¿Cómo afecta esta reflexión a tu actitud ante la vida?

Flexibilidad

En todas las situaciones anteriores, diferentes elementos de muchos grupos de doce vínculos pueden ocurrir durante la vida presente. Mientras experimentamos los resultados de un grupo de doce vínculos, se inician muchos nuevos conjuntos de doce vínculos con la creación de los vínculos del 1 al 3a. Mientras que a veces los efectos proyectados y actualizados ocurren poco después de las causas que proyectan, en otras situaciones puede haber un largo intervalo. La existencia cíclica es aterradora, porque mientras vivimos cada existencia samsárica, creamos ignorantemente las causas de muchas más.

Vasubandhu dice que, una vez que acontecen los vínculos del ansia, el aferramiento y la nueva existencia, les sigue el bardo. No se puede revertir el proceso; no es posible acumular un nuevo karma que proyecta en el bardo, y los vínculos del nacimiento y la vejez o la muerte de ese grupo de doce vínculos indudablemente ocurrirán (ADK):

> Una vez que se ha actualizado el estado intermedio de un nacimiento particular, [el renacimiento de ese grupo de doce vínculos] no vacilará.

Asanga tiene una visión diferente (ADS):

> Existe la posibilidad de que un grupo [de doce vínculos] se tambalee porque en el estado intermedio existe la posibilidad de acumular karma.

La tradición pali: cómo completamos un ciclo

Los comentarios pali, incluido *Sendero de purificación*, explican los doce vínculos desde el punto de vista de cuatro grupos, cada uno compuesto por cinco vínculos, para ilustrar la relación entre los doce vínculos y las diferentes vidas en las que ocurren.

Explicación de la columna "vínculos": Desde nuestra vida presente, la Vida B, miramos hacia atrás y nos preguntamos qué factores han sido los responsables de nuestro renacimiento presente. La ignorancia y la acción composicional tuvieron lugar en una vida precedente, la Vida A. Mediante la maduración de las acciones composicionales condicionadas por la ignorancia, vienen los cinco factores resultantes en esta vida (Vida B); la consciencia, el nombre y la forma, las seis fuentes, el contacto y la sensación.

En esta vida, cuando tiene lugar la sensación, surge el ansia. Esto lleva al aferramiento, que genera la nueva existencia que estaba kármicamente activa. Cuando estos tres tienen lugar en esta vida, son la fuerza que genera otro renacimiento –la Vida C– en la que se experimentan el nacimiento y la vejez o la muerte. Esto corresponde a la presentación explícita del *Sutra del vástago de arroz* que se explicó anteriormente.

Sin embargo, en una vida cualquiera, todos esos factores se entremezclan. Así que, para comprender cómo funcionan los doce factores en esta vida, observamos la última columna con sus veinte modos, que están divididos en cuatro grupos de cinco factores.

Un ciclo en la tradición pali

Vida	Vínculos	20 Modos y 4 Grupos de 5
A	Ignorancia (1) Acción composicional (2)	Cinco causas del pasado 1, 2, 8, 9, 10
B	Consciencia (3) Nombre y forma (4) Seis fuentes (5) Contacto (6) Sensación (7)	Cinco resultados del presente 3, 4, 5, 6, 7
B	Ansia (8) Aferramiento (9) Nueva existencia (10)	Cinco causas del presente 8, 9, 10, 1, 2
C	Nacimiento (11) Vejez o muerte (12)	Cinco resultados futuros 3, 4, 5, 6, 7

(1) El grupo de *las cinco causas del pasado.* En la vida previa, la Vida A, la ignorancia y las acciones composicionales no fueron las únicas causas de la vida presente; también estuvieron presentes el ansia, el aferramiento y la nueva existencia activada kármicamente. Estos cinco se consideran las cinco causas del pasado que dieron lugar a la vida presente.

(2) El grupo de *los cinco resultados del presente.* Las cinco causas del pasado producen los cinco efectos del presente, vínculos del 3 al 7.

(3) El grupo de *las cinco causas del presente.* En esta vida, la Vida B, hay cinco causas que producirán otro renacimiento –los vínculos 8, 9 y 10, así como el 1 y el 2–. Estos mismos cinco factores del presente que fueron las cinco causas del pasado de la vida presente, se convierten en las cinco causas del presente que conducirán a un renacimiento futuro, la Vida C.

(4) El grupo de *los cinco resultados futuros.* El nacimiento y la vejez o la muerte aparecen en la vida futura debido a las cinco causas del presente. Los vínculos del 3 al 7 son una manera extensa de hablar del nacimiento y la vejez o la muerte.

En la explicación anterior, hay tres puntos de conexión: (1) Las causas pasadas conectan con los resultados del presente. Esto tiene lugar entre las acciones composicionales y la consciencia. (2) Los resultados del presente conectan con las causas del presente. Esto sucede entre la sensación y el ansia. (3) Las causas presentes conectan con los resultados futuros. Esta transición se da entre la nueva existencia y el nacimiento.

Se dice que de los doce vínculos dos son la raíz del samsara: La ignorancia es la raíz que se prolonga desde la vida pasada hasta la presente; el ansia es la raíz que se prolonga desde la vida presente a la futura. La ignorancia, en cuanto a que es el desconocimiento fundamental que oscurece la mente, es más básica que el ansia, pero el ansia se nutre de la ignorancia. Puesto que identificar la ignorancia es más difícil que reconocer el ansia, empezamos por subyugar el ansia controlando nuestros sentidos y desarrollando la concentración. Después, puede surgir la sabiduría y desenraizar la ignorancia.

Al igual que en muchas categorías, las distinciones anteriores sirven para fines explicativos y no son fijas. La ignorancia existe en las tres vidas, igual que lo hace el ansia.

Un ejemplo de un sutra pali

En *Gran discurso de la destrucción del ansia* (MN 38), el Buda pone un ejemplo de los doce factores que intervienen en la vida de un ser humano ordinario e ignorante que no sabe que está en el samsara e ignora las cuatro verdades. El Buda explica entonces la manera de cortar el ciclo.

La concepción en el útero requiere de tres condiciones y si cualquiera de ellas no está, no tiene lugar. Estas condiciones son la unión sexual del padre y la madre, que la mujer esté en el momento fértil en su ciclo y la presencia de un *gandharva* (P. *gandhabba*), un ser que está preparado para renacer y tiene una afinidad kármica con esos padres[62]. Esta

62 Entre las dieciocho primeras escuelas, la sarvastivada, que más tarde llegó a ser influyente en el Tíbet, afirmaba un estado intermedio entre una vida y la siguiente. La tradición theravada de los comentarios lo rechazó, diciendo que la consciencia se separa

afinidad kármica se debe a los dos primeros vínculos, (1) la ignorancia y (2) las acciones composicionales. La entrada del gandharva en un nuevo óvulo fecundado se conoce como "descenso de la consciencia". Esta consciencia (3) trae consigo la ignorancia, las aflicciones y todo el almacén de semillas kármicas de las vidas previas.

En el momento de la concepción surge el nombre y la forma (4). En ese momento, solo están presentes las fuentes táctil y mental pero, gradualmente, mientras el cigoto se transforma en un embrión y posteriormente en un feto, van apareciendo las demás fuentes (5). Después de nacer el bebé, las seis fuentes se activan contactando (6) e implicándose con visiones, sonidos, olores, sabores y objetos del tacto. Los bebés tienen un pensamiento conceptual rudimentario que se va desarrollando a medida que el niño aprende el lenguaje y se socializa y educa. Conforme el niño va utilizando juguetes y participando en juegos, sus seis facultades cognitivas entran en contacto con más objetos agradables, desagradables y neutros. Esto produce sensaciones agradables, dolorosas o neutras (7) y el niño ansía (8) y se aferra (9) a tener lo que le proporciona felicidad y a librarse de lo que le aporta sufrimiento.

A medida que el niño se hace adulto y cambia sus juguetes por medios de entretenimiento más sofisticados, las seis fuentes siguen contactando con los seis objetos, dirigiendo en muchas ocasiones a sensaciones agradables, dolorosas o neutras. Como persona mayor, vuelve a cambiar los objetos de entretenimiento, pero el proceso de las seis fuentes contactando con los objetos y produciendo sensaciones continúa.

En todas estas ocasiones, las sensaciones agradables y dolorosas llevan al ansia y al aferramiento para tener o separarse de los seis objetos de los sentidos. Como respuesta a cualquier cosa con la que contacta, surgen el apego, el enfado y otras emociones una tras otra. Cuando no

---

de un cuerpo y, en el momento siguiente, tiene lugar la consciencia del renacimiento en la nueva existencia. Sin embargo, en los sutras pali se menciona al "ser que renace" o gandhabba (MN 38.26 y MN 93.18). Los sutras pali no explican el significado de gandhabba, sino que lo tratan como si quien lo escucha ya hubieran entendido su significado. Buddhagosha explicó un gandhabba como un ser que va a renacer –es decir, la consciencia de un ser que ha fallecido y que está en una condición adecuada para renacer–. En el caso de un nacimiento humano, el gandhabba nacerá como el hijo de dos padres con quienes tiene una conexión kármica. En otros contextos, gandhabba se refiere a espíritus semidivinos que habitan bosques y plantas o a un tipo de músico celestial.

siente ni placer ni dolor se aburre, y ansía algo excitante como escape. Así se ha dicho: "Se deleita en esa sensación, le da la bienvenida y se queda aferrado a ella". Al carecer de atención y consciencia introspectiva respecto a su propia experiencia, no ve ninguna alternativa y sigue ignorante del potencial de su propia mente.

¿Qué significa "deleitarse en una sensación dolorosa"? Indica que la persona se aferra a la sensación con el pensamiento *yo* y *mío*. Este sentido del yo se refuerza al sentirse incómodo. Puede que se ponga en situaciones estresantes o incluso peligrosas para reforzar su sensación de "yo existo". Incluso puede llegar a crear una identidad debido a su dolor: "yo soy la persona que ha sido injustamente criticada".

Disparado por el ansia y el aferramiento (8 y 9), habla, actúa o le da vueltas a la situación. Este lado kármicamente activo de la nueva existencia (10) madura en un nuevo nacimiento (11). La vejez o la muerte (12) empieza inmediatamente y "aparecen la tristeza, los lamentos, el dolor, la angustia y la desesperación. Tal es el origen de toda esta cantidad de duhkha". El proceso que va desde el contacto hasta la vejez o la muerte, ocurre repetidamente como resultado del contacto de las seis fuentes con los objetos de los seis sentidos.

Al ver que esta es nuestra situación, aparece una sabia sensación de peligro y llegamos a apreciar nuestra preciosa vida humana y la oportunidad que nos proporciona para contrarrestar nuestra situación en el samsara. Estamos agradecidos de que el Buda apareciera en este mundo y enseñara el Dharma, que es "bueno al principio, bueno en el medio y bueno al final". Al ver las desventajas del samsara, tomamos refugio en las Tres Joyas y decidimos entrar en una vida de Dharma. Abandonando las diez no virtudes y practicando las diez virtudes, desarrollamos la atención y la consciencia introspectiva respecto a los objetos de los sentidos. Ahora, siempre que nuestras facultades cognitivas contacten con sus objetos, hacemos una pausa. Aunque la aparición de una sensación es un resultado natural de las condiciones previas, ahora sabemos que hay un punto débil entre la sensación y el ansia. Tenemos una posibilidad respecto a nuestra respuesta ante las sensaciones agradables, dolorosas y neutras. En lugar de permitir que la mente salte inmediatamente al ansia, permanecemos atentos y ecuánimes.

Algunos practicantes que han alcanzado la permanencia apacible pueden utilizar su concentración para suprimir temporalmente el ansia por los objetos de los sentidos. Sin embargo, el samadhi no es la solución final al samsara y puede existir todavía el apego sutil a las sensaciones de gozo y ecuanimidad que se experimentan en estados de concentración profunda. Sabiéndolo, cultivan la visión superior. A medida que se incrementa su concentración unipuntualizada y su visión superior, utilizan la sabiduría para penetrar el Nirvana y gradualmente erradicar los engaños.

Otros practicantes tienen una fuerte aptitud para la sabiduría y confían en el poder de la reflexión y la contemplación para comprender la naturaleza insatisfactoria de los placeres sensoriales. De esta manera, apartan su mente del enredo con los objetos de los sentidos y, mediante la comprensión, impiden temporalmente que su mente reaccione con ansia ante las sensaciones. Por sí solos, la reflexión y el análisis no son lo suficientemente profundos como para desenraizar el samsara, pero calman la mente, permitiendo el desarrollo de la permanencia apacible. Estos practicantes, como los anteriores, unifican entonces la permanencia apacible con la visión superior y usan la sabiduría para lograr el Nirvana y superar todos los engaños.

¿Quién da vueltas en la existencia cíclica?

Cuando el Buda resume los doce vínculos en el *Sutra del vástago de arroz*, dice que desde la ignorancia surge la acción composicional y desde el nacimiento surge la vejez o la muerte. Expresa la interconexión de los doce vínculos de esta manera para enfatizar que no hay una persona inherentemente existente que experimente los doce vínculos. Los vínculos acontecen naturalmente como parte de un proceso causal. El *Sutra del vástago de arroz* dice:

> Nada en absoluto va de este mundo al más allá. Sin embargo, de las causas y condiciones se manifiesta el efecto; en un espejo limpio se ve la imagen de un rostro, pero la imagen no se transfiere al espejo. Debido a que las causas y condiciones están completas, aparece un rostro. En consecuencia, no hay nadie que se trasfiera de esta vida en el momento de la muerte; tampoco nace nadie en otra vida. Debido a que las causas y condiciones están completas, se actualiza el efecto del karma.

A esto, en *Comentario al sutra del vástago de arroz* (*Salistamba Sutra Karika*) añade Nagarjuna:

> Así como la luna distante aparece en un pequeño vaso de agua pero no se transfiere allí, el karma y su función existen. Del mismo modo, en la muerte nada se transfiere de esta vida, pero nace un ser. Si las causas y las condiciones no están completas, el fuego no arde; una vez que están completas, el fuego arde. Así, de causas y condiciones completas surgen los agregados [de una nueva] vida. Igual que la luna reflejada en el agua, no hay nada que se traslade de aquí a la muerte, pero un ser renace[63].

Estos conmovedores fragmentos indican que la persona que transmigra de una vida a otra no es nada más que un yo meramente designado. El renacimiento tiene lugar sin un yo permanente y sustancial que renazca. De hecho, sería imposible que sucediera un renacimiento si hubiera un yo existiendo de manera inherente, porque este yo existiría independientemente de todos los demás factores, así que no se vería afectado por causas ni condiciones, por lo que no podría cambiar. Puesto que el renacimiento implica cambio, una persona permanente e independiente no podría renacer. Solo es posible que ocurra el renacimiento si el yo existe nominalmente, como una convención.

Aunque hablemos de una persona que da vueltas en la existencia cíclica –alguien que crea karma, experimenta sus efectos y se apropia de los agregados– es un yo que existe nominalmente, no un yo con existencia inherente. Cuando el Buda dice que lo que surge de causas y condiciones no tiene nacimiento, se está refiriendo a este proceso ininterrumpido de causas y condiciones que no tiene un principio fijo. No hay unos agregados o una persona que existan de manera inherente que vayan de una vida a la siguiente. Sencillamente son factores resultantes que surgen de factores causantes. Tanto las causas como los resultados, existen por mera designación; del mismo modo que se designa mediante un concepto el momento en el que cesa una causa y surge su resultado. Mientras un vínculo impermanente y meramente designado cesa, surge otro vínculo transitorio y meramente designado. En base a este proceso, decimos que la persona gira en el samsara, pero no hay un alma o una persona con existencia verdadera que gire en el samsara.

63 Gueshe Yeshe Tabkhye, "*Dependent Arising, the King of Reasons Used to Distinguish the Ontological Status of All Things*", traducido por Gueshe Damdul Namgyal and Joshua W. C. Cutler, unpublished manuscript. Este ensayo sobre la relación dependiente hace de introducción al comentario de Kamalashila del *sutra del vástago de arroz*, traducido al hindi por Gueshe Thabkhe.

Simplemente está el continuo de una persona meramente designada. Una persona que crea el karma y alcanza el Nirvana es como una ilusión, en el sentido de que no puede señalarse.

No solo no se puede encontrar una persona inherentemente existente que renace, practica el sendero y logra la liberación, sino que, además, los agregados y los doce vínculos también carecen de existencia inherente. Nagarjuna nos explica en su *Comentario sobre la mente iluminada* (59, 60,63):

> Empezando por la ignorancia y terminando con la vejez [o la muerte], aceptamos todos los procesos que surgen de los doce vínculos de relación dependiente como si fueran como un sueño y una ilusión.
>
> Esta rueda con sus doce vínculos, gira a lo largo de la existencia cíclica; fuera de ella, no puede haber seres conscientes experimentando los frutos de sus actos...
>
> En resumen, de los fenómenos vacíos surgen fenómenos vacíos. El agente, el karma, los efectos y quien los disfruta, el Conquistador enseñó que son [meramente] convencionales.

Aunque son vacíos de existencia inherente, en nuestra mente contaminada por la ignorancia, aparecen la persona, los agregados y los doce vínculos individualmente como inherentemente existentes. Recuerdan a un sueño o a una ilusión en el sentido de que aparecen falsamente; aparecen como si tuvieran su propia esencia y existieran por su propio lado, aunque no existen así. Estas apariencias equívocas surgen debido a la unión de causas y condiciones, igual que aparece un espejismo en la carretera debido a causas y condiciones. El espejismo existe y funciona, aunque el agua que parece haber allí es una apariencia falsa. Del mismo modo, la persona, los agregados y los vínculos funcionan, aunque su apariencia como inherentemente existentes es falsa.

Igual que los seres conscientes inherentemente existentes encadenados a una existencia cíclica inherente no existen, no hay seres inherentemente existentes practicando el sendero y no hay un Nirvana inherentemente existente que alcanzar. Aquí, también, el agente, la acción y el objeto –la persona que practica el sendero, el sendero mismo y el Nirvana– carecen de cualquier naturaleza independiente. El *Aryaratnakara Sutra* dice (OR 96):

> El Tathagata ha dicho de aquellos que van hacia la pacificación [Nirvana] que no se puede encontrar ningún caminante. Se les proclama

> libres de ir. A través de su liberación, muchos seres conscientes son liberados.

Si buscamos aryas que progresan hacia el Nirvana que existan inherentemente, no encontraremos ninguno. Su *ir por el sendero* –su actividad de practicar– tampoco soporta el análisis último. Tampoco se puede encontrar una liberación inherentemente existente. Sin embargo, los aryas practican el sendero, experimentan directamente la vacuidad, purifican su mente y llegan a liberarse de los seis reinos de renacimiento. Cuando han generado la bodhichita y han logrado la Iluminación, están colmados de las perfectas cualidades para dirigir también a los demás al Nirvana. Aunque todos estos agentes y acciones no existen por su propio lado, existen y funcionan a nivel convencional.

La tradición pali expresa el mismo pensamiento. Hablando de las cuatro verdades Buddhagosha dijo (Vism 16.90):

> En un sentido último, se deberían entender como vacías todas las verdades debido a la ausencia de cualquier experimentador, cualquier hacedor, cualquiera que se haya extinguido y cualquier caminante. Por lo tanto, se ha dicho:
>
> Aunque hay sufrimiento, no hay nadie que sufra; el hacer existe, aunque no hay hacedor; La extinción [del samsara] existe, pero no la persona extinguida; aunque hay sendero no hay caminante.

Una vez un monje le preguntó al Buda: "Venerable Señor, ¿qué es ahora la vejez o la muerte y para quién existe la vejez o la muerte?". El Buda respondió que esta no era una pregunta válida porque el monje presuponía un yo sustancial (SN 12.35). El comentario compara esta pregunta con "un plato de comida deliciosa servida en una fuente de oro, pero que encima de la comida hay un pequeño trozo de excremento". Aunque la pregunta sobre la vejez o la muerte es válida, hacerla desde la perspectiva de un yo sustancial contamina todo el asunto.

Alguien que piensa que el yo y el cuerpo son lo mismo, cae en el extremo del nihilismo al creer que ambos se vuelven no existentes al morir. Si este fuera el caso, no habría necesidad de practicar el sendero, porque el samsara se terminaría con la muerte. Alguien que piensa que el yo es una cosa y el cuerpo es otra, cae en el extremo del absolutismo al pensar que al morir se liberará del cuerpo y vivirá eternamente. Si el yo fuera permanente y eterno el sendero no pondría fin al samsara, porque algo que no cambia no puede cesar.

El Buda no solo refutó un yo que nace, envejece y muere. También negó que el cuerpo, y por ende, los demás agregados, pertenezcan a tal persona (SN 12.37):

> Monjes, este cuerpo no es vuestro, ni pertenece a los demás. Es un viejo kamma que debe ser visto como generado y modelado por la intención, como algo que se siente. En esto, monjes, el discípulo arya instruido se ocupa cuidadosa y atentamente de la relación dependiente, así pues: Cuando esto existe, eso llega a existir; con la aparición de esto, eso aparece; cuando esto no existe, eso no llega a existir; con el cese de esto, eso cesa.

Este cuerpo no es nuestro porque no hay una persona independiente que lo posea. Tampoco pertenece a los demás porque los demás tampoco poseen un yo independiente. Aunque el cuerpo no es literalmente karma, se denomina *viejo karma* porque el karma creado previamente era su condición. Este karma es intención: nuestras acciones volitivas mentales, verbales y físicas generaron este cuerpo y esta vida. Cuando contemplemos la relación dependiente como lo hacen los discípulos aryas, comprenderemos la mera condicionalidad por la que estas cosas llegan a existir y a cesar.

Buddhagosha responde a la pregunta: "¿Quién experimenta el resultado del karma?" citando primero un antiguo verso pali y explicándolo a continuación (Vism 17.171-72):

> El *experimentador* es una convención para el mero surgir del fruto [el resultado]. Dicen "da fruto" como una convención cuando en un árbol aparece su fruto.

El hecho de decir "los frutos de los árboles" o "el árbol ha dado fruto", se debe simplemente a la aparición de los frutos en los árboles –que son una parte del fenómeno llamado árbol–. Así mismo, el hecho de decir "un deva o un ser humano experimenta o siente placer o dolor", se debe simplemente a la aparición del fruto, que consiste en el placer y el dolor llamado experiencia, que es una parte de los agregados llamados *devas* y *seres humanos*. Por lo tanto, no hay ninguna necesidad de un experimentador sustancial.

No se puede encontrar un experimentador sustancial: *experimentador* o *agente* son meras convenciones. Pensar que hay algo más aparte de esto es superfluo. Decimos: "un ser humano experimenta placer o dolor" simplemente porque ha surgido esa sensación en el agregado de la sensación.

Los aryas de los tres vehículos que comprenden con sabiduría la relación dependiente, están libres de dudas acerca del pasado, presente o futuro. No se enredan en quién fueron en sus vidas previas ni les importa si existirán en el futuro y, de ser así, como qué. No les preocupa quién son, de dónde vienen y qué les ocurrirá en el futuro. Todas esas preocupaciones se basan en la idea de un yo independiente que permanece en el pasado, presente y futuro. Quienes comprenden la relación dependiente y cómo funciona en el pasado, el presente y el futuro, saben que no hay ninguna necesidad de posicionar un yo que se mueva por esos tres tiempos. Saben que cualquier cosa que les suceda en los tres tiempos se debe a la condicionalidad –el hecho de que las causas producen sus efectos y las cosas llegan a existir debido a sus respectivas causas y condiciones–. Factores del pasado condicionan factores en el presente. Los factores causales no son lo mismo que los factores presentes, pero tampoco están del todo desconectados. A través de la transformación y la cesación de los factores pasados, llegan a existir los del presente. A través del cambio y la cesación de los factores del presente surgirán los factores del futuro. Todo esto sucede sin que puedas encontrar un yo que controle el proceso o que lo experimente. No hay necesidad de que un yo permanente mantenga unidos la corriente de causas y efectos para que las semillas kármicas se lleven a la próxima vida.

Si al principio no nos parece familiar la descripción de los doce vínculos, se debe a que nunca hemos considerado seriamente nuestra vida como acontecimientos condicionados o, incluso a nosotros mismos, como fenómenos condicionados que existen únicamente porque existen las causas para su existencia. Conforme nos vamos familiarizando con la idea de la relación dependiente, todo esto se vuelve más claro. Aunque no haya una persona sustancial que practique el sendero y alcance el Nirvana, surgirá en nosotros la fuerte determinación de liberarnos de la existencia cíclica y esto nos impulsará a desarrollar el sendero de los aryas como el medio para alcanzar la liberación.

REFLEXIONES

1. Revisa la explicación y las citas que refutan la existencia de una persona, yo o alma inherentemente existentes que renazcan.
2. ¿Tienes la sensación de que no hay una persona permanente y estática –que eres tú– que va de vida en vida?
3. A pesar de que no existes de ese modo, aun así existes y funcionas. La ausencia de una persona que exista de modo inherente y la existencia convencional de una persona que existe de modo dependiente, son complementarias.

La naturaleza última de los doce vínculos

El Buda no solo habló del funcionamiento convencional de los doce vínculos sino también de su naturaleza última. Los doce vínculos convencionales describen el modo en el que renacemos repetidamente en la existencia cíclica y el modo de invertir este proceso. La naturaleza última de los vínculos y del ciclo de renacimientos samsáricos es vacía de existencia inherente. Si los doce vínculos existieran de manera inherente, no podrían formar una cadena causal en la que un vínculo produjera el siguiente. En el *Aryaratnakara sutra* se dice:

> ¿Cómo podría algo con existencia inherente surgir de otro? Así ha presentado el Tathagata la causalidad.

La dependencia causal de los vínculos es la razón que establece el vacío de existencia inherente del samsara y de una persona que gira en él. Hablando de la dependencia causal en el *Sutra de la enumeración de los fenómenos denominado "Discernir las divisiones de la existencia, etc."*, el Buda dijo:

> Hay tres características que definen la relación dependiente: (1) que no surja del pensamiento de un creador divino, (2) que surja de [múltiples] causas impermanentes, y (3) que surja de una causa que tenga la capacidad de dar lugar a ese efecto[64].

64 El título en tibetano del sutra es *Yod pa nyid la sogs pa'i bye brag rnam par ' byad pa zhes bya ba'i chos kyi rnam grangs kyi mdo*. El pasaje del sutra se cita en *Explicación de las divisiones del primer factor de la relación dependiente*, de Vasubandhu, (DK, vol. chi, 5a, 4.xz; la cita es del manuscrito inédito de Gueshe Thabkhe "relación dependiente").

Asanga se hace eco de la explicación del Buda sobre estos tres principios de dependencia causal diciendo: (1) El mundo no llegó a existir como consecuencia de una inteligencia previa o de un creador externo. (2) No surge de una causa permanente. (3) No surge de una causa discordante. En el *Sutra del vástago de arroz* se añaden dos características más: (4) surge de causas existentes y (5) surge de causas vacías de existencia esencial o inherente. Nagarjuna dijo en *Comentario en verso sobre el sutra del vástago de arroz*:

> La relación dependiente externa no surge ni de sí misma ni de otros, ni de ambos ni del tiempo como un agente [permanente]. Igualmente, no es creada por Ishvara u otra deidad. Tampoco son productos de una naturaleza primordial ni tampoco carecen de causas. Surgen de una sucesión de causas y condiciones que vienen desde tiempos sin principio[65].

Los doce vínculos producen un renacimiento tras otro sin la intercesión de un poder externo, como un creador o deidad, una mente universal o una sustancia cósmica de la que se deriva todo. Ju Miphan dice en *La espada de la sabiduría para verificar completamente la realidad* (*Shes rab ral gri don rnam nges*):

> Estas apariencias a nuestro alrededor se generan a través del proceso de la relación dependiente. Igual que un loto nunca aparece en el cielo, nosotros nunca veremos nada independiente.
>
> La culminación de una reunión de causas lleva a cabo la función de inducir un efecto. Toda la identidad de los diversos efectos depende de sus causas particulares.
>
> Por lo tanto, sabiendo cual es y cual no es el caso de las causas y los efectos, podemos evitar unas cosas y fomentar otras.

Si los doce vínculos existieran inherentemente –independientes de todos los demás factores– no podrían depender unos de otros, porque *independiente* y *dependiente* son mutuamente contradictorios. Algo debe ser o lo uno o lo otro; no puede ser ambos. Puesto que las cosas existen de manera dependiente, podemos alcanzar la paz que buscamos evitando las causas del sufrimiento y creando las causas de la felicidad.

Nagarjuna examinó la relación que existe entre las causas y los resultados. ¿Cómo surge un resultado de una causa? ¿Son independientes uno

65 Extracto del manuscrito inédito de Gueshe Thabkhe "relación dependiente".

de otro o están relacionados? Su obra principal, *Tratado del camino medio*, empieza con un análisis del proceso de surgir:

> Ni de sí mismo ni de otro, ni de ambos, ni sin causa, surge nada en ningún sitio.

Desglosaremos completamente este verso y sus implicaciones en un volumen posterior, pero, por ahora, podemos empezar a cuestionarnos cómo ocurre el proceso de surgir –la producción de un efecto por una causa–. Si ocurre independientemente, según Nagarjuna hay cuatro alternativas:

(1) El efecto ya existe en la causa de manera manifiesta o no manifiesta. Una versión de *surgir a partir de sí mismo,* de uno mismo, es que una sustancia cósmica contiene toda la creación de una manera no manifiesta, de tal modo que la aparición de varios fenómenos es sencillamente una apariencia o una manifestación de lo que ya había allí. En tal caso, un brote completamente formado ya existiría en una semilla.

(2) El efecto surge de causas que son inherentemente *otras* que él. Aunque la semilla y el brote son diferentes, no son inherentemente diferentes; están relacionados como causa y efecto. Afirmar que tanto la causa como el efecto existen de modo inherente es problemático, porque una relación dependiente entre los dos sería imposible. Si la causa y el efecto no estuvieran relacionados las rosas podrían crecer de semillas de margarita.

(3) Las cosas surgen de *ambos*; de uno mismo y de otros. Esta opción combina los elementos de ambos y contiene los fallos de los dos.

(4) Que las cosas surjan *sin causas* significa que todas las cosas aparecen aleatoriamente. No hay relación entre lo que existió anteriormente y lo que existe posteriormente. Sostener esta visión equivale a decir que un brote crece sin una causa.

La semillas y los brotes se utilizan a menudo como ejemplo en los textos que desglosan el razonamiento que refuta las cuatro visiones erróneas y establecen la vacuidad de existencia inherente de todos los fenómenos. Sin embargo, lo verdaderamente importante es cómo surge duhkha y cómo cesa. Cuando nos despertamos de mal humor, ¿de dónde viene el mal humor? ¿Ha aparecido sin una causa? ¿Es culpa de los demás? ¿Estaba presente en nuestra mente de manera no manifiesta? ¿Es culpa de Dios? O ¿surgió debido a sus propias causas y condiciones, en cuyo caso, no existe independientemente con su propia esencia autoincluída?

Cuando al principio empezamos a estudiar estos razonamientos, podemos preguntarnos por qué los grandes maestros profundizan tanto analizando cómo crecen los brotes, cuando es algo perfectamente obvio para cualquiera que tenga un jardín. Pero cuando empezamos a examinar este proceso, lo que en un principio parecía obvio empieza a nublarse a medida que empezamos a reconocer nuestras ideas equivocadas y vemos que estaban basadas en la ignorancia. Aunque sentimos y creemos que todo, incluidos nosotros, tiene una esencia independiente que hace que sea lo que es, es imposible que las cosas existan de ese modo. Son vacías de una esencia independiente; no existen por su propio lado ni tampoco se autosostienen.

Sin embargo, las cosas surgen y funcionan dependiendo de otras cosas. Los brotes crecen de las semillas; las acciones composicionales surgen debido a la ignorancia. Cuando no las analizamos, todas estas cosas existen convencionalmente, pero cuando buscamos una esencia independiente en ellas, no podemos encontrarla. Lo mismo ocurre con los doce vínculos. El que sean vacíos de existencia inherente no interfiere con su funcionamiento dependiente a nivel convencional. Cada vínculo surge del vínculo que lo precede y, a su vez, da lugar al vínculo subsiguiente. Los cinco vínculos causales producen los siete vínculos resultantes. Una persona gira en el samsara pero no la podemos encontrar cuando nos preguntamos: "¿Quién es realmente la persona que gira en el samsara?". Tsongkhapa dice (OR 70):

> Por lo tanto, convencionalmente, la no existencia de los cuatro extremos respecto al surgimiento y la existencia del surgimiento no son contradictorios.

Como fenómeno dependiente, nuestro duhkha existe únicamente porque sus causas y condiciones existen. La existencia cíclica y sus circunstancias desafortunadas no están predestinadas; No se deben a la mala suerte ni al deseo de una deidad creadora. Son moldeables y se pueden superar haciendo cesar sus causas. En *Alabanza a lo supramundano* (*Lokatitastava* 19) Nagarjuna alaba al Buda:

> Los sofistas sostienen que duhkha es autocreado, que es creado por otros y por ambos, y que surge sin causa. Tú has enseñado que surge de modo dependiente.

REFLEXIONES

1. Revisa las tres características de la relación dependiente que describe el Buda.
2. Considera cómo estas tres características se aplican a la existencia de los objetos materiales, como tu casa.
3. Considera cómo se aplican a la existencia de las personas –tú, tus amigos y tus familiares–.
4. Revisa el hecho de que no puede surgir nada de una causa que sea ella misma, ni de algo inherentemente diferente de ella, ni de estos dos, ni sin causa.

9 La determinación de ser libres

Cualquier prisionero de una cárcel puede enumerar rápida y fácilmente los inconvenientes de estar encarcelado: los peligros físicos a los que se enfrentan en prisión, el confinamiento en las celdas, el aburrimiento, malos tratos de los guardias y otros reclusos, etc. Los que tengan una fuerte determinación de ser libres estarán en contacto con su abogado, harán uso de la biblioteca jurídica, asistirán a cursos vocacionales y a clases sobre cómo controlar el enfado, y elaborarán un plan para poder tener éxito cuando sean libres. De manera similar, cuando los que estamos en el samsara conozcamos claramente los inconvenientes del renacimiento por los doce vínculos, tendremos una fuerte determinación de ser libres. Buscando la liberación, aprenderemos sus características y las causas para alcanzarla. Entonces crearemos esas causas y perseveraremos hasta alcanzar la verdadera libertad y la paz.

Los beneficios de meditar en los doce vínculos

El Buda no solo enseñó los doce vínculos para enseñar la evolución del renacimiento en el samsara, sino también para conducirnos a una comprensión profunda de la dependencia causal y la vacuidad, y su compatibilidad.

Meditar en la relación dependiente –que cada vínculo se produce dependiendo del precedente– es meditar en la dependencia causal, que nos ayuda a evitar los dos extremos del eternalismo y el nihilismo. Ninguno de los vínculos surge independientemente de otros factores o debido a una causa permanente; cada vínculo depende de unas causas y condiciones que lo producen. Esta comprensión, contrarresta el extremo del absolutismo, es decir, creer que cada vínculo existe inherentemente o que el samsara surge debido a un creador permanente. Además, cuando cesa cada vínculo, no se vuelve completamente no existente; da lugar a los vínculos subsiguientes. Comprenderlo elimina la visión del nihilismo, es decir, creer que no hay continuidad del samsara o que el samsara puede ocurrir sin una causa.

Reflexionar en la relación dependiente elimina gran cantidad de visiones erróneas. Si identificamos que la ignorancia y los actos crean las causas de las vidas futuras, eliminamos la visión errónea de que no hay vidas pasadas o futuras. Viendo la variedad de reinos en los que podemos renacer detenemos la idea incorrecta de que, aparte de los seres que ahora conocemos, no hay más seres en el universo. El hecho de que las acciones composicionales produzcan renacimientos afortunados o desafortunados, disipa las nociones equivocadas de que nuestras acciones no tienen consecuencias o de que la virtud produce sufrimiento y la no virtud dirige a la felicidad. Además, puesto que los resultados se producen de causas concordantes, no aleatoriamente, no hay razón para justificar, racionalizar o negar nuestras acciones dañinas. Siempre dirigen al sufrimiento. Saberlo nos inspirará a ser más conscientes de nuestras motivaciones y actos y purificar las fechorías.

Además, vemos que las causas de duhkha existen en nuestro interior, de manera que la liberación de duhkha debe hacerse en nuestra propia mente. Ninguna droga milagrosa puede detener el ciclo de renacimientos ni la criogenización puede vencer la muerte. El único modo de llegar a un estado sin muerte –el Nirvana– es eliminar las causas del renacimiento samsárico.

Contemplar cada vínculo por separado realza su naturaleza insatisfactoria. La existencia cíclica no tiene principio y, a menos que nos esforcemos para que cese, su continuidad no tendrá fin. Ahora, mientras tengamos la oportunidad, debemos desarrollar una fuerte aspiración por la liberación y vivir nuestra vida según esta profunda y sincera aspiración. ¿Qué sentido tiene buscar el placer mundano cuando el apego a él sencillamente te lleva a renacimientos sin fin? Como nos dijo Togme Zangpo en *Treinta y siete prácticas de los bodhisatvas*: "Cuando están sufriendo tus madres, que te han amado desde tiempos sin principio, ¿de qué sirve tu propia felicidad?". Tiene que haber algo más en la vida; tiene que haber una manera de comprender la realidad, llegar a un estado de paz duradera y beneficiar también a todos los seres. Esto concuerda con la respuesta de Togme Zangpo: "Por lo tanto, para liberar a los ilimitados seres vivos, debes desarrollar la intención altruista [la bodhichita]". Inspirados para hacer que nuestras vidas tengan sentido, ponemos energía en generar la bodhichita y comprender la naturaleza última de la realidad.

Pensar sobre el interminable samsara nos saca de la fijación por nuestros propios y a menudo insignificantes problemas. Hacemos una montaña de un grano de arena y esto consume mucha energía mental. Considerar las cosas desde la perspectiva amplia de muchas vidas, de la inmensa variedad de formas de vida de este universo y de los numerosos sufrimientos que soportamos nosotros y los demás seres, nos induce a generar compasión por todos los seres conscientes. Se disipa la obsesión que tenemos buscando la felicidad solo en esta vida y la aspiración por la Iluminación otorga un gran significado a nuestras vidas.

Se dice que cada uno de nosotros ha nacido en todas las formas de vida y ha hecho cada actividad de la existencia cíclica infinitas veces. Entonces, ¿qué es lo verdaderamente importante a hacer en este preciso instante? Puesto que los placeres samsáricos surgen debido a causas y se desvanecen cuando se consume la energía causal, no tiene sentido aferrarse a ellos. El hecho de ver que el yo y mío son fenómenos dependientes, libera la tensión de tener que justificarnos o defendernos. Podemos relajarnos y dejar de intentar controlarlo todo y a todos a nuestro alrededor. De este modo, obtendremos satisfacción interior creando las causas del bienestar, de la liberación y de la Iluminación. Así son los beneficios de contemplar la relación dependiente.

Vigorizar una práctica de Dharma seca

Algunos practicantes se lamentan de que no avanzan en su práctica tan deprisa como les gustaría. Pueden influir varios factores: tener expectativas no realistas de logros rápidos, ser muy crítico con uno mismo, carecer del estudio necesario para saber cómo hacer la práctica adecuadamente o vivir muy lejos de un maestro y de una comunidad de Dharma que sirva de apoyo. El remedio para estos inconvenientes es abordar la práctica del Dharma de manera relajada y con confianza, confiar en los maestros espirituales y estudiar las enseñanzas.

También pueden influir otros factores, como las tres clases de pereza: (1) posponer el estudio y la práctica en favor de dormir y holgazanear, (2) distraerse de las actividades del Dharma involucrándose en cosas sin sentido dirigidas solo a la felicidad de esta vida o (3) desanimarse debido a una actitud derrotista o carecer de autoestima.

Los dos primeros tipos de pereza proceden del apego a la felicidad de esta vida únicamente. Para superarlos, se recomienda la meditación en la impermanencia y la muerte, para que valoremos nuestra preciosa vida humana y la utilicemos con sabiduría. También ayuda en este sentido la meditación en los defectos del samsara. Sin ver claramente estos defectos nuestra motivación podría ser usar el Dharma para hacer nuestro samsara más confortable –por ejemplo, empleando métodos del Dharma para apaciguar el enfado–. Aunque esto es útil para reducir el karma destructivo que creamos debido al enfado, por sí solo no dirige a la liberación. Si observamos nuestra mente, podemos encontrar que en cierto nivel, vemos la existencia cíclica como una situación bastante agradable y familiar. Aunque de manera intelectual podemos conocer los seis inconvenientes de la existencia cíclica, los tres tipos de duhkha y las ocho condiciones insatisfactorias, en nuestro corazón todavía pensamos que se puede encontrar la felicidad en la existencia cíclica, especialmente en los objetos bellos, las personas atractivas, el estatus social, la buena suerte, los halagos, el dinero y las posesiones. Seguimos apegados a esta clase de felicidad y olvidamos que están disponibles estados superiores de plenitud y gozo, si hacemos un esfuerzo para lograrlos.

Para superar las visiones distorsionadas y el apego a los disfrutes de la existencia cíclica, debemos meditar constante y profundamente en las desventajas del samsara como se explica en la primera verdad y sobre el origen de duhkha como se detalla en la segunda verdad. Algunas personas no tienen ganas de hacer meditación analítica en estos temas. Prefieren visualizar deidades, hacer meditación en la respiración para desarrollar concentración, recitar mantras o meditar en el amor. Por supuesto, estas meditaciones son provechosas pero, sin una motivación auténtica de liberarse de la existencia cíclica y lograr la liberación, estas meditaciones carecen de energía y de efectos a largo plazo. Existe el peligro de que las hagamos simplemente para sentirnos bien, aliviar el estrés, mejorar nuestras relaciones. Todos son objetivos que valen la pena pero tienen un alcance limitado porque no miran más allá de esta vida.

Necesitamos hacer nuestra mente más fuerte y valiente. Aunque, al principio, observar los defectos de la existencia cíclica pueda ser alarmante o desagradable, el efecto aleccionador que tiene en nuestra mente, nos permite tomar decisiones sabias y nos impulsa hacia una práctica sincera y continua. Al ver que en la existencia cíclica no existe un propósito duradero, placer o valor, nuestro interés se volverá naturalmente hacia el Dharma y estaremos ansiosos por transformar nuestra mente.

La reflexión continua sobre los opuestos de las cuatro concepciones distorsionadas nos ayuda a generar la aspiración por la liberación. Contemplando la naturaleza impermanente de todos los placeres samsáricos, comprendemos que cosas como la seguridad económica, las relaciones y la reputación no son fijas ni estables, como teníamos asumido. Al ver que son transitorios, los aceptaremos por lo que son, los usaremos y disfrutaremos, pero no nos distraerán de la práctica del Dharma puesto que no nos apegaremos a ellos.

La contemplación de la naturaleza desagradable de nuestro cuerpo y del de los demás, aflojará la ansiedad sobre nuestro aspecto físico y sobre los efectos de vejez sobre él. Nos ayudará también a soltar el miedo que tenemos a separarnos de este cuerpo cuando muramos y enfriará las nociones irreales sobre las relaciones sexuales. Aprenderemos a relacionarnos con nuestro cuerpo de manera práctica y saludable, manteniéndolo limpio y sano, comiendo alimentos nutritivos, tomando medicinas cuando sea necesario y evitando las sustancias que lo perjudican, para que podamos seguir practicando el Dharma.

Meditar en el hecho de que cualquier cosa producida por las aflicciones y el karma no puede proporcionarnos una felicidad y una paz verdaderas, nos ayudará a relacionarnos con los demás con las cosas y el entorno teniendo los pies en la tierra. Nuestras expectativas poco realistas serán obstaculizadas y podremos aceptar las cosas por lo que son, en lugar de lamentarnos porque no sean completamente satisfactorias. Cuando reconozcamos que la felicidad samsárica es engañosa e inferior, nuestra ansia por ella se relajará y nuestra mente se volverá hacia la liberación, la verdadera paz y la dicha.

Reflexionar sobre el hecho de que la persona y los fenómenos que nos parecen tan reales no existen de modo independiente –como unidades cerradas, con personalidades semipermanentes– expande nuestra visión. Comprenderemos que el modo en que parecen existir las cosas por su propio lado es engañoso. Dependen de otros factores y son vacíos de todos los modos falsos de existencia que proyecta nuestra ignorancia sobre ellos. Puesto que no hay personas inherentemente malas, no nos molestaremos ni nos enfadaremos tanto, y mantendremos una actitud optimista sabiendo que las personas pueden cambiar y cambiarán. Las situaciones irritantes de nuestra vida parecerán menos nefastas y nuestra mente estará más calmada. La práctica del Dharma se volverá mucho más fácil y con un esfuerzo gozoso podremos transformar nuestra mente sin dificultad.

El tercer tipo de pereza es el desánimo, que viene de pensar que somos incompetentes, que el sendero es muy difícil y que la Iluminación resultante es demasiado elevada como para alcanzarla. Yo (Chodron) creo que esto es un gran obstáculo para la sociedad occidental contemporánea. Al estar enraizada en la visión de una identidad personal y en la actitud egocéntrica, nos hace abandonar antes de hacer el más mínimo esfuerzo. Tanto si proviene de la enseñanza del pecado original, de la presión por sobresalir o de compararnos constantemente con otros y nunca estar a la altura de nuestra propia satisfacción, este desánimo envenena nuestro acercamiento al sendero. Examinar y despojarnos de nuestros pensamientos erróneos sobre el significado del éxito, aprender sobre la naturaleza de Buda y desarrollar una profunda autoaceptación, son antídotos para el desánimo. ¿Cómo podemos aceptarnos a nosotros mismos cuando estamos llenos de faltas y hemos creado tanto karma destructivo? Primero, tenemos que ser menos críticos con nosotros mismos y ser más amables y compasivos con nosotros. Esto nos permite aceptarnos como somos en el presente, sabiendo que podemos mejorar en el futuro. Reconocemos que en vidas anteriores creamos una enorme cantidad de mérito porque ahora tenemos vidas humanas preciosas con todas las condiciones propicias para progresar en el sendero. Además, contamos con el potencial para convertirnos en budas, un potencial que nunca nos pueden quitar ni se puede destruir, y cada uno de nosotros tiene sus propios talentos y dones únicos con los que podemos contribuir al mundo.

¿Puede encontrar la felicidad un leproso?

Magandiya era un vagabundo que creía que experimentar una rica variedad de placeres sensuales era la fuente del crecimiento, y que se debía perseguir con gran entusiasmo (MN 75). Para ayudarle a discernir si su visión era correcta, el Buda le describió su propia vida llena de placeres y lujos en el palacio cuando era joven y después le explicó que llegó a comprender el origen, la desaparición, la gratificación el peligro y el escape de los placeres sensoriales y renunció al ansia por ellos.

El *origen* y la *desaparición* de los placeres sensoriales se refiere a su naturaleza transitoria, a su continuo surgir y desvanecimiento, a que nunca permanecen iguales ni siquiera por un instante y que, por esa razón, no pueden proporcionarnos una felicidad duradera. Para explicar la gratificación, el peligro y el escape, el Buda puso el ejemplo de una persona atractiva (MN 13). La *gratificación* es el placer que experimentamos al mirar, oír, oler, tocar y pensar en la persona. Pero esta gratificación no se puede sujetar y el *peligro* es que la persona envejecerá y se volverá frágil, con los dientes rotos, el pelo blanco, manchas de la edad y arrugas. Un día, enfermará de gravedad y morirá y su cadáver se incinerará. La decepción en los objetos sensoriales está asegurada. El *escape* es abandonar el deseo y la pasión por él, desenredarnos de todas esas aflicciones y objetos que nos atan a la miseria.

Al ver el origen, la desaparición, la gratificación, el peligro y el escape, el Buda le explicó a Magandiya que eligió dejar el palacio, hacerse monje y adoptar un estilo de vida sencillo y de control de los sentidos. No envidiaba a los que se deleitaban en placeres sensuales, "porque hay un gozo aparte de los placeres sensoriales, aparte de los estados no virtuosos, que sobrepasa la dicha divina". De este modo, desarrolló la concentración basada en el cuarto dhyana y alcanzó el estado de arhat con su paz interior y su gozo. El gozo que entonces experimentaba no era comparable en modo alguno con el placer insuficiente derivado de los objetos sensoriales.

El Buda le habló entonces de un leproso que buscaba la felicidad y el descanso de las sensaciones físicas desagradables de su enfermedad. Le dio algunas analogías que, abominables como son, describen con precisión la situación de un leproso así como la situación de los que, como nosotros, somos adictos a las maravillosas visiones y sonidos, olores, sabores, objetos del tacto y pensamientos maravillosos (MN 75.13):

> Supongamos que hay un leproso que tiene llagas y ampollas en las extremidades, devorado por los gusanos, que se rasca las costras abiertas de las heridas con las uñas, y que cauteriza su cuerpo sobre un hoyo de carbón ardiendo. Un día, sus amigos y compañeros, sus familiares y parientes traen a un médico para que lo atienda. El médico prepara la medicina y, tomando esa medicina, el hombre se cura de la lepra y se pone bien y es feliz, independiente, dueño de sí mismo y es capaz de ir a donde quiera. Entonces, si se encontrase con otro leproso con llagas y ampollas en las extremidades, devorado por los gusanos, que

> se rasca las costras abiertas de las heridas con las uñas, que cauteriza su cuerpo sobre un hoyo de carbón ardiendo, ¿qué opinas, Magandiya? ¿Envidiaría este hombre a ese leproso por su pozo de carbón ardiendo o por utilizar la medicina?

Las heridas en el cuerpo de un leproso son el hogar de los gusanos. El hecho de que se arrastren por su carne lo irrita, y el picor es tan terrible que se rasca las costras de las heridas, aumentando así la zona herida para que se infeste de gusanos. Intentando aliviarse de otro modo, se cauteriza las heridas del cuerpo. Rascarse y quemarse la carne le proporciona cierta satisfacción, pero dura poco tiempo y después vuelve a aparecer el doloroso picor, con más intensidad que antes.

Igualmente, nosotros, seres del reino del deseo, abrumados por la insatisfacción del ansia no satisfecha, atormentados y buscando alivio de la desazón que nos causa el ansia de obtener más y mejor de lo que sea que nos parezca atractivo, tratamos de satisfacer nuestros deseos. Pero igual que el leproso, esto empeora nuestra situación, porque todo lo que obtenemos sirve para aumentar el ansia. Es como beber agua salada: al principio nuestra sed disminuye, pero luego se vuelve más voraz e insoportable que antes.

Igual que alguien que se ha curado de la lepra no envidiaría la felicidad que obtiene el leproso al rascarse las costras y cauterizarse las heridas, los arhats nunca envidian los placeres de los seres en el reino del deseo.

A continuación, el Buda le contó que después de que el leproso se hubiera curado, dos personas fuertes lo arrastraron a un hoyo de carbón ardiendo mientras lloraba de miedo y dolor. ¿Es ahora cuando el fuego es doloroso, caliente y abrasador al tocarlo o ya era antes así, cuando era leproso? Preguntó el Buda a Magandiya. Magandiya le contestó que el fuego ya era antes doloroso, caliente y abrasador. A causa de la enfermedad, los sentidos del leproso estaban dañados y, por eso, experimentaba el fuego como algo placentero, aunque en realidad, tocar el fuego es doloroso. El Buda le explicó que, exactamente igual, los seres a quienes devora el ansia por los placeres sensoriales, que arden con la fiebre del ansia por más y mejores experiencias sensoriales, tienen dañadas sus facultades, lo que hace que crean que los placeres sensoriales, que de hecho son dolorosos, proporcionan el placer más elevado. De hecho, serían mucho más felices y estarían mucho menos atormentados por la insatisfacción y el desengaño si pudieran ver el origen, la desaparición, la gratificación, el peligro y el escape de los placeres sensoriales y soltaran el ansia por ellos.

Esto corrobora los recientes estudios que afirman que el dinero no equivale a la felicidad. Los inuit de Groenlandia y los masái de Kenia afirman estar tan contentos como los de la lista Forbes 500 de los estadounidenses más ricos. Para concluir, el Buda aconsejó a Magandiya:

> El mayor de todos los logros es la salud, el Nibbana es la mayor dicha, el sendero óctuple es el mejor de los senderos, porque conduce con seguridad al estado sin muerte [Nibbana].

Al principio, Magandiya malinterpretó el significado de salud como si se refiriera a la salud física. Pero una vez que el Buda explicó que el Nirvana, el cese del ansia y el aferramiento, es la salud más elevada, Magandiya se alegró y pidió la ordenación monástica. Practicando sinceramente, pronto se convirtió en un arhat.

REFLEXIONES

1. Contempla el ejemplo del leproso buscando la felicidad. Después, reflexiona en que la gente normal no instruida vive de una manera parecida.
2. Aplícate este examen a ti mismo.
3. Genera la determinación de liberarte de la existencia cíclica y desarrolla la compasión por todos los seres conscientes.

Compasión por nosotros mismos y por los demás

Para ver la existencia cíclica como es, un ciclo engañoso de sufrimiento, se necesita valor y lucidez. La aspiración de liberarnos de la existencia cíclica es una reflexión de la compasión que tenemos por nosotros mismos. Cuando reconocemos que los demás seres conscientes están en el mismo dilema, también surge la compasión por los demás. La compasión nos aporta la fortaleza interior a medida que practicamos diligentemente para cesar las causas del samsara.

Puchungwa (1031-1106), un gueshe kadampa del Tíbet, desarrolló esta compasión contemplando duhkha, su origen, su cese y el sendero que lleva a dicho cese, de acuerdo con las perspectivas de los tres niveles de practicantes. Los *practicantes del nivel inicial*, que se centran en evitar un renacimiento desafortunado y en lograr uno afortunado, reflexionan en que, bajo la influencia de la ignorancia que desconoce la ley del karma y sus efectos, crean karma formativo no virtuoso. Cuando el ansia y el aferramiento nutren las semillas kármicas, maduran dando lugar a la nueva existencia y acontecen los siete vínculos resultantes de un renacimiento desafortunado. Al ver este proceso, los practicantes del nivel inicial trabajarán para abandonar la ignorancia que desconoce la ley del karma y sus efectos, crear karma virtuoso y purificar la no virtud creada anteriormente.

Los *practicantes del nivel medio* contemplan los doce vínculos desde la perspectiva de todos los renacimientos samsáricos. Se enfocan en el proceso que produce los renacimientos afortunados –la ignorancia que da lugar al karma formativo virtuoso contaminado, etc.–. Pero van un paso más allá, y entienden que permanecer en la existencia cíclica, incluso si tienen renacimientos pacíficos en los reinos de la forma y sin forma, es insatisfactorio. Quieren eliminar la raíz del samsara, la ignorancia que constituye el primer vínculo. Conscientes de que hay otro punto débil en la cadena, entre el ansia y el aferramiento, practican experimentando sensaciones agradables, desagradables y neutras, incluyendo las sensaciones de gozo y ecuanimidad del reino de la forma y sin forma, sin reaccionar con ansia y aferramiento para que continúe el placer o para detener el dolor. Generando la aspiración de liberarse de todo el samsara, practican los tres adiestramientos superiores de la conducta ética, la concentración y la sabiduría.

Los *practicantes del nivel superior* –Gueshe Puchungwa era uno de ellos– contemplan los doce vínculos desde la perspectiva de los demás seres conscientes que giran sin control en la existencia cíclica. Con compasión hacia los diferentes seres conscientes generan la bodhichita, se implican en los actos de los bodhisatvas y desarrollan la sabiduría que comprende la vacuidad para llegar a ser un buda, con toda la sabiduría, compasión y poder para dirigir a los demás a la Iluminación.

Desarrollar la compasión a través de los doce vínculos al considerar cómo los demás seres conscientes giran en el samsara, es un medio poderoso para someter el enfado y el resentimiento. Cuando reflexionamos en que los demás están atrapados por su ignorancia y sujetos a los tres tipos de duhkha, odiarlos parece ridículo. ¿Cómo es posible que deseemos sufrimiento a las personas que ya están atadas en el tortuoso ciclo del samsara?

Los seres conscientes son fenómenos condicionados; no son personalidades fijas o que existan inherentemente. No hay una persona *sólida* hacia la que sentir malicia y no hay beneficio alguno en desearle a alguien que enferme. Más bien, con compasión y sabiduría hagamos todo lo que podamos para ayudarlos a alcanzar la libertad verdadera. Como dicen los versos que se cantan a diario en los monasterios tibetanos después de comer:

> Puedan todos los que me ofrecen la comida alcanzar la felicidad y la paz completa.
>
> Puedan todos los que me ofrecen bebida, que me sirven, que me reciben, que me honran o que me hacen ofrecimientos alcanzar la felicidad y la paz verdadera.
>
> Que todos los que me insultan, me hacen infeliz, me golpean, me atacan con armas o llegan hasta el punto de matarme, alcancen la felicidad de la Iluminación. Que despierten y alcancen el estado insuperable de la Budeidad.

REFLEXIONES

1. Piensa en alguien que te importa profundamente y reflexiona que está en samsara bajo el control de las aflicciones y el karma. Deja que surja la compasión.
2. Piensa en alguien que no te gusta o que te ha hecho daño. Comprende que esta persona también gira en el samsara bajo el control de las aflicciones y el karma. Deja que surja la compasión.
3. Recuerda que, si estuvieran libres de duhkha, su manera de pensar y de comportarse sería completamente diferente a como es ahora.

La señal de haber generado la determinación de ser libre

¿Cómo sabemos que nuestra antipatía hacia el samsara es la determinación auténtica de ser libre? Tsongkhapa dice en los *Tres aspectos principales del sendero*:

> Contemplando así, cuando no generes ni siquiera por un instante el deseo por los placeres de la existencia cíclica y cuando, de día y de noche, sin descanso, tu mente aspire a la liberación, habrás generado la determinación de ser libre.

Cuando se genera, la aspiración a la liberación trae consigo un cambio de perspectiva duradero que altera la forma en que vemos y nos relacionamos con nuestras vidas y con el mundo que nos rodea. Esta determinación de liberarse del samsara, implica renunciar a nuestro apego obsesivo por los placeres samsáricos y el duhkha que conlleva y enfoca nuestra atención en alcanzar el Nirvana, el estado más allá del dolor y hace que ese sea el objetivo de nuestras vidas.

Generar la determinación de liberarse del samsara es esencial para desarrollar la compasión. Después de ver los inconvenientes de nuestro propio samsara, cambiamos el enfoque hacia los demás, contemplando que ellos se enfrentan a la misma situación indeseable que nosotros. La compasión, el deseo de que todos los seres se liberen de duhkha y sus causas, surge como resultado.

Los bodhisatvas temen renacer en samsara bajo el control de las aflicciones y el karma y buscan liberarse de él, pero al tener una compasión firme y una fuerte resolución para beneficiarlos, están dispuestos a renacer en el samsara. Las afirmaciones de los sutras del tipo "los bodhisatvas no deberían estar desencantados del samsara", no quieren decir que los bodhisatvas deberían ser indulgentes con los placeres samsáricos. Al contrario, animan a los bodhisatvas a hacer tal esfuerzo gozoso, que nunca dejen de beneficiar a los seres conscientes atrapados en el samsara. Incluso cuando los bodhisatvas experimentan dificultades abrumadoras cuando ayudan a los demás, insisten sin sucumbir al miedo de duhkha o al desengaño con los seres conscientes. Al asumir el sufrimiento de los demás, los bodhisatvas no temen el dolor físico o mental. Saben que sus acciones para beneficiar a los demás les permiten cumplir con la acumulación de méritos –un factor esencial para lograr la Iluminación– y, de ese modo, asumen con alegría muchos renacimientos en el samsara. Este es el significado del pasaje en el *Sutra del inconcebible secreto del Tathagata* (*Tathagatacintya-guhya-nirdesha Sutra*, LC 1:328):

> Los bodhisatvas, pensando en la maduración de los seres vivos, perciben la existencia cíclica como algo beneficioso. Por consiguiente, no perciben el gran Nirvana como algo beneficioso para la maduración de los seres.

Si los bodhisatvas no renuncian a su propio samsara y siguen renaciendo en la existencia cíclica bajo el control de las aflicciones y el karma, su capacidad para beneficiar a los demás será extremadamente limitada. Si no pueden culminar su objetivo de llegar a la Iluminación, no pueden ayudar a los demás seres conscientes a alcanzar sus objetivos espirituales. Para completar tanto su propio propósito como el de los demás, los bodhisatvas buscan alcanzar el *Nirvana que no mora*, en el que están libres del samsara, así como también de su propia paz personal del Nirvana. Bhavaviveka dice en *Corazón del camino medio* (*Madhyamaka-hrdaya-karika*, LC1:330):

> Puesto que los bodhisatvas ven los defectos de la existencia cíclica, no se quedan ahí. Dado que cuidan de los demás, no permanecen en el Nirvana. Para satisfacer las necesidades de los demás toman la determinación de permanecer en la existencia cíclica.

Que nosotros, inspirados por la compasión y el coraje de los bodhisatvas, podamos hacer lo mismo.

10 | Buscar la auténtica paz

Cada uno de nosotros desea la felicidad y no desea duhkha. Pero entre los diferentes tipos de felicidad, ¿cuál es la mejor? El Buda contesta (AN 2.65, 67, 68):

> Monjes, están estas dos clases de felicidad. ¿Cuáles son? La felicidad sensorial y la felicidad de la renuncia...De estas dos, la felicidad de la renuncia es la más importante.
>
> Monjes, están estas dos clases de felicidad. ¿Cuáles son? La felicidad con engaños y la felicidad sin engaños...De estas dos, la felicidad sin engaños es la más importante.
>
> Monjes, están estas dos clases de felicidad. ¿Cuáles son? La felicidad mundana y la felicidad espiritual...De estas dos, la felicidad espiritual es la más importante.

Aquí, *renuncia*, *felicidad sin engaños* y *felicidad espiritual* se refieren a la Liberación. El Buda nos encamina hacia un tipo de felicidad más encomiable, la paz que está más allá del samsara: el gozo del Nirvana y de la Iluminación. Aunque podamos experimentar muchas clases de felicidad en nuestro actual renacimiento humano, todas son mediocres en comparación con la dicha y la paz del Nirvana. Puesto que los placeres de esta vida son inmediatos y atraen con fuerza a nuestros sentidos, algunas personas tienen dificultad para desarrollar confianza en la paz del Nirvana. Abandonar el ansia por los placeres sensoriales requiere comprender sus defectos y los beneficios del Nirvana. Cuanto más lo comprendamos, más se girará nuestra mente de manera natural hacia la liberación de la existencia cíclica.

Pero no tenemos que esperar hasta que alcancemos el Nirvana o la Iluminación para experimentar la felicidad del Dharma. Cada vez que aflojamos el apego, el enfado o cualquier otra aflicción en nuestra vida diaria, tienen lugar la felicidad del Dharma, la paz y la confianza. Experimentar esa felicidad del Dharma aquí y ahora, nos ofrece un pequeño vislumbre de la paz del Nirvana.

Empezamos la sección con los doce vínculos de relación dependiente, con una sucinta declaración del Buda sobre la causalidad y la condicionalidad:

> Cuando esto existe, eso llega a existir; con la aparición de esto, eso aparece. Cuando esto no existe, eso no llega a existir; con el cese de esto, eso cesa.

Las dos primeras líneas nos dicen que el samsara surge debido a un proceso causal que hemos explorado en los dos capítulos previos. Las dos últimas líneas nos informan de que el Nirvana –el cese del samsara y de sus orígenes– se puede lograr eliminando la ignorancia, la causa fundamental del samsara. Cuando las causas y condiciones del samsara no existen, el estado resultante de duhkha no surge. Con la "desaparición completa y el cese de la ignorancia", la nueva creación de todos los demás vínculos cesará, igual que cuando se empuja la primera ficha de dominó de una fila, las demás también se derrumban. ¿Qué produce el cese de la ignorancia? Según la visión general budista es el óctuple sendero, especialmente la sabiduría que comprende las cuatro verdades y el Nirvana. Según la visión única de los prasangika, también implica la comprensión directa no conceptual de la vacuidad de existencia inherente de la persona y los fenómenos. Lograr esta sabiduría es un proceso gradual, que en sí mismo depende de muchas causas y condiciones.

"Ye Dharma" dharani

Un *dharani* –una frase inteligible que condensa la esencia de una enseñanza– que recitan con frecuencia los seguidores tanto de las tradiciones pali como de la sánscrita, es el *Dharani de la esencia de la relación dependiente.* En sánscrito dice así:

> *Ye dharma hetu prabhava hetun, tesam tathagato hyavadat, tesam ca yo nirodha, evam vadi mahasramana.*
>
> Todo fenómeno surge de causas. Esas causas han sido enseñadas por el Tathagata. Y su cese también ha sido proclamado por el Gran Renunciante.

Antes de ser un seguidor del Buda, Shariputra se encontró con el arhat Ashvajit y le pidió que le enseñara la esencia de la enseñanza del

Tathagata. Ashvajit recitó esas palabras y, comprendiendo inmediatamente su significado, Shariputra se convirtió en alguien que ha entrado en la corriente. Posteriormente, se las recitó a su amigo Maudgalyayana, que logró el mismo logro. Ellos y quinientos seguidores se acercaron al Buda y le pidieron ser sus discípulos.

Sin ningún temor y con completa confianza en sí mismo, el Buda no dudó en proclamar cuatro afirmaciones: Él está Iluminado. Ha destruido todas las aflicciones. Ha identificado correctamente todos los oscurecimientos. Él sabe que este Dharma, cuando se practica correctamente, lleva a la destrucción de duhkha. El Buda enseñó el *Ye Dharma* dharani mediante estas cuatro confianzas o valentías.

Todo fenómeno surge de causas indica que cada vínculo de relación dependiente llega a existir dependiendo de los vínculos precedentes. Esto enfatiza que el duhkha verdadero –los siete vínculos resultantes– surge de los orígenes verdaderos –los tres vínculos que son aflicciones y los dos que son karma–. El Buda enseña aquí a todos los que buscan la liberación a abandonar los orígenes verdaderos; lo dice a través de la tercera confianza, mediante la cual, Él mismo ha identificado correctamente los oscurecimientos a la liberación.

Esas causas han sido enseñadas por el Tathagata quiere decir que el Buda ha enseñado el antídoto al samsara –el sendero verdadero, una consciencia que percibe directamente la ausencia de esencia sustancial de la persona y los fenómenos. Esto lo dice basándose en la cuarta confianza, que Él conoce el camino que conduce a la destrucción completa de duhkha.

Y su cese también indica que practicando los senderos verdaderos alcanzaremos la cesación última verdadera que es la erradicación del duhkha verdadero y de sus orígenes verdaderos. El Buda hace esta afirmación mediante la segunda confianza, sabiendo que Él ha erradicado todas las aflicciones.

Ha sido proclamado por el Gran Renunciante quiere decir que el Buda ha actualizado los senderos verdaderos y las cesaciones verdaderas y ha completado perfectamente lo que adoptar y lo que abandonar. Lo ha hecho mediante la primera confianza, pudiendo proclamar con certeza total que está iluminado respecto a todos los fenómenos.

Análisis del dharani

Frase del dharaniI	Relación con las 4 verdades	Confianza
Todo fenómeno surge de causas	El duhkha verdadero surge de los orígenes verdaderos	Tercera: El Buda identificó correctamente los oscurecimientos a la liberación
Esas causas han sido enseñadas por el Tathagata	Sendero verdadero	Cuarta: El Buda conoce el camino que lleva a la destrucción completa de duhkha
Y su cese también…	Cese verdadero	Segunda: El Buda sabe que ha erradicado todas las aflicciones
Ha sido proclamado por el Gran Renunciante	Los senderos y los ceses verdaderos han sido actualizados	Primera: El Buda sabe que está iluminado respecto a todos los fenómenos

Este breve dharani contiene un gran significado porque incorpora las cuatro verdades, el óctuple sendero, el cuerpo de la verdad de un buda, que es la perfección del abandono y la realización y el cuerpo de la forma de un buda, que actúa para beneficiar a todos los seres con las cuatro confianzas. Comprender en profundidad este dharani, nos permitirá alcanzar los cuatro cuerpos de un buda.

El orden directo e inverso de los lados aflictivo y purificador de los doce vínculos

Los doce vínculos de relación dependiente se pueden explicar desde la perspectiva de la aflicción –cómo continúa la existencia cíclica– y desde la de la purificación –cómo cesa la existencia cíclica–. Ambas presentaciones tienen un orden directo y un orden inverso. El *orden directo del sentido aflictivo* enfatiza los orígenes de duhkha: con la ignorancia como condición, surgen las acciones composicionales; con las acciones composicionales como condición, surge la consciencia, etc. y así hacia adelante hasta que, con el nacimiento como condición, surge la vejez o la muerte. El *orden inverso del sentido aflictivo* enfatiza la verdad resultante de duhkha: la vejez o la muerte se producen dependiendo del nacimiento; el nacimiento se produce dependiendo de la nueva existencia y así hacia adelante hasta que, la acción composicional se produce dependiendo de la ignorancia.

Las secuencias directa e inversa del lado de la purificación indican el método para sofocar el samsara y alcanzar la Liberación. El *orden directo del sentido purificador* dice: cesando la ignorancia cesa la acción composicional. Cesando la acción composicional cesa la consciencia y así hacia adelante hasta que cesa la vejez o la muerte. Esta secuencia enfatiza los senderos verdaderos que cesan la ignorancia, impidiendo así que surjan los demás vínculos.

El *orden inverso del sentido purificador* empieza con el último vínculo, la vejez o la muerte, e investiga cómo cesarla. Esto se hace cesando el nacimiento. El nacimiento cesa al cesar la nueva existencia, y así, hacia atrás, hasta cesar la ignorancia. Observar los doce vínculos en este sentido, enfatiza el cese verdadero: que todos los vínculos han cesado y que se ha alcanzado el Nirvana.

Orden directo e inverso de los 12 vínculos

Orden de los doce vínculos de relación dependiente	Noble verdad que se enseña	Comprensión y aspiración que surgen de la meditación
El orden inverso del sentido aflictivo de la relación dependiente: la vejez o la muerte surgen debido al nacimiento...	Duhkha verdadero	Al comprender la naturaleza de duhkha, deseamos liberarnos de él
El orden directo del sentido aflictivo de la relación dependiente: Con la ignorancia como condición, surge la acción composicional...	Origen verdadero	Al comprender los orígenes de duhkha, aspiramos a abandonarlos
El orden inverso del sentido purificador de la relación dependiente: Cuando la vejez o la muerte cesan, el nacimiento cesa...	Cese verdadero	Al comprender que duhkha puede cesar, queremos hacer realidad dicho cese
El orden directo del sentido purificador de la relación dependiente: Cuando cesa la ignorancia, las acciones composicionales cesan...	Sendero verdadero	Al comprender que los senderos verdaderos cesan la ignorancia, deseamos desarrollarlos

La pregunta que se plantea ahora es: ¿Cómo cesamos la ignorancia que es el origen de la existencia cíclica? Como principiantes, primero debemos desarrollar una comprensión robusta del karma y sus efectos y trasladarla a nuestras vidas para que influya en nuestras decisiones y actos cotidianos. Después, con una motivación que aspire o bien a la liberación o bien a la Iluminación, buscamos el antídoto que demolerá las raíces del samsara, la ignorancia que constituye el primer vínculo. Nagarjuna dice (MMK 26.10):

> La raíz de la existencia cíclica es la acción [composicional]; por lo tanto, el sabio no actúa. Así pues, el imprudente es el agente. El sabio no lo es porque ve la realidad.

La primera línea señala a las acciones formativas, el segundo vínculo, como la raíz del samsara. Normalmente, la ignorancia se identifica como la raíz fundamental del samsara, pero aquí se dice que es la acción composicional porque es la fuente de la consciencia entrando en un nuevo cuerpo. La diferencia entre el sabio y el insensato radica en si se ha comprendido directamente la vacuidad de existencia verdadera. Los sabios, los aryas de los tres vehículos, no crean acciones composicionales porque han experimentado directamente la vacuidad. Al no haber obtenido el logro de la comprensión directa de la vacuidad, los seres ordinarios, imprudentes, acumulan el karma que les impulsa a un nuevo renacimiento en la existencia cíclica.

Cuando Nagarjuna dice que "el sabio no actúa", no quiere decir que no hagan nada en absoluto. Si ese fuera el caso nunca completarían el sendero. Más bien, el sabio no se implica en acciones motivadas por sus propios deseos samsáricos egoístas. Pero respecto a crear las causas y condiciones para la liberación o la Iluminación, hacen todo lo posible.

Esto nos lleva a una investigación más profunda de las dos últimas de las cuatro verdades: los ceses verdaderos y los senderos verdaderos. Nagarjuna dice (MMK 26.11-12):

> Con el cese de la ignorancia, la acción [composicional] no surgirá. El cese de la ignorancia tiene lugar a través de ejercitar la sabiduría en la meditación de la talidad [vacuidad].
>
> Al cesar esto y aquello, esto y aquello no se manifestarán. Lo que es solo una gran cantidad de duhkha, cesará de este modo por completo.

La sabiduría que comprende la vacuidad es el sendero verdadero que hace cesar la ignorancia que constituye el primer vínculo. En el segundo verso, "esto y aquello" se refiere al primer vínculo, la ignorancia, y al segundo, la acción composicional. Al cesar la ignorancia no hay combustible para que surja la acción composicional. De este modo, todo el engranaje de los doce vínculos, que no es más que una enorme cantidad de sufrimiento constante y recurrente, cesa y se obtiene el Nirvana, la libertad verdadera.

La clave que hace cesar el primer vínculo, la ignorancia, es la sabiduría que experimenta directamente la vacuidad de existencia inherente. El Buda y los grandes sabios enseñaron muchos razonamientos que refutan la existencia inherente y establecen la vacuidad. Uno famoso es refutar los cuatro extremos del surgir. Nagarjuna introduce (RA 37):

> Debido a que esta rueda del samsara no surge de sí misma, por otros, o por ambos, en el pasado, en el presente y en el futuro, [aquel que lo sabe] vence el aferramiento al yo y, por lo tanto, al karma y al renacimiento.

La existencia cíclica –nuestros cinco agregados contaminados– no surge de sí misma En el sentido de que ella misma no existe dentro de sus causas, esperando a manifestarse. El samsara tampoco surge de causas que son inherentemente diferentes de él. Tampoco surge de sí mismo y de otros en conjunto, o sin una causa. Puesto que no hay un origen del samsara con existencia inherente, no se puede encontrar ni en el pasado ni en el presente ni en el futuro un grupo de doce vínculos absoluto. Los que comprenden la naturaleza dependiente del samsara y de la persona que gira en él, pueden superar la ignorancia que se aferra a la existencia inherente. Eliminando la causa raíz del samsara, todo el ciclo de renacimientos se interrumpe y se alcanza el Nirvana. Como dice Nagarjuna (RA 365):

> Habiendo comprendido correctamente que de este modo los seres son irreales al no tener una base [para renacer] o una apropiación [de nuevos agregados], uno alcanza el Nirvana, como un fuego del que han cesado sus causas.

REFLEXIONES

1. Revisa el orden directo e inverso del sentido aflictivo de la relación dependiente. Genera la aspiración de liberarte del samsara.
2. Revisa el orden directo e inverso del sentido purificador de la relación dependiente. Convéncete de que es posible liberarte del samsara.

Relación dependiente transcendental (*tradición pali*)

La relación dependiente, la ausencia de existencia independiente y la impermanencia van de la mano. El presente es diferente del pasado pero está relacionado con él. Las cosas impermanentes no existen por su propio poder; surgen debido a causas que las preceden. El presente es la continuación del pasado y está condicionado por éste. Las cosas y acontecimientos del presente tienen su propia función única y en el momento siguiente, dan paso a un nuevo momento que se convierte en el momento presente.

A menudo pensamos en la impermanencia como en algo negativo: somos separados de lo que queremos. Sin embargo, puesto que las cosas son impermanentes y condicionadas, también pueden cambiar a mejor. La relación dependiente transcendental aclara este punto y al hacerlo, nos anima a practicar el sendero que nos dirige a la liberación y a la sabiduría que destruye todos los engaños (*asravaksaya, asavakkhaya*).

Este tema se expresa en el orden directo e inverso del sentido purificador de la relación dependiente. Además, unos cuantos sutras en *Discursos numéricos,* así como en el *Sutta de la causa inmediata* (*Upanisha Sutta,* SN 12.23), presenta la relación dependiente de un modo dinámico en el que un factor virtuoso produce otro, culminando en la sabiduría que destruye todos los engaños. Esto deja bien claro que la evolución espiritual implica, no solo erradicar los factores problemáticos, sino también potenciar los constructivos.

La presentación transcendental de la relación dependiente según la tradición pali se expone en el *Sutta de la causa inmediata.* Esta presentación resalta el objetivo: la sabiduría que destruye todos los engaños. Los pasos para llegar a esa meta se trazan en sentido inverso. La sabiduría que destruye todos los engaños tiene una causa inmediata: la liberación. La liberación tiene una causa inmediata: la ecuanimidad. La causa inmediata de la ecuanimidad es la decepción. La de la decepción es la comprensión y la visión de las cosas tal y como son. La causa inmediata de la comprensión y la visión de las cosas tal y como son es la concentración. La causa inmediata de la concentración es el gozo, la del gozo es la flexibilidad, la de la flexibilidad es la alegría, la de la alegría es el deleite y la del deleite es la fe.

Relación dependiente transcendental

Relación dependiente transcendental (Orden directo):	
1.	Fe (P. *saddha*)
2.	Deleite (P. *pamojja*)
3.	Alegría (P. *piti*)
4.	Flexibilidad (tranquilidad, P. *passaddhi*)
5.	Gozo (P. *Sucha*)
6.	Concentración (P. *samadhi*)
7.	Comprensión y visión de las cosas tal y como son (P. *yathabuta-ñanadassana*)
8.	Desencanto (P. *nibbida*)
9.	Ecuanimidad o desvanecer (P. *viraga*)
10.	Liberación (P. *vimutti*)
11.	Sabiduría de la destrucción de todos los engaños (P. *asavakkhayanana*)

En esta coyuntura, el Buda hace un giro interesante y cita duhkha como la condición principal de la fe: sin duhkha, no recurriríamos al Budadharma para obtener alivio y no generaríamos fe en él. Este es el punto en el que pasamos de la relación dependiente mundana a la transcendental. El Buda dice entonces que el renacimiento es la causa inmediata de duhkha y traza la serie de causas en orden inverso hasta el primer vínculo: la ignorancia. Pasa de nuevo de la ignorancia al nacimiento, luego al sufrimiento, y luego cruza a los vínculos trascendentales, comenzando con la fe y pasando por la destrucción de todos los engaños. Meditar en orden directo e inverso desde la ignorancia hasta el conocimiento de la destrucción de todos los engaños, tiene un efecto poderoso en nuestra mente y nos muestra que nosotros, seres samsáricos, podemos lograr la liberación.

1. *Duhkha es la causa inmediata de la fe.*

Nuestras vidas están cargadas de frustración y duhkha. Como no sabemos cómo lidiar con nuestro estrés, sufrimiento y confusión, normalmente buscamos desviar la atención de ellos, creando una cultura de adicción a los objetos de los sentidos: Drogas y alcohol, sexo, ocio, compras, deportes, noticias, etc. En su defecto, reaccionamos ante duhkha con lástima hacia nosotros mismos, hundiéndonos aún más profundamente en la desesperación. A pesar de que a veces reaccionamos ante el sufrimiento de una manera saludable, mostrando paciencia, determinación y utilizando nuestro talento e inteligencia, la ignorancia nos impide ver que duhkha impregna nuestras vidas. No importa cuánto éxito tengamos en cambiar el mundo externo para que sea lo que queramos que sea, no podemos controlar completamente nuestro cuerpo, nuestra mente o el mundo externo. En el fondo, sigue habiendo un malestar espiritual y una pequeña voz que nos dice, "tiene que haber otra manera". Reconocer este malestar nos anima a buscar respuestas más allá de lo que ya sabemos. Tenemos que darle las gracias a la enfermedad, a los agravios, a la ruptura de una relación maravillosa, a perder un trabajo y a la insatisfacción interior y la ansiedad, por empujarnos a mirar más profundamente la situación humana.

Solo duhkha no hace que surja la fe. Debemos encontrar una escritura fiable y auténtica que nos indique cómo salir de esta situación. Debemos investigar la enseñanza, al maestro y a sus seguidores utilizando nuestra inteligencia y la razón. Cuando lleguemos a la conclusión de que es fiable y se puede confiar en ella, tomamos refugio en las Tres Joyas. Nuestra fe no es ciega y forzada. Si nuestra fe y confianza están basados en conocedores inferenciales válidos y conocedores válidos basados en un testimonio acreditado, serán estables[66].

2. *La fe es la causa inmediata del deleite.*

A través de aprender y contemplar el Dharma, llegamos a adquirir la visión budista del mundo. Esta cosmovisión no pide la sumisión

66 Para una explicación de las consciencias válidas y no válidas, ver el capítulo 2 de *Fundamentos de la práctica budista.*

a un creador externo ni tampoco justifica el sufrimiento como algo bueno para nosotros. La perspectiva de las cuatro verdades mira a la cara nuestra situación, para que conozcamos duhkha, abandonemos su origen, realicemos su cese y desarrollemos el sendero. Surge el alivio porque al fin, hemos encontrado un sendero fiable. El deleite, que es un tipo de gozo débil, surge debido a que hemos encontrado el óctuple sendero de los aryas, que ahora se encuentra delante de nosotros. Nuestro corazón se llena de aspiraciones virtuosas y nos sumergimos en la práctica, comenzando con el adiestramiento superior en la conducta ética. Viviendo éticamente y purificando nuestras acciones negativas del pasado, experimentamos la libertad de la culpa y la autorecriminación. La baja autoestima que nos atormentaba debido a nuestras acciones equivocadas se evapora y la confianza en nosotros mismos aumenta porque ahora tomamos decisiones sabias, arraigadas en la compasión y la moderación de la autocomplacencia.

3. *El deleite es la causa inmediata de la alegría.*

Sobre la base de mantener la conducta ética, nos implicamos ahora en la meditación. Aunque algunas personas prefieren empezar con la meditación vipasana, en general, se recomienda generar primero la permanencia apacible para controlar las aflicciones burdas. En los once factores de la relación dependiente trascendental, la alegría, la flexibilidad, el gozo y la concentración, forman parte del adiestramiento superior de la concentración. La comprensión y la visión de las cosas tal y como son, la templanza y la decepción pertenecen a la meditación vipasana y al adiestramiento superior de la sabiduría.

Desarrollar la permanencia apacible requiere esfuerzo, paciencia y perseverancia. A medida que la mente se va concentrando más, aparece la alegría, animando y refrescando la mente y produciendo un fuerte interés y deleite en el objeto de meditación. En los comentarios se habla de cinco grados de alegría que se desarrollan a medida que la mente se acerca a la concentración unipuntualizada: (1) Alegría menor, que puede hacer que se nos pongan los pelos de punta. (2) La alegría momentánea, que atraviesa el cuerpo con una intensidad similar a la de un relámpago. (3) Chaparrones de alegría, que son como olas rompiendo en el cuerpo[67] o fluyendo a través de la mente. (4) La alegría que eleva

67 Se discute hasta qué punto este gozo es físico, porque la participación de los cinco sentidos es subyugada a medida que se hace más profunda la concentración.

y proporciona al cuerpo una sensación de ligereza y, en algunos casos, puede hacer que el cuerpo levite. (5) La alegría que impregna todo el cuerpo. Los cuatro primeros preceden al logro del primer dhyana y el quinto ocurre en el primer dhyana[68].

4. *La alegría es la causa inmediata de la flexibilidad.*

Aunque la alegría proporciona un gran placer, agita la mente. Puede producir un miedo sutil a perder el éxtasis y hacer que el meditador se aferre a la experiencia del éxtasis. La excitación mental, la ansiedad y el aferramiento interfieren con la concentración, así que, a medida que se desarrolla la concentración, los meditadores deben considerar el éxtasis como un obstáculo y pacificarlo. A medida que la alegría se sosiega y se vuelve menos exuberante, se hace más prominente la flexibilidad: la ausencia de estrés e incomodidad. Hay dos tipos de flexibilidad: la flexibilidad mental se aplica al agregado de la consciencia y la flexibilidad física, que no se aplica al cuerpo sino a los factores mentales en los agregados de la sensación, el discernimiento y los factores composicionales que acompañan a la consciencia. La flexibilidad subyuga la alteración de la excitación que produce el gozo, elimina la rigidez y el hundimiento, hace que la mente sea más flexible de manera que puede utilizarse para hacer realidad estados elevados del sendero, y aporta una increíble quietud y calma a la mente.

5. *La flexibilidad es la causa inmediata del gozo*

Debido a la calma que proporciona la flexibilidad, se hace predominante el gozo –que ya se había presentado anteriormente–. La alegría es un factor mental que pertenece al cuarto agregado, mientras que el gozo es un tipo de sensación placentera. En comparación con el gozo, la alegría es burda; el gozo es más sutil. La alegría es comparable a la satisfacción que siente un viajero sediento y agotado al oír que hay un oasis cerca, y el gozo es la felicidad que experimenta después de bañarse, saciar su sed y tumbarse a descansar a la sombra de los árboles. En esta etapa está presente la alegría pero, debido a la flexibilidad, se ha ido atenuando y predomina el gozo.

El gozo en este contexto se refiere al gozo que se experimenta con la concentración de acceso, que es previa al primer dhyana. La concentración de acceso surge cuando se han eliminado los cinco obstáculos

68 Normalmente se dice que el deleite acompaña al primer dhyana, aunque aquí surge antes del logro de la concentración de acceso, que es anterior al primer dhyana.

y aparece el signo equivalente –el luminoso objeto de meditación–. Aunque el sometimiento de los obstáculos empezó con la fe y el deleite, ahora se han suprimido con más firmeza para que la mente pueda permanecer concentrada y libre de las perturbaciones constantes. El meditador tiene un control mucho mayor de su mente. El gozo de estar libre de los obstáculos, incluso temporalmente durante la concentración de acceso, se compara con el alivio y la alegría que alguien siente al ser liberado de la esclavitud.

6. *El gozo es la causa inmediata de la concentración.*

A media que se amplía el gozo de la concentración de acceso, impregna la mente y se desvanecen los obstáculos para lograr la unificación de la mente. En este punto, la mente entra en absorción o concentración completa, dhyana. En general, la concentración es un factor mental presente en muchos estados mentales, incluyendo tanto el acceso como la absorción. Funciona para unir la mente a un solo objeto y permitir que la consciencia y los factores mentales que la acompañan operen en armonía, haciéndolos más estables y enfocados. Aunque la concentración ha ido aumentando a medida que se cultivaba la permanencia apacible, en los dhyanas se vuelve especialmente fuerte. La mente se queda muy quieta, como un lago en calma en una noche sin nubes que refleja claramente los árboles y la luna. Ningún pensamiento discursivo perturba la quietud de la mente.

Durante la concentración de acceso, los factores dhyánicos– la investigación, el análisis, la alegría, el gozo y la concentración unipuntualizada– son lo bastante fuertes como para eliminar los cinco obstáculos, pero no para colocar la mente en un estado de absorción meditativa completa. Con el logro del primer dhyana, los factores dhyánicos son los bastante fuertes como para hacerlo. Ahora la mente está tan concentrada que se desvanece cualquier sensación de separación del objeto de meditación. Desde el primer dhyana, un meditador puede ir gradualmente alcanzando el segundo, tercer y cuarto dhyanas y, posteriormente, las cuatro absorciones sin forma, que son estados mentales muy refinados en absorción meditativa.

7. *La concentración es la causa inmediata de la sabiduría y de la visión de las cosas como realmente son.*

Siendo un importante precursor de la sabiduría, la concentración por sí sola no es suficiente para liberarnos de la existencia cíclica. A pesar del gozo y la calma que produce, la concentración solo ha suprimido los engaños burdos. Todavía permanecen en la mente otros engaños, dormidos y preparados para emerger en cuanto lo permitan las condiciones. Todavía se tiene que eliminar la ignorancia respecto a las cuatro verdades, que es la raíz del samsara, así como también los demás contaminantes y trabas que dependen de ella. Para hacerlo son esenciales la visión superior y la sabiduría, de manera que ahora se utiliza la concentración para generar la comprensión y la visión de las cosas tal y como realmente son, que es una forma de visión superior que conoce y ve los cinco agregados como son en realidad –su naturaleza, aparición y cese–.

Para poder ver la realidad con claridad, se necesita una mente en la que, a través de la concentración, se han eliminado los obstáculos. Igual que un leñador no solo necesita un hacha afilada sino también un buen sentido de la vista para poder golpear el mismo punto repetidamente y poder talar el árbol, los meditadores necesitan la estabilidad y la claridad que proporciona la concentración para poder dirigir su sabiduría hacia el análisis de los fenómenos condicionados.

Lo que nos libera es la comprensión y la visión de las cosas tal y como son. El Buda dijo (SN 12.23): "La destrucción de los contaminantes es para alguien que sabe y ve, yo digo, no para los que no saben y no ven". La sabiduría y la visión no son algo intelectual, sino que son una sabiduría y una visión tan vívidos como si estuvieras percibiendo algo con tus propios ojos. Su desarrollo inicial puede depender de un conocimiento conceptual, que ayuda a eliminar nociones equivocadas. Sin embargo, una vez que se han eliminado las equivocaciones y se ha establecido la visión correcta, debemos ir más allá del conocimiento conceptual para efectuar los cambios tan profundos que conducen a la liberación.

Dado que todas nuestras experiencias consisten en una combinación de los cinco agregados se hace imperante la atención y la consciencia introspectiva en los cinco agregados para el desarrollo de la sabiduría. Aunque cada experiencia y cognición se puede descomponer en los cinco agregados, nuestra mente ignorante y no analítica toma los agregados como un todo uniforme. Esto nos lleva a la visión de que hay un yo permanente y sustancial. Esta visión de una identidad personal de ser un *yo* es la capa externa que envuelve la ignorancia y, para eliminarla, debemos descomponer constantemente nuestra experiencia en los cinco agregados, ver su naturaleza, su aparición y su cese.

Una mente muy calmada y concentrada tiene dificultades para implicarse en el intenso análisis que se requiere ahora. Por lo tanto, cuando el meditador emerge de la profunda concentración de un dhyana, estudia cada factor de un estado dhyánico identificándolos con uno de los cinco agregados. Después examina las causas y condiciones que dan lugar a cada factor y a cada agregado. Esto hace que surja la consciencia de que simplemente hay un flujo de acontecimientos físicos y mentales en cambio constante, que es vacío de un yo controlador. Comprende la condicionalidad porque cada evento surge cuando sus causas y condiciones existen, y cesa cuando estas cesan. Ninguno de los factores o agregados existe por sí mismo de modo independiente y ninguno de ellos requiere un yo supervisor para funcionar.

Este conocimiento de la condicionalidad nos lleva al examen del surgir y del cese de cada uno de los eventos físicos y mentales. El hecho de advertir cuándo llegan a la existencia y cómo se desvanecen la forma, las sensaciones, el discernimiento, los factores composicionales y la consciencia, nos revela su impermanencia. No solo surgen y cesan debido a las condiciones, sino que las condiciones los hacen surgir y cesar a cada nanosegundo.

Al cambiar a cada microinstante, los cinco agregados son insatisfactorios porque son incapaces de proporcionarnos una felicidad estable. Los cinco agregados no pueden ser la base de un yo real porque son impermanentes e insatisfactorios, tanto a nivel individual como en conjunto. Ver con claridad las tres características de los fenómenos condicionados –impermanencia, duhkha y ausencia de una identidad personal sólida– es la comprensión y la visión de las cosas tal y como son en realidad.

8. *La comprensión y la visión de las cosas tal y como son en realidad son la causa inmediata del desencanto.*

La comprensión y la visión de las cosas tal y como son en realidad son un conocimiento débil; el desencanto es un conocimiento sólido. Para progresar del primero al segundo, el meditador emplaza su atención en el cese instante tras instante de los agregados –su desintegración y cese–. La atención repetida en la desaparición de lo que él cree que es la fuente de la felicidad y la seguridad provoca desencanto y decepción.

Las cosas que antes creía que le protegerían y le proporcionarían alegría, las ve ahora tal y como son: farsas y engaños, y la mente, con sabiduría, se aparta de ellas. Este proceso de decepción es parecido al de un niño que comprende sin ninguna duda que Santa Claus no existe y deja de esperar a que Santa venga en Nochebuena. El desencanto no es deprimente; es sencillamente la pérdida de interés por un mundo externo transitorio, insatisfactorio y vacío de existencia inherente o sustancial, con su caleidoscopio de placeres sensoriales que nos dejan exhaustos. Ahora, nos volvemos hacia el interior, hacia la sabiduría.

Comprende que hasta ahora ha estado filtrando y evaluando cada experiencia a través de las lentes distorsionadas de *mío, yo* y *mi persona.* Mientras que previamente creía que esto era verdadero, ahora ve *mío*, *yo* y *mi persona* como fabricaciones conceptuales imputadas por la ignorancia y sabe sin ninguna duda que creer en ellos como si fueran verdaderos es la fuente de duhkha. Ahora sabe que los agregados no son *míos*, y no son *mi persona* y comienza a dejar mentalmente la carga que, ya desde el principio, nunca fue suya. El Buda dice (SN 22.59):

> Por lo tanto, monjes, cualquier clase de forma, cualquier clase de sensación… discernimiento… factor composicional… cualquier consciencia, ya sea pasada, futura o presente, interna o externa, burda o sutil, inferior o superior, cercana o lejana, se debería ver cómo es en realidad con la sabiduría correcta, así: esto no es *mío*, esto no soy *yo*, esto no es *mi persona.*
>
> Viendo esto, monjes, el discípulo arya instruido experimenta la decepción hacia la forma, la sensación, el discernimiento, los factores composicionales y la consciencia. Experimenta el desengaño y se vuelve desapasionado. Mediante la ecuanimidad [su mente] se libera. Cuando se libera, surge el conocimiento: "se ha liberado". Comprende: "El nacimiento se ha destruido, se ha vivido una vida santa, lo que se tenía que hacer se ha hecho, ya no se llega a ningún estado del ser".

Aquí vemos la progresión que describe los pasos a seguir de la ecuanimidad, la liberación y el conocimiento de la destrucción.

9. *El desencanto es la causa inmediata de la ecuanimidad.*

El desencanto acerca de los fenómenos condicionados surge como resultado de conocer su naturaleza. Está basado en una comprensión y percepción precisas y no es un rechazo emocional, miedo o una evasión de la realidad. Comprender lo condicionado nos prepara para comprender lo no condicionado. Mediante esa decepción, un meditador se desconecta de los fenómenos condicionados. Sabiendo que existe un estado real de felicidad última que, además, es posible alcanzar, se determina a lograrlo. Sigue renunciando al ansia y al aferramiento respecto a las cosas condicionadas y no adopta nuevos apegos. Este proceso de *limpieza mental de primavera* ve la gratificación y el peligro de lo condicionado y ahora busca una salida, un sendero para liberarse de ellas.

La visión se hace más profunda y más penetrante, hasta que se alcanza un logro y el meditador ve el Nirvana. Esto es el desencanto, un sendero de sabiduría que es el primer factor supramundano (*lokottara, lokuttara*) de la relación dependiente trascendental. Aunque los ocho factores previos se denominan *miembros* de la relación dependiente trascendental, de hecho son todavía mundanos (*laukika, lokiya*) porque sus objetos son los fenómenos condicionados, en especial, los cinco agregados. Aunque estos factores son etapas indispensables para llegar al sendero supramundano, en sí mismos no son supramundanos.

10. *El desencanto es la causa inmediata de la liberación.*

El comentario del *Samyutta Nikaya* explica:

> Ver con la sabiduría correcta (sammappaññaya) es un sendero de sabiduría junto con la visión superior. La mente se queda decepcionada en el momento del sendero y se libera en el momento del fruto.

La mente se queda decepcionada con los fenómenos condicionados cuando ve el Nirvana con la sabiduría correcta y la visión superior. Esto señala la entrada en el sendero supramundano *del que ha entrado en la corriente*. Cuando se han eliminado los tres primeros obstáculos –la visión de una identidad personal (o visión de lo compuesto y transitorio), la duda y la visión de las reglas y las prácticas–, se alcanza el fruto *del que ha entrado en la corriente*. De este modo, el desencanto como sendero es la condición para la liberación como fruto. La secuencia de sendero y fruto empieza al entrar en la corriente, continúa con *el que retorna una vez* y el *no retornante* y culmina en el estado de arhat. Cada sendero es un momento para reducir o eliminar obstáculos y cada fruto es un momento de conocimiento y disfrute de la reducción o de la eliminación de dichos obstáculos. La mente está en calma y se deleita en su recién descubierta libertad.

Hay dos aspectos de la Liberación completa. Uno es la libertad de la ignorancia y los engaños que se experimentan durante esta vida. La mente está ahora libre de apego, animosidad y confusión y se han eliminado los últimos restos de estos venenos, de modo que no pueden volver a surgir nunca más. Este Nirvana es visible aquí y ahora; es el Nirvana con residuos. El Buda dice (AN 3.55):

> Cuando una persona es apasionada por el deseo sensual... depravado por la animosidad... desconcertado por la confusión, abrumado y obsesionado por [el deseo sensual, la animosidad y] la confusión, entonces se prepara para su propio daño, para el daño a los demás, para el daño de ambos; y experimenta en su mente el sufrimiento y el dolor. Pero cuando el deseo sensual, la animosidad y la confusión han sido abandonados, ni se prepara para su propio daño, ni para el daño de otros, ni para el daño de ambos; y no experimenta en su mente sufrimiento ni dolor. De esta manera, el Nibbana se ve directamente, inmediato, invitando a uno a venir y ver, conduciéndolo hacia adelante, para ser experimentado personalmente por el sabio.

El otro aspecto de la liberación es la libertad del renacimiento tras la destrucción de este cuerpo presente. En el estado de arhat, la paz de la mente es inmensa puesto que la mente ya no está controlada por los engaños. Los arhats gozan de la seguridad que procede de saber que todas las existencias futuras en el samsara han cesado.

La Liberación –el fruto del estado de arhat– es la liberación de todos los engaños, que se produce al final de esta secuencia de cuatro senderos y cuatro frutos. El sendero se ha completado, no hay nada más que abandonar o añadir.

11. *La liberación es la causa inmediata de la sabiduría de la destrucción de todos los engaños.*

A cada sendero en el que se reducen o se eliminan ciertas trabas, le sigue inmediatamente su propio fruto, en el que se disfruta de la reducción o la eliminación de dichas trabas. A esto le sigue un conocimiento analítico (P. *paccavekkhana*) que verifica lo que acaba de ocurrir. Analiza las trabas que se han eliminado mediante el sendero y las que permanecen todavía. El conocimiento analítico tras alcanzar el fruto del estado de arhat, verifica que todas las trabas, contaminantes y engaños, así como cualquier tendencia que pueda subyacer debido a estos, se ha erradicado y no ha quedado ninguna.

En el momento del sendero del estado de arhat, se conocen las cuatro verdades tal y como son en realidad. Este conocimiento erradica cualquier engaño que pudiera quedar. En el momento del fruto del estado de arhat, se han erradicado los engaños que quedaban y la mente se ha liberado. Tras esto, surge el conocimiento analítico que comprende que eso ha sucedido y que la mente se ha liberado de los engaños. El Buda describe esta secuencia (MN 39.21):

> Él lo comprende como realmente es: "Esto es duhkha" … "Este es el origen de duhkha" … "Esta es la cesación de duhkha" … "Este es el sendero que lleva a la cesación de duhkha" … "Estos son los engaños" … "Este es el origen de los engaños" … "Este es el cese de los engaños" … "Este es el sendero que lleva al cese de los engaños".
>
> Cuando él ve y conoce de este modo, su mente se libera del engaño del deseo sensual, del engaño de la existencia y del engaño de la ignorancia. Cuando se libera, surge el conocimiento: "se ha liberado". Él comprende: "El nacimiento se ha destruido, se ha vivido una vida santa, lo que se tenía que hacer se ha hecho, ya no se llega a ningún estado del ser".

Un arhat ve el cese definitivo de duhkha y los engaños de manera muy clara, y ya no hay ninguna duda en él o ella de que eso ha ocurrido.

Hay dos constataciones que están implicadas en este conocimiento analítico. El *conocimiento de la destrucción* sabe que se han desenraizado todas las trabas y que ya no queda ningún resto de ellas. El *conocimiento de no surgir* sabe que nunca volverán a aparecer de nuevo. Juntos se denominan "el conocimiento y la visión de la liberación" (P. *vimutti nanadassana*). Los arhats experimentan la liberación de los engaños y disfrutan de la certeza de que los engaños nunca volverán a aparecer de nuevo. Esto proporciona una confianza y un bienestar increíble en la mente; los arhats nunca experimentan ansiedad o incertidumbre. Tienen una comprensión completa de que no hay un yo ni nada que pertenezca a un yo en ninguna parte, son los dueños de sus mentes.

Aunque el conocimiento y la visión de la liberación no se manifiesta siempre en la mente de un arhat, está allí, bajo la superficie, y se puede manifestar en cuanto observe el estado de su mente. El Buda lo comparó con alguien a quien le han amputado las manos y los pies. Esté haciendo lo que esté haciendo, sus miembros están amputados, y en el mismo instante en que dirige su mente hacia ellos, sabe que ese es el caso. De igual manera, alguien que ha destruido todos los engaños siempre está libre de ellos, y en el mismo instante en que observa su mente, sabe que ese es el caso.

El karma en el samsara y más allá

El karma es de muchas maneras. Saber discernirlas nos ayuda en nuestra práctica. Del *karma contaminado* del samsara hay karma virtuoso, no virtuoso y neutro.

El *karma virtuoso contaminado* lo crean los seres ordinarios –cualquiera que no sea un arya–. Madura como felicidad en el samsara y no dirige directamente a la liberación. Como se ha mencionado antes, es de dos clases: (1) El *karma meritorio* lo crean los seres del reino del deseo y conduce a un buen renacimiento u otras circunstancias felices en el reino del deseo. (2) El *karma invariable* lo crean los seres del reino del deseo, del reino de la forma y del reino sin forma y dirige a un renacimiento en el reino de la forma o en el reino sin forma.

Cuando los seres ordinarios crean *karma no meritorio o no virtuoso*, los impulsa a renacimientos desafortunados u otros acontecimientos desagradables en el samsara. Cuando lo crean *los que han entrado en la corriente* o *los que retornan una vez*, no impulsa un renacimiento. Los aryas sravaka, quienes no son arhats, podrían, aun así, experimentar sufrimiento en sus vidas debido a las semillas que hay en su continuo mental del karma no virtuoso que crearon previamente. Los arya bodhisatvas, debido al poder de su sabiduría y compasión, no experimentan sufrimiento físico o mental.

El *karma neutro* no produce ni resultados de felicidad ni de sufrimiento. Lo crean los seres de los tres reinos y no es lo bastante poderoso como para impulsar un renacimiento en la existencia cíclica.

El *karma no contaminado* lo crean los aryas que no son budas. No impulsa un renacimiento en el samsara. Junto con las predisposiciones de la ignorancia, produce los cuerpos mentales de los arya bodhisatvas y los arhats, y dirige a la liberación y la Iluminación. Los budas no crean karma pero llevan a cabo actividades espontáneas iluminadas que benefician a los seres conscientes.

Cuando examinamos en profundidad nuestras intenciones, nos puede sorprender darnos cuenta de que muchas de ellas buscan únicamente la felicidad de esta vida. Las apariencias de esta vida son tan vívidas para nuestros sentidos que, de modo natural, nuestra mente –como seres ordinarios que somos– gira en torno a ellas. Incluso si creemos en vidas futuras, en nuestra vida diaria a menudo no somos conscientes de que nuestras acciones crean las causas de nuestros renacimientos futuros y nuestras experiencias en ellos. Esta perspectiva limitada, oscurece la gran oportunidad que nos proporciona esta preciosa vida humana para obtener logros espirituales. Aunque todavía podamos crear un karma virtuoso con una motivación enfocada en esta vida que dará como resultado un renacimiento afortunado, esa misma motivación nos impide alcanzar la liberación o la Iluminación. Para ampliar las intenciones que hay detrás de nuestras acciones diarias, es importante ampliar nuestra visión del mundo para incluir las vidas futuras, la liberación y la Iluminación.

Todos los seres ordinarios –desde los que están en la etapa suprema del Dharma del sendero de preparación de los tres vehículos hacia abajo– acumulan karma que impulsa el renacimiento en el samsara bajo la influencia de la ignorancia y la visión de una identidad personal[69]. Su motivación de ver las desventajas del samsara y aspirar genuinamente a la liberación, y el karma virtuoso que es parecido a la sabiduría que analiza la ausencia de existencia inherente, son contrarios a la ignorancia del primer vínculo y son remedios para el ansia por el renacimiento. Llevan a la erradicación del ansia y al logro del sendero del arya y, en este sentido, no son orígenes verdaderos auténticos. Sin embargo, puesto que se parecen a los orígenes verdaderos en que no están libres de aferramiento a la existencia verdadera, este karma está incluido en los orígenes verdaderos. *Compendio de determinaciones* (*Viniscaya-samgrahani*) dice (LC 1:305):

> Por naturaleza no son dirigidos hacia el renacimiento en el samsara. Sin embargo, se aproximan a la buena conducta física, mental y verbal que conduce al renacimiento. En consecuencia, deberías entender que, en esta ocasión, se incluyen bajo la verdad del origen.

La antipatía hacia todas las formas de duhkha, una aspiración sincera de lograr la liberación, la bodhichita y la mente similar a la visión correcta, son pasos excelentes en el camino. Pero para crear un karma no contaminado que dirija directamente a la liberación y a la Iluminación, debemos generar el sendero arya experimentando directamente

69 Una excepción es alguien que ha seguido el sendero sravaka o el sendero del realizador solitario hacia el estado de arhat, más tarde entró en el mahayana, y está en el sendero del bodhisatva de acumulación o preparación.

la vacuidad. Sólo entonces nuestras acciones se convierten en causas directas no contaminadas de liberación.

Para nosotros, seres ordinarios, el único karma que creamos y que no es el típico origen verdadero de duhkha, son acciones que dependen del poder del campo, es decir, de la interacción con objetos sagrados, lugares y personas. Tsongkhapa dice (LC 1:305-6):

> Puede que no hayas adquirido, a través de un extenso análisis meditativo de los defectos de la existencia cíclica, el remedio que erradica el ansia por las maravillas de la existencia cíclica. Es posible que tampoco hayas usado la sabiduría del discernimiento para analizar adecuadamente el significado de la ausencia de existencia esencial, y que no te hayas habituado a las dos bodhichitas [la convencional y la última], en cuyo caso tus actividades virtuosas –salvo algunas excepciones debido al poder del campo– constituirían los orígenes típicos [de duhkha], y por lo tanto alimentaría el proceso de la existencia cíclica.

Sin embargo, el contacto con objetos sagrados crea semillas de un poderoso karma virtuoso. En *Carta a un amigo* (*Suhrllekha*), Nagarjuna dice que, incluso si alguien ve la forma del Tathagata en un mural y reacciona al verlo con una actitud aflictiva, crea a pesar de todo el karma para tener visiones de budas y de las tierras de los budas en el futuro. Los budas y los bodhisatvas son campos tan poderosos para acumular mérito porque han dedicado sus vidas a beneficiar a los seres conscientes mientras dure el samsara. Debido a la increíble virtud de sus aspiraciones, cualquier contacto con ellos se vuelve virtuoso a largo plazo. Cuando les hacemos ofrendas o postraciones, los bodhisatvas se regocijan de nuestra virtud y dedican sus méritos para poder beneficiarnos. Incluso cuando la gente les hace daño, los bodhisatvas rezan para poder enseñarles el Dharma y llevarlos a la Iluminación.

Aunque es importante crear méritos con los objetos sagrados, no es suficiente para alcanzar los logros espirituales. Debemos desarrollar todos los pasos del sendero –los tres adiestramientos superiores, los tres aspectos principales del sendero y el sendero del tantrayana– para lograr la Iluminación.

11 Libertad de la existencia cíclica

Los dieciséis atributos de las cuatro verdades que se explican en el capítulo 1 nos dicen que el cese verdadero, como lo ejemplifica el Nirvana, tiene cuatro aspectos: (1) es el *cese* de la continuidad de las aflicciones, sus semillas y el karma que produce el renacimiento; (2) es la *paz* verdadera, el estado de tranquilidad total, que está completamente libre de todos los oscurecimientos aflictivos; (3) es *magnífico* porque se ha logrado la satisfacción última; (4) es *libertad* porque hemos emergido definitivamente de la existencia cíclica.

El Nirvana es nuestra meta, y el verdadero sendero para alcanzarla compartido por todas las tradiciones budistas lo constituye la Joya del Dharma. La palabra Dharma tiene muchos significados, dependiendo del contexto. En *Joya del Dharma* significa sostenernos o prevenir que caigamos en el duhkha. Desde esta perspectiva, incluso el sendero del practicante inicial es el Dharma, en el sentido de que nos impide caer en el sufrimiento de los renacimientos desafortunados. En términos más generales, el Dharma nos sostiene o nos impide experimentar todo tipo de duhkha; este es el papel de los verdaderos senderos y ceses, que juntos constituyen la Joya del Dharma.

En general, los senderos verdaderos consisten en los tres adiestramientos superiores en conducta ética, concentración y sabiduría, que incluyen el sendero óctuple. Más específicamente, la sabiduría que comprende directamente el vacío es el antídoto que elimina la ignorancia a la que hace referencia el primer vínculo y lleva directamente a la liberación. Un momento de esta sabiduría no es suficiente para eliminar todas las aflicciones profundamente arraigadas que han perturbado la mente desde tiempos sin principio. Puesto que es necesaria la familiaridad continua con esta sabiduría, necesitamos desarrollar la concentración unipuntualizada (*samadhi*) y la permanencia apacible (*samatha*) para emplazarnos en el vacío de una manera constante y libre de distracciones.

Esta concentración debe estar exenta de dos defectos principales: el hundimiento y la excitación, que nos impiden enfocarnos con estabilidad y claridad en el objeto de meditación durante largos períodos de tiempo. Los factores mentales de la atención y la consciencia introspectiva son cruciales para superar el hundimiento y la excitación, y estos dos factores mentales se desarrollan en un principio mediante el adiestramiento en la conducta ética. Para morar en una conducta pura, debemos mantener nuestros preceptos con atención y monitorear atentamente nuestras acciones de cuerpo, palabra y mente con una consciencia introspectiva. Al desarrollar cierto grado de atención y consciencia introspectiva observando la conducta ética, podremos entonces emplear estos dos factores para identificar y suprimir el hundimiento y la excitación, y para hacer más profunda la concentración. Con una concentración fuerte, la sabiduría se convierte en una fuerza estable y poderosa para erradicar la ignorancia. En resumen, los tres adiestramientos superiores se ayudan mutuamente, y los tres son necesarios para alcanzar la liberación.

Las etapas que llevan a la Liberación y a la Iluminación

Conseguir logros espirituales ocurre con el tiempo. Aprender las etapas que dirigen a la liberación y a la Iluminación nos da una idea del proceso de transformación espiritual en el que nos vamos a implicar y de las prácticas que van a producir el deseado progreso espiritual. Hay muchas similitudes en los senderos de los sravakas, los realizadores solitarios y los bodhisatvas, pero también hay muchas diferencias.

Antes de entrar en uno de los tres vehículos –sravaka, realizador solitario y bodhisatva– debemos tener una comprensión correcta y estable de la visión budista del mundo, purificar nuestra mente y acumular mucho mérito. Cada vehículo tiene cinco senderos: los senderos de acumulación, preparación, visión, meditación y no más aprendizaje. Los practicantes entran en el sendero sravaka de acumulación cuando su aspiración de alcanzar la liberación permanece estable día y noche. Los practicantes entran en el sendero de acumulación del bodhisatva cuando surge espontáneamente la bodhichita en relación con todos y cada uno de los seres conscientes.

En los tres vehículos, los practicantes van del sendero de acumulación al sendero de preparación cuando han logrado la unión de la permanencia apacible y la visión superior en la vacuidad. Este logro todavía es conceptual, pero mediante la práctica repetida eliminan el velo del concepto y perciben la vacuidad directamente. En este momento alcanzan el sendero de la visión y se transforman en aryas.

Los que han entrado en la corriente, el primer nivel de los aryas sravakas, están en el sendero de la visión y han eliminado las aflicciones adquiridas. Pueden surgir aflicciones en su mente y crear karma destructivo, pero este karma no es lo bastante fuerte como para proyectar un renacimiento en el samsara, de modo que ya no empiezan nuevos grupos de doce vínculos. Todavía tienen en su continuo mental las semillas del *karma que impulsa* muchos otros grupos de doce vínculos y, cuando se activan debido al ansia y el aferramiento, renacen. A pesar de que no se han liberado de la existencia cíclica, no están completamente bajo su influencia como lo pueden estar los seres ordinarios. Los que han entrado en la corriente ya no pueden renacer en reinos desafortunados, aunque todavía experimentan sufrimiento y enfermedad cuando nacen como humanos.

Siguiendo con su práctica, los que han entrado en la corriente reducen las capas de aflicciones. Cuando se han subyugado en cierto grado el apego sensorial y la malicia, se transforman en *el que retorna una vez*, y se les denomina así porque tomarán solo un renacimiento más en el reino del deseo. Los que han retornado una vez, todavía crean karma destructivo, aunque es débil.

Los seres ordinarios están apegados al yo y, mientras están muriendo, surge el miedo a no existir más, seguido del ansia por unos agregados samsáricos. Esto los precipita al estado del bardo. En los que han entrado en la corriente y en los que han retornado una vez puede surgir el apego al yo, pero, investigándolo con su sabiduría, lo destierran. Este apego no surge en los *no retornantes*.

Los que han retornado una vez continúan su práctica y, cuando han eliminado las cinco trabas menores –la visión de una identidad personal, la duda, la visión de las reglas y las prácticas, el deseo sensorial y la malicia–, se transforman en *no retornantes*, denominados así porque ya nunca renacerán en el reino del deseo. Los no retornantes ya no crean más karma destructivo, puesto que dicho karma solo se crea en el reino del deseo. Igual que los que han entrado en la corriente y los que han retornado una vez, los no retornantes todavía renacen bajo el poder de las aflicciones y el karma. Cuando eliminan completamente todos los oscurecimientos aflictivos, alcanzan el sendero sravaka de no más aprendizaje y se convierten en arhats, aquellos que han logrado la liberación y están libres completamente de la existencia cíclica.

Aunque los arhats no crean nuevo karma para renacer en el samsara, el poder de las semillas kármicas creadas previamente que podría traer un renacimiento samsárico permanece intacto. Sin embargo, puesto que han eliminado todas las aflicciones, dichas semillas no son nutridas por el ansia y el aferramiento y no producen nuevos renacimientos.

Las semillas kármicas del karma que completa permanecen en el continuo mental de los arhats y podrían madurar. El ejemplo más famoso le sucedió a Maudgalyayana, uno de los discípulos principales del Buda. Hacía muchas vidas, había matado a sus padres. Aunque, como resultado de dicho acto, había renacido en el reino de los infiernos, el fruto de ese karma no se había agotado todavía. Algunos no budistas supieron que Maudgalyayana era el más famoso entre los discípulos del Buda debido a sus poderes supranormales y porque los utilizaba para llevar a la gente al Budadharma. Celosos del Buda y sus seguidores, enviaron a unos matones para matar a Maudgalyayana. Maudgalyayana deseaba evitarles el karma destructivo de matar a un arhat e intentó utilizar sus poderes supranormales para escapar. Debido a las semillas kármicas que quedaban por haber matado a sus padres, sus poderes fallaron; los matones le pegaron una paliza tremenda y lo dieron por muerto. Maudgalyayana se arrastró hasta el Buda, le rindió su último homenaje y murió. Aunque experimentó el dolor físico de la paliza, no se molestó ni se enfadó.

Mientras los arhats viven, tienen intenciones, pero estas no dejan ningún rastro. El *Dhammapada* compara los actos de los arhats con el vuelo de los pájaros cruzando el cielo (92-93):

> Quienes no atesoran [nada] y son sabios con respecto a la comida, cuyo objeto es el vacío, lo no condicionado, la libertad –su huella no puede ser rastreada, igual que el sendero de los pájaros en el cielo–.
>
> Aquellos cuyos contaminantes son destruidos y no están apegados a la comida, cuyo objeto es el vacío, lo no condicionado, la libertad, –su camino no puede ser rastreado, igual que el sendero de los pájaros en el cielo–.

Mientras están vivos, los arhats están libres del samsara, aunque todavía tienen los agregados samsáricos –especialmente el cuerpo que tomaron al nacer, que está madurando como resultado de un karma contaminado–. Su cuerpo es duhkha verdadero, así que su Nirvana se denomina "Nirvana con residuos (de los agregados contaminados)". Cuando mueren, todas las semillas kármicas desaparecen por sí solas, sin tener que aplicar ningún remedio, aunque las predisposiciones de las aflicciones aún permanecen en su mente. Al abandonar los cinco agregados contaminados, toman un cuerpo mental (T. *yid lus*) que no está hechos de átomos: los arhats tienen ahora el Nirvana sin residuos. Permanecen meditando en el Nirvana pacífico durante eones, hasta que el Buda los despierta y los anima a convertirse en budas. Entonces generan la bodhichita, nacen debido al poder de las oraciones y las aspiraciones y entran en el sendero del bodhisatva.

Los bodhisatvas de los senderos de acumulación y preparación nacen en el samsara debido a la ignorancia. Desde el sendero de la visión en adelante son aryas y nacen de acuerdo con sus deseos e intenciones compasivas, y ya no experimentan el nacimiento, la vejez, la enfermedad o la muerte, causados por el poder de las aflicciones y el karma. Por la fuerza de sus fervientes intenciones compasivas y de sus oraciones altruistas inmaculadas, pueden elegir nacer en una familia o país en particular para beneficiar a los seres allí presentes. Al hacerlo, parece que experimentan lo mismo que los seres ordinarios, pero su experiencia es muy diferente de la nuestra debido a la intensidad de su experiencia del vacío basada en la bodhichita. Puesto que aún no han erradicado todos los oscurecimientos aflictivos, se dice que estos bodhisatvas *están* en el samsara, pero no *son* del samsara.Cuando los bodhisatvas de facultades penetrantes logran el sendero de la visión, debido a la fuerza de su gran determinación y de su bodhichita, su bodhichita se transforma en la bodhichita que es la pureza de la gran determinación extraordinaria. Desde el sendero de la visión en adelante, los bodhisatvas también logran un cuerpo mental que surge del karma no contaminado –la intención de asumir tal cuerpo– y de las predisposiciones sutiles de la ignorancia. Este cuerpo no forma una sola entidad con la mente, pero se dice que está en la naturaleza de la mente porque, al igual que la mente, no está hecho de átomos y carece de impedimentos físicos. No está contaminado y está libre de dolor físico, aunque hasta que los bodhisatvas no alcanzan el octavo nivel no están libres del duhkha de lo condicionado que lo impregna todo.

Para beneficiarnos a nosotros, seres ordinarios, estos arya bodhisatvas toman o emanan una forma similar a la nuestra y muestran el aspecto de la enfermedad, la vejez, la muerte, etc. Estos cuerpos no son duhkha verdadero.

Si se manifiestan en el reino animal, en el de los espíritus ávidos o en los infiernos para beneficiar a esos seres conscientes, no son seres de ese reino: simplemente asumen esa apariencia. Los bodhisatvas que practican el tantra manifiestan un cuerpo ilusorio impuro y después un cuerpo ilusorio puro, incluso cuando todavía tienen un cuerpo humano contaminado. El cuerpo real o último no contaminado se alcanza en la Budeidad.

Los arya bodhisatvas progresan a través de los diez niveles de los bodhisatvas que tienen lugar en los senderos de la visión y la meditación. Hasta que no llegan al octavo nivel todavía se pueden manifestar las aflicciones en su mente, pero no permanecen mucho tiempo y no funcionan como normalmente funcionan las aflicciones, en el sentido de que no perturban la mente. Los arya bodhisatvas crean sólo karma no contaminado.

A menos que se hayan convertido previamente en arhats sravaka, los arya bodhisatvas no se liberan del samsara hasta el principio del octavo nivel de los bodhisatvas. En ese momento, han purificado todas las aflicciones y se han convertido en bodhisatvas de una tierra pura. Dado que los oscurecimientos cognitivos permanecen aún en su continuo mental, todavía deben ejercer un esfuerzo sutil para impulsar sus acciones físicas y verbales realizadas para beneficiar a los demás. En los tres niveles puros abandonan gradualmente los oscurecimientos cognitivos, y en el sendero mahayana de no más aprendizaje, cuando los oscurecimientos cognitivos se han pacificado completamente, se convierten en budas que espontáneamente y sin esfuerzo actúan para beneficiar a los demás hasta que termine el samsara.

Algunos seres ordinarios nacen en tierras puras como Sukhavati, la tierra pura del buda Amitabha, como resultado de un karma virtuoso especial y de aspiraciones sinceras y oraciones virtuosas para renacer allí. El hecho de nacer en las tierras puras de Amitabha y Aksobhya no sucede bajo el poder de las aflicciones y el karma y no está en los doce vínculos. Los cuerpos de los seres ordinarios que han nacido allí no son duhkha verdadero. Aunque muchos seres nacidos en esas tierras puras todavía se aferran a la existencia esencial y a otras aflicciones, estas últimas no aparecen de una forma manifiesta, por lo que no crean karma para un renacimiento en reinos desafortunados. Puesto que practican el sendero con diligencia, ya no crean karma para renacer en el samsara y logran la Iluminación en la tierra pura.

REFLEXIONES

1. Revisa las etapas del sendero a la liberación para los que están siguiendo el vehículo sravaka.
2. Revisa las etapas del sendero a la Iluminación para los que están en el vehículo del bodhisatva.
3. Genera una sensación de tu potencial. Comprende que puedes progresar a través de estos senderos y lograr los resultados pacíficos.

Los dos oscurecimientos

La mente de los seres conscientes ordinarios está velada por dos tipos de oscurecimientos: los oscurecimientos aflictivos y los oscurecimientos cognitivos. Los primeros, principalmente, impiden la liberación del samsara; los últimos son básicamente obstáculos a la Iluminación. El Nirvana o liberación es el estado en el que se han eliminado los oscurecimientos aflictivos. La Iluminación, *Nirvana que no mora* o Budeidad, es el estado en el que, además, se han eliminado los oscurecimientos cognitivos.

Los *oscurecimientos aflictivos* (*kleshavarana*) consisten en la ignorancia que se aferra a la existencia esencial o inherente junto con sus semillas, y los tres venenos de la confusión, el apego y la animosidad junto con sus semillas. En resumen, las aflicciones y sus semillas constituyen los oscurecimientos aflictivos.

Los *oscurecimientos cognitivos* (*jñeyavarana*) son más sutiles y más difíciles de eliminar de nuestro continuo mental. Comparados con los oscurecimientos aflictivos, que son como cebollas en un bote, los oscurecimientos cognitivos son como el olor que queda en el bote después de quitar las cebollas. Los oscurecimientos cognitivos son las impresiones o predisposiciones de la ignorancia que se aferra a la existencia inherente, las predisposiciones de los tres venenos, las apariencias equivocadas duales que surgen de ellas y el engaño (*avarana*) de aprehender las dos verdades como entidades diferentes. Todos ellos son compuestos abstractos, no consciencia (aunque hay quien cuestiona este punto).

La palabra *apariencia* no indica adecuadamente el significado de la palabra tibetana *snang ba*, que se refiere tanto a la apariencia como a la percepción. Al decir "apariencia de existencia inherente" podemos pensar erróneamente que el oscurecimiento es externo a nuestra mente –que el fenómeno, por su propio lado, aparece con existencia inherente–, cuando lo que ocurre es que el oscurecimiento está asociado a nuestra mente, somos nosotros los que percibimos la "existencia inherente", la cual no existe en absoluto. Por favor, recuerda esto cuando hablemos sobre la apariencia de existencia inherente.

El aspecto de la mente que sigue percibiendo la apariencia equivocada de la existencia inherente se llama "oscurecimiento cognitivo manifiesto", mientras que las predisposiciones que han dejado las aflicciones y que producen dichas apariencias se denominan "factores de una semilla". Las predisposiciones son tendencias sutiles (T. *bag la nyal*). Bajo su poder, la mente sigue experimentando la apariencia de la existencia inherente.

Las *apariencias duales equivocadas* son el aspecto de la mente que continúa teniendo las apariencias equivocadas de todos los fenómenos internos y externos como si fueran inherentemente existentes. Este aspecto de la mente oscurece las seis consciencias –las cinco consciencias sensoriales y la consciencia mental–. Tanto los seres ordinarios como los aryas que no están en estabilidad meditativa en la vacuidad tienen estas apariencias duales equivocadas. La única consciencia en el continuo mental de los seres conscientes que no las tiene, es la sublime sabiduría de los aryas que están en estabilidad meditativa en la vacuidad. Tanto los seres ordinarios como los aryas que no están en estabilidad meditativa en la vacuidad tienen estas apariencias duales equivocadas. De entre los continuos mentales de los seres conscientes, la única consciencia que carece de ellas es la sublime sabiduría de un arya en estabilidad meditativa en la vacuidad.

Dentro de la apariencia/percepción de existencia inherente de los objetos, una parte existe y otra no. La flor no es un oscurecimiento cognitivo, pero su apariencia de ser inherentemente existente sí lo es. Cuando la mente se libera de esta apariencia equivocada, las cosas que existen convencionalmente no dejan de existir, sino que, más bien, ya no aparecen más como inherentemente existentes.

El *engaño de aprehender las dos verdades como entidades diferentes* impide ver todos los fenómenos –las verdades convencionales y su vacuidad– simultáneamente. Puesto que los arhats y los bodhisatvas de los niveles puros tienen este engaño, no pueden conocer simultáneamente las dos verdades. Deben alternar la percepción: en estabilidad meditativa en la vacuidad solo ven la vacuidad, y las verdades convencionales, que son el sustrato –es decir, los objetos que son vacíos–, no aparecen a esa mente enfocada en la vacuidad; cuando surgen de su estabilidad meditativa en la vacuidad, en el momento del logro subsiguiente, conocen la convencionalidad, pero no pueden percibir su vacuidad directamente. En la Budeidad se ha erradicado este engaño y, por esta razón, los budas pueden conocer las dos verdades directa y simultáneamente.

Las predisposiciones del apego y de otras aflicciones pueden hacer también que los arhats tengan comportamientos incoherentes con el cuerpo o la palabra (*dausthulya*) que son transgresiones de la disciplina. Los arhats podrían ponerse a saltar de repente debido a la predisposición del apego. Podrían llamar a alguien cualquier cosa debido a la predisposición del enfado. Su clarividencia podría ser confusa debido a la predisposición de la ignorancia. Estos acontecimientos poco frecuentes no se deben a ninguna intención negativa o ignorancia por parte de los arhats, ya que han eliminado todas las aflicciones. En *Autocomentario al Suplemento*, Chandrakirti dice:

> Aunque los arhats han eliminado las aflicciones, tienen las predisposiciones, por lo que saltarán como lo hacían cuando eran monos... Esas predisposiciones se superan sólo en la Omnisciencia y la Budeidad, no en otras[70].

Esta misma idea se encuentra también en los comentarios pali posteriores. Explican que, aunque los arhats han eliminado todos los oscurecimientos producidos por las aflicciones, todavía tienen las predisposiciones de dichas aflicciones que pueden inducir una conducta que sea una falta de decoro. Esto ocurre porque, al contrario que el Buda, los arhats no han eliminado la obstrucción a la omnisciencia y por eso no conocen todo lo que existe. El comentario a *Udana* dice:

> Una *vasana* [impresión o predisposición] es la mera capacidad de comportarse de cierta manera y que es parecida al comportamiento de quienes todavía tienen engaños; es engendrada por los engaños que han sido albergados en la mente desde tiempos sin principio, y permanecen en el continuo mental del arhat incluso después de que los enga-

---

70 Jeffrey Hopkins, *Maps of the Profound* (Ithaca, NY: Snow Lion Publications, 2003), 692.

ños se han eliminado, como una mera tendencia habitual. Las vasanas no se encuentran en el continuo mental de un buda, que ha eliminado los engaños al eliminar la obstrucción a la omnisciencia, sino que están en las mentes de los oyentes y de los realizadores solitarios[71].

Un ejemplo es el Bhikkhu Pilindavaccha. Aunque era un arhat y había erradicado la vanidad y la falta de consideración por los demás, seguía dirigiéndose a sus compañeros como si fueran parias. Esto sucedía debido al poder de sus predisposiciones (predisposiciones) establecidas debido a su comportamiento habitual cuando fue un brahmín durante quinientas vidas previas.

Algunos eruditos hablan de una ignorancia no aflictiva. Para los vaibhasika, esto impide principalmente el logro de la omnisciencia y consta de las cuatro clases de desconocimiento: (1) la ignorancia no aflictiva de las cualidades profundas y sutiles de un buda, (2-3) la ignorancia debida al lugar o al tiempo distantes del objeto, y (4) la ignorancia de la naturaleza del objeto, como los detalles sutiles del karma y sus efectos. Según los prasangika, la ignorancia no aflictiva se refiere a las predisposiciones de la ignorancia, y no es una consciencia.

Nirvana

Todos los budistas buscan el Nirvana, pero ¿qué es? En general, el Nirvana es un estado o cualidad mental. No es un lugar externo ni tampoco es algo reservado para unos cuantos elegidos. Lo pueden alcanzar todos y cada uno de los seres conscientes.

El Nirvana es la verdadera naturaleza de nuestra mente –la vacuidad de la mente que está completamente limpia de oscurecimientos–. La sabiduría comprende directamente la vacuidad de todos los fenómenos, incluyendo la vacuidad de la mente misma. Esta sabiduría purifica de engaños la mente de modo gradual. A medida que esto sucede, la vacuidad de esa mente, que es una única naturaleza con dicha mente, se purifica también. El estado purificado de la vacuidad de la mente que está libre de los oscurecimientos aflictivos es el Nirvana de un arhat; el estado purificado de la vacuidad de la mente que está libre tanto de los oscurecimientos aflictivos como de los cognitivos es el *Nirvana que no mora* de un buda.

---

71 John Ireland, *The Udāna and the Itivuttaka* (Kandy: Buddhist Publication Society, 2007), 200.

Todos los fenómenos producidos cesan porque la desintegración instante tras instante forma parte de su naturaleza: su cese no depende de ninguna otra causa o condición que sea su antídoto. Sin embargo, el cese verdadero –la disolución de las aflicciones– no ocurre de esa manera, no es la desintegración natural de una cosa cuando cesa su energía causal. Las cesaciones verdaderas se producen debido a la sabiduría, un antídoto que se ha desarrollado deliberadamente. La sabiduría destruye la ignorancia de tal manera que no puede volver a surgir: rompe completamente la continuidad de la ignorancia. Meditando en los razonamientos que refutan la existencia inherente y establecen la ausencia de existencia inherente, generamos el sendero arya, la sabiduría que comprende directamente el vacío. Esta sabiduría aprehende lo opuesto de la ignorancia. Mientras que la ignorancia aprehende los fenómenos como inherentemente existentes, la sabiduría los aprehende como vacíos de existencia inherente. De esta manera, la sabiduría arranca de raíz la ignorancia y sus semillas. Debido a este cese y a que no aparece la ignorancia, todas las demás aflicciones cesan también. Las acciones composicionales también cesan, al igual que los vínculos restantes.

Hay debate acerca de si el Nirvana es una negación no afirmativa –una mera negación que no implica nada más– o una negación afirmativa –una declaración que niega una cosa al mismo tiempo que implica un fenómeno positivo–. Por ejemplo, si decimos "El yo es vacío", esto no implica que haya un fenómeno positivo, lo que sería el primer caso. Si decimos "El yo que es vacío", afirmamos un fenómeno positivo –el yo– al mismo tiempo que negamos que sea inherentemente existente, lo que sería un ejemplo del segundo caso.

Algunas personas dicen que el Nirvana es una vacuidad, la ausencia de una existencia inherente que nunca ha existido. Esto es una negación no afirmativa, un fenómeno permanente y una verdad última. Otros dicen que el Nirvana es la extinción de las aflicciones que existían. Esto es una verdad última, pero no es una vacuidad. Así es como yo lo veo. Nagarjuna dice (RA 42cd):

> Se dice que el Nirvana es el cese de las nociones de cosas y no cosas.

El Nirvana es la extinción de la aflicciones significa que no solo se han extinguido las aflicciones (cosas), sino que en el Nirvana tampoco hay aflicciones inherentemente existentes (no cosas). Esta ausencia de existencia inherente sin principio es la vacuidad, una verdad última.

La ausencia de aflicciones que es el Nirvana, un cese verdadero, es una negación no afirmativa. Las aflicciones nunca pueden surgir de nuevo porque se han erradicado completamente sus causas. Si el Nirvana fuera una negación afirmativa –un *haber concluido* de las aflicciones en lugar de su extinción total– entonces las aflicciones podrían volver a surgir. Esto se debe a que el *haber concluido* de un fenómeno impermanente, como las aflicciones, puede producir un resultado. Sin embargo, en el Nirvana, las aflicciones y sus causas nunca pueden reaparecer. El Nirvana es la vacuidad de la mente que está completamente purificada de aflicciones. No se afirma nada más.

El Nirvana es el estado que está más allá del dolor. *Dolor* aquí se refiere al samsara, su duhkha y sus orígenes. Dolor también alude a la existencia inherente, y el hecho de que el Nirvana esté más allá del dolor indica que es la vacuidad de existencia inherente.

Se habla de cuatro tipos de Nirvana: el Nirvana natural (*prakrti-nirvrta*), el Nirvana con residuos (*sopadhishesanirvana*), el Nirvana sin residuos (*nirupadhishesanirvana*) y el Nirvana que no mora (*apratistha-nirvana*).

Nirvana natural

El Nirvana natural es la naturaleza última de una mente que es primordialmente pura y vacía de existencia inherente, es la vacuidad de existencia inherente de la mente. Chandrakirti dice en *Palabras claras*:

> Puesto que solo la vacuidad tiene la naturaleza de detener toda elaboración, se denomina Nirvana.

En sí misma, la vacuidad está libre de elaboraciones de existencia inherente. Aparece del modo en que existe en la consciencia primaria que la percibe, es decir, para la sabiduría que percibe directamente la vacuidad, esta aparece sin ninguna elaboración de existencia inherente en absoluto. La mente siempre ha sido vacía de existencia inherente; esta vacuidad se denomina el *Nirvana natural*, y percibiéndola repetidamente se puede alcanzar el Nirvana que es la cesación de todo el duhkha y sus orígenes.

El Nirvana natural no es el Nirvana real –el Nirvana que supone ir más allá del dolor del samsara–. Sin embargo, como vacuidad que es, el Nirvana natural actúa como la base que permite lograr el Nirvana real. Al ser la naturaleza primordial de la mente, es una cualidad de esta, así que el logro del Nirvana no entraña adquirir una cualidad externa, sino más bien reconocer una cualidad de la mente que ya está presente. Cuando la mente está contaminada está dormida y cuando se purifica está despierta. Su naturaleza vacía está presente en ambos casos. Puesto que la mente carece de existencia inherente, puede liberarse de todos los contaminantes que están basados en el aferramiento a la existencia inherente.

De manera general, el Nirvana natural se refiere a la vacuidad. Todo a nuestro alrededor -así como las cuatro verdades, y la base, el sendero y el resultado- es vacío de existencia inherente. En este sentido, se puede decir que todos los fenómenos poseen el Nirvana natural o la vacuidad. Sin embargo, solo los seres conscientes pueden alcanzar el Nirvana que está libre de oscurecimientos, porque el Nirvana es la vacuidad de la mente purificada.

El Nirvana con residuos y sin residuos

Desde los svatantrikas hacia abajo, *residuos* -en la expresión *Nirvana con y sin residuos*-se refiere a los agregados ordinarios, que son el duhkha verdadero porque surgen bajo el control de la ignorancia y el karma contaminado. Los arhats sravaka logran primero el Nirvana con residuos porque en el momento en que eliminan todos los oscurecimientos aflictivos y alcanzan la liberación, todavía tienen su cuerpo ordinario[72]. Cuando mueren y pierden ese cuerpo, se produce el Nirvana sin residuos, porque ha cesado la continuidad de los agregados contaminados.

Los vaibhasika y los sautrantika, que no aceptan un vehículo último, es decir, que no creen que todos los seres conscientes puedan alcanzar la Budeidad, afirman que, en el momento del Nirvana sin residuos, cuando el arhat muere, la continuidad de su consciencia cesa,

72 Al hablar de esta manera del Nirvana con residuos surge una dificultad. En la vida en la que alcanzan la liberación, los arhats pueden ser seres en el reino del deseo, en el reino de la forma o en el reino sin forma. Está claro que aquellos en los reinos del deseo y de la forma tienen un cuerpo contaminado. Los arhats en el reino sin forma tienen sólo cuatro agregados mentales, así que no podemos decir que sus cuerpos estén contaminados. Decir que sus agregados mentales están contaminados es incómodo porque su continuo mental está libre temporalmente de aflicciones debido a su profunda concentración. Por lo tanto, es un poco difícil proponer una imagen o un ejemplo de los agregados contaminados de los arhats del reino sin forma. Por otro lado, es difícil decir que no tienen agregados contaminados, porque tienen el Nirvana con residuos en su continuo mental.

aunque exista el Nirvana sin residuos[73]. Los proponentes del razonamiento prasangika, svatantrika y chitamatra, que afirman un vehículo último –que todos los seres conscientes pueden alcanzar la Budeidad–, dicen que la continuidad de la consciencia existe incluso después de que los arhats hayan abandonado sus cuerpos contaminados. En ese momento, nacen en la tierra pura de Sukhavati: allí tienen el Nirvana sin residuos porque ya no quedan agregados dolorosos y, en su lugar, tienen un cuerpo mental. Aunque estos arhats tienen todavía los cinco agregados, no son agregados contaminados porque no son producidos bajo la influencia de la ignorancia y el karma contaminado.

En Sukhavati, estos arhats permanecen en estabilidad meditativa en la vacuidad durante eones. En un momento dado, los budas los despertarán de su estado meditativo, les enseñarán la doctrina mahayana y harán que sigan el sendero del bodhisatva hacia la Iluminación. Entonces, estos arhats generan la bodhichita y entran en el sendero de acumulación del bodhisatva. Al contrario que los bodhisatvas que entran en el sendero de acumulación del bodhisatva y practican durante tres incontables grandes eones para lograr la Iluminación, estos arhats que posteriormente se transforman en bodhisatvas, necesitan mucho más tiempo para alcanzar la Iluminación porque su hábito de buscar únicamente su propia liberación es muy fuerte. Durante el proceso de practicar el sendero del bodhisatva a menudo pasan largos periodos de tiempo en estabilidad meditativa en la vacuidad porque están cautivados por el gozo de la paz personal. Es difícil para ellos generar la gran compasión y la gran determinación de adoptar la responsabilidad de beneficiar a todos los seres.

Los prasangika tienen un único término para el Nirvana con y sin residuos. *Residuos* se refiere a la apariencia de existencia inherente y a la apariencia dual de sujeto y objeto. El Nirvana sin residuos es la cesación verdadera última cuando los arhats han eliminado definitivamente los oscurecimientos aflictivos y logran el Nirvana, *ir más allá del dolor*, donde *dolor* hace referencia a los oscurecimientos aflictivos. Esto sucede durante la estabilidad meditativa en la vacuidad. Este Nirvana

---

73 Siendo partidarios de los tres vehículos últimos, los proponentes chitamatras de las escrituras no afirman que los arhats que se dirigen exclusivamente hacia su propia paz personal entren en el mahayana. Sin embargo, dicen que un arhat cuya liberación se ha transformado puede entrar en el mahayana y alcanzar la Budeidad. Hacen esta transición desde el Nirvana con residuos; no puede ocurrir desde el Nirvana sin residuos porque la continuidad de la mente ha cesado en ese momento.

está libre de residuos de apariencia dual y de la apariencia de existencia inherente. Más tarde, tras salir de la estabilidad meditativa en la vacuidad, los arhats experimentan de nuevo la apariencia falsa de existencia inherente, debido a los oscurecimientos cognitivos. Este es el *Nirvana con residuos* de apariencia de existencia inherente y de dualidad de sujeto y objeto.

Nirvana que no mora

El Nirvana que no mora es el aspecto purificado de la naturaleza última de una mente que está libre para siempre de oscurecimientos aflictivos y cognitivos. Se denomina *que no mora* porque un buda no mora ni en el samsara ni en el Nirvana personal de un arhat sravaka. Todos los practicantes budistas están de acuerdo en que el samsara es claramente indeseable y quieren liberarse de él. Para los bodhisatvas que desean alcanzar la Iluminación para trabajar mejor en el beneficio de todos los seres conscientes, el Nirvana personal de un arhat es algo limitado, porque los arhats pasan eones en su gozosa estabilidad meditativa en la vacuidad mientras los seres conscientes continúan sufriendo en el samsara. Los bodhisatvas persiguen el Nirvana de un buda, un Nirvana que carece tanto de los impedimentos del samsara como de los del Nirvana personal. Solo los budas poseen el Nirvana que no mora y que está libre de los dos extremos: del samsara y del Nirvana personal.

El Nirvana que no mora es también el dharmakaya natural de un buda. Es la vacuidad de la mente de un buda, el estado purificado de la propia naturaleza de buda. El Nirvana que no mora posee dos purezas: la pureza natural y la pureza de los engaños circunstanciales. Su pureza natural es su vacuidad primordial de existencia inherente; su pureza de engaños circunstanciales es el aspecto del cese verdadero.

Tradición pali: Nirvana

En la tradición de Nalanda, hay un debate sobre si el Nirvana es la cesación de algo que alguna vez existió (las aflicciones) o un estado en el que no se ha eliminado nada existente –una vacuidad que está libre de manera natural de existencia inherente– y ahora experimentamos ese vacío. La mayoría de los sabios están de acuerdo en que es lo último. Los sutras pali y sus comentadores también hablan del Nirvana de distintas maneras. En algunos casos, Nirvana se refiere a la eliminación de los cinco agregados sujetos al aferramiento: el Nirvana es el estado de cesación en el que el duhkha verdadero y el origen verdadero de duhkha se han erradicado. En otras situaciones, se habla del Nirvana como de la realidad, el objeto de meditación de la estabilidad meditativa de los aryas.

El Nirvana como el cese de duhkha y sus orígenes

En la descripción de su propia Iluminación, el Buda dice (MN 26.18-19):

> Entonces, monjes, estando yo mismo sujeto al nacimiento, habiendo entendido el peligro de lo que está sujeto al nacimiento, buscando la suprema seguridad no nacida de la esclavitud, el Nibbana, he logrado la suprema seguridad no nacida de la esclavitud; estando yo mismo sujeto a la vejez, habiendo entendido el peligro de lo que está sujeto a la vejez, buscando la suprema seguridad no nacida de la esclavitud, el Nibbana, he logrado la suprema seguridad no nacida de la esclavitud, el Nibbana… [El pasaje continúa con la enfermedad, la muerte, el dolor, los engaños, en lugar del nacimiento]… el conocimiento y la visión surgieron en mí: "Mi liberación es inquebrantable; este es mi último nacimiento; ahora no hay renacimiento del ser".
>
> Reflexioné: "Este Dhamma que he alcanzado es profundo, difícil de ver y de entender, pacífico y sublime, inalcanzable por el mero razonamiento, sutil, para ser experimentado por los sabios". Pero esta generación se deleita en lo mundano, está deleitada en lo mundano, se regocija en lo mundano. Es difícil para esta generación ver esta verdad, es decir, la condicionalidad específica, la relación dependiente. Y es difícil para esta generación ver esta verdad, concretamente, la pacificación de todas las formaciones [los agregados], la renuncia a todos los apegos, la destrucción del ansia, la templanza, el cese, el Nibbana...".

"Este Dhamma" se refiere a las cuatro verdades. "La condicionalidad específica, la relación dependiente" se refiere a los orígenes verdaderos de duhkha y "la pacificación de todas las formaciones, la renuncia a todos los apegos, la destrucción del ansia, la templanza, el cese, el Nibbana" es la expresión del Nirvana en los sutras. Es la extinción de los agregados, que son el duhkha verdadero, y de todo el apego y el ansia, que son los orígenes verdaderos de duhkha. La referencia a los orígenes verdaderos implica la verdad de duhkha, y la referencia al cese verdadero implica el sendero verdadero. En el Nirvana se han experimentado directamente las cuatro verdades.

En algunos sutras, se dice que el Nirvana es la erradicación del apego, el enfado y la ignorancia (SN 38:1):

> Amigo Shariputta, se dice "Nibbana, Nibbana". "¿Qué es el Nibbana entonces?".
>
> [Shariputta]: "La destrucción del deseo sensorial, la destrucción de la animosidad, la destrucción de la confusión: esto, amigo, se denomina Nibbana".

Este significado encaja bien con la explicación etimológica de Nirvana. Literalmente, *Nibbana* indica "extinción". En pali, la palabra está formada por la partícula negativa *ni* y por *vana*, que se refiere al ansia. Así, Nibbana es la destrucción o la ausencia del ansia que impulsa los repetidos renacimientos en la existencia cíclica. En sánscrito, *nir* significa "fuera" y *va* quiere decir "soplar". Aquí *Nirvana* quiere decir que la ignorancia, la raíz de la existencia cíclica, y el ansia, la aflicción que conecta una vida con la siguiente, se han apagado y extinguido. En este sentido, el Nirvana es la ausencia de algo que una vez existió.

El nirvana como objeto de meditación

Algunos sutras de la tradición pali presentan el nirvana como el objeto de meditación del sendero supramundano, en el que se refiere más a una negación o a la ausencia de algo que nunca existió. El Buda dice (AN 3.47):

> Están, oh monjes, estas tres características que definen el incondicionado [Nibbana]. ¿Qué tres? Ningún surgimiento es visto, ningún desvanecimiento es visto, ningún cambio mientras persiste es visto.

Al contrario que los fenómenos condicionados, que surgen y cesan, el Nirvana –el incondicionado– está libre de esta fluctuación. No habiendo surgido, el Nirvana no es producido por causas y condiciones. Nunca se desvanece o cesa debido a causas y condiciones y, mientras existe, no cambia ni se transforma en ninguna otra cosa. Aquí se presenta el nirvana como una simple negación de atributos que nunca existieron en él. El Buda describe el nirvana (Udana 8.4)[74]:

> Quien depende [del ansia y las visiones] tiene dudas. Quien no es dependiente no tiene dudas. Al no haber dudas, hay calma. Estando en calma, no hay anhelo. No habiendo anhelo, no hay ir ni venir [naci-

74 Esta y las dos citas siguientes del Udana fueron traducidas por Thanissaro Bhikkhu.

> miento y muerte]. No habiendo ir o venir, no hay deceso o surgimiento [una sucesión de muertes y renacimientos]. No habiendo deceso ni surgimiento, no hay un aquí ni un allá [este mundo u otro mundo] ni un "en medio" de los dos. Esto, sólo esto, es el fin de duhkha.

En otro sutra dice el Buda (Ud 8.1):

> Hay, monjes, esa base donde no hay ni tierra, ni agua, ni calor, ni aire; ni la base de la infinidad del espacio, ni la base de la infinidad de la consciencia, ni la base de la nada, ni la base del discernimiento ni del no discernimiento; ni este mundo ni otro mundo, ni sol ni luna. Aquí, monjes, yo digo que no hay venir, no hay ir, no hay estar quieto, no hay morir, y no hay renacer. No está establecido, no se mueve, no tiene soporte. Precisamente esto es el final de duhkha.

Y en otro sutra del Udana dice (Ud 8.3):

> Hay, monjes, un no nacido, no llegado a ser, no hecho, no fabricado. Si, monjes, allí no hubiera no nacido, no llegado a ser, no hecho, no condicionado, no se discerniría ninguna salida de lo que nace, llega a ser, se hace, se fabrica. Pero, puesto que hay un no nacido, no llegado a ser, no hecho, no fabricado, por lo tanto, se discierne una salida de lo que es nacido, llegado a ser, hecho, fabricado.

En este caso, el nirvana es un fenómeno distinto que no tiene nada que ver con la materia, o ni siquiera con el samadhi más profundo en el samsara. El nirvana es una negación –no venir, no ir, no hecho, etc.– sin afirmar nada más en su lugar. Puesto que existe el nirvana se puede superar el samsara, el nirvana no es la inexistencia total. El lenguaje que utiliza el Buda en los dos pasajes anteriores nos recuerda al homenaje de Nagarjuna en *Tratado del camino medio*:

> Me postro ante el Buda perfecto, el mejor de todos los maestros, que enseña que lo que es relación dependiente no tiene cesación, ni surgimiento, ni aniquilación, ni absolutismo, ni venir, ni ir, ni distinción, ni identidad, y es pacífico –libre de fabricación–.

El *Abhidhammattha Sangaha* explica el nirvana (CMA 258):

> Nibbana es llamado supramundano y debe ser experimentado mediante el conocimiento de los cuatro senderos. Se transforma en un objeto de los senderos y frutos, y se le llama nibbana porque es una salida del ansia, que es un enredo.

El nirvana es solo objeto de un sendero supramundano –la mente suprema y última que conoce el objeto supremo y último–. Se dice que el nirvana tiene tres aspectos (CMA 260): (1) Puesto que el nirvana está vacío de ignorancia, animosidad y apego y puesto que está vacío de lo condicionado, es *vacuidad* (P. *suññata*). (2) Puesto que está libre de los signos de la ignorancia, la animosidad y el apego, y está libre de los signos de las cosas condicionadas, es *sin signo* (P. *animitta*). (3) Puesto que el nirvana está libre del anhelo de la ignorancia, del enfado y del apego y puesto que no es deseado por el ansia, es *sin deseo* (P. *appanihita*).

Una vez, Ananda le preguntó a Shariputra si un monje podía alcanzar un samadhi en el que no se percibiera ningún fenómeno mundano como los cuatro elementos, las absorciones de la forma, este mundo y el otro mundo, y que, aun así, fuera perceptor. Shariputra cita su propia experiencia de un estado de samadhi en el que esto ocurre (AN 10.7):

> "El nibbana es el cese del devenir, el nibbana es el cese del devenir" –una percepción así surgió en mí y otra percepción cesó–. Igual que cuando una hoguera de ramas está ardiendo, una llama surge y otra cesa, aun así, "el nibbana es el cese del devenir, el nibbana es el cese del devenir –una percepción así surgió en mí y otra percepción cesó–. En esa ocasión, amigo, percibí que el nibbana es el cese del devenir.

Shariputra explica que el nirvana es el objeto de su percepción. El comentario explica que ha entrado en un samadhi del fruto del estado de arhat, que es un logro en el que la mente de un arhat está absorta tomando el nirvana como objeto. No es el cese del discernimiento y la sensación o el logro de la cesación en el que no hay discernimiento ni sensación, puesto que Shariputra es consciente. En este samadhi un arhat se puede enfocar en un aspecto del nirvana, por ejemplo, en la pacificación. Parece ser que Shariputra está enfocado en el propio nirvana y en el cese del devenir, es decir, en la ausencia de cualquier karma activo que pudiera producir un renacimiento.

Buddhagosha refuta numerosas ideas equivocadas sobre el nirvana (Vism 16:67-74). La primera es que el nirvana no existe. El nirvana existe porque se aprehende en el sendero supramundano. El hecho de que la mente limitada de los seres ordinarios no lo pueda percibir no significa que no exista. Si no existiera el nirvana no tendría sentido practicar el sendero y no tendría sentido tratar de alcanzarlo.

Buddhagosha también refuta la afirmación de que el nirvana es simplemente la desintegración de los engaños y el cese de la existencia. Si el nirvana fuera la destrucción del ansia, no sería no condicionado, puesto que la destrucción del ansia es un acontecimiento condicionado. Se denomina al nirvana como la destrucción del ansia porque su logro produce la destrucción del ansia. Sin embargo, no es la destrucción del ansia, porque la destrucción del ansia es producida por causas, tiene un principio y un final, mientras que el nirvana no tiene principio ni final y es definitivamente no condicionado. "Es no creado porque no tiene principio", dice Buddhagosha. No hay una causa que haga que surja, no está hecho de materia.

Los comentarios se implican en muchos debates como este, de modo que debe haber una variedad de puntos de vista y muchas discusiones en la India y en Sri Lanka sobre lo que caracteriza al nirvana. Vemos que los sutras dan dos sentidos de nirvana: es el *objetivo* –un estado de gozo libre de duhkha y sus orígenes– que se puede experimentar en esta vida; también es *el objeto de meditación* –lo no condicionado, lo no nacido, lo inmóvil que trasciende todo lo condicionado–.

Los comentadores pali proponen varias maneras de unir estos sentidos y demostrar que son compatibles. Uno es que se dice metafóricamente que el nirvana es la destrucción del apego, la animosidad y la confusión, pero, en realidad, es el elemento no condicionado que se ve al alcanzar el sendero supramundano y su fruto. El logro de este elemento no condicionado tiene el efecto de arrancar y, finalmente eliminar, el apego, la animosidad y la confusión. Puesto que estos engaños se destruyen dependiendo de ver el nirvana, el nirvana se denomina la destrucción del apego, la animosidad y la confusión, aunque no sea la destrucción como tal de estos tres venenos.

Aunque una persona logra el nirvana con el tiempo, no existe por el mero acto de lograrlo. Como elemento no condicionado, el nirvana existe siempre: es no nacido, no originado, no cambiante, sin muerte. Puesto que existe el nirvana es posible erradicar los engaños. El desarrollo del sendero de un arya produce el logro de lo no condicionado, y este logro erradica los engaños. El meditador que ha alcanzado la extinción de los engaños, consigue acceder a un logro meditativo especial, en el que él o ella pueden permanecer experimentando el gozo del nirvana en esta misma vida[75]. El objeto que se ve en este logro meditativo es lo no nacido, lo incesante, lo no condicionado.

---

75 Los comentarios pali dicen que todos los aryas, desde los que han entrado en la corriente en adelante, pueden tener acceso a este estado. Sin embargo, algunas personas dicen que no parece haber evidencia de esta posición en los sutras: según los sutras, solo los arhats pueden entrar en este samadhi.

La experiencia del nirvana está más allá de nuestros procesos cognitivos ordinarios. Para darnos una idea burda del nirvana, a veces el Buda presenta analogías y sinónimos. Por ejemplo, el Buda se refiere al nirvana como la verdad, la orilla lejana, lo sutil, el muy difícil de ver, sin envejecimiento, el estable, sin desintegración, el no manifiesto, el que no prolifera, el pacífico, sin muerte, el sublime, el auspicioso, el seguro, la destrucción del ansia, el maravilloso, el increíble, el no enfermo, el estado sin enfermedad, el no afligido, la templanza, la pureza, la libertad, el no apego, la isla, la protección, el asilo, el refugio, el destino y el sendero que lleva al destino (SN 43:13-44).

Se describe la consciencia de un arhat experimentando el nirvana (DN 11.85):

> Donde la consciencia es infinita, ilimitada, que todo lo ilumina, ahí es donde la tierra, el agua, el fuego y el aire no tienen base. Allí, tanto lo largo como lo corto, lo pequeño y lo grande, lo justo y lo repugnante, allí, el nombre y la forma son totalmente destruidos. Con el cese de la consciencia todo esto se destruye.

Esta consciencia es aquella en la que los fenómenos mundanos tales como los cuatro elementos y conceptos tales como "largo" y "corto" no encuentran fundamento: no se vuelven totalmente inexistentes, pero no aparecen a esta mente en estabilidad meditativa enfocada en el nirvana. La mente ordinaria del nombre y la forma que percibe los fenómenos sensoriales está desconectada.

Algunas personas entienden que la última línea indica que en el estado de arhat la consciencia ha cesado totalmente. Sin embargo, también puede significar que, con la cesación temporal de esta mente dualista, todas las apariencias de fenómenos relativos cesan ante (la experiencia de) la profunda estabilidad meditativa.

Hay similitudes y diferencias en la descripción del nirvana en las tradiciones pali y sánscrita. En la tradición pali, el nirvana es lo incondicionado, en contraste con el samsara, que es condicionado. El nirvana está completamente separado y no tiene nada que ver con el mundo samsárico gobernado por la relación dependiente. El nirvana, que es la realidad, también es distinto de la vacuidad, que es una característica de los fenómenos samsáricos.

En la tradición sánscrita, el nirvana es un vacío, y la vacuidad es equivalente a la ausencia de existencia esencial y a la realidad última.

La vacuidad también es compatible con la relación dependiente, que incluye la designación dependiente. Ser vacío y existir por mera designación son características tanto del samsara como del nirvana. Además, debido a que los fenómenos surgen de manera dependiente, están vacíos de existencia inherente.

El Nirvana y la liberación

Aunque la liberación y el Nirvana de un arhat a menudo parecen ser lo mismo, en algunos contextos pueden ser algo diferentes. En la tradición sánscrita, *liberación* (*vimukti*, T. *rnam par grol ba*) puede referirse a la liberación misma o al sendero que conduce a la liberación. La liberación misma es la cesación verdadera –el Nirvana– y es no condicionada. El sendero hacia la liberación es un fenómeno condicionado. Se habla de ello en el contexto de los cinco montones: conducta ética, concentración, sabiduría, liberación y sabiduría liberadora. Aquí la liberación es de la naturaleza de la aspiración a la liberación, y la sabiduría liberadora es de la naturaleza de la sabiduría que libera. Ambos son elementos del sendero liberador que conduce a la cesación. *Moksa* (T. *thar pa*) es una cesación verdadera que es el abandono de los oscurecimientos aflictivos. También se traduce como "liberación", y se refiere al Nirvana.

En la tradición pali, *liberación* (P. *vimutti*) y *Nirvana* difieren en que el Nirvana es lo que se logra en la experiencia de la liberación. El Nirvana es no condicionado, mientras que la liberación es un suceso condicionado. En la relación dependiente trascendental, la liberación tiene la causa próxima de la templanza y es la causa cercana del conocimiento de la destrucción de todos los contaminantes. En contraste, el Nirvana es "no nacido, no construido, no fabricado, no condicionado". Es siempre existente y no surge debido a causas y condiciones. La liberación es la liberación de la mente de los engaños, especialmente de los tres contaminantes. Por poner una analogía: el Nirvana es como un edificio y la liberación es el acto de entrar en él; o el Nirvana es como lo que hay más allá de la línea de meta y la liberación es el acto de cruzar esa línea[76].

Bodhi

Generalmente se traduce *bodhi* como *Despertar* o *Iluminación*, el objetivo último de nuestra práctica espiritual. La Iluminación de un

---

76 Bhikkhu Bodhi, correspondencia personal, 6 de agosto de 2017.

buda es un estado en el que se han eliminado todos los engaños de la mente y se han completado todas las excelentes cualidades y logros espirituales. La base para lograr la Iluminación es la naturaleza pura esencial de la mente, la pureza natural de la mente, que está presente en todos nosotros. Cuando la naturaleza pura de la mente está oscurecida por las aflicciones, no estamos iluminados; cuando se han purificado las aflicciones, sus semillas y predisposiciones, estamos iluminados. Por consiguiente, la Iluminación tiene que ver con la naturaleza de nuestra mente.

En los sutras de *La perfección de la sabiduría*, la naturaleza pura esencial de la mente se denomina *el Nirvana natural*. En estos sutras se dice también: "La mente está desprovista de mente porque la naturaleza de la mente es la luz clara". Estos dos pasajes indican que la naturaleza de la mente no existe inherentemente. La vacuidad de la mente de los seres ordinarios no está purificada de oscurecimientos; los aryas han logrado cierto grado de pureza; la naturaleza de la mente de los budas es completamente pura. En *Alabanza a la esfera de la realidad* (*Dharmadhatu-stava*), Nagarjuna dice (DS 2):

> Cuando lo que forma la causa de todo el samsara se purifica a lo largo de las etapas del sendero, esta pureza en sí misma es el Nirvana: precisamente esto, el dharmakaya, también.

Aquí, *la causa de todo el samsara* se podría entender, según el sutra, como el aspecto no purificado de la vacuidad de existencia inherente de la mente o, según el tantra, como la luz clara más sutil no purificada de la mente. Al purificar esa "causa" se alcanza el Nirvana. Este Nirvana se puede caracterizar como el cuerpo de la verdad, específicamente la naturaleza del cuerpo de la verdad de un buda, que es el cese verdadero último y la vacuidad de la mente completamente purificada. La naturaleza del cuerpo de la verdad forma una sola naturaleza con la sabiduría del cuerpo de la verdad, la mente omnisciente de un buda. En este contexto, la naturaleza del cuerpo de la verdad es el significado de *bodhi*.

12 | La mente y su potencial

UNA VEZ QUE HEMOS RECONOCIDO la naturaleza insatisfactoria del samsara y hemos identificado sus causas, surge una pregunta: ¿Es posible la liberación? Si lo es, ¿cómo la logramos? Para responder a esto, debemos comprender nuestra mente, que es la base del samsara y del Nirvana.

El potencial de la mente

Como seres conscientes –seres cuya mente todavía está oscurecida– tenemos un gran potencial, nuestro potencial más grande es llegar a ser budas, seres omniscientes que tienen sabiduría, compasión, poder y medios hábiles para ser del mayor beneficio para todos.

Una cualidad natural de la mente es la capacidad de conocer objetos. Esta capacidad de ser consciente y de conocer objetos siempre está presente; no se tiene que desarrollar de nuevo. Sin embargo, las diversas obstrucciones pueden inhibir la capacidad de la mente para conocer objetos. Cuando estas obstrucciones se han eliminado, la mente no tiene ninguna dificultad para conocer todos los fenómenos.

Un tipo de obstrucción es la materia física; un muro puede impedirnos ver lo que hay detrás él. Cuando se elimina el muro, nuestra consciencia visual puede ver lo que había. Una segunda obstrucción es la distancia y el tamaño: el objeto está demasiado lejos o es demasiado pequeño para que nuestras facultades cognitivas entren en contacto con él. Hasta cierto punto los telescopios y los microscopios nos han ayudado a mitigar esta dificultad. En estos casos, podemos conocer el objeto no porque la mente se haya vuelto más clara y pueda aprehender mejor el objeto, sino porque se lleva el objeto al rango en el que operan nuestras facultades cognitivas.

Una tercera dificultad concierne a las facultades cognitivas que son las bases de la consciencia. La consciencia visual puede percibir únicamente formas visibles, no sonidos u otros fenómenos sensoriales, porque depende de la facultad del ojo. Si está ausente la facultad del ojo, la consciencia visual no puede percibir formas visibles.

El tipo de cerebro que tiene un ser también influye en lo que éste puede percibir. Una facultad mental que depende del cerebro de un animal y otra que depende del cerebro de un ser humano, tienen diferentes rangos de objetos que pueden conocer. Debido a la diferente complejidad de los cerebros de estos dos seres, las facultades mentales y las consciencias que dependen de dichos cerebros difieren en lo que pueden percibir y comprender.

Además, una mente en la que proliferan las visiones erróneas y que está abrumada por emociones aflictivas, también está demasiado distraída y preocupada como para llevar la atención hacia otros objetos. El rango de lo que pueden conocer estos estados mentales aflictivos es muy limitado. Una mente calmada puede ser más astuta.

Una dificultad añadida para conocer objetos es que algunos objetos son tan sutiles, profundos, o vastos, que la mente ordinaria es incapaz de conocerlos. Para conocer estos objetos se necesita la concentración unipuntualizada y/o la sabiduría que está libre de concepciones erróneas.

Otro tipo de obstrucción en la mente son los engaños sutiles, que producen apariencias falsas. Nos impiden alcanzar la Budeidad, el estado de la mente omnisciente. Cuando se eliminan estos engaños sutiles la mente percibe de manera natural todos los fenómenos. Las obstrucciones principales a la omnisciencia son las predisposiciones de las aflicciones, la apariencia sutil de existencia inherente que producen y los engaños que impiden ver las dos verdades simultáneamente. Después de que la sabiduría que comprende directamente la verdad última elimina los oscurecimientos aflictivos, debe limpiar los oscurecimientos cognitivos de la mente. Cuando se han eliminado los últimos engaños, la mente está completamente purificada y se desarrollan todas sus excelentes cualidades. Este es el estado de la Budeidad en el que las capacidades de la mente no tienen límites. La efectividad de las actividades de un buda no dependen solo de las habilidades de ese buda, sino de la receptividad de los seres conscientes.

Bhagawan o "victorioso", es un epíteto del Buda. El Buda está dotado de todas las excelentes cualidades y es victorioso al vencer a los cuatro maras –los agregados contaminados, las aflicciones, la muerte y la distracción hacia objetos externos–. Puesto que la mente tiene la capacidad de ser consciente y de comprender, cuando se hayan eliminado todos los oscurecimientos, seremos capaces de percibir directamente todos los fenómenos. La mente omnisciente de un buda es capaz de comprender simultáneamente la verdad relativa y la última con una sola consciencia.

REFLEXIONES

1. Revisa los diversos factores que obstruyen la mente para conocer los fenómenos.
2. Contempla que todos ellos se pueden eliminar.
3. Descansa en el conocimiento del potencial de tu propia mente para llegar a ser omnisciente.

¿Es posible la liberación?

A modo de revisión, las emociones perturbadoras y las visiones erróneas se denominan aflicciones porque cuando aparecen en la mente nos afligen y alteran nuestra paz mental. Además, nos impulsan a realizar acciones y afligen y perturban la paz de los demás. Afortunadamente, estas aflicciones se pueden eliminar, permitiéndonos alcanzar la liberación, un verdadero estado de paz que no fluctúa según las circunstancias externas. Hay varios factores que hacen posible la liberación.

(1) *La naturaleza básica o verdadera de la mente es pura.* La naturaleza básica de la mente es clara como el agua. La suciedad de un vaso del agua no está en la naturaleza del agua y puede eliminarse. No importa lo turbia que pueda estar el agua, su cualidad esencial de claridad nunca se pierde. Esta naturaleza básica convencional de la mente (*svabhava*) es claridad y cognición. Es la base sobre la que se puede lograr la Iluminación y, como tal, es la fuente última que nos asegura que la Iluminación es posible. Los objetos inanimados como las piedras o los árboles no pueden alcanzar la Iluminación porque carecen de las cualidades de claridad y cognición que solo posee una mente.

(2) *Las aflicciones son accidentales*; no forman parte de la naturaleza de la mente. Dharmakirti dice (PV 2.20 8ab):

> La naturaleza de la mente es luz clara; los engaños son eventuales.

Las aflicciones no penetran la naturaleza básica de la mente. El hecho de que las aflicciones no estén siempre presentes indica que cada instante de claridad y cognición de la mente no está asociado con las aflicciones. A veces, nuestra mente está pacífica y calmada. Las aflicciones pueden surgir y después de un rato desaparecer. Si fueran parte inherente de la naturaleza verdadera de la mente, siempre estarían presentes y sería imposible eliminarlas. Pero este no es el caso.

La forma más pura de la mente es la mente de la luz clara innata fundamental. En los seres ordinarios, esta luz clara sutil es neutra; nunca ha sido no virtuosa y nunca podrá llegar a serlo. Sin embargo, si nos implicamos en prácticas yóguicas especiales, se puede transformar en un estado virtuoso. Desde esta perspectiva también, vemos que los engaños no son una parte inherente de la naturaleza de la mente.

(3) *Es posible desarrollar antídotos poderosos* –estados mentales reales y beneficiosos– que erradican las aflicciones. Cuando decimos que los engaños son accidentales significa que, cuando las condiciones adecuadas están presentes, se pueden eliminar los engaños de la naturaleza básica de la mente. No significa que en un momento dado las aflicciones no existan y, posteriormente, vuelvan a aparecer. Más bien, las aflicciones no tienen principio y han estado continuamente oscureciendo nuestra mente hasta ahora. Pueden cesar por completo cuando se aplica el antídoto adecuado. En *Alabanza a la esfera de la realidad* (DS 20-21), Nagarjuna compara las aflicciones con una ropa de amianto que está llena de manchas. Cuando se ponga en el fuego, las manchas se quemarán, pero la ropa no. De modo similar, el fuego de la sabiduría que comprende directamente la vacuidad destruirá los engaños, pero la mente de la luz clara permanecerá ilesa.

Las aflicciones están enraizadas en la ignorancia que malinterpreta la realidad. La ignorancia se aferra a los fenómenos como si fueran inherentemente existentes, mientras que el razonamiento demuestra que los fenómenos son vacíos de existencia inherente. Puesto que la ignorancia no tiene una base válida, se puede superar con la sabiduría que experimenta directamente la vacuidad. Cuando se le quita a la ignorancia su raíz, las aflicciones que dependen de ella también se erradican y no pueden volver. Cualidades excelentes como la compasión no se pueden destruir con la sabiduría porque tienen una base válida. Dharmakirti afirma (PV 1.220-21):

Todos los defectos, al ser susceptibles de decrecer y crecer, tienen antídotos (*vipaksha*); por lo tanto, puesto que se han inculcado los antídotos habituándose a ellos, en algún momento los engaños deben ser eliminados. La naturaleza de la mente es tal que está libre de contaminantes y por naturaleza [una mente que ha experimentado la vacuidad] tiene un objeto real [no distorsionado]. Como tal, no puede ser contrarrestada por lo que es opuesto a ella porque, incluso si alguien lo intentara, la mente está inclinada hacia su naturaleza de manera natural.

REFLEXIONES

1. Reflexiona en que la naturaleza básica o verdadera de la mente es pura e inmaculada.
2. Considera que las aflicciones que invaden tu mente y que producen tantas alteraciones en tu vida son accidentales. No están incrustadas en la naturaleza de tu mente.
3. Reflexiona en el hecho de que es posible desarrollar antídotos poderosos para todos y cada uno de los oscurecimientos y aflicciones.
4. Decide que es posible lograr la liberación que existe en tu interior y que, puesto que tienes una preciosa vida humana con todos los factores propicios para practicar el sendero, tienes la capacidad para lograr la liberación y la Iluminación.

Las excelentes cualidades se pueden desarrollar sin límite

En *Comentario a la cognición válida*, Dharmakirti explica que es posible desarrollar las excelentes cualidades de la mente sin límites y transformar nuestra mente ordinaria en la mente de un buda. Hay tres factores que lo hacen posible.

(1) *La naturaleza de claridad y cognición de la mente es una base estable para desarrollar las excelentes cualidades.* Es firme y continua; no hay nada que pueda cesarla. Por ejemplo, si hervimos continuamente el agua, se evaporará y no quedará nada. No hay una base para hervir ilimitadamente el agua. Las cualidades excelentes no se pueden desarrollar ilimitadamente en una base inestable como el cuerpo físico, porque cae enfermo, envejece y un día muere. Sin embargo, la mente de la luz clara es una base estable y continua para desarrollar las excelentes cualidades. Cuanto más nos adiestramos en las excelentes cualidades, más se

potenciarán ilimitadamente hasta que se perfeccionen completamente en el estado de la Budeidad.

(2) *La mente se puede familiarizar con las excelentes cualidades que se pueden desarrollar acumulativamente.* Las excelentes cualidades de la mente se pueden construir gradualmente sin tener que empezar de nuevo cada vez que nos enfocamos en desarrollarlas. Un saltador de altura no puede desarrollar su capacidad ilimitadamente. Cada vez que se sube la barra debe saltar la misma altura que saltó antes, más lo que se ha subido la barra. La naturaleza de la mente es distinta. La energía que se ha creado un día desarrollando una cualidad permanece, de modo que, si esa misma cualidad se cultiva al día siguiente, se empieza sobre la base que se había logrado antes, y no hay que restablecerla desde cero. No necesitamos ejercer el mismo grado de energía para llegar al mismo nivel el segundo día, y ese mismo esfuerzo servirá para aumentar esa excelente cualidad. Por supuesto, esto requiere un entrenamiento constante por nuestra parte, de lo contrario nuestros *músculos* espirituales se atrofiarán. Pero si practicamos regularmente, se puede dirigir nuestra energía a mejorar las excelentes cualidades de forma continua hasta el punto en el que se vuelven tan familiares que son naturales y espontáneas.

(3) *Las excelentes cualidades pueden aumentar, pero nunca disminuir mediante el razonamiento y la sabiduría.* Las actitudes constructivas y las emociones tienen un soporte válido en el razonamiento y la sabiduría. Nunca se pueden dañar con la sabiduría que comprende la realidad. La compasión, la fe, la integridad, la generosidad, la concentración y las demás excelentes cualidades se pueden desarrollar junto con la sabiduría y aumentan con ella. Por esta razón, también se pueden desarrollar sin límites.

REFLEXIONES

1. Reflexiona en que la naturaleza de claridad y cognición es una base estable para el desarrollo de las excelentes cualidades.

2. Recuerda que la mente se puede familiarizar con las excelentes cualidades y que se pueden desarrollar de manera acumulativa.

3. Contempla que las excelentes cualidades pueden aumentar, pero nunca disminuir debido al razonamiento y la sabiduría.

4. Comprende estos puntos, confía en que, con esfuerzo y adiestramiento, tu mente se puede transformar en la mente de un buda.

Estados mentales aflictivos y la naturaleza de la mente

Un instante de una aflicción como el enfado tiene dos facetas: la claridad y cognición de la consciencia primaria y el factor mental del enfado que la contamina. Cuando se manifiesta una mente de enfado, estas dos facetas no se pueden separar. ¿Quiere decir esto que, en ese momento, la naturaleza de claridad y cognición de la mente se ha contaminado?

Según el sutrayana, desde la perspectiva de que la consciencia primaria y el factor mental del enfado son simultáneos, se dice que ambos están contaminados. Sin embargo, este no es el escenario completo, porque el enfado se puede extraer. Cuando se contrarresta, la consciencia clara y consciente permanece. Esta consciencia no está contaminada y su continuidad puede seguir hasta la Iluminación, ya que la claridad y la cognición son también la naturaleza de la mente iluminada. Se dice que la claridad y cognición de la consciencia es pura, mientras que el estado mental del enfado, que no puede continuar hasta la Iluminación, es aflictivo y circunstancial.

Dentro del tantrayana, tanto en el dzogchen como en las escuelas de la nueva traducción, se habla de la mente más sutil, que también se puede llamar *rigpa* o la mente de la luz clara primordial. En el sistema del dzogchen, se dice que rigpa impregna todos los estados mentales, tanto si son burdos –como las consciencias que se manifiestan en nuestra vida diaria– como sutiles –como la mente más sutil de la luz clara que se manifiesta después de que se han absorbido las consciencias burdas– mientras se está muriendo o durante meditaciones especiales del tantra, por ejemplo. Rigpa es inmaculada y, dado que impregna todos los estados mentales, el aspecto de claridad y cognición de esas consciencias es inmaculado.

Tanto los seres ordinarios como los budas poseen la consciencia pura y primordial de rigpa y, desde esa perspectiva, no hay diferencia entre ellos. Sin embargo, hay una gran diferencia entre tener o no tener los dos oscurecimientos, de manera que los seres conscientes todavía deben practicar el sendero ya que los engaños no se desvanecerán por sí solos.

Desde la perspectiva del dzogchen, cuando se manifiesta un estado mental aflictivo como la ira o la envidia, la mente de rigpa o luz clara de la mente que impregna ese estado mental no está contaminada. Aun así, el potencial de rigpa para brillar sigue estando. Esta es la fuente de las afirmaciones en la literatura dzogchen que se asemejan a la afirmación de Nagarjuna en *Alabanza a la esfera de la realidad*: "En las aflicciones, la sabiduría permanece". Aquí, "sabiduría" se refiere al componente cognitivo de esa mente –su claridad y cognición– no a la sabiduría como tal. Ese componente cognitivo se llama sabiduría porque es la causa de que la sabiduría surja en el futuro[77]. El significado es que, en medio de las aflicciones, existe este componente cognitivo –o rigpa– no contaminado y claro.

En las escuelas de la nueva traducción del tantrayana, esta mente primordialmente pura se denomina la mente de la luz clara. Igual que rigpa, continua desde nuestro estado actual no iluminado hasta la Iluminación. Pero al contrario que rigpa, que se manifiesta mientras las consciencias burdas están funcionando, se dice que la mente innata de la luz clara solo se manifiesta cuando las consciencias burdas –que incluyen las aflicciones– se han absorbido en el momento de la muerte o debido a prácticas meditativas especiales del tantra.

El dzogchen y los sistemas de la nueva traducción están de acuerdo en que cuando se manifiestan los niveles más burdos de la mente, también está presente la mente más sutil. Mientras haya un ser –o persona– estará presente. Difieren en la cuestión de si está activa o inactiva mientras están funcionando las mentes burdas. El dzogchen dice que rigpa está activa y manifiesta en ese momento, y las escuelas de la nueva traducción dicen que la mente más sutil de la luz clara está inactiva[78].

---

77 Este es otro caso en el que se le da a la causa el nombre del resultado. Su Santidad dio otro ejemplo: Un comentario al *Ornamento* se refiere a la gran compasión como el Bhagawati –el que está completamente subyugado– que se refiere al Buda. De hecho, la gran compasión no es ni la Iluminación ni el que está completamente subyugado. Más bien, el nombre del resultado –Bhagawati– se le está dando a la causa –la compasión– porque la gran compasión es una causa esencial de la Budeidad.

78 Surgen preguntas que suscitan mucho debate: ¿Qué significa para una consciencia existir o estar presente? Si la mente de la luz clara existe pero no está activa mientras las consciencias burdas se manifiestan, ¿está presente? Hay dos posiciones principales. Según un punto de vista, si una consciencia está presente, necesita estar manifiesta. En

El dzogchen enseña un método por el cual se puede experimentar rigpa aun cuando las consciencias burdas están funcionando. Las escuelas de la nueva traducción se basan en disolver las consciencias burdas y los aires sobre los que montan mediante ejercicios especiales de meditación tántrica para manifestar la mente más sutil de la luz clara. Ambos coinciden en la necesidad de acceder a esta mente sutil porque, cuando se utiliza para experimentar directamente el vacío, erradica rápidamente los oscurecimientos.

La igualdad de samsara y Nirvana

Desde la perspectiva de su naturaleza última, todos los fenómenos aflictivos del samsara y todos los fenómenos purificados del Nirvana son igualmente vacíos. Este es el contexto de las expresiones "igualdad de samsara y Nirvana", "unidad de samsara y Nirvana", "todos los fenómenos tienen un mismo sabor", y frases parecidas que se pueden encontrar en el sutra y en el tantra. Nagarjuna lo menciona en *Tratado del camino medio*, Haribhadra lo dice en su comentario a *Ornamento*

---

este caso, la mente de la luz clara está presente sólo cuando las consciencias burdas han disminuido y se hace manifiesta. Pero en ese caso, la mente de la luz clara no existiría continuamente, así que, ¿cómo podría ser la base para el samsara y el Nirvana?

Según la otra posición, no es necesario que una consciencia se manifieste para estar presente. También puede estar presente en forma latente. En este caso, la mente de la luz clara está presente incluso cuando alguien está haciendo su vida diaria y las consciencias burdas están activas.

Esto nos lleva a otra pregunta: Para que una consciencia exista, debe tener un objeto, así que, si la mente de la luz clara innata existe y está presente mientras las consciencias burdas se están manifestando, ¿cuál es su objeto aprehendido? Cuando los niveles burdos de la mente están activos, son dominantes y están conociendo sus objetos aprehendidos. En ese caso, la mente más sutil estaría inactiva y no aprehendería nada. A falta de un objeto aprehendido, ¿cómo podemos decir que la consciencia existe? Por otro lado, esa consciencia es la base para el samsara y el Nirvana, entonces ¿cómo puede no existir continuamente? ¡Este es un tema peliagudo!

Todo el mundo está de acuerdo en que cuando los niveles burdos de la mente se han absorbido, la mente de la luz clara innata se manifiesta. En los seres ordinarios, esto ocurre principalmente en el momento de morir. Esta mente muy sutil de la luz clara está libre de aflicciones porque estas se han absorbido cuando las mentes burdas y los aires han dejado de funcionar durante el proceso de muerte. Como tal, a diferencia de los estados mentales burdos, esta mente de la luz clara nunca puede ser no virtuosa o aflictiva y a través de la práctica tántrica, se puede transformar en virtud. Esta es una de las razones por las que se dice que el tantra es profundo.

de realizaciones claras y Tsongkhapa lo menciona en *Elucidación de las cinco etapas de Guhyasamaja.*

Desde la perspectiva de que la vacuidad de la mente se denomina el Nirvana natural y de que dicha vacuidad de la mente existe mientras estamos en el samsara, se dice que el samsara y el Nirvana no son diferentes. La naturaleza última del samsara y del Nirvana es la misma; es del "sabor único" de la vacuidad. En este contexto, se dice que, si alguien comprende la naturaleza del samsara, experimenta el Nirvana.

Puesto que el samsara y el Nirvana son entidades diferentes convencionalmente, se podrían llamar "lo múltiple". Debido a que su naturaleza última tiene el mismo sabor –la vacuidad– se dice que el mismo sabor es múltiple y que lo múltiple tiene un mismo sabor. Esto quiere decir que la vacuidad es la naturaleza de todos los múltiples fenómenos del samsara y del Nirvana y que todos esos múltiples fenómenos tienen la misma naturaleza última, la vacuidad de existencia inherente. En otras palabras, desde la perspectiva de la base –los objetos que tienen esta naturaleza vacía– los fenómenos son muchos y variados. Pero desde la perspectiva de su naturaleza última, comparten el sabor único de la vacuidad.

Comprender que el samsara y el Nirvana son iguales en cuanto a que son vacíos de existencia verdadera, es importante para los seres ordinarios no iluminados que se aferran tanto al samsara como al Nirvana como si tuvieran existencia verdadera. Cuando algunas personas ven el samsara y el Nirvana, no los ven simplemente como malo o bueno a nivel convencional, sino que también se aferran a ellos como inherentemente existentes. Este aferramiento disminuye nuestra confianza en que podemos liberarnos del samsara y hacer realidad el Nirvana. Esto se debe a que nuestra mente no solo hace hincapié en los defectos del samsara sino que también los ve como estáticos y permanentes, como si nunca se pudieran eliminar. Del mismo modo, vemos el Nirvana como independientemente bueno y, por lo tanto, demasiado elevado para hacerlo realidad.

Comprender que el samsara y el Nirvana tienen un solo sabor, contrarresta el aferramiento que nos ata al samsara. Al verlos vacíos de existencia verdadera, tenemos más confianza en que se pueden eliminar los muchos defectos que tiene el samsara y en que se pueden hacer realidad todas las excelentes cualidades que tiene el Nirvana. Se trata de cesar las causas del samsara y de crear las causas para lograr el Nirvana.

Cuando se dice que "samsara y Nirvana son iguales" no significa que estar en el samsara sea lo mismo que estar en el Nirvana o que no tengamos que esforzarnos por dejar de estar en el samsara y llegar al Nirvana. De modo convencional, el samsara y el Nirvana son diferentes. Una mente en el samsara es aquella atrapada en duhkha debido a las aflicciones y al karma; una mente en el Nirvana es aquella que ha generado el sendero verdadero y ha hecho realidad el cese verdadero último. Aunque se dice que el samsara y el Nirvana son iguales desde el punto de vista de su naturaleza última –la vacuidad–, a nivel convencional cada uno tiene sus propias características distintivas. El samsara es para abandonarlo y el Nirvana es para hacerlo realidad.

Algunas personas pueden decir sin pensar: "El samsara y el Nirvana son lo mismo. Bueno y malo no existe; la Iluminación está más allá de distinciones duales" y sobre esa base, ignoran la conducta ética. Esto puede sonar muy bien, pero en el momento en que les duele el estómago o los critican, exclaman: "¡Esto es malo! ¡Basta!". Para evitar estos dilemas, es importante estudiar y comprender correctamente el significado de algunas de las seductoras frases de las escrituras.

Niveles de la mente

Tanto el sutrayana como el tantrayana hablan de diferentes niveles en la mente. En el sutrayana, el factor principal que distingue los distintos niveles de la mente es la profundidad de la concentración unipuntualizada. Los seres en el reino del deseo tienen estados mentales burdos; los que están en los cuatro reinos de la forma y sin forma tienen estados mentales progresivamente más sutiles y refinados, que corresponden progresivamente a la profundidad de sus estados mentales de concentración. La mente más sutil es la *Cima del samsara* (ni discriminación ni no discriminación). Esta mente se considera burda comparada con la mente más sutil presentada en el tantra.

En el más elevado yoga tantra, los niveles de la mente se diferencian por la condición física del cuerpo. Cuando las facultades sensoriales están activas, las consciencias sensoriales funcionan; son el nivel más burdo de la mente. El estado de sueño es un poco más sutil porque en ese momento las facultades sensoriales no funcionan, aunque el cerebro sigue activo y los ojos se mueven durante el sueño REM. El sueño profundo y los desmayos son aún más sutiles. El nivel más sutil de la mente, que puede funcionar aparte del cuerpo físico, se manifiesta en el momento de la muerte. Esta mente de la luz clara innata fundamental (T. *gnyug ma lhan cig skyes pa'i 'od gsal gyi sems*) está acompañada por un aire muy sutil, que es su montura. Esta mente más sutil y el aire más sutil son una sola entidad, pero nominalmente diferentes; es decir, uno no puede existir sin el otro, aunque se pueda hablar de ellos por separado.

El término luz clara (*prabhasvara*) tiene varios significados, dependiendo del contexto. En el vehículo del sutra, se refiere a (1) la naturaleza clara y consciente de la mente convencional, que es *la luz clara del sujeto* (en este contexto, decir que la mente es luz clara implica que los oscurecimientos aflictivos y los oscurecimientos cognitivos son circunstanciales y no existen en la naturaleza de la mente), y (2) el vacío de la mente, que es *la luz clara del objeto*, la naturaleza última de la mente.

Tanto en el sutra como en el tantra, el sujeto "luz clara" es la consciencia que conoce el objeto "luz clara". Sin embargo, la luz clara del sujeto de la que se habla en el tantra es mucho más sutil. Esta mente de la luz clara innata (*lhan cig skyes pa'i 'od gsal gyi sems*) es una mente especial porque es la fuente o base de todos los fenómenos del samsara y el Nirvana. Esta mente más sutil continúa de una vida a otra. No es un alma o un yo; cambia momento a momento y está vacía de existencia inherente. Al morir, los niveles más burdos de la mente se absorben en la mente de la luz clara innata y después de renacer, las consciencias más burdas resurgen desde la base de la mente de la luz clara innata. Cuando estos niveles más burdos de consciencia existen, surgen pensamientos y emociones constructivas y destructivas, y se genera karma. El resultado de los pensamientos y acciones aflictivas es el samsara; el resultado de los pensamientos y acciones purificados por la experiencia completa de la vacuidad es el Nirvana. La presencia de la ignorancia o de la sabiduría determina si esta mente está en el samsara o en el Nirvana.

Se dice que la mente innata de la luz clara es el creador en el sentido de que es la fuente o la base del samsara y del Nirvana. Esto indica que los fenómenos no surgen sin causas ni son creados por un creador externo. Por poner una analogía: Debido al clima de un lugar en particular, las plantas y los animales que viven allí llegan a existir. Desde esa perspectiva, decimos que el clima de un lugar crea los seres vivos que viven allí, porque actúa como su base. Igualmente, debido a que la mente innata de la luz clara existe, se hacen posibles todos los fenómenos del samsara y del Nirvana.

Decir que la mente de la luz clara es la fuente de todos los fenómenos en el samsara y en el Nirvana es una afirmación general; no significa que la mente y el aire más sutiles sea la causa sustancial de los fenómenos en el samsara y en el Nirvana. Tampoco quiere decir que todos los fenómenos surjan de mi mente de la luz clara o de tu mente de la luz clara. Además, no es lo mismo que la afirmación chitamatrin al decir que todos los fenómenos son la naturaleza de la mente, que se refiere a su principio filosófico particular de que un objeto y la consciencia que lo percibe surgen de la misma causa sustancial, una predisposición en la consciencia almacén.

Decir que la mente de la luz clara es la fuente de todos los fenómenos en el samsara y en el Nirvana, significa que todos los fenómenos existen en relación con la mente. Todos los fenómenos existen por ser meramente designados por la mente. Se llega a esta conclusión porque todas las demás posibilidades, como la existencia objetiva y la existencia por su propio lado, son insostenibles.

El *Tantra de Kalachakra* explica que el objetivo último, la Budeidad, se basa en la mente de la luz clara más sutil. Los niveles burdos de la mente no se pueden transformar en la mente omnisciente de un buda. Solo el aire y la mente más sutiles, que no tiene un principio ni un final, puede continuar hasta la Budeidad. Empleando las prácticas especiales del más elevado yoga tantra para neutralizar los niveles más burdos de la mente, los engaños presentes en los niveles más burdos de la mente se disuelven, y surgen estados mentales más sutiles. Cuando van acompañados de la sabiduría, estos niveles de la mente, que son progresivamente más sutiles, tienen más poder para efectuar cambios y purificar la mente. Cuando el aire y la mente más sutiles se activan, se vuelve gozoso y se utiliza para experimentar la vacuidad directamente. Es extremadamente efectivo para arrancar de raíz los oscurecimientos más profundos y más arraigados. Cuando se han eliminado todos los oscurecimientos, esta mente de la luz clara innata se convierte en la mente omnisciente de un buda; el cuerpo de la sabiduría de la verdad de un buda. Su vacuidad se convierte en el cuerpo de la naturaleza de la verdad, y el aire más sutil se transforma en los cuerpos de la forma de un buda: los cuerpos del deleite y de emanación mediante los cuales un buda beneficia a los seres conscientes. La clave del sendero tántrico es aprender a hacer manifiesto la mente y el aire más sutiles y utilizarlo para acumular mérito y sabiduría y lograr la Iluminación.

Esto empieza adquiriendo una comprensión completa de todo el sendero budista de principio a fin y, después generando los tres senderos principales del sendero: la aspiración a la liberación, la bodhichita y la visión correcta de la vacuidad. Cuando alguien se ha preparado correctamente de este modo, entonces recibe la iniciación en el más elevado yoga tantra, se atiene a las restricciones éticas tántricas y medita en las etapas de generación y consumación. Esto hace que los aires entren, permanezcan y se disuelvan en el canal central, momento en el cual cesan los niveles más burdos de la mente y se activa el aire y la mente más sutiles. Esto se hace con un gozo que se utiliza para experimentar la vacuidad. La etapa de *la luz clara del ejemplo* (T. *dpe'i 'od gsal*) se alcanza cuando esta mente y aire más sutiles, que es una mente de gozo, experimenta la luz clara del objeto –la vacuidad– a través de una apariencia conceptual. Cuando experimenta directamente la vacuidad, se alcanza la etapa de *la luz clara real* (T. *don gyi 'od gsal*). Alguien que tiene este logro espiritual se convertirá en un buda en esa misma vida.

La explicación de la luz clara está relacionada con el tema de la naturaleza de buda –el potencial de todos y cada uno de los seres conscientes de llegar a ser un buda–, al que ahora volveremos.

13 | La naturaleza de buda

TODAS LAS TRADICIONES BUDISTAS ACEPTAN que se pueden desarrollar las excelentes cualidades y que se pueden eliminar para siempre los engaños de la mente. ¿Cuál es la base sobre la que esto sucede? Cada tradición la describe de una manera algo diferente.

El potencial de la mente según la tradición pali

Aunque el término *naturaleza de buda* no se emplea en las escrituras de la tradición pali para describir el potencial para lograr la liberación, Buda describió ciertas características que revelan la inclinación espiritual hacia la liberación de los practicantes. Tener características como un deseo moderado y un sentido del contentamiento, indican que una persona es un practicante espiritual genuino que anhela la liberación. Los practicantes se esfuerzan a diario para desarrollar estas características virtuosas que indican su potencial para obtener logros espirituales

En el sutra *Luminoso*, el Buda habla de la naturaleza clara de la mente que está manchada por engaños circunstanciales que se pueden eliminar (AN 1.51-52):

> Esta mente, oh monjes, es luminosa, pero está manchada por engaños circunstanciales. La persona mundana sin instrucción no lo entiende como realmente es; por lo tanto, para él no hay desarrollo mental.
>
> Esta mente, oh monjes, es luminosa, y está libre de contaminaciones adventicias. El discípulo instruido lo entiende como realmente es; por lo tanto, para él hay desarrollo mental.

La disposición de los aryas según los vaibhasika y los sautrantika

Las escuelas de principios filosóficos hacen afirmaciones acerca de la disposición (rasgo, linaje, T.*rigs*) que concuerdan con su presentación general de la base, el sendero y el resultado de la práctica. Para los vaibhasika, la disposición arya (T. *'phags pa'i rigs*) es el factor mental del desapego que actúa como causa de su propio sendero arya resultante. Puesto que los vaibhasika enfatizan el ansia como una causa formidable de la existencia cíclica, tiene sentido que afirmen el desapego tanto como antídoto del ansia y como la disposición que tiene el potencial de producir en los seres conscientes los logros espirituales del sendero arya y la liberación.

El contentamiento con lo que tenemos y la ausencia de codicia por lo que no tenemos son la fuente de la sabiduría prístina de los aryas. Mientras que el desapego en el continuo mental de una persona ordinaria está contaminado, en el sentido de que está asociado con la ignorancia; cuando está asociado con la sabiduría prístina de un arya, no está contaminado. El *Sutra sobre el código de conducta ética*, de Gunaprabha (*Vinayasutra*) explica que los aryas con la disposición tienen cuatro cualidades: (1-3) Están satisfechos con la comida y la bebida, el abrigo y las vestiduras que tienen. (4) Se regocijan en la meditación y en la superación de lo que se debe abandonar.

Las tres primeras cualidades son los medios para actualizar el sendero arya, y la última es la causa real para generar las realizaciones experienciales del sendero arya que producen la cesación verdadera. Los tres primeros también son los medios para eliminar el sentido del yo y mío, mientras que el último es el medio para extinguir la ignorancia. Todo aquel que busca la liberación o la Iluminación desarrolla estas cuatro cualidades para alcanzar su objetivo.

Según los sautrantika, la disposición es el potencial o semilla para que surja la mente no contaminada (T. *zag med sems kyi nus pa*), la sabiduría prístina de los aryas. Todos los seres conscientes tienen este potencial porque todos, en un momento u otro, han experimentado felicidad. Puesto que la felicidad es el resultado de la virtud, todo el mundo tiene virtud y por lo tanto tiene el potencial para que surja la mente no contaminada. Este potencial se nutre, en la vida presente, a través del aprendizaje, la reflexión y la meditación sobre el Dharma. Sin embargo, si alguien corta las raíces de virtud debido a su implicación en acciones extremadamente destructivas, esta semilla no puede crecer e incluso se puede destruir.

En general, los vaibhasika y sautrantika afirman que sólo los seres conscientes que se convertirán en budas que hacen girar la rueda – budas que inicialmente enseñan el Dharma en un tiempo y lugar donde el Dharma no existe– lograrán la Iluminación. Todos los demás seres conscientes alcanzarán el estado de arhat. En el momento en que han abandonado completamente todas los oscurecimientos aflictivos, los arhats alcanzan el Nirvana con residuos –el residuo son sus cuerpos contaminados producidos por las aflicciones y el karma–. Cuando mueren en esa vida y abandonan sus cuerpos contaminados, logran el Nirvana sin residuos. En ese momento, los agregados contaminados ya no permanecen y la continuidad de la consciencia mental se corta, lo que impide que entren en el vehículo del bodhisatva.

La naturaleza de buda según la escuela chitamatra

En la literatura mahayana, la naturaleza de buda, o disposición de buda (*buddhagotra*)[79], se explica desde tres perspectivas: la chitamatra, madhyamaka, y vajrayana. Las tres hablan de la disposición de buda natural y de la disposición de buda transformadora.

Según los chitamatra, como explica Asanga en *Compendio del mahayana* (*Mahayanasamgraha*), la disposición de buda es la predisposición, semilla o potencial que ha existido desde tiempos sin principio y que tiene el potencial de originar los tres cuerpos de un buda. Como fenómeno condicionado, la disposición de buda es la semilla de la sabiduría prístina no contaminada (T. *zag med ye shes kyi sa bon*). Decir que la disposición de buda es una predisposición, encaja bien con la afirmación de la escuela chitamatra de que todo surge como resultado de las predisposiciones, ya sea en la consciencia básica o en la consciencia mental. Cuando esta predisposición de la sabiduría prístina no contaminada no se ha nutrido todavía mediante el aprendizaje, la reflexión y la meditación, se denomina la disposición de buda natural, porque existe desde tiempos sin principio. Cuando esa misma predisposición se ha nutrido mediante el aprendizaje, la reflexión y la meditación en el Dharma, se denomina disposición de buda transformadora. Es la

79 También se utilizan otros términos diferentes en la explicación de la naturaleza de buda. En algunas circunstancias se usan indistintamente, en otras tienen un significado ligeramente diferente. Además de los términos anteriores, otros términos incluyen *esencia de buda* (*tathagatagarbha*, T. *bde bzhin gsegs pa'i snying po*) y *elemento de los seres conscientes* (*sattvadhatu*, T. *sems puede gyi khams*), o simplemente *elemento*. *Gotra* (T. *rigs*), que se traduce como *naturaleza o disposición*, como en *naturaleza de buda* o *disposición de buda*, también puede traducirse como *linaje*, *rasgo* o *familia*.

misma predisposición, la diferencia es si ha sido activada o no mediante la práctica del Dharma.

Al principio, como *disposición de buda natural innata*, es una simple predisposición que tiene tres características: (1) Ha existido desde tiempos sin principio y continúa de una vida a otra ininterrumpidamente. (2) No es de nueva creación, sino que está presente de forma natural. (3) La lleva la consciencia base, según los proponentes de las escrituras de la escuela chitamatra, y la consciencia mental (la sexta consciencia), según los proponentes del razonamiento de esta misma escuela. Esto se basa en que las consciencias sensoriales son inestables y sólo están presentes de forma intermitente.

Cuando se despierta la disposición de buda natural innata y se transforma mediante el aprendizaje, la reflexión y la meditación, produce el logro del sendero arya y, en ese momento, se denomina la *disposición de buda transformadora*. En particular, cuando la meditación sobre la gran compasión ha progresado hasta el punto en que surge la gran resolución que asume la responsabilidad de trabajar por el bienestar de todos los seres conscientes, se ha despertado la disposición mahayana.

Citando el *Sutra que desenreda el pensamiento* (*Samdhinirmocana Sutra*), los proponentes de las escrituras de la escuela chitamatra afirman tres vehículos últimos –los vehículos del sravaka y del realizador solitario que culminan en el estado de arhat y el vehículo del bodhisatva que lleva a la Iluminación. La doctrina de los tres vehículos últimos establece que, una vez que el sravaka y los practicantes del vehículo del realizador solitario alcancen el estado de arhat, permanecerán en estabilidad meditativa en la vacuidad para siempre, y no entrarán posteriormente en el mahayana ni alcanzarán la Budeidad. Los proponentes de las escrituras, de la escuela chitamatra, se basan para esto en su creencia de que hay cinco tipos de disposición (linaje) –el sravaka, el realizador solitario, el bodhisatva, el indefinido y el separado. En este caso, "disposición" da a entender una fuente de excelentes cualidades, y cada ser consciente tiene la predisposición para una de las cinco disposiciones. Esta es una predisposición interna que existe naturalmente en la consciencia base de cada ser consciente, que lo predispone hacia un sendero espiritual particular.

La gente muestra ciertos signos que son indicativos de su disposición de buda. Quienes poseen la disposición sravaka, tienen una fuerte determinación de liberarse del samsara; evitan la no virtud y purifican el karma destructivo, los conmueven las enseñanzas sobre las cuatro verdades, y viven de manera ética. Toman los preceptos pratimoksa con la aspiración de su propia liberación y dedican todo el mérito de su práctica a este fin.

Los que tienen la disposición del realizador solitario, tienen pocas aflicciones y una compasión débil, de modo que no les gusta el ajetreo y prefieren la soledad. Las enseñanzas sobre los doce vínculos de relación dependiente los tocan profundamente y meditan principalmente sobre esto. Como sravakas, purifican el karma destructivo, crean karma constructivo y tienen una fuerte determinación de liberarse del samsara. Su motivación y dedicación se dirigen hacia la liberación de un arhat realizador solitario.

Aquellos con la disposición del bodhisatva o mahayana, son empáticos de manera natural y compasivos. Purifican y abandonan la no virtud, crean virtud, y toman los preceptos pratimoksa y los del bodhisatva con la aspiración de alcanzar la Iluminación. Con la intención de trabajar por el bienestar de los seres conscientes, practican las seis perfecciones y tienen la paciencia para implicarse en las acciones de los bodhisatvas. Su motivación y dedicación es para el logro de la Budeidad.

Las personas con estas tres disposiciones están seguras de su camino. No cambiarán de vehículo, sino que se dirigirán hacia el logro de su propio vehículo.

En la actualidad, no se sabe con certeza en qué vehículo entrarán los de disposición indefinida. Dependiendo del maestro espiritual que conozcan y de las enseñanzas budistas que aprendan en el futuro, desarrollarán una inclinación hacia uno u otro vehículo.

Aquellos cuyo linaje se ha cortado (*icchantika*), se han implicado en acciones extremadamente destructivas o se adhieren con fuerza a puntos de vista dañinos y erróneos. Tienen poco mérito, gran negatividad, y carecen de integridad y consideración sobre cómo sus acciones afectan a los demás. No desean abandonar la no virtud y carecen de comprensión de la naturaleza insatisfactoria del samsara, no tienen ningún interés en liberarse a sí mismos o a los demás. Incluso, si se interesan por el Dharma, su motivación es la de buscar los placeres del samsara. Al cortar sus raíces de virtud, se encuentran en un estado en el que, ya sea temporal o perpetuamente, no pueden alcanzar la liberación o la

Iluminación[80]. Esta perspectiva sobre la disposición de buda y sobre los tres vehículos finales, está respaldada por los principios filosóficos chitamatra: debido a que la disposición de un ser es verdaderamente existente, no puede cambiar a la disposición de otro vehículo. Puesto que sólo puede traer el resultado de su respectivo vehículo, debe haber tres vehículos finales.

Nuestra disposición de buda puede no manifestarse cuando abruman nuestra mente un fuerte apego o aflicciones poderosas, y cuando estamos demasiado ocupados como para estar interesados en la práctica espiritual o no vemos los defectos de las aflicciones. También impiden que nuestra disposición se desarrolle el pensar que nuestras acciones carecen de una dimensión ética y experimentar obstáculos como la enfermedad, la pobreza u obstrucciones kármicas fuertes.

Ciertas actividades pueden estimular nuestra disposición de buda: aprender y reflexionar sobre las enseñanzas, vivir en un ambiente propicio para la práctica y permanecer cerca de nuestro maestro espiritual o de practicantes sinceros. Generar la aspiración a las cualidades virtuosas, moderar nuestros sentidos, abandonar la no virtud, recibir la ordenación monástica, purificar los oscurecimientos, etc. también fortalecen nuestra disposición de buda.

Basándose en el *Sutra del loto* (*Saddharma Pundarika Sutra*) y el *Sutra del tathagatagarbha*, los proponentes del razonamiento de la escuela chitamatra y todos los madhyamikas, afirman un vehículo último: todos los seres conscientes pueden entrar en el vehículo del bodhisatva y alcanzar la Budeidad. *Sublime continuo*, de Maitreya, y el comentario de Asanga al respecto, hablan de cuatro tipos de personas cuya naturaleza de buda está contaminada, en el sentido de que aún no están listas para entrar en el vehículo del bodhisatva, implicarse en las dos acumulaciones y progresar en el sendero hacia la Iluminación: la gente mundana que está obsesionada por los placeres samsáricos, los no budistas que tienen visiones erróneas, los sravakas y los realizadores solitarios. También explica los oscurecimientos específicos que bloquean a estos seres conscientes y expone los antídotos. Asanga escribe aquí

80 Los proponentes de las escrituras de la escuela chitamatra, son la única escuela del principio filosófico mahayana que afirma que no todos los seres conscientes pueden alcanzar la Iluminación. Algunas personas postulan que hablar de *icchantikas* se hace para advertir a los practicantes de que no se vuelvan laxos o negligentes.

desde el punto de vista madhyamaka, que sostiene que todos los seres conscientes tienen la naturaleza de buda.

La naturaleza de buda según la escuela madhyamaka

El tema de la naturaleza de buda (*gotra*) se encuentra en los sutras de la *Perfección de la sabiduría*, *Ornamento de las comprensiones experienciales claras, Sublime continuo* (*Ratnagotravibhaga*, *Uttaratantra*), de Maitreya, y en el comentario de su discípulo Asanga, *Tierras del bodhisatva* (*Bodhisattva Bhumi*), y otros textos mahayana. *El Sutra del tathagatagarbha* y el *Sutra del Nirvana* hablan de la esencia de buda (*garbha*), usando un lenguaje más esencialista. Como madhyamika, prefiero las presentaciones que carecen del significado esencialista. Igual que Ngok Lotsawa, que tradujo *Sublime continuo* al tibetano, en el contexto del sutrayana creo que la esencia de buda se refiere principalmente al vacío de la mente. *Sublime continuo* define la naturaleza de buda como un fenómeno que tiene la posibilidad de transformarse en cualquiera de los cuerpos de un buda. Es de dos tipos: la naturaleza de buda innata (*prakrtisthagotra*, T. *rang bzhin gnas rigs*) y la naturaleza de buda transformadora (*samudanitagotra*, T. *rgyas 'gyur gi rigs*). Ambas existen en todos los seres conscientes, estén o no en un sendero.

La *naturaleza de buda innata* es la vacuidad de la mente que aún no ha eliminado los engaños y que puede transformarse en la naturaleza del dharmakaya de un buda. Sakya Pandita lo describió como la naturaleza inmutable de la mente. En *Tratado sobre el camino medio*, Nagarjuna señala que cualquiera que sea la naturaleza de un tathagata es la naturaleza de los seres conscientes (22.16).

> Cualquiera que sea la esencia del Tathagata es la esencia del trasmigrador. El Tathagata no tiene esencia; el trasmigrador no tiene esencia.

Esta naturaleza vacía de la mente está más allá de los tres tiempos (pasado, presente y futuro), más allá de los reinos de la existencia cíclica y más allá del karma constructivo y destructivo. Ni es virtuosa ni no virtuosa, puede actuar como base tanto para el samsara como para el Nirvana. El *Sutra de la perfección de la sabiduría en ocho mil líneas* (*Ashtasahasrika Prajñaparamita Sutra*) dice:

> Así, lo que es la realidad de todas las cosas no es pasado, ni futuro, ni presente. Lo que no es ni pasado, ni futuro, ni presente está totalmen-

te libre del triple tiempo, no puede ser transferido, ni objetivado, ni conceptualizado, ni conocido.

La existencia de la naturaleza de buda innata –el vacío de existencia inherente de la mente de los seres ordinarios– significa que se pueden eliminar los engaños mentales. ¿Por qué? Si los fenómenos existieran intrínsecamente, serían independientes de todo lo demás y, por lo tanto, no podrían funcionar, influirse unos a otros o cambiar. El hecho de que la naturaleza última de la mente sea vacía de existencia inherente indica que la mente puede cambiar.

Además, todos los engaños tienen su raíz en la ignorancia fundamental, el factor mental erróneo que se aferra a todos los fenómenos como poseedores de una realidad inherente. Este aferramiento erróneo da lugar al apego, al enfado y a todas las demás aflicciones y también sirve como base para los estados mentales virtuosos contaminados. De estos brotan nuestras acciones o karma, que nos hacen renacer continuamente en la existencia cíclica. Con el desarrollo de la comprensión de la verdadera naturaleza de la realidad –la vacuidad– se inicia el proceso de romper esta cadena causal. Con el desarrollo de la sabiduría que experimenta directamente la vacuidad o talidad, se puede subyugar esta ignorancia y erradicarla de la mente por completo. Los engaños no están incrustados en la naturaleza última de la mente. También carecen de existencia inherente, así que cuando se les aplica el antídoto de la sabiduría que experimenta directamente la vacuidad, se pueden eliminar de la mente.

Sobre la base del reconocimiento de la naturaleza de buda innata –el Nirvana natural, o la vacuidad de la mente– podemos alcanzar el Nirvana, que es la pacificación total de los engaños mentales. El Nirvana de un buda es el Nirvana que no mora, la purificación completa de la naturaleza de buda innata.

En algunos textos se hace referencia a la vacuidad de la mente como una causa de la Budeidad, en el sentido de que la meditación sobre el vacío purifica los engaños de la mente y conduce a la Budeidad. Sin embargo, la vacuidad no es una causa real porque es un fenómeno permanente que no cambia ni produce resultados.

La *naturaleza de buda transformadora* es la semilla de la mente no contaminada. Consiste en fenómenos condicionados que pueden transformarse en el cuerpo de la verdad de la sabiduría de un buda.

La naturaleza de buda transformadora incluye consciencias mentales neutras[81], así como factores mentales virtuosos como el amor, la compasión, la sabiduría y la fe y otros estados mentales virtuosos como la bodhichita, que se desarrollan progresivamente a medida que un bodhisatva avanza a través de los diez niveles del bodhisatva. La naturaleza de buda transformadora también incluye las consciencias que conforman la acumulación de sabiduría –la causa principal del cuerpo de la verdad de la sabiduría– y la mente al visualizarnos como una deidad, que es la causa del cuerpo de la forma de un buda. Es posible aumentar estas cualidades virtuosas y estados mentales ilimitadamente porque su base, la mente de la luz clara, es estable y porque no existe ningún antídoto que pueda eliminarla. En el momento en que nos convertimos en budas, nuestra naturaleza de buda natural innata se transformará en el cuerpo de la verdad natural de un buda, y nuestra naturaleza de buda transformadora se transformará en el cuerpo de la verdad de la sabiduría de un buda.

¿Cuál de los siete tipos de consciencia se puede incluir en la naturaleza de buda transformadora? Las consciencias erróneas, como el resentimiento, la ignorancia que se aferra a la existencia esencial o inherente y la mente que fantasea con ser una estrella del atletismo sin crear las causas para ello, no son la naturaleza de buda. Las consciencias inatentas no son la naturaleza de buda porque no conocen correctamente su objeto. Las asunciones correctas, la duda que se inclina hacia la conclusión correcta, los conocedores inferenciales, los percibidores mentales directos correctos y los conocedores válidos subsiguientes, están transformando la naturaleza de buda. Los cinco senderos de los sravakas, los realizadores solitarios y los bodhisatvas están transformando la naturaleza de buda, igual que los diez niveles del bodhisatva[82]. La

81 Hay diferentes puntos de vista sobre si las cinco consciencias sensoriales están incluidas en la naturaleza de buda transformadora. Algunos sabios dicen que no porque las consciencias sensoriales por sí mismas no tienen la capacidad de completar el sendero –no son estables ni continuas–. Solo la consciencia mental puede practicar y realizar el sendero. La consciencia mental dirige a las consciencias sensoriales, –las únicas que están ciegas con respecto a la vacuidad. Otros dicen que debido a que las consciencias sensoriales acompañan a la consciencia mental a la Iluminación, son parte de la naturaleza de buda. La consciencia mental genera la bodhichita y experimenta la vacuidad, por lo que las consciencias sensoriales también logran la Iluminación.

82 Estas son las etapas que los practicantes espirituales hacen realidad a medida que progresan hacia su objetivo espiritual.

vacuidad de existencia inherente de todas estas mentes es la naturaleza de buda natural.

En resumen, cualquier mente neutra o virtuosa que no esté libre de engaños y pueda transformarse en la sabiduría del dharmakaya de un buda, forma parte de la naturaleza de buda transformadora. Las consciencias mentales acompañadas de aflicciones manifiestas no pueden transformar la naturaleza de buda porque se eliminan en el sendero.

Como estados mentales neutros o virtuosos, la naturaleza de buda transformadora consiste en fenómenos impermanentes. Como vacuidad de la mente, la naturaleza de buda innata es permanente. Estas dos naturalezas de buda son una sola naturaleza. Aunque no son exactamente lo mismo, una no puede existir sin la otra. Solo la vacuidad de las consciencias neutras y virtuosas puede ser la naturaleza de buda innata, porque solo las consciencias neutras o virtuosas, que son su base, son la naturaleza de buda transformadora.

Debido a que las aflicciones son vacías de existencia inherente, es posible la Iluminación. Sin embargo, la vacuidad de las aflicciones no es la naturaleza de buda. Puesto que se eliminan las aflicciones en el sendero y no se pueden transformar en ninguno de los cuerpos de un buda, su vacuidad también cesará y no se podrán convertir en el cuerpo de la verdad natural.

Algunas personas hablan de los fenómenos inanimados –rocas, árboles, etc.– como si tuvieran la naturaleza de buda. Creo que se refieren al hecho de que estos fenómenos son vacíos de existencia inherente. Sólo los seres conscientes tienen la naturaleza de buda. El hecho de que podamos generar la determinación de liberarnos del samsara, la bodhichita y la sabiduría, indica que la naturaleza de buda está en nuestro interior. Dado que los fenómenos inanimados carecen de mente, no pueden generar estos estados mentales virtuosos y no poseen la naturaleza de buda.

Alguien se puede preguntar: "Puesto que la vacuidad de la mente de un ser consciente y la vacuidad de la mente de un buda son iguales puesto que ambas son vacías de existencia inherente, ¿quiere decir que los seres conscientes ya tienen las cualidades de los budas o que ya son budas?". No, no es eso, porque la mente que posee ese vacío es distinta. Tsongkhapa lo explica en *Iluminación del pensamiento*:

> Se dice, "la naturaleza de buda es la que sirve como causa de las cualidades de los aryas cuando se observan; por lo tanto, aquí la consecuencia absurda [de que todos los seres conscientes tendrían las cualidades de los aryas] no viene implícita". La mera presencia de la naturaleza de los fenómenos (*dharmadhatu*) no significa que uno permanezca en la naturaleza de buda en términos del sendero. Cuando uno contempla y medita sobre la naturaleza de los fenómenos a través del sendero, llega a servir como la causa especial de las cualidades de los aryas. En ese momento la propia naturaleza búdica se considera especial[83].

La vacuidad es la "causa" de las maravillosas cualidades de los aryas cuando la percibimos directamente y utilizamos ese logro espiritual para limpiar nuestra mente de engaños. El hecho de que tengamos la naturaleza de buda innata –la naturaleza vacía de la mente– no significa que ya la hayamos hecho realidad a través de un sendero verdadero –un conocedor válido que percibe la vacuidad directamente–. Sólo una experiencia directa de la naturaleza vacía de la mente producirá las cualidades de un arya. Cuando esta comprensión aparezca en nuestra mente, el vacío de nuestra mente –nuestra naturaleza de buda– será considerada especial.

El vacío de existencia inherente de nuestra mente es un fenómeno permanente. No cambia momento a momento, como lo hacen los fenómenos condicionados. Aunque la vacuidad en general es eterna, cuando hablamos de la vacuidad de una cosa específica, ese vacío puede no existir siempre. Por ejemplo, el vacío de un vaso cesa cuando ese vaso se rompe. Se plantea un vacío en relación con un objeto que es vacío; es una naturaleza con ese objeto: la vacuidad de la mente existe dependiendo de la mente. La vacuidad de la mente de un ser ordinario existirá mientras exista ese ser ordinario. Dado que la mente de ese ser ordinario tiene engaños, la vacuidad de esa mente va junto con los engaños. Cuando a través del sendero verdadero se han eliminado parte de los engaños de esa mente, la mente se convierte en la mente de un arya, y su vacuidad es la vacuidad de la mente de un arya. Cuando los seres ordinarios comprenden directamente la vacuidad y se convierten en aryas, la vacuidad de la mente del ser ordinario ya no existe; ahora existe la vacuidad de la mente de un arya. Ambos vacíos son la ausencia

83 Tsong-kha-pa Lo-sang-drak-pa, "Extensive Explanation of (Chandrakīrti's) 'Supplement to (Nagarjuna's) "Treatise on the Middle"': *Iluminación del pensamiento*", traducido por Jeffrey Hopkins, manuscrito inédito.

de existencia inherente, y para la mente de un arya en estabilidad meditativa en la vacuidad, son indiferenciables.

Aunque es cierto que las mentes de los seres conscientes son vacías de existencia inherente y que los engaños son circunstanciales, no podemos decir que la naturaleza de buda de los seres conscientes sea la misma que la naturaleza de buda del cuerpo de la verdad, que tiene la doble pureza: es decir, que es naturalmente pura de existencia inherente y que está purificada nuevamente de todos los engaños circunstanciales. Esto se debe a que las mentes de los seres conscientes todavía están unidas a los engaños[84].

No importa en qué reino habite un ser consciente, la naturaleza de buda innata siempre está allí. No disminuye ni aumenta. El oro puede estar enterrado en la tierra durante siglos, pero sigue siendo oro y siempre es posible acceder a él. El oro puede estar cubierto de suciedad, pero no se convierte en suciedad. Si la suciedad fuera su naturaleza, nunca se podría limpiar. Pero puesto que la suciedad sólo lo oscurece, se puede limpiar para que se pueda ver su resplandor natural. De manera similar, la vacuidad de nuestra mente contaminada por los engaños siempre está ahí; cuando experimentemos directamente la vacuidad, esa sabiduría limpiará los engaños en nuestra mente y, al hacerlo, se limpiará también la vacuidad de nuestra mente. Aunque nuestra mente siempre ha sido en su base vacía de existencia inherente, en ese momento tendremos la pureza adicional de estar libres de todos los engaños circunstanciales.

Sin las dos clases de naturaleza de buda, no habría manera de que las actividades iluminadas del Buda nos influyeran. Nuestra mente no estaría receptiva a la influencia del Buda o a las enseñanzas; nada en

---

84 Tanto los chitamatra como los madhyamikas, coinciden en que las aflicciones son adventicias, pero difieren en la explicación de cómo son adventicias. Las chitamatra dicen que la claridad y cognición, que son las características de la naturaleza convencional de la mente, constituyen la naturaleza de buda. Puesto que los factores mentales van y vienen mientras que la naturaleza de la mente permanece clara y cognitiva, dicen que las aflicciones no son una propiedad inherente de la mente. Nagarjuna y los prasangika afirman que debido a que la naturaleza básica de la mente es vacía de existencia inherente, las aflicciones derivadas de la ignorancia que se aferra a la existencia inherente o sustancial, no son una propiedad inherente de la mente. En resumen, mientras que los chitamatra explican la naturaleza inmaculada de la mente de la luz clara desde el punto de vista de su naturaleza convencional, Nagarjuna lo hace desde el punto de vista de su naturaleza última.

nuestra mente podría germinar al entrar en contacto con ellas. La naturaleza de buda es la base del desarrollo del mahayana; es lo que permite que afecten las enseñanzas a nuestra mente y que se transforme en función de ellas. El hecho de que el Buda enseñara el Dharma indica que los seres conscientes tienen el potencial para convertirse en budas. Si no fuera así, habría sido inútil que el Buda impartiera 84.000 enseñanzas.

La naturaleza de buda según el tantra

El más elevado yoga tantra hace referencia a la naturaleza de buda de una manera única: es el aire y la mente más sutiles que son vacíos de existencia inherente y cuya continuidad sigue hasta la Iluminación. Todos los seres conscientes tienen este aire y mente más sutiles. En los seres ordinarios, se manifiesta sólo en el momento de la luz clara de la muerte, y pasa desapercibido.

Aunque el aire y la mente más sutiles son neutros cuando se trata de los seres ordinarios, a través de prácticas yóguicas especiales se pueden llevar al sendero y transformarlos en un estado virtuoso, un estado yóguico. La mente más sutil de los seres conscientes sirve como causa sustancial para la sabiduría del dharmakaya –la mente omnisciente de un buda– y el cese verdadero y la vacuidad de la mente de un buda, es la naturaleza del dharmakaya. El aire más sutil que es su montura es la causa sustancial de los cuerpos de la forma de un buda: los cuerpos del deleite y de emanación. El Tantra de Hevajra dice:

> Los seres conscientes son iguales que los budas, pero están engañados por manchas adventicias. Cuando se eliminan, son budas.

La primera línea indica que los seres conscientes tienen la causa sustancial de la Budeidad, el aire y la mente más sutiles. No significa que los seres conscientes sean budas, porque alguien no puede ser simultáneamente un ser consciente y un buda. A través de la práctica de técnicas especiales del más elevado yoga tantra, la continuidad de este aire y mente más sutiles se pueden purificar y transformarse en los tres cuerpos de un buda.

Nueve símiles del tathagatagarbha

Al usar nueve símiles, el *Sutra del tathagatagarbha* nos da una idea de la naturaleza de buda que siempre ha estado y seguirá estando en nuestro interior. *Sublime continuo*, de Maitreya, y su comentario, de Asanga, explican estos símiles que señalan una riqueza oculta dentro de nosotros, un potencial que normalmente desconocemos. Contemplar el significado de estos símiles genera una gran inspiración y confianza para practicar el sendero.

Todas los oscurecimientos aflictivos y cognitivos se condensan en nueve oscurecimientos de los que se habla en los nueve símiles. Aplicando los antídotos adecuados, se pueden eliminar y lograr la Iluminación.

Desde tiempo sin principio, la naturaleza básica de la mente ha sido inmaculada y nunca se ha mezclado con manchas o aflicciones. Pero ha estado cubierta por estos nueve oscurecimientos. Conforme avanzamos en el sendero, se desarrolla la naturaleza de buda transformadora, la mente se vuelve más pura y los oscurecimientos se eliminan gradualmente. Cuando todos los oscurecimientos se han eliminado de manera que nunca pueden regresar, la mente purificada se convierte en la sabiduría del dharmakaya, y su vacuidad se convierte en la naturaleza del dharmakaya. Maitreya dice (RGV 1:80-81):

> Este [tathagatagarbha] permanece dentro del velo de las aflicciones, como debe entenderse a través de [nueve] ejemplos [siguientes]:
>
> Igual que un buda en un loto en descomposición; miel entre abejas; un grano en su cascarilla; oro en la suciedad; un tesoro bajo tierra; un brote de una pequeña fruta; una estatua del Victorioso en unos harapos; un gobernante de la humanidad en el vientre de una mujer indigente; y una imagen preciosa bajo la arcilla; este elemento [búdico] habita en el interior de todos los seres conscientes, oscurecido por los engaños de los venenos circunstanciales.

1. La esencia de buda es como una hermosa imagen del Buda en un viejo y feo loto.

Cuando los pétalos se cierran alrededor de una imagen del Buda, sólo vemos el loto viejo y no la hermosa imagen del Buda. Al no saber que la imagen está ahí, nunca pensamos en abrir los pétalos y sacarla. Igualmente, las semillas del apego oscurecen nuestra esencia de buda. Aunque todos los seres que no son arhats están oscurecidos por las semillas del apego, este símil se aplica particularmente a los seres conscientes ordinarios en los reinos de la forma y sin forma. Dado que han suprimido temporalmente la manifestación de las aflicciones burdas del reino del deseo entrando en profundos estados de absorción meditativa, todavía permanecen en su mente las semillas de las aflicciones. Los seres ordinarios en el reino de la forma y sin forma son específicos porque los aryas también pueden renacer en estos reinos. Sin embargo, ya han eliminado parte de las semillas de las aflicciones.

Nosotros, seres en el reino del deseo, también tenemos la semilla del apego. Cuando explota y se desarrolla por completo, no somos conscientes de nuestra esencia búdica, que es la fuente de toda esperanza y confianza. En vez de eso, estamos totalmente absortos en los objetos de nuestro apego. Así como el hermoso y fragante loto se marchita y se vuelve decrépito después de unos días, la gente y las cosas a las que nos aferramos envejecen y decaen. Aunque inicialmente nos traen felicidad, más tarde nos aburrimos y las dejamos de lado, como si fueran una flor marchita.

Una persona clarividente puede ver la imagen del Buda dentro del loto, abrirá la flor y sacará la imagen del Buda. Así mismo, el Buda ve la esencia de buda en cada ser consciente, incluso en los de los infiernos y piensa: "¿Quién liberará a estos seres de sus oscurecimientos, especialmente de su apego?". Debido a que el Buda posee una gran compasión y está libre de todos los engaños, nos guiará para descubrir la bella imagen del Buda, la sabiduría del dharmakaya, escondida por nuestro apego.

2. La esencia de buda es como la miel con un enjambre de abejas a su alrededor.

La miel es como la verdad última, la vacuidad de existencia inherente. Así como toda la miel tiene el mismo sabor, la naturaleza última de todos los fenómenos es la misma. Las abejas no sólo ocultan la miel, sino que también pican enfadadas a quien trata de cogerla, dañándose a sí mismas y a sus enemigos. De la misma manera, no podemos ver nuestra miel, que es la esencia de buda, porque está oscurecida por la semilla de la ira, el enfado, el resentimiento y la venganza. Este oscurecimiento pertenece específicamente a los seres ordinarios en los reinos de la forma y sin forma que no experimentan el enfado manifiesto, pero todavía tienen las semillas del enfado en su continuo mental. Nosotros, seres en el reino del deseo, tenemos las semillas del enfado así como el enfado burdo manifiesto. Estas semillas no sólo nos impiden ver nuestra esencia búdica, sino que también permiten que las emociones destructivas relacionadas con el enfado y la animosidad se manifiesten en nuestra mente, picándonos sin piedad a nosotros y a los que nos rodean.

Una persona perspicaz sabe que a pesar de las abejas que la rodean, la miel en sí es pura y deliciosa. Diseña una manera hábil de apartar a las abejas de la miel, y luego disfruta de la miel a su antojo. Saborear la miel, así como experimentar la vacuidad de la mente, siempre trae alegría. Igualmente, el Buda ve la esencia de buda en cada ser consciente y con sus métodos hábiles, como las enseñanzas de los tres giros de la rueda del Dharma, los libera de los engaños.

3. *La esencia de buda se asemeja a un grano de cereal en su cascarilla.*

La cáscara oculta el grano. Para que el grano se convierta en alimento comestible, se le debe quitar la cáscara. De la misma manera, la semilla de la ignorancia oscurece nuestra mente para que no podamos experimentar la verdad última. Como antes, este oscurecimiento se aplica particularmente a los seres ordinarios en los reinos de la forma y sin forma, pero los que estamos en el reino del deseo también lo tenemos. La semilla de la ignorancia hace que la ignorancia que se aferra a la existencia inherente o sustancial y la ignorancia del karma y sus efectos, se manifiesten en nuestra mente. Por el poder de las tres semillas de los tres venenos, los seres conscientes crean el karma que produce el renacimiento en el samsara. Así como el grano no se puede comer cuando está dentro de la cáscara, las acciones de un buda no se pueden exhibir mientras que la esencia de buda esté en la cáscara de los engaños. Una persona sabia sabe cómo quitar la cáscara y preparar el grano para que se convierta en un alimento nutritivo. Así mismo, el Buda guía a los seres conscientes para que eliminen sus engaños y los budas en los que se convertirán, proporcionarán sustento espiritual a los demás.

4. *La esencia de buda se asemeja al oro enterrado en la suciedad.*

Si alguien, por accidente, ha tirado un poco de oro en un sucio montón de basura a un lado del camino, los demás no sabemos que está ahí y mucho menos pensamos en sacarlo, limpiarlo y usarlo. Aunque nuestra esencia de buda, que es como el oro, no se mezcla con las impurezas, la suciedad de los tres venenos burdos manifiestos nos impide verla. Las aflicciones burdas manifiestas son el principal oscurecimiento que obstaculiza a los seres en el reino del deseo. Proporcionan la condición a través de la cual renacemos, especialmente en el reino del deseo. Liderados aquí y allá por emociones poderosas que surgen repentinamente y dominan nuestra mente, y por fuertes visiones erróneas a las que de manera terca nos aferramos, ni siquiera tenemos en cuenta la esencia de buda que siempre ha estado allí. El apego burdo, la animosidad y la ignorancia son repugnantes igual que lo es la suciedad. Nos desagradamos a nosotros mismos cuando gobiernan nuestra mente, y a los demás también les repugna nuestro comportamiento.

El oro es puro, nunca puede volverse impuro, pero no podemos verlo ni usarlo mientras esté enterrado en la inmundicia. De manera similar, las aflicciones no pueden penetrar la vacuidad de la mente, pero no puede brillar cuando está oscurecida por las problemáticas aflicciones manifiestas.

Un deva que posee el poder de la clarividencia del ojo divino ve el oro, le dice a la persona dónde encontrarlo y la instruye para que haga del oro algo digno de sus cualidades. Del mismo modo, el Buda ve la naturaleza vacía de nuestra mente, nos enseña cómo purificarla y nos instruye sobre cómo transformar nuestra mente en la mente de un buda. Estos cuatro primeros símiles pertenecen específicamente a los seres ordinarios que aún no han experimentado directamente la vacuidad.

5. La esencia de buda es como un tesoro enterrado.

Como un magnífico tesoro enterrado en el patio de un pobre, la esencia de buda está oscurecida por las predisposiciones de las aflicciones. Este oscurecimiento pertenece especialmente a los sravakas y a los realizadores solitarios que son arhats, que han eliminado las aflicciones burdas manifiestas y sus semillas, pero cuyas mentes aún están oscurecidas por las predisposiciones de las aflicciones, especialmente la predisposición de la ignorancia, que les impide convertirse en budas. Aunque estos arhats tienen la experiencia directa de la vacuidad y han eliminado las aflicciones, la base de las predisposiciones de las aflicciones es la condición a través de la cual los arhats obtienen un cuerpo mental y permanecen en la pacificación del samsara, que es el Nirvana de un arhat. Después de que estos arhats generan la bodhichita, siguen los senderos y niveles del bodhisatva. Al hacerlo, cuando la base de estas predisposiciones se elimine, alcanzarán la cesación verdadera última, el Nirvana que no mora.

Un tesoro enterrado bajo la casa de una familia pobre puede liberarlos de la pobreza, pero no saben que está ahí a pesar de estar bajo sus pies. El tesoro no dice: "Estoy aquí. Ven a buscarme". Nuestra esencia de buda innata es como un tesoro que ha existido en nuestra mente desde siempre. Esta vacuidad de la mente no disminuye ni aumenta, no nos llama diciendo: "Estoy aquí". Pero cuando el Buda nos enseña sobre ella, aprendemos a descubrirla, liberándola incluso de la tierra de las predisposiciones de la ignorancia que impiden la Iluminación.

6. La esencia de buda se asemeja a un pequeño brote escondido dentro de la cáscara de una fruta.

Las judías tienen diminutos brotes en su interior, pero no podemos verlos hasta que se hayan desprendido el fruto y su cáscara. Asimismo, para que el sendero de la visión se haga realidad, se deben destruir los objetos que se abandonan en este sendero. Este símil se aplica particularmente a los seres ordinarios en los senderos de aprendizaje, así como a los aryas del vehículo fundamental que todavía no son arhats. Hasta que alcancen el sendero de la visión, las aflicciones adquiridas, que son los objetos que hay que abandonar en ese sendero, oscurecen su esencia búdica. Aunque están en el sendero de la visión, estos estudiantes han superado las aflicciones adquiridas, pero todavía tienen las aflicciones innatas y sus semillas.

La esencia de buda transformadora es como un brote que tiene el potencial de crecer hasta convertirse en un árbol enorme que dará sombra a muchas personas en un día caluroso. Así como el brote necesita buenas condiciones para crecer, nosotros dependemos de la condición de las acumulaciones de mérito y sabiduría para nutrir la esencia de buda transformadora. La gran compasión, la sabiduría, la veneración por las enseñanzas mahayana y su objetivo, una gran acumulación de mérito y el samadhi, son condiciones nutritivas que ayudan a la esencia de buda transformadora para que se convierta en la sabiduría del dharmakaya.

7. La esencia de buda es como una estatua del Buda cubierta de harapos.

Las aflicciones innatas y sus semillas –los objetos a abandonar en el sendero de la meditación– se asemejan a una imagen del Buda envuelta en unos harapos. El desmantelamiento de las aflicciones empezó en el sendero de la visión y ahora, en el sendero de la meditación, están hechas jirones y listas para desecharlas del todo. Así, los seres ordinarios y los aryas en los senderos de aprendizaje (aryas que aún no son arhats), todavía están oscurecidos por las aflicciones innatas y sus semillas, pero estas son débiles y pronto se superarán. Sin embargo, mientras están presentes, oscurecen la esencia de buda.

Un deva ve una estatua del Buda envuelta en unos harapos y le explica a alguien que quiere tener una estatua del Buda que está allí debajo y que debe recuperarla. Igualmente, el Buda ve que la naturaleza última de su propia mente –la vacuidad– es la misma que la vacuidad de las mentes de los seres conscientes, incluso los animales, los espíritus ávidos y los seres de los infiernos. Esta hermosa naturaleza está cubierta por los restos de las ochenta y cuatro mil aflicciones. Para liberarla, el Buda enseña el Dharma. La naturaleza del dharmakaya es como una preciosa estatua. Igual que aparece toda la estatua de golpe cuando se quita el trapo, la naturaleza del dharmakaya aparece en su totalidad cuando la mente se libera de todos los engaños.

8. La esencia de buda se asemeja a un bebé que se convertirá en un gran líder en el vientre de una mujer pobre, miserable y desamparada.

En su vientre, una mujer alberga a un bebé que será un gran líder y hará mucho bien al mundo. Al no saber que su hijo algún día podrá protegerla, solo conoce su sufrimiento actual. Así mismo, los arya bodhisatvas de los niveles impuros –desde el primero hasta el séptimo– tienen un potencial asombroso del que aún no son conscientes debido a las ataduras –que son como el útero– de los oscurecimientos aflictivos. Cuando se libran de ellas en el octavo nivel, su sabiduría prístina se vuelve aún más poderosa, igual que el bebé que se ha convertido en un gran líder.

La existencia cíclica es como el refugio para desamparados en el que vive esta pobre y miserable mujer. Allí es vilipendiada por los demás y se hunde en la desesperación porque no tiene refugio ni protector. Su hijo, cuando sea un gran gobernante, la podrá cuidar, pero ella aún no lo sabe. Del mismo modo, no nos damos cuenta de que nuestro protector último está en nuestro interior. Pero cuando se revela la vacuidad de nuestra mente y se convierte en la naturaleza del dharmakaya, nuestros problemas se pacifican para siempre. Cuando más tarde hagamos realidad el cuerpo del deleite, seremos como un monarca rico que puede proteger a todos los seres en la Tierra.

9. La esencia de buda es como una estatua dorada del Buda cubierta por una fina capa de polvo.

La esencia búdica de los bodhisatvas de los niveles puros (del octavo al décimo) todavía está cubierta por una delgada capa de oscurecimientos cognitivos que impide su Iluminación: las predisposiciones y los engaños que producen la falsa apariencia de existencia inherente y que les impiden ver directamente las dos verdades de manera simultánea.

Nueve símiles del tathagatagarbha

	Símil del factor oscurecedor	Factor oscurecedor	Símil de lo que se oscurece
1.	Loto	Las semillas del apego que producen el renacimiento en los reinos de la forma y sin forma	La imagen del Buda
2.	Abejas	Las semillas del enfado	La miel
3.	Cascarilla	Las semillas de la ignorancia que producen el renacimiento en los reinos de la forma y sin forma	Cascara del grano
4.	Suciedad	Las aflicciones manifiestas del apego, la animosidad y la confusión que producen el renacimiento en el reino del deseo	El oro
5.	Tierra	La base de las predisposiciones de la ignorancia que crea el karma no contaminado**	El tesoro
6.	Cáscara de una fruta	Las aflicciones adquiridas, objetos que se deben abandonar en el sendero de la visión	El brote
7.	Harapos	Las aflicciones innatas y sus semillas, objetos que se deben abandonar en el sendero de la meditación	La estatua del Buda
8.	Útero de una mujer desamparada	Los oscurecimientos aflictivos	Un bebé que se convertirá en un monarca universal
9.	Capa fina de polvo de arcilla	Los oscurecimientos cognitivos	Una estatua dorada del Buda

**La base de las predisposiciones de la ignorancia es un esfuerzo sutil motivacional que instiga acciones físicas, verbales y mentales y es la causa de un karma no contaminado. El karma no contaminado solo lo crean los aryas, y produce los cuerpos mentales de los sravakas, de los realizadores solitarios que son arhats y de los arya bodhisatvas.

NUEVE SÍMILES DEL TATHAGATAGARBHA (CONTINUACIÓN)

FENÓMENO OSCURECIDO	PERSONA ESPECÍFICAMENTE OSCURECIDA POR ESTE FACTOR OSCURECEDOR
La naturaleza de buda que se puede transformar en el cuerpo de la verdad	Los seres ordinarios de los reinos de la forma y sin forma
La verdad última, la vacuidad de existencia inherente de la mente	Los seres ordinarios de los reinos de la forma y sin forma
La esencia de buda naturalmente pura	Los seres ordinarios de los reinos de la forma y sin forma
La vacuidad de la mente	Los seres ordinarios del reino del deseo
La esencia de buda innata que se puede transformar en el Nirvana que no mora, la naturaleza del dharmakaya	Los sravakas y los realizadores solitarios que son arhats
La esencia de buda transformadora que se puede transformar en la sabiduría del dharmakaya	Los seres ordinarios que han entrado en un sendero, los sravakas y los realizadores solitarios, los aryas que no son arhats
La esencia de buda naturalmente pura que se transformará en la naturaleza del dharmakaya	Los seres ordinarios que han entrado en un sendero, los aryas que están aprendiendo
La esencia de buda que producirá el cuerpo del deleite de un buda	Los bodhisatvas de los siete niveles impuros (del 1 al 7)
La esencia de buda que producirá los cuerpos de emanación de un buda	Los bodhisatvas de los niveles puros (del 8 al 10)

NOTA: Cada símil está correlacionado con un oscurecimiento y con el ser consciente que lo posee. Aunque otro ser también pueda tener el mismo oscurecimiento, se refiere al oscurecimiento más destacado –el obstáculo inmediato– que ese ser en particular debe superar para progresar en el sendero. Los seres conscientes señalados en un símil también pueden poseer los oscurecimientos mencionados en otro.

Igual que una magnífica estatua dorada del Buda sacada de un molde está cubierta por la fina capa de polvo de arcilla que cubría el molde, su esencia de buda se revelará completamente cuando la concentración similar al vajra al final del continuo de un ser consciente elimine los últimos oscurecimientos que quedan en su continuo mental, permitiendo que la esencia de buda se revele en su totalidad.

Un constructor experto de estatuas reconoce el valor de la estatua de oro cubierta de polvo de arcilla y la limpia para revelar su belleza pura, para que todos la disfruten. Igualmente, el Buda ve nuestra esencia búdica y nos guía en el sendero para revelarla, para que podamos manifestar los cuerpos de emanación. Estos cuerpos de emanación aparecerán en diversas formas de acuerdo con el karma de los seres conscientes que pueden beneficiarse de ellos. A través de estos medios hábiles, el Buda en el que nos convertiremos instruirá de manera compasiva y guiará a los seres conscientes de acuerdo con su disposición.

REFLEXIONES

1. Contempla cada símil uno por uno.
2. Considera el modo en que se aplica a ti, a las personas que conoces y a todos los seres a tu alrededor.
3. Viendo que cada ser consciente está impedido por los oscurecimientos que le limitan su felicidad y le producen sufrimiento, deja que surja la compasión por todos y cada uno de ellos.
4. Con una fuerte compasión, genera la bodhichita y toma la determinación de llegar a ser un buda para dirigir a todos los seres a hacer realidad su propia esencia de buda.

Tres aspectos del tathagatagarbha

Maitreya afirma que cada ser consciente tiene la esencia de buda y que puede alcanzar la Budeidad (RGV 1.27):

> Debido a que el cuerpo perfecto de un buda es penetrante, a que la talidad es sin diferenciación, y a que existe un linaje [búdico], todos los seres encarnados siempre están en posesión de una esencia de buda.

Da tres razones para afirmar que todos los seres conscientes tienen la esencia de buda y pueden alcanzar la Iluminación: (1) *Los cuerpos de los budas son penetrantes para que los seres conscientes puedan participar en las actividades iluminadas de los budas.* (2) *La talidad* (*la pureza natural*) *de la mente de los budas y de la mente de los seres conscientes no se pueden diferenciar porque ambas son la vacuidad de existencia inherente.* (3) *Los seres conscientes poseen la naturaleza de buda transformadora que puede desarrollar todas las cualidades excelentes de un buda y transformarse en los tres cuerpos de un buda.* Estas razones, confirmadas por los nueve símiles, indican los tres aspectos siguientes del tathagatagarbha.

1. El tathagatagarbha tiene la naturaleza de la sabiduría prístina no creada

El tathagatagarbha que posee la naturaleza del dharmakaya se refiere a la naturaleza de la luz clara del tathagatagarbha que se denomina el dharmakaya. Este es otro caso de dar el nombre del resultado (dharmakaya) a la causa (tathagatagarbha). Aunque la vacuidad de la mente es permanente y no es una causa real, se le llama *causa* porque es la base sobre la que se alcanza el dharmakaya. Los tres primeros símiles lo describen.

El tathagatagarbha está impregnado por las actividades iluminadas del dharmakaya. Esto significa que los seres conscientes tienen el potencial de relacionarse con las actividades iluminadas de los budas y de recibir la influencia de dichas actividades que los guiarán hacia la Iluminación.

Dentro de este primer aspecto de la esencia de buda, el dharmakaya, hay dos partes: (1) *El dharmakaya de los logros espirituales* es la naturaleza vacía e inmaculada de la mente de un buda experimentada por la sabiduría del dharmakaya de ese buda. Esta vacuidad es el dharmakaya verdadero y se refiere específicamente al dharmadhatu que está totalmente libre de engaños y que tiene la naturaleza de la luz clara. Es lo que percibe y experimenta la sabiduría del dharmakaya de un buda. (2) *El dharmakaya de las enseñanzas* conduce a la experiencia directa de esta naturaleza vacía. Estas enseñanzas consisten en las profundas enseñanzas de los sutras definitivos que explican la verdad última, y en las enseñanzas interpretativas de los sutras provisionales, que explican diversas verdades relativas –como la persona, los agregados, las bases y los senderos– que se enseñan de acuerdo con las disposiciones y los intereses de los diferentes discípulos. El dharmakaya de las enseñanzas se denomina *dharmakaya* aunque no es el dharmakaya real. El dharmakaya real lo experimenta un buda. Las enseñanzas son las condiciones para alcanzar ese dharmakaya.

Igual que no se puede ver la imagen del Buda escondida en el loto cerrado en el primer símil, la sabiduría del dharmakaya –la última y suprema estabilidad meditativa en la vacuidad– no es perceptible en el mundo. La miel (símil 2), se asemeja a las profundas enseñanzas sobre la verdad última. Igual que toda la miel comparte el mismo sabor dulce, todos los fenómenos tienen el mismo "sabor" de ser vacíos de existencia inherente. El grano (símil 3), corresponde a las vastas enseñanzas del lado del método del sendero. Así como hay que sacar el grano de la cascarilla y cocinarlo para que se convierta en un alimento comestible, las enseñanzas vastas son provisionales y requieren interpretación.

Las enseñanzas definitivas e interpretativas y las profundas y vastas enseñanzas se dan a los discípulos de las tres disposiciones –sravakas, realizadores solitarios y bodhisatvas– así como a los seres conscientes que se encuentran temporalmente en una disposición incierta. Este último grupo consiste en individuos que posteriormente se convertirán en discípulos con una de las tres disposiciones, dependiendo de los maestros que conozcan y de las enseñanzas que reciban. Escuchando, reflexionando y meditando sobre las vastas y profundas enseñanzas, los seres conscientes alcanzarán la verdadera sabiduría del dharmakaya.

La manera principal en que las actividades iluminadas de los budas se relacionan e influyen en los seres conscientes, es a través de la palabra de los budas: las enseñanzas que imparten. Esta capacidad de las actividades iluminadas de los budas para influir en los seres conscientes está siempre presente y, en este sentido, los seres conscientes están impregnados por las actividades iluminadas del dharmakaya.

2. El tathagatagarbha tiene la naturaleza de la vacuidad, de la talidad.

El tathagatagarbha –la vacuidad de la mente de los seres conscientes– no se puede diferenciar del aspecto de la pureza natural del dharmakaya. El oro enterrado en la suciedad (símil 4) ilustra la vacuidad de la mente. Igual que el oro puro no se transforma en metal común, la vacuidad de la mente no se transforma en otra cosa. Como el oro puro, el tathagatagarbha es puro e impecable. La naturaleza última de la mente de los seres conscientes y la naturaleza última o pureza natural de la mente de los tathagatas no se puede diferenciar, en el sentido de que ambas son vacías. Aparecen iguales y no se pueden distinguir ante el rostro de la estabilidad meditativa que percibe directamente la vacuidad. En este sentido, se dice que la talidad del Tathagata es la esencia de los seres conscientes.

3. *El tathagatagarbha tiene la naturaleza del linaje o disposición de buda.*

Esta disposición culmina como los tres cuerpos de un buda, logrando así la Budeidad. Abarcando los cinco símiles restantes, esta disposición consta de dos partes: (1) *La disposición de buda que ha existido desde tiempos sin principio* es como un tesoro bajo tierra (símil 5). Del mismo modo que nadie puso el tesoro allí y se desconoce su principio, la naturaleza de buda innata ha existido desde tiempos sin principio. (2) *La disposición de buda transformadora que tiene el potencial* se asemeja a un brote (símil 6). Así como un pequeño brote, cuando se reúnan las condiciones que lo nutren, crecerá gradualmente hasta convertirse en un árbol, la disposición de buda transformadora tiene el potencial para lograr la Budeidad y los tres cuerpos de un buda cuando encuentra las condiciones adecuadas, como estudiar, reflexionar y meditar en el Dharma.

La estatua del Buda cubierta de harapos (símil 7), representa el linaje o la disposición de buda natural y sin principio. Así como una hermosa y preciosa estatua brilla cuando se quitan los harapos que la cubren, la pureza sin principio de la mente –su vacío de existencia verdadera– se revela cuando, debido a la acumulación de sabiduría se han desterrado para siempre todos los engaños circunstanciales. En este punto, el linaje o la disposición de buda natural se llama la naturaleza del dharmakaya de un buda.

La disposición de buda transformadora florece debido a la acumulación de méritos. Cuando está completamente desarrollada, se convierte en los cuerpos del deleite y de emanación de un buda. Así como un futuro gran líder que está ahora en el vientre de su madre (símil 8) vendrá a disfrutar de su esplendor, el cuerpo del deleite disfruta del esplendor y la riqueza del Dharma mahayana. Como una estatua dorada del Buda que emerge del polvo que la rodea (símil 9), los cuerpos de emanación, que representan el dharmakaya real, aparecen en las formas más propicias para subyugar la mente de los seres conscientes.

En nuestra práctica, nuestra disposición de buda se despierta inicialmente escuchando y reflexionando sobre el Dharma, especialmente en las enseñanzas sobre el valor y el propósito de la bodhichita y los dos métodos para generarla. Cuando generamos la bodhichita, tenemos la fuerte aspiración de alcanzar los tres cuerpos de un buda. Para lograrlo, nos implicamos en las acciones del bodhisatva –las seis perfecciones y las cuatro maneras de hacer madurar a los discípulos– y cumplimos con las acumulaciones de mérito y sabiduría. Desarrollar la acumulación de sabiduría conduce a obtener la sabiduría prístina, percibiendo directamente la naturaleza última de todos los fenómenos. Cuando se desarrolla más esta sabiduría y se utiliza para limpiar completamente todos los oscurecimientos de nuestro continuo mental, nuestra naturaleza de buda innata y pura se convierte en la naturaleza del dharmakaya –la talidad de la mente que tiene las dos purezas: la pureza natural de existencia inherente y la pureza de los engaños circunstanciales–. El desarrollo de la acumulación de mérito llevado a cabo a través de la práctica del aspecto del método del sendero, hace que nuestra naturaleza de buda transformadora se transforme en los dos cuerpos de la forma –el cuerpo del deleite y el cuerpo de emanación–. De esta manera, se hacen realidad los tres cuerpos de un buda y nuestra sabiduría prístina percibe todos los fenómenos del universo.

Los tres aspectos de la disposición de buda

1. La luz clara natural que se transformará en el dharmakaya de un buda en el futuro.

- El dharmakaya de las realizaciones espirituales: la naturaleza vacía e inmaculada de la mente de un buda experimentada por la sabiduría del dharmakaya de ese buda; la imagen de buda (símil 1). El dharmakaya de las enseñanzas: son las condiciones para logar el dharmakaya.

- Las profundas enseñanzas de los sutras definitivos sobre la verdad última; la miel (símil 2).

- Las enseñanzas interpretativas de los sutras provisionales sobre las verdades relativas; el grano (símil 3).

2. La naturaleza vacía del tathagatagarbha (la talidad) que es indistinguible de la vacuidad de la mente de un buda; el oro (símil 4).
3. El tathagatagarbha que tiene el linaje de buda y logra el estado de buda.

• La naturaleza de buda que no tiene un principio; el tesoro (símil 5).

• La naturaleza de buda transformadora que tiene el potencial para lograr la Budeidad; el brote (símil 6).

• Cuando se ha purificado, la disposición de buda innata que no tiene principio se transforma en la naturaleza del dharmakaya de un buda; la estatua (símil 7).

• Cuando la disposición de buda transformadora está totalmente desarrollada, se transforma en el cuerpo del deleite de un buda; el futuro gran líder en el útero de su madre (símil 8).

• Los cuerpos de emanación de un buda; la estatua dorada (símil 9).

En resumen, en su comentario a *Sublime continuo*, Asanga dice:

> Los símiles enseñados en el *Sutra del tathagatagarbha* explican que la mente, que ha existido desde tiempos sin principio en todos los reinos de los seres conscientes, es vacía por naturaleza y, por lo tanto, las aflicciones son adventicias. Al ser vacía por naturaleza, esta mente sin principio es inseparable del desarrollo innato de las cualidades de la Iluminación[85].

Un rompecabezas

Maitreya admite que algunos aspectos de la naturaleza de buda son difíciles de entender para los seres ordinarios (RGV 1.25):

> [La naturaleza de buda] es pura y sin embargo tiene aflicción. [la Iluminación] no es aflictiva y sin embargo está purificada. Las cualidades son totalmente indivisibles [y sin embargo no se manifiestan]. [La actividad iluminada] es espontánea y aun así sin ningún pensamiento.

Aquí hay varios puntos desconcertantes.

• Desde tiempos sin principio, la naturaleza de buda ha sido pura y libre de engaños y, aun así, tiene aflicciones y engaños.

• La mente iluminada es pura y, aun así, necesita ser purificada.

• La vacuidad de la mente de un buda y la vacuidad de la mente de un ser consciente son indistinguibles en el sentido de que ambas

85 Gyaltsap Darma Rinchen, "The Tathāgata Essence", traducido por Gavin Kilty, unpublished manuscript, 170.

son puras y vacías de existencia inherente y aun así, una pertenece a los budas y la otra a los seres conscientes.

- La actividad iluminada de un buda es espontánea y aun así, tiene lugar sin una motivación consciente.

Estas afirmaciones pueden parecer contradictorias al principio pero, cuando se ven desde la perspectiva adecuada, dejan de ser paradójicas. Las siguientes explicaciones aclaran su significado. Debemos pensar con cuidado para entender las explicaciones correctamente; hacerlo nos brindará ideas importantes y esenciales.

- La naturaleza de buda es completamente pura; los engaños son circunstanciales. Oscurecen la naturaleza de buda, pero no son su naturaleza esencial.

- La mente iluminada no tiene engaños, pero antes de convertirse en un buda, la naturaleza de la mente está cubierta por los engaños. Es como el oro escondido por la suciedad. El oro sigue siendo oro, pero su brillo y su belleza no se pueden ver. De manera similar, cuando la mente está inmersa en los engaños, el potencial para desarrollar las cualidades de un buda permanece; es parte de la naturaleza de la mente. Sin embargo, este potencial está tapado y aún no puede funcionar como las cualidades reales de un buda. El amor y la compasión están presentes en la mente no iluminada; no se pueden quitar de la mente de manera definitiva. Pero cuando la ira abruma la mente, la semilla del amor no se manifiesta, aunque sigue estando ahí.

- En términos de su naturaleza última, tanto la mente de los budas como la de los seres conscientes son vacías de existencia inherente, y la sabiduría que comprende directamente la vacuidad no puede discernir ninguna diferencia entre estos vacíos. Sin embargo, a nivel convencional, las dos mentes son diferentes: una es una mente con oscurecimientos y la otra es una mente que está completamente libre de ellos.

- Las actividades iluminadas de los budas se realizan sin esfuerzo; ocurren espontáneamente sin necesidad de cultivar una motivación. Un buda está libre de conceptos y se ha habituado tanto a la compasión durante muchos eones que no necesita ninguna motivación o pensamiento para que sus actividades iluminadas se irradien de la manera más impecable y adecuada a la disposición de cada ser consciente. Esto es inconcebible para nosotros, seres no iluminados, porque nuestras acciones virtuosas requieren un esfuerzo deliberado.

A medida que practicamos el sendero, el desánimo se apodera a veces de nuestra mente. Si lo observamos de cerca, veremos que el desánimo es simplemente una masa de concepciones distorsionadas que creemos que son ciertas. En lugar de seguir estos pensamientos pervertidos que proliferan, si cuestionáramos su validez veríamos fácilmente que son falsos. Una concepción distorsionada es particularmente perniciosa; cree que la naturaleza de buda no existe y, por lo tanto, que no es posible eliminar duhkha y lograr la Iluminación. Maitreya destierra este pensamiento nocivo (RGV 1.34):

> Si la naturaleza de buda no estuviera presente, no habría remordimiento por el sufrimiento. No habría anhelo por el Nirvana, o esfuerzo y devoción hacia este objetivo.

Si los seres conscientes carecieran verdaderamente de la posibilidad de iluminarse y estuvieran condenados a un sufrimiento samsárico irreversible, nadie se arrepentiría jamás de estar en el samsara ni desearía estar libre de duhkha y alcanzar el Nirvana. Nadie aspiraría a la Iluminación o a hacer un esfuerzo hacia esa meta. Claramente esto no es cierto; las historias de la vida del Buda y de otros seres realizados lo refutan. Vemos dentro de nosotros el deseo de ser libres del duhkha del samsara, el anhelo de libertad de las garras de las aflicciones y el karma. Aunque no hagamos todo el esfuerzo que quisiéramos para lograr este objetivo, sí tomamos medidas en esta dirección. Esto se basa en la confianza de que existe una alternativa al samsara y que existe un estado iluminado.

REFLEXIONES

1. Contempla los cuatro puntos desconcertantes anteriores y después, reflexiona en las explicaciones que los resuelven.
2. Siente tu propio anhelo por el despertar espiritual y tu aspiración de liberarte de los oscurecimientos que te mantienen atado. Observa que esto indica la existencia de la naturaleza de buda. Venera ese aspecto tuyo y decídete a alimentarlo.

14 | Profundizando en la naturaleza de buda

El volumen I de esta serie, *Un acercamiento al sendero budista*, introduce los tres giros de la rueda del Dharma y describe brevemente la presentación de la cesación verdadera y el sendero verdadero en cada giro. Me gustaría revisar ahora este tema y extenderme en él y en su relación con la naturaleza de buda.

Los tres giros de la rueda del Dharma y la naturaleza de buda

El primer giro de la rueda del Dharma presenta la estructura general de la cosmovisión budista basada en las cuatro verdades. El segundo giro de la rueda del Dharma contiene una explicación más detallada de la tercera y cuarta verdad y presenta la vacuidad de existencia inherente y el sendero del bodhisatva. La esencia de la tercera verdad –la cesación verdadera– se entiende en el contexto de la vacuidad de la mente. La cuarta verdad –el sendero verdadero– es la sabiduría que experimenta directamente esa vacuidad.

Podemos ver una progresión. El primer giro de la rueda del Dharma habla de la ausencia de existencia esencial o inherente (*anatman*) de una manera general. Después de describir la naturaleza o identidad de cada verdad y la manera de implicarse en ellas, el Buda explicó la comprensión que resulta de cada verdad. Aquí, dijo que la cesación verdadera se debe hacer realidad, pero que no hay nada que hacer realidad. Esta declaración tiene profundas implicaciones. El Buda quiere que entendamos la vacuidad, la cesación verdadera y la naturaleza no nacida de los fenómenos.

En el segundo giro, el Buda aclaró que el significado preciso de la vacuidad es la ausencia de existencia inherente (*sunyata*), la naturaleza no nacida. También describió la sabiduría que comprende esta naturaleza no nacida. Aquí lo llamó "sabiduría sin objeto" o "no objetivadora", porque ha cesado la aprehensión de cualquier base objetiva o existencia inherente en la persona y en los fenómenos.

Los *Sutras de la perfección de la sabiduría* –que se enseñaron en el segundo giro– y *Ornamento de las comprensiones experienciales claras*, un comentario de Maitreya sobre estos sutras, explican la esencia del tathagatagarbha –la esencia de buda– desde la perspectiva de que es la naturaleza última de la mente, la vacuidad de la mente.

El tercer giro de la rueda del Dharma profundiza más: el aspecto purificado de la vacuidad de la mente es la cesación verdadera, pero ¿qué mente es la base de esa vacuidad? La mente ordinaria que tenemos actualmente, que es la base de todas nuestras aflicciones, no es dicha mente. Tampoco lo pueden ser nuestras consciencias sensoriales, porque no son estables ni continuas. Las mentes aflictivas, como la ignorancia, tampoco pueden ser esa base, porque la continuidad de la ignorancia no está presente en la Budeidad y por lo tanto la vacuidad de la ignorancia también está ausente entonces.

La mente que es la base de la cesación verdadera debe ser una mente pura, en el sentido de que las aflicciones no hayan penetrado en su naturaleza. Esa mente no debe tener principio ni fin porque su continuo debe ir sin interrupción hasta la Budeidad y convertirse en la mente de un buda. Esta mente es la mente de la luz clara que puede convertirse en un sendero liberador –la luz clara del sujeto experimentando la luz clara del objeto, el vacío de la mente–. Este es el tathagatagarbha presentado en el tercer giro. Mientras que en el segundo giro se habla del tathagatagarbha principalmente como objeto, la vacuidad, el tercer giro lo presenta como sujeto, la mente de la luz clara que puede experimentar la vacuidad, que es además la base de ese vacío.

De esta manera, el segundo giro de la rueda del Dharma da una explicación completa de la vacuidad –la tercera verdad, la cesación verdadera– mientras que el tercer giro presenta una explicación completa de la cuarta verdad, el sendero verdadero. Aquí el Buda presenta la mente de la luz clara, una mente que siempre ha sido y seguirá siendo pura. Sin embargo, no explica cómo acceder y experimentar dicha mente. ¿Dónde podemos encontrar una explicación más profunda de la mente de la luz clara y el método para hacerla realidad? Esta es la llave que abre la puerta al tantra. Un discípulo que quiera instruirse en profundidad sobre esta mente no puede encontrar la explicación en el sutra, por lo que automáticamente se siente atraído hacia el tantra.

De las cuatro clases de tantra, las tres primeras son preparatorias para la cuarta, el más elevado yoga tantra (*mahanuttarayoga tantra*), que contiene el significado real del tantra. El más elevado yoga tantra proporciona una explicación perfecta sobre cómo acceder a la mente de la luz clara innata fundamental, utilizarla, y transformarla en un estado mental virtuoso, un verdadero sendero que comprende directamente la vacuidad. El desarrollo de esta mente de sabiduría culmina en el estado de unión, el estado iluminado descrito en el tantra.

Desde esta perspectiva, el *Comentario sobre la bodhichita*, de Nagarjuna, se puede ver como un comentario al tercer giro porque desentraña el significado de un verso del *Tantra raíz de Guhyasamaja*:

> Desprovisto de todas las entidades reales; desechando totalmente todos los objetos y sujetos, como agregados, elementos y fuentes de los sentidos; debido a la igualdad de la vacuidad de todos los fenómenos, la propia mente es primordialmente no nacida; está en la naturaleza del vacío[86].

Del mismo modo *Alabanza a la esfera de la realidad*, de Nagarjuna, trata principalmente sobre el tema del tercer giro, la mente de la luz clara subjetiva, pero insinúa el significado de la mente de la luz clara como se explica en el tantra. Dice (DS 20-21):

> Una tela de amianto[87] ensuciada con todo tipo de manchas, cuando se pone en el fuego, la suciedad se quema, pero no la tela.
>
> Lo mismo ocurre con la mente de la luz clara, que tiene impurezas producidas por el apego; el fuego de la sabiduría prístina quema las impurezas, pero no esa [mente] de la luz clara.

Cuando se quema un paño de amianto resistente al fuego, las manchas se queman hasta que desaparecen por completo, pero el paño permanece intacto. De la misma manera, cuando la mente ordinaria de los seres conscientes, la mente de la luz clara, está expuesta a la comprensión del vacío, las manchas en la mente –el apego, etc.– se eliminan, pero la mente de la luz clara permanece.

La cesación verdadera en última instancia se refiere a la vacuidad de la mente más sutil de la luz clara, que se ha convertido en una mente

---

86 Versículo introductorio sin número, traducido por Gueshe Thupten Jinpa, 2007.

87 Esta tela, también llamada "lana de roca", se hace de amianto. Se limpia poniéndola en el fuego, que quema la suciedad, dejando un tejido limpio y brillante.

iluminada. Aunque no se afirma explícitamente en el tercer giro, la mente de la luz clara mencionada en este giro se refiere en última instancia a la mente de la luz clara del más elevado yoga tantra. Aquí vemos que los tres giros de la rueda del Dharma no son enseñanzas sobre diferentes temas que no tienen conexión. Cada giro está estrechamente relacionado con el anterior, se basa en el significado del giro anterior y lo desmenuza con más profundidad y detalle. De esta manera, el Buda, un maestro hábil y sabio, nos lleva gradualmente a una comprensión más profunda. Del mismo modo, cada giro sugiere explicaciones más profundas que se encuentran en los giros siguientes.

En resumen, en el contexto de los tres giros, desde la perspectiva del sutra, la naturaleza de buda es de dos tipos: (1) La vacuidad de la mente –el objeto percibido– se explica en los *Sutras de la perfección de la sabiduría*, en el segundo giro. (2) La mente que es la base de ese vacío. Esta mente inmaculada ha existido desde tiempos sin principio y se transformará en los senderos liberadores que perciben esta vacuidad. Decir que esta mente es la luz clara significa que los engaños no son una propiedad inherente de esta mente.

Como nos lleva a comprender el tercer giro, el vacío de la mente es la naturaleza natural de buda, y la base de este vacío es la naturaleza de buda transformadora. Ambas son de naturaleza búdica según la explicación del sutra. Además, hay una mente extremadamente sutil que es la mente de la luz clara y la semilla de la sabiduría. Esta también es la naturaleza de buda. La explicación completa de esta mente y cómo acceder a ella se presenta en el tantra, específicamente en el más elevado yoga tantra.

Un vínculo entre sutra y tantra

Esta forma de describir la naturaleza de buda como objeto –la vacuidad– y como sujeto –la mente– la confirma el Séptimo Dalai Lama en su comentario sobre la "*Sabiduría prístina al borde del sutra de la trascendencia*" (*Sutra Atyayajñana*). Explica que la sabiduría prístina al borde de la trascendencia se refiere tanto a la sabiduría prístina que experimenta la naturaleza última a medida que uno se acerca al Nirvana, como a la sabiduría prístina que experimenta la talidad que está en el corazón de la práctica en la que uno se debe implicar en todo momento, incluso en el momento de la muerte. En su comentario, el Séptimo Dalai Lama cita el sutra:

> Si comprendes la naturaleza de tu mente, es sabiduría. Por lo tanto, desarrolla un profundo discernimiento para no buscar la Budeidad en otro lugar.

¿Cuál es la naturaleza de esa mente? Dice que tiene tres características: (1) Su naturaleza es tal que está desprovista de toda elaboración conceptual (es vacía de existencia inherente). (2) Puesto que la naturaleza última de todos los fenómenos es indiferenciable, la naturaleza de esa mente es omnipresente. (3) Su naturaleza no está contaminada por ninguna conceptualización adventicia (aflicciones).

Luego regresa al tathagatagarbha, diciendo que existe en el continuo mental de cada ser consciente. El tathagatagarbha se refiere a tres factores:

(1) *El factor que permite que la actividad iluminada de los budas interactúe con los seres conscientes* (T. *nges legs kyi 'phrin las ' jug tu yod pa'i chha*). Este factor se llama "esencia o semilla (*garbha*) de la Budeidad" porque permite a los seres conscientes disfrutar y beneficiarse de las actividades iluminadas de los budas, que son resultados de su Iluminación. Es el aspecto receptivo de la mente que tiene la capacidad de recibir las diversas actividades iluminadas de los budas y que le influyan. Este es el potencial que existe en los seres conscientes que permite que la actividad iluminada de los budas interactúe con ellos, estimulando su progreso en el sendero.

(2) *El factor de la esfera de la realidad* –es decir, la vacuidad de existencia inherente de la mente (T. *sems sonó 'zhin gyis stong pa'i chhos nyid gyi chha*). Este factor es la vacuidad de la mente que no está libre de engaños. Se denomina "esencia de la Budeidad" porque la naturaleza del dharmakaya de un buda y la naturaleza de la mente de los seres conscientes es la misma en cuanto a que no está intrínsecamente contaminada por las aflicciones. En cuanto a que la mente es vacía de existir por su propio lado, no hay diferencia entre un buda y un ser consciente. De esa manera, los seres conscientes comparten la naturaleza de buda.

(3) *El factor que es la semilla que sirve de base para la actualización de los tres cuerpos de un buda* (T. *sku gsum 'grub byed kyi nyer len sa bon gyi chha*). Este factor se llama "esencia de la Budeidad" porque de esta

causa emergen los tres cuerpos resultantes de un buda. Este es el objeto de la mente de la luz clara descrita en el tercer giro que se transforma en los tres cuerpos de un buda. Por lo general, una semilla es un compuesto abstracto, pero en este caso se refiere a una mente. Aquí, el tathagatagarbha es un fenómeno condicionado, la mente de la luz clara que se convertirá en la mente de un buda. Esta mente de luz clara ha existido desde tiempos sin principio, continuará sin final y es la base de la vacuidad de la mente. ¿Por qué se llama luz clara? La luz clara implica que la naturaleza real de la mente es inmaculada. Las manchas que actualmente cubren la mente son adventicias; no han penetrado en la naturaleza de la mente y no son una parte inherente de la mente de la luz clara. Como dijo Maitreya (RGV 1.62):

> Esta naturaleza clara y luminosa de la mente es inmutable como el espacio. No está afligida por el deseo, etc. los engaños circunstanciales que surgen de las concepciones falsas.

La mente de la luz clara no es permanente, pero el hecho de que las aflicciones sean circunstanciales no cambia. En el sentido de que la mente de la luz clara es una continuidad, no se crea nada nuevo en la Iluminación; simplemente se han erradicado los oscurecimientos y los engaños. En este punto, esta mente, que ha existido desde tiempos sin principio y cuya naturaleza es inmaculada, se convierte en la mente omnisciente.

Puesto que el Séptimo Dalai Lama está hablando ostensiblemente en términos del sutra, la naturaleza de buda de la que habla es la mente de la luz clara descrita en el sutrayana. Mirándolo en profundidad, creo que en realidad se refiere a la mente de la luz clara fundamental que ha estado presente en los seres conscientes desde tiempos sin principio y que continúa sin final. La continuidad de esta mente alcanzará la Iluminación. Puesto que en el sutra no se encuentra una exposición perfecta de la mente de la luz clara innata fundamental que actúa como semilla de los tres cuerpos de un buda, el practicante debe buscarla en el tantra, especialmente en el más elevado yoga tantra, en el que hay una explicación extensa de la mente de la luz clara innata fundamental que ha existido desde tiempos sin principio y continúa hasta la Iluminación. Sin decirlo directamente, el Séptimo Dalai Lama nos está dirigiendo a la explicación tántrica de la mente de la luz clara innata. De esta manera, la secuencia de los tres giros de la rueda del Dharma nos lleva desde la enseñanza básica de las cuatro verdades, hasta las explicaciones profundas de la tercera y la cuarta verdad y luego, en un momento dado, al más elevado yoga tantra.

El dzogchen y el mahamudra se refieren normalmente a una mente sutil –rigpa o la mente de la luz clara– como la naturaleza de buda. Entre los gelugpas, en el sutrayana, se explica la naturaleza de buda desde la perspectiva de *Ornamento de las comprensiones experienciales claras*, donde se hace referencia a la vacuidad de la mente, no a la mente más sutil de la luz clara tal y como lo hace el tantra. Sin embargo, aquí, comentando un sutra, el Séptimo Dalai Lama, que es un guelugpa tradicional, también describe la naturaleza de buda de una manera similar a la de dzogchen y el mahamudra.

REFLEXIONES

1. Cuando el sutra dice: "Si comprendes la naturaleza de tu mente, es sabiduría. Por lo tanto, desarrolla una profunda discriminación para no buscar la Budeidad en otro lugar", ¿qué significa?
2. ¿Cuáles son las tres características que señala el Séptimo Dalai Lama como las características de esa mente de sabiduría?
3. ¿Cuál es la secuencia de las enseñanzas en los tres giros de la rueda del Dharma que dirige a la explicación tántrica de la mente de la luz clara innata fundamental?

No hay nada que se deba quitar

Hay un verso en *Ornamento de las comprensiones experienciales claras* y *Sublime continuo*, ambos escritos por Maitreya. *Ornamento* es un comentario sobre la los *Sutras de la perfección de la sabiduría* del segundo giro; *Sublime continuo* es un comentario sobre el *Sutra del tathagatagarbha* del tercer giro. Hablando de la naturaleza de buda, este verso dice (RGV 1.155):

No se debe quitar nada en absoluto; no se debe añadir ni lo más mínimo. Ver perfectamente la perfecta [verdad]; ver lo perfecto liberará completamente.

Si el significado de este verso fuera el mismo en ambos textos, habría una repetición innecesaria. Para evitar esa complicación, hay que interpretar el verso de manera diferente en cada texto. Según Abhayakaragupta (m. 1125), uno de los grandes comentaristas indios sobre *Ornamento*, desde el punto de vista de los *Sutras de la perfección de la sabiduría*, el verso se refiere al tathagatagarbha desde la perspectiva del objeto, la naturaleza vacía de la mente. En este contexto, la vacuidad de la mente es el elemento en el interior de los seres conscientes del que no es necesario eliminar nada y no se necesita agregar nada –algo cuyo descubrimiento nos llevará al Nirvana–. No hay nada que eliminar del vacío de la mente porque la existencia inherente nunca ha existido. No hay nada que añadir porque es la naturaleza última de la mente. Es perfecto, y viéndolo perfectamente, viéndolo directamente sin ninguna superposición conceptual, limpiará la mente de oscurecimientos y producirá la Iluminación. El objeto, la vacuidad, es impecable y perfecto, y la forma de percibirla también es impecable y perfecta. Cuando uno percibe realmente la vacuidad de esta manera, con un sendero ininterrumpido, en el momento siguiente alcanzará un sendero liberado. Nagarjuna hace eco de esto. Refiriéndose al Buda, dice (LS 23):

> No hay nada que hayas producido; no hay nada que hayas negado. Has comprendido esa talidad, como era antes, así es después.

La sabiduría que comprende la vacuidad no elimina nada del vacío de la mente que ya hubiera antes. Tampoco aporta una nueva realidad a la mente. Como dice el *Sutra del descenso a Lanka* (*Lankavatara Sutra*): "Ya sea que el Tathagata aparezca en el mundo o no, la realidad permanece para siempre". La naturaleza de buda –entendida como la vacuidad de la mente– siempre está presente y no cambia. La única diferencia es que ahora la sabiduría se da cuenta de esta naturaleza última de la mente.

Según *Sublime continuo*, el verso se refiere a la mente de la luz clara que es la naturaleza de buda. La mente de la luz clara es la base que tiene muchos atributos, como ser pura desde el principio y no de nueva creación. El hecho de ser pura desde el principio se describe en la primera línea: puesto que las aflicciones no son parte inherente de la mente de la luz clara, no hay que eliminar nada de ella. El hecho de no ser de nueva creación se explica en la segunda línea: no es el caso que la mente de la luz clara no existía y luego se creó. Así que no hay nada que añadir, porque la mente de la luz clara es eterna. Pero, ¿qué significa ver esta mente de la luz clara perfectamente? Según el sutra, ¿cómo puede liberarnos la experiencia no conceptual de la mente de la luz clara?

Sublime continuo dice que la naturaleza última debe ser autorevelada: no hay necesidad de usar el razonamiento para entenderlo; la propia experiencia la revelará. Gyaltsab sostiene que esta naturaleza última se refiere a la vacuidad de la mente, como lo hace en *Ornamento*. Si ese es el caso, ¿qué significa decir que es autorevelada? ¿Cómo puede revelarse a sí misma la realidad última? Interpretar la naturaleza última que, en este caso, es la mente de la luz clara, nos conecta con las meditaciones sobre la mente del dzogchen y del mahamudra. Al detener los recuerdos del pasado y los planes del futuro, se puede percibir directamente la naturaleza clara y cognitiva de la mente. Si se permanece en este estado y se tiene una comprensión correcta previa de la vacuidad, se disuelven los niveles burdos de la mente y se manifiesta la mente de la luz clara innata más sutil –rigpa en el dzogchen–; se revela a sí misma. Combinar esta mente con nuestra familiaridad previa con la vacuidad nos libera de las aflicciones y los engaños.

La capacidad de producir los tres kayas

¿Cuál es la relación entre la naturaleza de buda transformadora y el tercer factor del tathagatagarbha –el factor que es la semilla que sirve como base para hacer realidad los tres cuerpos de un buda– según lo establecido por el Séptimo Dalai Lama? Tomemos el ejemplo de un rosario y las cuentas que lo forman. Cuando pensamos en un rosario, pensamos en algo que es un continuo. Esto es similar a la naturaleza de buda presentada por el Séptimo Dalai Lama. Cuando pensamos en las cuentas individualmente, nos centramos en los componentes particulares del rosario. Las cuentas son análogas a las distintas consciencias que pueden ser la naturaleza de buda. En un momento es la bodhichita, en otro es la mente que experimenta la vacuidad, en otro es la mente que se abstiene de la no virtud, entre otras. El Séptimo Dalai Lama no se refiere a estos estados mentales específicos; está enfatizando el continuo, el rasgo común que comparten todos. Este rasgo común es la consciencia mental primaria; esto es el tathagatagarbha. Algunos de los instantes de este continuo se pueden aferrar a la existencia verdadera y, desde esa perspectiva, no son la naturaleza de buda. Pero desde la perspectiva de que esa mente sigue siendo luz clara –que es clara y cognitiva y cuyos oscurecimientos son adventicios– es la naturaleza de buda.

Mirándolo en profundidad, este tercer factor del tathagatagarbha no se puede referir a la naturaleza de buda transformadora. ¿Por qué? Según el sutra, la naturaleza de buda transformadora es cualquier mente que no se ha liberado de los engaños, cuya continuidad sigue hasta la Iluminación y que sirve como base para la vacuidad que es la naturaleza de buda innata. La naturaleza de buda innata es la vacuidad de la mente que aún no se ha liberado de los engaños. La semilla que tiene la capacidad de dar origen a los tres kayas debe ser un estado mental puro, que no esté contaminado. Esto sólo lo puede ser una mente muy sutil que ha existido desde tiempos sin principio y que continuará por siempre. La explicación de esta mente primordial de la luz clara se describe en profundidad solo en el más elevado yoga tantra, no en las enseñanzas del sutra que hablan sobre la naturaleza de buda transformadora.

La naturaleza de buda; el dharmakaya

A modo de repaso, en el tantra, la mente innata de la luz clara fundamental de los seres conscientes nunca se ha mezclado con los engaños. Esta mente innata, siempre presente, tiene dos cualidades: es la mente más sutil, y ha existido sin principio, existe sin fin, y continuará hasta la Iluminación. Cuando los niveles más burdos de la mente aparecen desde esta mente más sutil, se manifiestan las aflicciones. Pero cuando los niveles más burdos de la mente –incluyendo la apariencia blanca, el rojo en aumento, y la oscuridad cercana al logro– se absorben y cesan, solo queda la mente de la luz clara, sin principio e interminable. En ese momento no es posible que surjan las aflicciones. Esto indica que las mentes burdas son adventicias –no son estables ni duraderas– mientras que la mente innata de la luz clara es eterna. Esta mente primordial de la luz clara es la base a partir de la cual evoluciona el samsara de un individuo y también es la base a partir de la cual surgen las cualidades del Nirvana.

La mente primordial de la luz clara difiere de la mente de la luz clara descrita en el sutra –la que va acompañada por las aflicciones en el sentido de que las aflicciones se manifiestan en ella, a pesar de que esas aflicciones no son parte inherente de esa mente–. Sin embargo, las aflicciones nunca se pueden manifestar en la mente primordial de la luz clara presentada en el tantra, porque esta mente se manifiesta sólo después de que los niveles más burdos de la mente y de los aires han cesado, en el momento de la muerte o mediante técnicas yóguicas especiales.

En los *Sutras de la perfección de la sabiduría*, se dice que la naturaleza del cuerpo de un buda (*svabhavikakaya*) es un fenómeno permanente e incondicionado, la vacuidad de existencia inherente de la mente iluminada. La sabiduría del dharmakaya de un buda es un fenómeno condicionado e impermanente que es la continuidad de la mente de la luz clara descrita en el sutra. En el tantra, la mente primordial de la luz clara se denomina "la naturalcza compuesta del cuerpo de un buda". Aunque la vacuidad de la mente iluminada –la naturaleza del cuerpo de un buda en común con el sutra y el tantra– es un fenómeno permanente, la existencia de un cuerpo de naturaleza compuesta es única en el tantra, porque sólo el tantra habla de la mente primordial de la luz clara. Haciendo alusión a la mente primordial de la luz clara en la Budeidad, el cuerpo de naturaleza compuesta enfatiza que nada es de reciente creación en la Budeidad. Esta mente ha estado ahí todo el tiempo, pero ahora, todos los engaños que nunca formaron parte inherente de ella, han desaparecido por completo.

Desde la perspectiva de que conoce todas las verdades relativas y últimas simultáneamente, la mente primordial de la luz clara purificada de un buda se denomina la mente omnisciente, la sabiduría del dharmakaya. Desde la perspectiva de que existe desde tiempos sin principio y que ahora se convierte en la base purificada de la vacuidad, que es la naturaleza no condicionada del cuerpo, se denomina la naturaleza compuesta del cuerpo. El Séptimo Dalai Lama se refiere a él como la "semilla que tiene la capacidad de originar los tres kayas de un buda". Aunque *semilla* se refiere generalmente a un compuesto abstracto, aquí es una mente que sirve como base para los tres cuerpos de un buda. Esta mente innata, primordial, siempre presente, también se transforma en la sabiduría del dharmakaya. Así, en el tantra, la naturaleza compuesta del cuerpo y la sabiduría del dharmakaya de un buda son la misma mente vista desde diferentes perspectivas.

En resumen, el sutra habla de dos naturalezas de buda. Una es la naturaleza de buda innata y otra es la naturaleza de buda transformadora. La naturaleza de buda innata es la vacuidad de la mente que no está libre de engaños. La naturaleza de buda transformadora es la mente que es la base de ese vacío, así como cualquier otra cualidad neutra o virtuosa de la mente que continúe hasta la Budeidad.

Si una persona inteligente, que tiene inclinación hacia el tantra, oye hablar del tercer factor del tathagatagarbha como lo explica el Séptimo Dalai Lama –la semilla que tiene la capacidad de dar origen a los tres kayas– comprenderá que hay algún aspecto de su propia mente que es un fenómeno compuesto y la naturaleza de buda. ¿De qué se trata? No puede ser la mente burda y engañada porque esa mente no sigue hasta la Iluminación. Debe ser una mente sutil que se insinúa en el sutra pero que no se explica extensamente. Entonces, se dirige hacia el tantra, donde hay una presentación larga y explícita de esa mente. Así entra en el tantrayana.

La sabiduría prístina que reside en las aflicciones

Hay un punto de confusión potencial sobre el tathagatagarbha que debemos procurar evitar. Se deriva de afirmaciones como: "Dentro de las aflicciones reside la sabiduría (*jñana*)", que se encuentra en *Alabanza a la esfera de la realidad*, de Nagarjuna. *Jñana* se suele referir a la sabiduría prístina de los aryas que experimentan directamente la vacuidad. ¿Quiere decir esto que las aflicciones son de hecho sabiduría? Si es así, ¿ya somos budas?

Es necesario que entendamos correctamente declaraciones como estas. Aquí *jñana* no se refiere a la sabiduría de los aryas que han logrado la experiencia total de la vacuidad, sino a la naturaleza de la luz clara que puede transformarse en la sabiduría del estado resultante. Jñana es el aspecto de la mente –que se encuentra incluso en una mente aflictiva– que puede convertirse en la sabiduría que comprende la vacuidad. La causa –la mente de la luz clara de los seres conscientes– se convertirá un día en el resultado –la sabiduría prístina de un buda– y por esta razón, la mente de la luz clara de los seres conscientes se llama *sabiduría*, a pesar de que aún no se ha convertido en esa sabiduría. ¿Cómo se transforma ese aspecto de la mente en la sabiduría no conceptual que comprende directamente la vacuidad? A través del aprendizaje, la reflexión y la meditación sobre el Dharma. Esta sabiduría se genera dependiendo o en relación con la mente de la luz clara.

Darle a la causa el nombre del resultado nos recuerda a la explicación de Nagarjuna sobre los tres kayas (cuerpos de buda) en el nivel del estado ordinario del sendero y en el del resultado. La expresión "tres kayas en el estado ordinario" no significa que los tres kayas resultantes ya estén presentes en nosotros en nuestro estado ordinario. Más bien, en el estado ordinario poseemos la base sobre la que podemos hacer realidad los tres kayas. A esta base se le da el nombre del resultado.

Formas de hablar parecidas se encuentran en otras escrituras. En *Tesoro del dharmadhatu* (T. *chos dbyings mdzod*), Longchenpa dice que lo que primordialmente se ilumina se vuelve a iluminar. Algunas personas toman literalmente estos pasajes pensando que ya somos budas. Pero si ese es el caso, ¡entonces somos unos budas muy extraños y deplorables! La afirmación de Longchenpa se hace eco de la noción del Nirvana natural que se encuentra en los textos madhyamaka. El Nirvana natural se refiere a la vacuidad de existencia inherente de la mente. Esta naturaleza última de la mente es pura y luz clara; los engaños no han penetrado en ella. Debido a que esta naturaleza no está contaminada de por sí, es posible eliminar los engaños que la oscurecen. Aunque el Nirvana natural no es el Nirvana de los seres liberados, sirve como base sobre la que se puede alcanzar el Nirvana real. Esto es parecido al significado de la afirmación de Longchenpa de que lo que está primordialmente iluminado se vuelve a iluminar.

La afirmación de Nagarjuna de que la sabiduría existe en las aflicciones, se hace desde el punto de vista del sutra, donde la sabiduría se refiere a la continuidad de la consciencia mental. Según el dzogchen y el mahamudra, la sabiduría que está presente en las aflicciones es mucho más sutil y se refiere a la mente innata de la luz clara. Dicen que esta sabiduría es un fenómeno no compuesto. Dodrubchen Jigme Tenpai Nyima (1865-1926), el Tercer Dodrup Rimpoché, explica que lo no compuesto en este contexto no tiene su significado usual de permanente y no condicionado. Más bien, se dice que la sabiduría no es compuesta porque ha existido sin principio y no es algo nuevo creado ahora por causas y condiciones. De la misma manera, *Sublime continuo* se refiere a las actividades de los budas como permanentes porque han existido sin principio y existirán eternamente. Ahora, *permanente* significa eterno e interminable; no significa inmutable o no condicionado.

Gyaltsab Darma Rinchen tiene otra perspectiva. Dice que el término *sabiduría* en esta afirmación no se debe entender literalmente. Más bien se refiere al vacío de la mente, que es no compuesta, permanente y está siempre presente.

Creo que las interpretaciones del dzogchen y del mahamudra son más aplicables cuando se trata de entender la presentación en *Sublime continuo.* No hay mucha diferencia entre la visión del Séptimo Dalai Lama acerca de la naturaleza de buda y la del dzogchen y el mahamudra. Sin embargo, el dzogchen y el mahamudra hablan desde el punto de vista del más elevado yoga tantra y así, identifican la mente innata de la luz clara que siempre está presente como la naturaleza de buda, mientras que el Séptimo Dalai Lama habla desde el punto de vista del sutra que señala al tantra.

La mente de la luz clara causal

Se puede hablar de la mente de la luz clara causal tanto desde la perspectiva del sutra como desde la del tantra. El sutra habla de la continuidad de la consciencia mental, que está presente en todo momento. El *jñana* que reside en las aflicciones se refiere al continuo de esa consciencia mental. Aunque el continuo de la consciencia mental no es la sabiduría prístina real, se convertirá en esta sabiduría a medida que progresemos a través de los senderos y las bases hacia la Budeidad.

El más elevado yoga tantra distingue entre dos tipos de mente: las consciencias adventicias temporales y la mente innata de la luz clara siempre presente. Cuando los niveles más burdos de la mente –incluyendo la apariencia blanca, el rojo en aumento y la oscuridad cercana al logro se han disuelto, se manifiesta la mente innata de la luz clara más sutil. Sólo queda esa mente. El hecho de que todas las demás mentes se hayan disuelto indica que son adventicias, mientras que la mente innata de la luz clara más sutil, que ha existido desde tiempos sin principio y continúa sin cesar hasta la Iluminación, continúa.

Desde el punto de vista del más elevado yoga tantra, la naturaleza clara y cognitiva de la mente, que es la mente innata de la luz clara, subyace en todas las consciencias. Pero no debemos equiparar la claridad y la cognición en general con la mente innata fundamental de la luz clara. Todas las consciencias son claras y cognitivas porque esa es la definición de consciencia. La mente innata de la luz clara fundamental es la mente más sutil. Las mentes más burdas del estado de vigilia son derivados de esta mente eterna. Aunque tienen una naturaleza clara y cognitiva, no son esta mente innata más sutil.

Ni el continuo de la consciencia mental del que se habla en el sutra ni la mente innata de la luz clara fundamental de la que se habla en el tantra son un alma o un yo inherentemente existente. Ambos son vacíos de existencia inherente.

¿Qué continúa hasta la Iluminación?

¿Quién es la persona que pasa de ser un ser ordinario a ser un arya y a ser un buda? Para responderlo, hablamos del yo *general* –la continuidad del yo meramente etiquetado que va de una vida a otra– y del yo *específico* de cada vida que constituye esa continuidad. El yo específico de cada vida se designa en función de los agregados de esa vida. Como nuestros agregados físicos y mentales cambian de una vida a otra, el yo designado en función de ellos también cambiará. En una vida podemos ser Susan, en la siguiente John. En una vida podemos ser un mono, en otra un ser humano y en otra un deva. Estos son los *yos* específicos de esas tres vidas.

El yo general o persona que va de una vida a la siguiente se designa en función de la serie de *yos* específicos. El Buda habló del yo general al decir: "En mi vida anterior fui rey, en la vida presente soy Buda Shakyamuni". La persona o yo que existe continuamente en el pasado, presente y futuro sin interrupción es el yo general. Ese yo general abarca el mono de una vida, el humano en la siguiente y el deva en la vida posterior. El mono, el ser humano y el deva son las personas específicas de esas vidas individuales. Nacen y mueren; el yo general va del samsara a la Iluminación.

Cuando hablamos del yo que existe en los tres tiempos, no nos estamos refiriendo a un yo sutil o a un yo burdo –no se hace una distinción como esa–. Es simplemente el yo general. Asimismo, sin hacer distinción alguna en términos de sutil o burdo, decimos que hay una consciencia mental general que existe en los tres tiempos.

Aunque la consciencia mental general va de una vida a otra y luego a la Iluminación, las consciencias mentales específicas de los seres conscientes en ese continuo no lo hacen. El agregado de la consciencia del mono no es la causa sustancial del agregado de la consciencia del ser humano en el próximo renacimiento. Sin embargo, el último momento de la consciencia de una vida es la causa sustancial para el primer momento de la consciencia de la próxima vida. De esta manera, se dice que la continuidad de la consciencia mental llega hasta la Iluminación. Sin embargo, esta consciencia mental no es un yo o alma verdaderamente existente.

Como se mencionó anteriormente, dado que las aflicciones como la ignorancia se erradican en el sendero y no van a la Iluminación, no se pueden considerar la naturaleza de buda. Aunque las aflicciones no continúan hasta la Iluminación, la característica clara y cognitiva de las aflicciones si lo hace. Aquí es útil entender dos tipos de continuidad: (1) una continuidad del tipo en la que la causa y el resultado comparten características similares, y (2) una continuidad de una sustancia en la que algo es la sustancia que se transforma en otra cosa.

Por ejemplo, un tronco se quema y se convierte en cenizas. Las cenizas son la continuidad sustancial del tronco porque la materia del tronco se ha transformado en cenizas. Las cenizas no son la continuidad de la clase de tronco, porque el tronco y las cenizas no tienen características similares. Apliquemos esto a la cuestión de que las aflicciones continúan hasta la Iluminación: la mente iluminada no es la continuidad de la clase de aflicciones. Las aflicciones están contaminadas y son el origen verdadero de duhkha. La mente iluminada no está contaminada y no es el origen verdadero. Estos dos no comparten las mismas características. Sin embargo, la naturaleza clara y cognitiva de la mente iluminada está en la continuidad sustancial de la naturaleza clara y consciente de las aflicciones.

Desde una perspectiva parece que, si la mente que se aferra a la existencia inherente cambiara los objetos y aprehendiera la vacuidad, sería una mente virtuosa. En ese caso, desde el punto de vista de la sustancia –claridad y cognición– la ignorancia y la sabiduría estarían en la misma continuidad sustancial. Pero desde el punto de vista de sus características, la ignorancia y la sabiduría que experimenta la vacuidad son totalmente opuestas. La ignorancia que se aferra a la existencia verdadera no va a la Iluminación; es una consciencia totalmente distorsionada que no puede mejorar o volverse virtuosa. De hecho, cuando se aplica el antídoto de la sabiduría que comprende directamente la vacuidad, la ignorancia degenera y se vuelve inexistente. Pero cuando miramos sólo a la naturaleza clara y cognitiva de la ignorancia, podemos decir que se puede purificar y que su continuidad purificada sigue hasta la Iluminación.

Dzogchen y mahamudra

Según el sutra, por sí sola, la meditación sobre la naturaleza clara y consciente de la mente o sobre la naturaleza de buda transformadora, no erradicará las aflicciones. Sin embargo, nos lleva a tener más confianza en que las aflicciones no son una parte inherente de la mente y, por lo tanto, que es posible convertirse en un buda. Esto, a su vez, nos lleva a cuestionarnos: ¿Qué engaña a la mente y qué puede eliminar completamente estos engaños? Buscando el método para purificar la naturaleza de buda transformadora, desarrollaremos la sabiduría que comprende directamente la vacuidad de existencia inherente para erradicar la ignorancia.

Según el dzogchen y el mahamudra, la meditación sobre la naturaleza clara y cognitiva de la mente podría llevar a la disolución de los aires burdos y a que se manifieste la mente más sutil de la luz clara. Cuando esto sucede, los practicantes que han desarrollado previamente una comprensión correcta de la vacuidad incorporan esa comprensión en su meditación y usan la mente innata de la luz clara para experimentar la vacuidad y abolir las aflicciones.

Es importante entender correctamente *Sublime continuo* tanto desde el punto de vista del dzogchen como del mahamudra. Algunas personas lo toman literalmente y llegan a creer incorrectamente que la sabiduría primordial es permanente, inherentemente existente, independiente de cualquier otro factor, y no se basa en causas y condiciones. Después, hacen afirmaciones como: "Si descifras este secreto, te liberarás". Dodrup Jigme Tenpai Nyima (1865-1926) y su discípulo Tsultrim Zangpo (1884-1957), grandes eruditos y practicantes del dzogchen, dijeron que la mera presencia de esta sabiduría primordial en nuestro interior no puede liberarnos por sí sola. ¿Por qué? En el momento de la muerte, todas las demás mentes se han disuelto, y sólo queda la mente primordial. Aunque se ha manifestado en todas las infinitas muertes que hemos experimentado en el samsara, este hecho no nos ha ayudado a alcanzar la Budeidad. Estos dos sabios dicen que para alcanzar la Budeidad es necesario utilizar la sabiduría primordial para tener la experiencia definitiva de la vacuidad; sólo eso nos liberará. Esto es coherente con la postura de Tsongkhapa.

Algunos comentarios sobre dzogchen y mahamudra dicen: "Esta sabiduría que permanece en las aflicciones es la verdadera sabiduría, y sobre esta base cada ser consciente ya es un buda. Aunque hemos sido budas desde tiempos sin principio, tenemos que despertarnos de nuevo. La sabiduría que tenemos ahora es la mente omnisciente de un buda, y los tres cuerpos de un buda existen de manera innata en cada ser consciente. Los seres conscientes tienen una base de pureza esencial que no es mera vacuidad, sino que está dotada de tres aspectos. Su entidad es el dharmakaya –el modo de residir de la sabiduría prístina–; su naturaleza es el cuerpo del deleite –el aspecto aparente de esa mente–; y la compasión son los cuerpos de emanación –su resplandor o expresión–". En resumen, dicen que los tres cuerpos de un buda están presentes, completamente formados en nuestro estado ordinario, pero como están oscurecidos no somos conscientes de su presencia.

Tales declaraciones, tomadas literalmente, están plagadas de problemas. Aunque algunas personas son parciales e injustas en sus críticas y sólo refutan los conceptos erróneos en algunas tradiciones, Changkya Rolpai Dorje (1717-86) fue imparcial y señaló las interpretaciones incorrectas en las cuatro tradiciones tibetanas, incluida su propia tradición, la gueluk. En *Canto de la experiencia de la visión*, dice: "No lo digo por falta de respeto a estos maestros, pero quizá han estado menos expuestos a una rigurosa investigación filosófica de los grandes tratados, y no han podido usar cierta terminología de manera apropiada". Es decir, la dificultad de sus afirmaciones radica en un amplio uso de la terminología que no se basa en la autoridad de los grandes tratados. Por descontado que los comentarios de Changkya no se aplican a los maestros dzogchen y mahamudra, como Dodrup Jigme Tenpai Nyima y su maestro Awa Pangchu, quienes han hecho un serio estudio filosófico y un examen de los grandes tratados y que han basado su comprensión del dzogchen en ellos. Sus interpretaciones y escritos son excelentes.

Las cuatro tradiciones tibetanas enseñan prácticas que investigan la mente: de dónde viene, a dónde va, cuál es su forma y color, etc. Hablando de esta práctica compartida, Changkya dijo que después de buscar de esta manera, encontramos que la mente no es tangible, carece de color y forma, y no viene de un lugar ni va a otro. Al descubrirlo, los meditadores experimentan una sensación de vacío. Sin embargo, este vacío no es la vacuidad de existencia inherente, la realidad última de la mente; es la mera ausencia de la mente como objeto tangible. Aunque alguien pueda pensar que este vacío es la realidad última y medite en ese estado durante mucho tiempo, esto no es meditación en la naturaleza última de la mente.

Hay dos maneras de meditar en la mente. La primera es como la anterior, examinando si la mente tiene color, forma, ubicación, tangibilidad, y así sucesivamente. Esto lleva a la sensación de que la naturaleza convencional de la mente carece de estas cualidades. La segunda es la meditación sobre la naturaleza última de la mente, en la que examinamos el modo último en que existe la mente y descubrimos su vacuidad de existencia inherente. La gente que confunde estas dos maneras de meditar en la mente y piensa que la ausencia de tangibilidad, color, etc. de la mente es la naturaleza última de la mente, puede criticar a maestros como Dignaga y Dharmakirti por sus exposiciones precisas en el debate, la lógica y el razonamiento, argumentando que esto sólo aumenta las preconcepciones. Gungtang Konchog Tenpai Dronme (1762-1823), otro maestro que fue imparcial en su análisis crítico de las tradiciones budistas tibetanas, dijo que esto le parecía increíble.

Algunas personas creen que no hay necesidad de razonar o investigar en el sendero, que simplemente por tener fe y recibir la bendición de un gurú surgirá la sabiduría primordial. En este sentido me ha alegrado mucho ver el aumento de los institutos académicos o shedras que enseñan los textos filosóficos clásicos de la India y el Tíbet.

Algunos occidentales tampoco valoran el estudio del Dharma y la investigación, tal vez porque el Budadharma es relativamente nuevo en Occidente. Sin una completa comprensión del Dharma, la gente tiende a buscar el camino más fácil y corto hacia la Iluminación, un camino que no requiere renunciar a sus apegos. Esta actitud existe también entre los tibetanos. Tsongkhapa dijo que mucha gente piensa que las cualidades del Buda son maravillosas, pero que, cuando un maestro espiritual explica a través del razonamiento y las citas de las escrituras cómo alcanzarlas, se desaniman y dicen: "¿Quién puede realmente alcanzar semejantes logros?".

¿Ya somos budas?

En el *Sutra del tathagatagarbha*, el Buda explicó que cada ser consciente posee un tathagatagarbha permanente, estable e imperecedera que es un cuerpo de buda completamente desarrollado (*kaya*) con los treinta y dos signos de un buda. Se nos plantean las siguientes cuestiones: Si un buda existiera en nuestro interior, ¿no seríamos budas ignorantes? Si fuéramos auténticos budas ahora, ¿cuál sería el propósito de practicar el sendero? Si ya fuéramos budas y aun así necesitáramos purificar los engaños, ¿no tendría engaños un buda? Si tuviéramos una esencia permanente, estable e imperecedera, ¿no contradeciría eso las enseñanzas sobre la ausencia de existencia sustancial y se parecería por el contrario al yo o alma que afirman los no budistas? Mahamati expresó estas mismas dudas al Buda en el *Sutra del descenso a Lanka*:

> Se dice que el tathagatagarbha enseñado [por el Buda en algunos sutras] tiene la naturaleza de la luz clara, completamente pura desde el principio, y que existe con los treinta y dos signos en los cuerpos de todos los seres conscientes. Si, igual que una gema preciosa envuelta en un paño sucio, [el Buda] dijo que [el tathagatagarbha] – está envuelto y ensuciado por el paño de los agregados, constituyentes y fuentes; abrumado por la fuerza del apego, la animosidad y la ignorancia; ensuciado por las impurezas de los conceptos; y siendo permanente, estable y duradero– ¿En qué se diferencia este tathagatagarbha del yo que proponen los no budistas?[88]

Algunos eruditos tibetanos aceptan literalmente la enseñanza sobre una naturaleza de buda permanente, estable e imperecedera, diciendo que es una enseñanza definitiva. Compartiendo las dudas expresadas anteriormente por Mahamati, los prasangika dicen que esta es una enseñanza interpretativa. Lo dicen, no por capricho, sino examinando tres puntos.

(1) ¿Cuál era el significado final que tenía el Buda en mente cuando hizo esta afirmación? Al hablar de una esencia permanente, estable y duradera en cada ser consciente, el significado que pretendía trasmitir el Buda era la vacuidad de la mente, la naturaleza de buda innata, que es permanente, estable e imperecedera. Puesto que la mente es vacía de existencia inherente y los engaños son adventicios, la Budeidad es posible.

(2) ¿Cuál era el propósito del Buda al enseñar esto? El Buda enseñó una esencia permanente, estable e imperecedera, con los treinta y dos signos, con el fin de calmar el miedo de algunas personas a la ausencia de existencia esencial o inherente y llevar gradualmente a los no budistas a la comprensión experiencial de la vacuidad. Actualmente, estas personas, que son espiritualmente inmaduras, se sienten cómodas con la idea de una esencia permanente. La idea de la vacuidad de existencia inherente les asusta; piensan erróneamente que significa que no existe nada en absoluto. Temen que al experimentar la vacuidad, desaparecerán y dejarán de existir. Para aplacar este miedo, el Buda les habla de una manera que se corresponde con las ideas actuales de esas

88 William Magee, "A Tree in the West: Competing Tathagatagarbha Theories in Tibet", *Chung-Hwa Buddhist Journal* 19 (2006), 482.

personas. Más tarde, cuando estén más receptivas, les enseñará el verdadero significado. Es parecido a la manera en que unos padres hábiles simplifican las ideas complejas para que sean comprensibles para los niños pequeños.

(3) ¿Qué inconsistencias lógicas surgen cuando se toma esta declaración literalmente? Aceptar esta enseñanza de una naturaleza de buda permanente, estable y duradera al pie de la letra, contradice el significado definitivo de la vacuidad y la ausencia de existencia sustancial que explicó el Buda en los *Sutras de la perfección de la sabiduría*. En esos sutras, el Buda expuso muchos razonamientos que refutan este punto de vista. Además, si esta declaración fuera aceptada literalmente, las enseñanzas del Buda no serían diferentes de las de los no budistas que afirman un yo permanente.

La vacuidad de existencia inherente –que es la realidad última y la pureza natural de la mente– existe en todos los seres conscientes sin distinción. Debido a esto, se dice que hay un buda en nuestro interior. Pero la realidad última de un buda no existe en los seres conscientes. Mientras que los budas y los seres conscientes son iguales en que la naturaleza última de sus mentes es la vacuidad, esa realidad última no es la misma, porque una es la realidad última de la mente de un buda –la naturaleza del dharmakaya– y la otra es la realidad última de una mente contaminada. Si dijéramos que la naturaleza del dharmakaya ya existía en los seres conscientes, tendríamos que decir también que la sabiduría del dharmakaya, que es de la misma naturaleza, existía en los seres conscientes. Eso significaría que los seres conscientes serian omniscientes, ¡lo que para nada es el caso! Igualmente, si el cese de todos los engaños existiera en los seres conscientes ordinarios, no habría nada que les impidiera percibir directamente la pureza natural de sus mentes. Comprenderían directamente la vacuidad. Este, tampoco es el caso.

Algunas personas dicen que el dharmakaya con sus dos purezas –la pureza natural y la pureza del cese de todos los engaños– existe en el continuo mental de los seres conscientes pero, puesto que los seres conscientes están oscurecidos, no lo perciben. Si ese fuera el caso, entonces, ¿de quién es la mente purificada y quién alcanza la libertad que es la purificación de todos los engaños? Si los seres conscientes ya poseen el dharmakaya, no hay necesidad de que practiquen el sendero y purifiquen sus mentes, porque desde tiempos sin principio sus mentes han estado libres de engaños adventicios.

La afirmación de que un buda con los treinta y dos signos existe dentro del continuo mental de todos los seres conscientes se hace eco de la teoría teísta de un yo eternamente puro e inmutable. Si los treinta y dos signos ya estuvieran presentes en nosotros, sería contradictorio decir que todavía tenemos que practicar el sendero para crear las causas de estos treinta y dos signos. Si alguien dice que ya están en nosotros de una manera no manifiesta y sólo necesitan que los manifestemos, eso se asemeja a la noción Samkhya de surgir de uno mismo, porque aunque exista, este buda necesitaría producirse de nuevo para poder hacerse manifiesto. Nagarjuna y sus seguidores refutaron la producción de sí mismo.

El sutra continúa con la respuesta del Buda:

> Mahamati, mi enseñanza del tathagatagarbha no es igual al yo propuesto por los no budistas. Mahamati, los tathagatas, los arhats, los budas iluminados indicaron el tathagatagarbha con el significado de las palabras vacuidad, límite de la pureza completa, Nirvana, no nacido, sin signos, sin deseos, etc. [Lo hacen] para que los inmaduros puedan renunciar completamente a un estado de miedo con respecto a la ausencia de existencia esencial, [y] enseñar el estado no conceptual, la esfera sin apariencia[89].

Aquí vemos que el Buda hábilmente enseñó diferentes ideas a diferentes personas, de acuerdo con lo que era necesario en el momento y beneficioso a largo plazo para avanzar en el sendero. También aprendemos que debemos pensar profundamente sobre las enseñanzas, explorándolas desde varios puntos de vista y utilizar el conocimiento obtenido del razonamiento y de la lectura de otras escrituras para discernir su significado definitivo.

El propósito de aprender sobre la naturaleza de buda es comprender que la mente no es intrínsecamente defectuosa y que, por el contrario, se puede perfeccionar. No es sólo que la mente se pueda transformar; ya hay una parte de la mente que permite que se purifique y se perfeccione. Comprenderlo nos da una gran confianza y energía para practicar los métodos para purificar y perfeccionar nuestra mente para que se transforme en la mente de un buda.

89 William Magee, "A Tree in the West" 482.

REFLEXIONES

1. ¿Qué significa la afirmación de que la sabiduría prístina reside en las aflicciones?
2. ¿Ya somos budas sabios, pero, sencillamente, no lo sabemos? ¿Tienen aflicciones los budas?
3. El Buda dijo que hay una naturaleza de buda permanente, estable e imperecedera en cada uno de nosotros. ¿Cuál era el significado que el Buda pretendía dar al decir esto?
4. ¿Cuál era su propósito al enseñarlo?
5. ¿Qué inconsistencias lógicas surgen de tomar esta afirmación de manera literal?

Ser conscientes de nuestra naturaleza de buda elimina obstáculos

Maitreya dijo (RGV 1.158):

> [Los sutras del segundo giro de la rueda del Dharma] afirman en numerosos puntos que todos los [fenómenos] conocibles son vacíos en todos los sentidos como una nube, un sueño o una ilusión. ¿Por qué entonces [en los sutras del tercer giro de la rueda del Dharma] el Buda, habiendo dicho esto, declaró que la naturaleza de buda está presente en el interior de los seres?

Maitreya nos dice que, aunque los sutras del segundo giro representan la naturaleza de buda dando los ejemplos de una ilusión, etc. para ilustrar la vacuidad de la mente, él explicará la naturaleza de buda de una manera ligeramente diferente en *Sublime continuo*. Esta es una pista que implica que enfatizará que la mente de la luz clara es la naturaleza de buda. Esto puede hacer que algunas personas duden: "El Buda enseñó extensamente sobre la vacuidad en el segundo giro, diciendo que esa era la naturaleza de buda. ¿Por qué en el tercer giro hablaría de que la naturaleza de buda es la mente de la luz clara que ha sido completamente pura en los seres conscientes desde tiempos sin principio? ¿Hay una contradicción entre el segundo y el tercer giro?".

Maitreya explica que el Buda habló de que la naturaleza de buda es la mente de la luz clara para ayudarnos a los seres conscientes a superar cinco factores que nos impiden desarrollar la bodhichita, experimentar la vacuidad y alcanzar la Budeidad.

(1) El *descorazonamiento* nos hace creer que no se puede lograr la Iluminación. Debido a que no sabemos que la naturaleza de buda existe en nosotros, el cinismo y la falta de confianza nos impiden generar la bodhichita. Incluso antes de empezar, nos damos por vencidos y no nos esforzamos.

(2) Tener un *desprecio arrogante por aquellos que consideramos inferiores* viene de no saber que la naturaleza de buda existe en los demás. Nos burlamos de los demás y los despreciamos, abandonamos el amor y la compasión y nos abstenemos de participar en las prácticas del bodhisatva.

(3) Las *concepciones distorsionadas* mantienen de manera incorrecta que los engaños adventicios existen verdaderamente, que existen en la naturaleza de la mente y que son imposibles de erradicar. Estos puntos de vista erróneos superponen la existencia verdadera a las cosas que son vacías de existencia verdadera. Surgen de no reconocer la existencia de la naturaleza de buda en todos los seres conscientes e interfieren en nuestro desarrollo de la sabiduría que comprende correctamente la realidad.

(4) *Denigrar la verdadera naturaleza* es negar la existencia de la naturaleza de buda o pensar que la naturaleza de buda no ha estado presente desde el principio. Este malinterpretado desprecio repudia el potencial que existe dentro de cada ser consciente e inhibe el logro de las excelentes cualidades que son naturalmente inseparables de la naturaleza de buda.

(5) El *egoísmo* nos hace parciales hacia el yo, ahogando la ecuanimidad que ve a uno mismo y a los demás igualmente valiosos. El egoísmo borra la creencia de que la naturaleza de buda existe tanto en nosotros mismos como en los demás. Interesados por nuestras propias preocupaciones, somos incapaces de generar el amor y la compasión que nos considera a nosotros mismos y a los demás como iguales. Esto, a su vez, interfiere con la generación de la bodhichita.

La comprensión de la naturaleza de buda contrarresta estas cinco faltas. Cuando nosotros, los seres conscientes, oímos hablar de la naturaleza de buda, (1) surge en nuestra mente la alegría, no el desánimo, porque sabemos que duhkha se puede superar; (2) en lugar del desprecio surge el respeto por el Buda y los seres conscientes que tienen este gran potencial; (3-4) la sabiduría analítica que ve correctamente la realidad suprime la superposición y la denigración de la naturaleza misma, reemplazándola por la sabiduría liberadora, y (5) el gran amor por todos los seres conscientes supera la preocupación por uno mismo que nos confina, abriendo nuestros corazones a los demás. En resumen, eliminar estas faltas despeja el sendero para poder generar la bodhichita e involucrarnos en las seis perfecciones, especialmente en la estabilidad meditativa y en la sabiduría, que son esenciales para superar los dos oscurecimientos.

De esta manera, Maitreya aclara que la descripción de la naturaleza de buda en *Sublime continuo* no contradice la del segundo giro, sino que habla de ella desde una perspectiva diferente. También aclara que el propósito de enseñar el tathagatagarbha en el tercer giro es ayudar a los seres conscientes a superar las cinco faltas y a tener entusiasmo y determinación para practicar el sendero y lograr la Iluminación.

Glosario

Acumulación de mérito (*punyasambhara*). La práctica de un bodhisatva del aspecto del método del sendero de acumulación.

Aferramiento a la existencia esencial, sustancial (*atmagrha*). Aferramiento a la existencia inherente.

Aferramiento a la existencia inherente, existencia sustancial, esencial. Aferrarse a la persona y los fenómenos como si existieran de manera verdadera o de manera intrínseca. Es sinónimo de aferramiento a la existencia verdadera.

Aferramiento a la existencia verdadera (*aferramiento verdadero, satygraha*). Aferrarse a la persona y los fenómenos como si existieran de manera verdadera o de manera inherente.

Aferramiento a "mío" (*mamakara*). Concebir y aferrarse a *mío* –lo que hace algo mío– como inherentemente existente.

Aferramiento al yo (*ahamkara*). Concebir y aferrarse al yo –al propio yo– como si tuviera existencia inherente.

Aflicciones (*klesha*). Factores mentales que alteran la paz de la mente. Incluyen las emociones aflictivas y las visiones erróneas.

Agregados (*skandha*). Los cuatro o cinco componentes que conforman un ser vivo: forma (excepto los seres nacidos en el reino sin forma), sensación, discernimiento, factores composicionales y consciencia.

Análisis último. Una consciencia inquisitiva que busca el modo en el que existe de modo último un objeto.

Apariencia blanca, rojo en aumento y oscuridad cercana al logro. Las tres mentes sutiles que se manifiestan después de que las mentes burdas se hayan absorbido y antes de que surja la mente de la luz clara más sutil.

Apariencia conceptual (*artha-samanya*). La imagen mental de un objeto que aparece a una consciencia conceptual.

Arhat. Alguien que ha erradicado todos los oscurecimientos aflictivos y ha alcanzado la liberación.

Arya. Alguien que ha experimentado directamente y de modo no conceptual la vacuidad de existencia inherente.

Atención distorsionada (concepciones distorsionadas, *ayonisho manaskara*, T. *tshul min yid byed*). Una atención que exagera o desprecia las características de un objeto de modo que no lo conoce correctamente. Esto induce una proliferación de conceptos (*prapañcha, papañcha*).

Atman. Dependiendo del contexto, se refiere (1) a una persona o (2) a la existencia inherente, esencial.

Bardo (*antarabhava*). El estado intermedio entre una vida y la siguiente.

Base de designación. El conjunto de partes o factores sobre los que se designa un objeto.

Bodhichita. Una consciencia mental primaria inducida por el deseo de beneficiar a los demás, acompañada de una aspiración de alcanzar la Iluminación uno mismo.

Bodhisatva. Alguien que posee la bodhichita espontánea.

Causa sustancial. Aquello que se transforma en un resultado. Por ejemplo, la madera es la causa sustancial de una mesa; el carpintero es una condición secundaria.

Cesación verdadera (*nirodhasatya*). La cesación de una parte de las aflicciones o de una parte de los oscurecimientos cognitivos.

Chitamatra (*Yogachara*). Una escuela de principios filosóficos budistas que afirma la existencia verdadera de las naturalezas dependientes, pero no afirma fenómenos externos.

Cinco acciones de retribución inmediata (*anantaryakarman*). Matar a la propia madre, matar al propio padre, a un arhat, herir a un buda y provocar un cisma en la sangha.

Cinco ataduras inferiores. La visión de una identidad personal –o visión de lo compuesto y transitorio–, la duda, la visión de las reglas y las prácticas, el deseo sensual y la malicia.

Compuestos abstractos (*viprayukta-samskara*). Fenómenos impermanentes que no son ni forma ni consciencia.

Concentración de acceso. Permanencia apacible que surge cuando se han eliminado los cinco obstáculos.

Conceptualizaciones (*vikalpa viprayasa*). Conceptos distorsionados como pensar que las cosas impermanentes son permanentes.

Conocedor inferencial válido (*anumana-pramana*). Una consciencia que conoce su objeto –un objeto ligeramente oculto– de modo no engañoso y de manera pura basándose en una razón.

Conocedor válido (*pramana*). Una consciencia no engañosa que es incontrovertible respecto a su objeto aprehendido y que nos permite realizar nuestro propósito.

Conocedor válido convencional (T. *tha snyad pa 'itshad ma*). Un conocedor válido de convencionalidades. No tiene la capacidad de percibir verdades últimas.

Conocedor válido directo (*pratyaksa-pramana*). Una consciencia no engañosa que conoce su objeto –un fenómeno evidente– directamente, sin depender de una razón.

Conocedores mentales directos válidos. Consciencias mentales no engañosas que conocen sus objetos dependiendo de otra consciencia que los inducen.

Conocedores válidos basados en un testimonio cualificado. Un conocedor inferencial que conoce fenómenos muy ocultos que no pueden ser establecidos mediante percibidores directos u otros conocedores válidos inferenciales, sino basándose en el testimonio cualificado de una fuente fidedigna, como una persona en la que se puede confiar o una escritura.

Conocedores válidos yóguicos directos. Consciencias mentales no engañosas que conocen sus objetos dependiendo de la unión de la permanencia apacible y la visión superior.

Consciencia (*jñana*). Aquello que es claridad y cognición.

Consciencia conceptual. (*kalpana*). Una consciencia que conoce su objeto mediante una apariencia conceptual.

Consciencia errónea (*viparyaya-jñana*). Una consciencia que es errónea con respecto a su objeto aprehendido y, en el caso de los conocedores conceptuales, con respecto a su objeto concebido, una consciencia que no puede certificar su objeto.

Consciencia inatenta (T. *snang la ma nges*). Una consciencia que conoce su objeto –un fenómeno ligeramente oculto– de manera no engañosa y pura dependiendo de una razón.

Consciencia no válida. Una consciencia que no aprehende correctamente su objeto y no puede ayudarnos a lograr nuestro objetivo. Incluyen las asunciones correctas, las percepciones inatentas, la duda y las consciencias erróneas.

Consciencia primaria (*vijñana*). Una consciencia que aprehende la presencia o la entidad básica de un objeto. Hay seis clases: visual, auditiva, olfativa, gustativa, táctil y mental.

Contaminado (*asava*). Que está bajo la influencia de la ignorancia y sus predisposiciones.

Continuidad de una sustancia. Una continuidad en la que algo es la sustancia que se transforma en otra cosa.

Continuidad del tipo. Una continuidad en la que la causa y el resultado comparten características similares.

Continuo mental (*chittasamtana*). La continuidad de la mente.

Cuatro concepciones distorsionadas (atención distorsionada, *ayonisha manaskara* T. *tshul mmin yid byed*). Pensar (1) que lo que es impermanente es permanente, (2) que lo que es duhkha por naturaleza es felicidad, (3) que lo que es desagradable y con faltas es atractivo y (4) que lo que carece de existencia sustancial o inherente la tiene.

Cuatro maras. Los agregados contaminados, las aflicciones, la muerte y la distracción hacia objetos externos.

Cuatro sellos (*chaturmudra*). Cuatro visiones que hacen budista una filosofía: todos los fenómenos condicionados son transitorios, todos los fenómenos contaminados son duhkha, todos los fenómenos son vacíos de existencia inherente, solo el Nirvana es la paz verdadera.

Cuatro verdades de los aryas (*chatvary aryasatyani*). La verdad de duhkha, de sus causas, de su cesación y del sendero que lleva a la cesación.

Cuerpo de emanación (*nirmanakaya*). El cuerpo de un buda que aparece ante los seres conscientes ordinarios para beneficiarlos.

Cuerpo de la forma (*rupakaya*). El cuerpo en el que un buda aparece a los seres conscientes. Incluye el cuerpo de emanación y el cuerpo del deleite.

Cuerpo de la verdad (*dharmakaya*). El cuerpo de un buda que incluye el cuerpo de la naturaleza de la verdad (la vacuidad de la mente de un buda) y el cuerpo de la sabiduría de la verdad (la mente omnisciente).

Cuerpo de la sabiduría de la verdad (*jñana dharmakaya*). El cuerpo de un buda que es la mente omnisciente de ese buda.

Cuerpo del deleite (*sambhogakaya*). El cuerpo de un buda que aparece en las tierras puras para enseñar a los aryas bodhisatvas.

Desencanto (P. *nibbida*). Falta de interés y distanciamiento de los fenómenos condicionados por la ignorancia, lo que libera a la mente del apego.

Deva. Un ser nacido en un reino celestial dentro del reino del deseo o en una de las absorciones meditativas de los reinos de la forma y sin forma.

Dharani. Una frase inteligible que condensa la esencia de una enseñanza.

Dharmakaya. Ver *Cuerpo de la verdad.*

Dhyana. Estabilidad meditativa del reino de la forma. La concentración total en la que, no solo se han eliminado los cinco obstáculos sino que, además, la mente se encuentra en una absorción meditativa completa.

Doce vínculos de relación dependiente. Un sistema de doce factores que explican cómo renacemos en el samsara y cómo podemos liberarnos de él.

Duhkha. Las experiencia insatisfactorias de la existencia cíclica.

Dzogchen. Una práctica tántrica que enfatiza la meditación en la naturaleza de la mente. Practicada principalmente por la tradición nyingma.

El más elevado yoga tantra (*anuttarayogatantra*). La más avanzada de las cuatro clases de tantra.

El que ha entrado en la corriente (*srotapanna*). Un arya del primer nivel del vehículo fundamental que ha eliminado tres de los cinco obstáculos inferiores.

El que ha retornado una vez (*sakrdagamin*). Un arya del segundo nivel del vehículo fundamental que, además de eliminar tres de los cinco obstáculos inferiores, ha subyugado hasta cierto punto el apego sensual y la malicia, y que sólo renacerá en el reino del deseo una vez más antes de alcanzar el estado de arhat.

Escuelas de la nueva traducción. Las tradiciones kagyu, sakya y gueluk que se formaron en el Tíbet a partir del siglo XI, después de la devastación del Dharma durante el reinado del rey Langdarma (r. 838-41).

Espíritu ávido (*preta*). Un ser que ha nacido en una de las clases de seres desafortunados que sufre un hambre y una sed muy intensos.

Estabilidad meditativa en la vacuidad. La mente de un arya enfocada unipuntualizadamente en la vacuidad de existencia inherente.

Estados desafortunados (*apaya*). Estados de renacimientos desafortunados, como un ser de los infiernos, un espíritu ávido o un animal.

Existencia cíclica (*samsara*). El ciclo de existencias que acontece bajo el control de las aflicciones y el karma.

Existencia convencional (*samvrtisat*). La existencia.

Existencia inherente (*svabhava*). Un tipo de existencia que no depende de ningún otro factor. Existencia independiente.

Existencia verdadera (*satysat*). Existencia que tiene su propio modo de ser. Existencia que tiene su propia realidad. Según los madhyamikas, la existencia verdadera no existe.

Existente (*sat*). Que se puede percibir con la mente.

Extremo del absolutismo (*shasvatanta*). El extremo del eternalismo. Creer que los fenómenos existen inherentemente.

Extremo del nihilismo (*ucchedanta*) El extremo de la no existencia. Creer que nuestras acciones no tienen una dimensión ética. Creer que nada existe.

Fabricaciones conceptuales. Modos de existencia falsos e ideas falsas imputados por la mente.

Factor mental. (*chaitta*). Un aspecto de la mente que acompaña a una consciencia primaria y que completa la cognición, aprehendiendo atributos particulares del objeto o realizando una función específica.

Facultad cognitiva (*indriya*). La materia sutil en el órgano o poder sensorial burdo que permite la percepción de los objetos de los sentidos; respecto a la consciencia mental, se refiere a los momentos previos de cualquiera de las seis consciencias.

Facultades sensoriales. La materia sutil en los órganos burdos de los sentidos (ojo, oído, nariz, lengua y cuerpo) que permite la percepción de los objetos de los sentidos.

Fenómeno afirmativo. Un fenómeno que se comprende sin eliminar un objeto de negación.

Forma imperceptible (*avijñapti-rupa*). Una forma sutil que no es perceptible por las facultades sensoriales y que surge solo cuando alguien tiene una intención fuerte.

Forma perceptible (*vijñapti-rupa*). La forma que se puede percibir con las facultades sensoriales.

Gandharva (P. *gandhabba*). (1) un ser que nace (en el bardo), (2) un músico celestial.

Gratificación, peligro y escape. La gratificación es el placer que se experimenta mediante el contacto con los agregados. El peligro es la decadencia de los agregados que nos deja decepcionados. El escape es la libertad que deseamos alcanzar.

Haber concluido (*nashta*). Un fenómeno impermanente que es una negación afirmativa y que viene tras la cesación o desintegración de algo que es el pasado de lo que ha cesado. El cese de un karma tiene el potencial de producir el resultado de esa acción.

Ignorancia (*avidya*). Un factor mental que está oscurecido y se aferra a lo contrario de lo que existe. Hay dos tipos: la ignorancia respecto a la verdad última y la ignorancia respecto al karma y sus efectos.

Iluminación (*samyaksambodhi*). La Budeidad. El estado en el que todos los oscurecimientos se han eliminado y todas las buenas cualidades se han desarrollado sin límites.

Impermanencia (*anitya*). La cualidad de transitoriedad de todos los fenómenos compuestos y de las cosas funcionales. La impermanencia burda la pueden percibir nuestros sentidos. La impermanencia sutil es algo que no permanece igual en el instante inmediatamente posterior.

Karma invariable. El segundo vínculo del karma formativo que es la causa renacer en una absorción meditativa específica y no en otra.

Karma meritorio. El segundo vínculo de las acciones virtuosas que crean la causa para un renacimiento afortunado en el reino del deseo.

Karma no meritorio. El segundo vínculo de las acciones no formativas que crea las causas de un renacimiento desafortunado.

Karma. Acción intencional. Incluye el karma intencionado (la acción mental) y el karma pretendido (las acciones físicas, verbales y mentales impulsadas por esa intención).

La etapa suprema del Dharma del sendero de preparación. La cuarta y última etapa del sendero de preparación. En ese momento uno es un ser ordinario. Después uno se transforma en un arya.

Liberación (*moksha* T. *thar pa*). Una cesación verdadera que es el abandono de los oscurecimientos aflictivos; Nirvana.

Liberación (*vimoksha*, *vimokkha*, T. *rnam thar*). Tanto en la tradición pali como en la sánscrita se refiere a las ocho liberaciones, la liberación temporal de los engaños que se produce en la mente al dominar ciertas habilidades meditativas.

Liberación (*vimukti*, T. *rnam grol*). En la tradición pali, el Nirvana es lo que se logra en la experiencia de la liberación (*vimukti*); la liberación es un acontecimiento condicionado, mientras que el Nirvana no lo es.

Luz clara (*prabhashvara*). La naturaleza clara y cognitiva de la mente convencional es la luz clara del sujeto. La vacuidad de la mente es la luz clara del objeto.

Madhyamika. Un proponente de principios filosóficos budistas que afirma que no hay fenómenos con existencia verdadera.

Mahamudra. Un tipo de meditación que se enfoca en la naturaleza convencional y última de la mente.

Mente (*chitta*). La parte de los seres vivos que conoce, experimenta, piensa, siente, etc. En algunos contextos equivale a consciencia primaria.

Mente de la luz clara innata fundamental (*gnyug ma lhan cig skyes pa'i 'od gsal gyi sems*). La consciencia más sutil que ha existido desde tiempos sin principio, que existirá sin un final y que llegará a la Iluminación.

Mente y aire más sutiles. El conjunto indivisible que forman la mente más sutil y el aire más sutil que es su montura.

Monje. Alguien que ha recibido la ordenación monástica. Un monje o una monja.

Monte Meru. Un monte enorme que está en el centro de nuestro universo, según la antigua cosmología india.

Motivación causal o inicial (*hetu-samutthana*). La primera motivación para llevar a cabo una acción.

Motivación inmediata (*tatksana-samutthana*). La motivación que tiene lugar en el momento de la acción.

Muerte (*maranabhava*). El último instante de una vida, en el que se manifiesta la mente más sutil de la luz clara. El momento después de que la consciencia abandona el cuerpo se denomina bardo.

Naturaleza de buda (disposición de buda, T. *sangs rgyas kyi rigs*). Un fenómeno que es adecuado para transformarse en el sublime cuerpo de un buda; el potencial de los seres conscientes para llegar a la Iluminación.

Naturaleza de buda innata (*prakrtisthagotra* T. *rang bzhin gnas rigs*). La vacuidad de la mente que todavía no está libre de engaños.

Naturaleza de buda transformadora (*samudanitagotra*, T. *rgyas 'gyur gi rigs*). Cualquier mente que no está libre de engaños, cuya continuidad llega hasta la Iluminación y que sirve como base de la vacuidad que es la naturaleza de buda innata.

Naturaleza del cuerpo de la verdad (*svabhavika dharmakaya*). El cuerpo de un buda que es la vacuidad de la mente de un buda y las cesaciones verdaderas de ese buda.

Negación afirmativa. (*paryudasapratishedha*, T. *ma yi dgag*). Una negación en la que, cuando una consciencia elimina el objeto negado, se sugiere o se establece otro fenómeno.

Negación no afirmativa (*prasajyapratishedha*, T. *med dgag*). Fenómeno negativo en el que, tras la eliminación explícita del objeto negado por una consciencia, no se sugiere ni se establece otro fenómeno.

Nirvana (P. *Nibbana*). El estado de liberación de un arhat; el aspecto purificado de una mente que está libre de aflicciones.

Nirvana con residuos (*sopadishesanirvana*). (1) El Nirvana de un arhat con residuos del cuerpo contaminado mientras dicho arhat todavía está vivo. (2) Según los prasangika: El Nirvana de un arhat en los momentos posteriores a la meditación en los que todavía surge la apariencia de existencia inherente.

Nirvana natural (*prakrti-nirvrta*). La vacuidad primordial de existencia inherente de la mente.

Nirvana que no mora. El Nirvana de un buda que no mora ni en la existencia cíclica ni en la liberación personal.

Nirvana sin residuos (*nirupadhishesanirvana*). (1) El Nirvana de un arhat sin residuos del cuerpo contaminado, que se logra tras la muerte de dicho arhat. (2) Según los prasangika: El Nirvana de un arhat mientras permanece en estabilidad meditativa en la vacuidad en la que no surge la apariencia de existencia inherente.

No contaminado (*anasrava*). Que no está bajo la influencia de la ignorancia.

No retornante (*anagami*). El tercer nivel de un arya del vehículo fundamental que ya no renacerá más en el reino del deseo.

Objeto aprehendido (*mustibandhavisata*, T. *'dzin btangs kyi yul*). El objeto principal con el que la mente se implica, es decir, el objeto con el que la mente está implicada o comprendiendo. Sinónimo de *objeto con el que se implica.*

Objeto concebido (T. *zhen yul*). El objeto concebido por una consciencia conceptual. Es sinónimo de *objeto aprehendido u objeto con el que se implica* una consciencia conceptual.

Objeto de negación (*pratishedhya*, T. *dgag bya*). Lo que se refuta –por ejemplo, un yo autosuficiente y sustancialmente existente, o la existencia inherente–.

Objeto observado (*alambana*, T. *dmig yul*). El objeto básico con el que la mente se relaciona o en el que se enfoca al aprehender ciertos aspectos de ese objeto.

Ocho preocupaciones mundanas (*astalokadharma*). Ganancia y pérdida material, desprestigio y fama, crítica y alabanza, placer y dolor.

Oscurecimientos aflictivos (*kleshavarana*). Oscurecimientos que impiden básicamente la liberación. Aflicciones y sus semillas.

Oscurecimientos cognitivos (*jñeyavarana*). Oscurecimientos que principalmente impiden la Iluminación; las predisposiciones de la ignorancia y de la visión dual sutil que hacen que surjan estos oscurecimientos.

Parinirvana. El Nirvana que logra un arhat o un buda después de morir.

Partículas espaciales. Partículas sutiles que llevan rastros de los otros cuatro elementos y son la fuente de toda la materia. Persisten durante la etapa latente entre un sistema planetario y el siguiente y actúan como causa sustancial de los elementos más burdos que surgen durante la evolución del siguiente sistema planetario.

Permanencia apacible (*samatha*). Concentración que surge de la meditación y que va acompañada del gozo de la flexibilidad mental y física en la que la mente permanece sin esfuerzo y sin fluctuaciones durante todo el tiempo que se desee, en cualquier objeto virtuoso en el que se le haya colocado.

Permanente (*nitya*). Que no cambia, estático. No significa eterno. Un fenómeno permanente no depende de causas y condiciones.

Persona (*pudgala*). Un ser consciente designado dependiendo de cuatro o cinco agregados.

Persona autosuficiente y sustancialmente existente (T. *gang zag rang rkya thub pa'i rdzas yod*). Un *yo* que es el controlador de mi cuerpo y mi mente. Un *yo* con estas características no existe.

Prasangika. Sistema de principios filosóficos budistas cuya visión es la más precisa.

Pratimoksha. Los diferentes grupos de preceptos éticos de los monjes, monjas y seguidores laicos, que ayudan en el logro de la liberación.

Predisposiciones (*vasana*). Impresiones o tendencias.

Realizador solitario (*pratyekabuddha*). Una persona que sigue el vehículo fundamental, que busca la liberación personal y enfatiza la comprensión de los doce vínculos de relación dependiente.

Reino de la forma (*rupadhatu*). El reino del samsara en el que los seres tienen cuerpos hechos de materia sutil. Nacen allí debido a haber alcanzado diversos estados de concentración.

Reino del deseo (*kamadhatu*). Uno de los tres reinos de la existencia cíclica. El reino en el que los seres conscientes están abrumados por la atracción y el deseo por los objetos.

Reino sin forma (*arupyadhatu*). El reino del samsara en el que los seres conscientes no tienen un cuerpo material.

Relación dependiente (*pratityasamutpada*). Es de tres tipos: (1) Dependencia causal –las cosas surgen debido a causas y condiciones, (2) dependencia mutua –los fenómenos existen con relación a otros fenómenos y (3) designación dependiente –los fenómenos existen al ser meramente designados por términos y conceptos–.

Resultado causalmente concordante. El resultado kármico que corresponde a su causa. Es de dos clases: el resultado similar a la causa en términos de nuestra experiencia y el resultado similar a la causa en términos del comportamiento habitual.

Resultado causalmente concordante con el comportamiento. El resultado kármico en el que nuestra acción es similar a una acción que hicimos en una vida previa.

Resultado causalmente concordante experiencial. El resultado kármico en el que experimentamos unas circunstancias parecidas a las que hicimos que otros experimentasen.

Resultado del entorno (*adhipatiphala*). El resultado de un karma que determina el entorno en el que vivimos.

Resultado madurado del karma. El resultado kármico que es un renacimiento; los cinco agregados de los que se ha apropiado un ser.

Rigpa. Según el dzogchen, una consciencia sutil no engañosa que está presente en todos los estados mentales. Es comparable a la mente de la luz clara innata fundamental en las escuelas de la nueva traducción.

Sautrantika. Una escuela de principios filosóficos budistas que expone los principios filosóficos del vehículo fundamental. Se considera superior a la escuela vaibhasika.

Seis perfecciones (*sadparamita*). Las prácticas de la generosidad, la conducta ética, la paciencia, el esfuerzo gozoso, la estabilidad meditativa y la sabiduría que son impulsadas por la bodhichita y selladas con la sabiduría que las percibe como vacías y dependientes.

Semillas kármicas. El potencial de las acciones creadas previamente que producirán sus resultados.

Ser consciente (*sattva*). Cualquier ser con una mente, excepto un buda.

Ser del infierno (*naraka*). Un ser que ha nacido en una de las clases de seres desafortunados que padecen un dolor físico muy intenso como resultado de su fuerte karma destructivo.

Seres ordinarios (*prthagjana, puthujjana*). Seres conscientes que no han tenido la experiencia directa de la vacuidad, por lo que que no son aryas.

Silogismo (*prayoga*). Una declaración que consta de un sujeto, un predicado y una razón y, en muchos casos, de un ejemplo.

Sravaka. Alguien que practica el vehículo fundamental que dirige al estado de arhat, que enfatiza la meditación en las cuatro verdades de los aryas.

Súperconocimiento (*abhijña*). Poderes especiales que se logran mediante profundos estados de concentración.

Sutra definitivo (*nitartha sutra*). Sutra que explica principalmente y de manera explícita las verdades últimas.

Sutra interpretativo (*neyartha sutra*). Un sutra que habla sobre la diversidad de los fenómenos y/o no puede tomarse en sentido literal.

Talidad. La vacuidad.

Tathagata. Un buda.

Tathagatagarbha (esencia de buda). Su significado general es naturaleza de buda; el potencial de los seres conscientes para llegar a estar iluminados.

Templanza (desvanecimiento, P. *viraga*). El sendero de sabiduría que primero ve el Nirvana.

Tierra pura. Lugares creados por la determinación inquebrantable y el mérito de los budas, donde todas las condiciones externas son conducentes a la práctica del Dharma.

Tierras puras. El octavo, noveno y décimo nivel de los bodhisatvas. Estos bodhisatvas han eliminado todos los oscurecimientos aflictivos.

Unión de la permanencia apacible y la visión superior en la vacuidad. Una concentración meditativa en la vacuidad en la que la meditación analítica ha inducido una flexibilidad y una paz mental especiales.

Vacuidad (*sunyata*). La ausencia de existencia esencial, existencia inherente. Ausencia de existencia verdadera.

Vaibhasika. Una escuela de principios filosóficos budistas que expone los principios filosóficos del vehículo fundamental. Se considera la escuela filosófica más básica.

Vehículo fundamental. El sendero que dirige a la liberación de los oyentes y los realizadores solitarios.

Verdad última (*paramarthsatya*). El modo último de existencia de la persona y todos los fenómenos: la vacuidad. Los objetos que son verdad y aparecen como tal a su conocedor principal.

Verdades convencionales (*samvrtisatya*). Lo que es verdad desde la perspectiva del aferramiento a la existencia esencial, verdadera, etc. Un arya en estabilidad meditativa en la vacuidad no las percibe como verdaderas. Es sinónimo de *verdades relativas.*

Verdades relativas (*samvrtisatya*). Objetos que aparecen a la ignorancia verdadera; objetos que parecen existir de manera inherente a su conocedor principal, aunque no existen de ese modo. Es sinónimo de *verdades convencionales.*

Visión de una identidad personal (la visión de lo compuesto y transitorio, *satkayadrsti*). El aferramiento a la existencia inherente del *yo y mío* (según el sistema prasangika).

Yo permanente, unitario e independiente. Un alma o un yo (*atman*) afirmado por lo no budistas.

www.ingramcontent.com/pod-product-compliance
Ingram Content Group UK Ltd.
Pitfield, Milton Keynes, MK11 3LW, UK
UKHW021709190726
13853UKWH00001B/477